▲ 1954年7月，廖永民（前排左二）与同事刘笑春、邱建中、陈嘉泽、贾炎亮、翟继才、白守义等在郑州二里岗战国墓考古发掘现场

◀ 1954年，廖永民（右一）与同事冯克己、王与刚、翟继才、邱建中、齐泰定、李宗道、冯振华、张静安等在河南省文化局文物工作队合影

1955年，廖永民（后排左三）与工友们在郑州二里岗商城遗址发掘工地

1955年，廖永民、王文林、赵人俊、蒋祖安、胡继高（从左至右）在郑州二里岗发掘工地合影

1974年夏，廖永民与郑德群（右一）在庐山

1976年，廖永民与王友仁、王永青等在上海外滩

1977年，廖永民与彭相经在上海

1982年，廖永民在巩义芝田镇清理汉墓

▲ 1983年2月3日，廖永民（中）与日本东京大学中山千代教授（左）以及河南省社会科学院李景元主任（右）在郑州大河村文化遗址

▲ 1984年，廖永民在大连

▲ 1985年，廖永民在泰山

▲ 1985年，廖永民和北京大学著名考古学家邹衡教授在郑州碧沙岗

▲ 1987年7月，廖永民和周克在巩义康百万庄园

1988年5月，廖永民与周克、王金鸣参观洛阳古墓博物馆 ▶

1988年6月，康维长、赵玉安、廖永民、傅永魁、张松林（从左至右）在巩义康百万庄园

1989年，廖永民与上海博物馆馆长王仁波（左三）等人在郑州大河村遗址

1991年，廖永民陪同冯洪志（冯玉祥长子，美国泰山工业公司总裁）拜谒郑州碧沙岗烈士陵园

1992年廖永民应聘于巩义市文管所

1992年，廖永民与郑州大学教授陈旭（左一）、李友谋（左二）、王兵翔（右一）在洛汭留影

▲ 1992年10月，河南省文物工作队40年大庆留念（左五为廖永民）

▲ 1993年，廖永民与台湾孔学会常务理事李荣恭先生（左）在巩义石窟寺

▲ 1993年廖永民与赵世岗等在伏羲台遗址调研

◀ 1993年10月11日廖永民与中国社会科学院研究员黄石林（左一）在巩义宾馆

1993年，廖永民和著名考古学家安金槐先生（左二）等调查巩义洪沟旧石器文化遗址 ▶

▲ 1994年12月，廖永民（前排右四）参加濮阳市召开的濮阳籍在郑老干部座谈会。与会者有李延安、孙福臻、张质彬、宋悟民、张广润等30余人

1994年，廖永民与著名考古学家许顺湛先生（右）等考察巩义市洪沟旧石器时代遗址 ▶

◀ 1995年3月北京大学李仰松教授（左）与廖永民在濮阳市“龙文化与中华民族”研讨会时留影

▲ 1995年，在濮阳市“龙文化与中华民族”研讨会上留影（由左向右）：冯时、张相梅、邵望平、邹衡、曹淑琴、郑杰祥、孙德萱（前排）；廖永民、李友谋、高广仁、许顺湛、李仰松、方酉生、殷纬璋、郝本性（后排）

▲ 1995年，张相梅、黄石林、郝本性、廖永民、殷纬璋、曹淑琴、吴如祚（由左向右）在濮阳市“龙文化与中华民族”研讨会召开时留影

寻根中原

1996年4月，廖永民在山西拜谒黄帝陵

1996年，廖永民等人到瓦窑嘴遗址参观学习

1998年，廖永民在安阳殷墟博物苑考察

1998年3月4日，廖永民在巩义与陕西省文物考古研究所所长巩启明先生（右）交谈仰韶文化问题

1998年4月，廖永民与古陶瓷研究专家杨肇清（右一）、赵青云（左二）一起到巩义康店鉴定文物

2001年河南省文物考古研究所成立50周年大庆留影

2001年9月，廖永民在巩义花地嘴考古发掘工地现场

2001年，河洛文化编辑部成立时编辑部成员在巩义合影

2002年，廖永民与中国社会科学院考古研究所陈星灿博士（右）、刘莉博士（左，澳大利亚雷楚布大学教授）在郑州黄河饭店留影

2002年，廖永民与河南省文物事业管理局文博处处长司治平、陈星灿、李润权、刘莉、席彦昭等留影于北宋皇陵（从左至右）

2002年，廖永民与学界老朋友王仁民（中）、邹衡（右二）等合影

2002年，廖永民与日本奈良国立文化财研究所专家田道征夫（前排左四）、巽淳一郎（前排左五）等在巩义北宋定陵留影

2002年，廖永民（右二）与田道征夫（左四）、巽淳一郎（右四）、河南省文物考古研究所所长孙新民（左三）等在巩义北宋昭陵留影

2002年，廖永民与美国社会学研究院院士华汉维先生（中）以及河南省文物事业管理局副局长马萧林（左）在郑州文物考古研究院

▲ 2004年2月，廖永民夫妇（前排右一、二）在巩义博物馆与工作人员留影

▲ 2004年，廖永民参加中国古陶瓷学会景德镇年会

2004年，廖永民与许顺湛老先生等畅谈

2004年，廖永民与耿宝昌先生（左一）等在巩义合影

2005年，廖永民与古陶瓷专家赵青云一起研究探讨陶瓷有关问题

2006年，廖永民在北京向中国古陶瓷学会会长耿宝昌先生献书

2006年，廖永民和浙江省文物考古研究所所长牟永抗（中）及其夫人（右）在郑州碧沙岗北伐军烈士陵园留影

2006年，廖永民与中国古陶瓷学会会长耿宝昌在北京故宫留影

◀ 2006年夏，廖永民在北京采访全国政协副主席李默庵将军

2006年夏，廖永民在北京拜访冯弗伐女士（冯玉祥之女）▶

◀ 2006年9月，廖永民在北京拜访李宝光（原郑州市委书记）（右二），右一是陈英，左一是廖晖

2006年9月，廖永民在北京拜访冯理达（右二）（冯理达教授是冯玉祥的长女，时任海军总医院副院长）。右一是郑州市文物考古研究院党支部书记陈英 ▶

2006年，廖永民、赵青云、杨宗祺、李国霞（从右至左）在景德镇开会期间合影

2007年，廖永民与台湾鸿禧博物馆馆长廖桂英、郑州大学教授李国霞在云南禄丰合影

2007年，廖永民与刘兰华合影

▲ 2007年3月，廖永民（右二）与郑州市文化局局长齐岸清（左三）、副局长任伟（左一）、郑州市文研院支部书记陈英（右一）到北京拜访冯理达教授（左三）

▲ 2007年，张自忠将军之女张廉云女士拜谒郑州碧沙岗烈士陵园时，廖永民全程陪同讲解

2007年秋，廖永民在北京中日友好医院拜访全国人大副委员长赖亚力（右二）

2007年6月，廖永民、陈英等人在重庆采访冯玉祥之孙、民革重庆市委副主委冯文二（左二）时合影

2007年7月，河南省军区副司令员王太顺少将（中）、陈参谋（右一）莅临郑州碧沙岗烈士陵园考察，廖永民（左二）、陈英（左一）、张松林（右二）与其合影

◀ 2007年7月，廖永民与广东省博物馆研究员冯素阁（右一）等人在广州北伐纪念碑前合影

▲ 2007年8月，河南省部分知名人士参观拜谒碧沙岗烈士陵园，廖永民、郑州市文物考古研究院领导与他们合影。左起：陈英、廖永民、尤滋洲、王仁民、许顺湛、曹桂臣、马世之、张松林、顾万发

2007年9月，廖永民与北京抗日战争纪念馆馆长郭景兴（左三）等人在郑州碧沙岗合影

2007年11月，廖永民（右一）、陈英（左一）到北京探望抗日名将赵登禹将军的女儿民革北京市委原秘书长赵学芬（右二）及其丈夫（左二）

2008年，廖永民与南京大学尹家衡教授（左一）在郑州碧沙岗留影

◀ 2008年，廖永民和新加坡友人林亦秋先生（左一）等人在昆明开会期间合影

▲ 2008年，廖永民（后排中间）等学界老友欢聚一堂，庆贺许顺湛先生八十华诞

寻根中原

——廖永民考古论文集萃

廖永民　著

郑州市文物考古研究院　编

科学出版社

北　京

内 容 简 介

本书选录廖永民先生所撰论文四十余篇，主要涉及田野考古研究、中原彩陶艺术发展演变研究、唐青花与唐三彩研究等方面，集中代表了廖永民先生寻根中原，潜心研究文物考古事业数十年的成果。

本书文章观点鲜明，论据翔实，逻辑严谨，论述精辟，适合从事考古学、历史学研究的专家学者参考阅读。

图书在版编目（CIP）数据

寻根中原：廖永民考古论文集萃 / 廖永民著；郑州市文物考古研究院编. —北京：科学出版社，2019.6
ISBN 978-7-03-061285-4

Ⅰ.①寻… Ⅱ.①廖… ②郑… Ⅲ.①考古–中国–文集 Ⅳ.①K87-53

中国版本图书馆CIP数据核字（2019）第100061号

责任编辑：郝莎莎 / 责任校对：王晓茜
责任印制：肖 兴 / 封面设计：北京金舵手世纪图文设计有限公司

科学出版社 出版
北京东黄城根北街16号
邮政编码：100717
http://www.sciencep.com
中国科学院印刷厂 印刷
科学出版社发行 各地新华书店经销
*
2019年6月第 一 版 开本：787 × 1092 1/16
2019年6月第一次印刷 印张：20 1/2 插页：12
字数：475 000

定价：188.00元

（如有印装质量问题，我社负责调换）

辛勤耕耘半世纪　累累硕果收桑榆

——回忆我的考古生涯

2000年廖永民正在编写
《河南唐三彩与唐青花》一书

本人祖籍河南省濮阳市。我的前半生，是在硝烟弥漫的战争年月中度过的。1944年抗日筑先师范毕业即参加八路军，在抗日前线转战华北冀、豫和山东地带，先后参加了解放滑县、长垣战役。日本投降后，接着是4年解放战争，参加了华北解放与淮海战役。1948年由部队转地方工作。1954年由河南省人事厅分配到河南省文化局举办的文物考古人员培训班，结业后分配到郑州市文物工作组开始了考古生涯。当时，对于我来说，考古是个完全陌生的工作，思想波动很大，觉得参加革命工作十几年了，竟要与死人骨架、破盆烂罐打交道，没啥意思。真正树立专业思想，对考古工作发生兴趣是在参加北京大学与中国科学院考古研究所联办的文物干部培训班（戏称"黄埔"第四期），由郭沫若、陈梦家、徐旭生、夏鼐等专家授课后，进一步认识到考古工作的科学性、学术性与专业性。返郑后即参加了郑州商城与二里岗商代遗址与战国墓群的发掘，还参加郑州紫荆山商代青铜冶铸作坊以及制骨器作坊遗址等重要发掘。1956年开始在全国性刊物《文物参考资料》上首次发表文章，1957年初又主持安阳殷墟商代青铜器冶铸作坊遗址的发掘，开始撰写考古论文。但"反右"斗争中，我被无辜打成右派，在豫北内黄县白条河农场劳动教养三年，离开了河南省文物考古工作一队，20多年后才得到彻底平反。这期间，是我风华正茂的岁月，实在可惜。好在错划右派期间，时光并未完全虚度。劳动期间放猪放羊时，就搞考古调查，竟在张召、亳城等村附近发现仰韶、龙山文化遗址各1处，古城址2处，唐代碑刻1座。我自费把采集的文物标本寄给河南省文化局文物处，并写信介绍遗址与唐碑的详细情况。后在濮阳县新华书店工作时，我趁下乡卖书的机会，顺便进行考古调查，先后发现新石器时代与春秋战国等不同时期古遗址13处，古墓群3处，唐、宋碑刻各1通。当发现戚城仰韶、龙山文化直接叠压层后，我自费把采集的遗物标本寄至中国科学院考古研究所，并附信介绍遗址详情。此外，还与北京大学李仰松教授一起受中国科学院郭沫若院长的嘱托调查了颛顼和春秋时期卫国的都城帝丘。在中共濮阳县委宣传部支持下，1962年前后主持濮阳地区的考古调查，在《河南文物通讯》上发表了《濮阳地区考古调查简报》一文。1963年又与北大李仰松先生一起对戚城遗址进行试掘，1976年编写了《濮阳文物志》。当时，我虽然已不在文物考古工作岗位上，却未减退对考古事业的热爱与负责精神，并取得了一定成果，那就是开辟了濮阳地区的考古工作，填补了濮阳地区考古工作的空白。

1979年初，我调入郑州市博物馆考古部工作。1988年晋升为副研究员。1980年开始在郑州大河村遗址从事考古发掘与研究工作，先后发表论文16篇。文中总结了大河村遗址考古成果并结合其他同类遗址综合分析探讨，所以在仰韶文化研究方面有所成绩，在类型的划分、社会形态的演变、自然环境的变迁等方面提出不少新观点。

我于1988年离休后，至今未离开考古工作岗位，并且取得了更多的成绩。也就是说，我的主要考古成果是在离休后完成的。首先在1989年巩义市文化局举办的文物人员培训班上主讲文物考古课，编写讲义约百万字。采取讲课与实践相结合的教学方法，带领学员在山野田间进行考古调查，发现古遗址多处，现在培训班学员中不少人成为巩义市文博部门的领导或业务骨干。1990年开始，带领文物工作人员又在巩义市境内进行考古调查与发掘工作，长年累月奔波在山坡丘陵之间。先后发现不同时期古遗址、古墓群近80处。其中洛汭地带坞罗河流域和休水流域的考古调查以及瓦窑嘴遗址、里沟遗址的考古发掘等都有重大考古发现，特别是在洛汭地带调查中发现了中原地区时代最早、面积最大，属于仰韶文化早、中期的伏羲台祭祀遗址（包括祭坛、祭祀坑等）。继之，又发现了属于新寨时期的花地嘴祭祀遗址。就此，1992年5月19日《光明日报》头版头条报道了对我的专访，我指出：洛汭地带的考古发现非常重要，继续开展工作将对远古时代社会形态的发展演变、文明起源以及东方民族意识形态体系与传统观念体系等方面的研究具有重要意义。又由于国内外媒体对这次专访的大量转载，引起国内外学术界的注意。1993年10月，中国炎黄文化研究会在巩义市召开了国际学术研讨会，联合国教科文组织派代表参加了会议。来自海内外120多位学者结合洛汭地带的考古发现就中华文明起源、社会发展的复杂化进程等课题进行了探讨。会上，我就自己对考古学资料与历史文献相结合进行研究、考察的体会，作了“洛汭——中原地区最早的祭天圣地”的发言，后经过补充，发表在同年《河南日报》上。随之，1994年夏，由联合国教科文组织每年出资5万美元，以中（中国社科院考古研究所）、美（哈佛大学）、澳（拉楚布大学）的院士、博士等组成的联合考古调查团，在巩义市境内以洛汭地带为中心进行拉网式考古调查达5年之久，我为调查团成员之一。2003年由美国密西根大学院士华翰维等根据调查到的遗迹、遗物资料撰写了《中国文明腹地的社会复杂化进程——伊洛河地区的聚落形态研究》一文，以多种语言文字在中、美、澳、英和加拿大等国的历史、考古专刊上发表。文中全面、具体阐述了中国文明腹地从早期聚落形态的演变，进而探讨社会结构走向复杂化的进程。此文的权威性很高，不仅代表着国际学术界对中国早期社会形态演变模式的研究成果与见解，而且是中西方学者合作取得的共识。这些研究成果主要是从对洛汭一带远古文化遗存的剖析中得来的。2005年，继中国国务院重点考古项目——夏商周断代工程完成之后，当年国务院又推出了重点考古项目——中华文明探源工程。经专家组审定，把洛汭地带遗迹、遗物最集中的花地嘴遗址确定为实施这一考古项目的重点之一。多年来花地嘴遗址进行了大规模考古发掘和探测，现已探测、揭露面积达30多万平方米，发现大面积夏代早期的城址以及城址内包含的壕沟与多种祭祀遗迹，出土与祭祀有关的完整或可复原的遗物千余件。就花地嘴遗址的考古发掘取得的阶段性成果，2008年7月由中国社会科学院、北京大学与郑州市文物考古研究院等单位主持召开了第二次国际学术研讨会。

十多年来，国内外考古界在洛汭地带的考古调查、发掘和研究，充分证实了我16年前接受《光明日报》记者专访时所作的论断。

半个多世纪的田野考古生涯，使我在中原地区不同时期文化遗存的文化性质、分期、断代以及类型划分等方面积累了较丰富的经验；又由于我勤奋学习，善于思考，学术研究上往往独辟蹊径，具有新颖见解。早在1987年，就提出区域原始文化陶器谱系学说的思路。认为各不同区域自成体系的原始文化，其每种最具特征意义的主要陶器和特有陶器，都可按其各部位有规律的演变轨迹分式排列，各归其位，使之有了自己的坐标，这就使我们对每件器物与其他器物的纵横关系看得清清楚楚，即可进而列出这种器物的谱系表，附以文字说明。不仅如同门捷列夫研究出来的“元素周期表”，而且如同一个家族的世系表。我具体提出：此表可称为“原始时代陶器谱系表”，简称“陶系表”。这一思路显然有助于对不同地域原始文化陶器的分期、类型划分以及不同原始文化之间的影响、族属的区别等方面加深认识。我按这一思路，在1988年第1期《中原文物》上发表了《试析豫中地区原始时代的陶鼎》一文，文中把中原地区原始文化中最具典型性、代表性的陶鼎列成谱系，并在文字中加以详细分析、解释。此文的示范作用赢得了学术界的好评，所以陕西《考古与文物》1990年2期转载了这篇文章。我的治学之道在于：认真务实，虚心求教，在研究工作中，强调真实性、科学性，重在深度、广度、高度上下功夫。尤其是在治学中，也强调独立思考，不受他人学术观点所左右。

从2000年以来，先后发表学术专著有《黄冶唐三彩窑》（获省社科类图书二等奖）、《洛汭 · 神都山》（获省社科类图书二等奖）、《中国古代镇墓神物》（评为2003 ~ 2004年全国文博类十佳图书）、《河南唐三彩与唐青花》、《河南唐代白釉彩瓷》、《河南省文物志名词术语注释》、《创新型名窑巩县窑》、《国民革命军的北伐与郑州碧沙岗》等书，另在国内外发表论文、考古报告等70余篇，总约770多万字。此外，还与他人共同主编了《洛汭与河图洛书》《仰韶文化论文集》《郑州碧沙岗与北伐》等论文集。应特别指出的是，以上著述，绝大部分是在75岁以后完成的。

当前，我仍担任着郑州市文物考古研究院学术顾问，河南省炎黄文化研究会理事，河南省收藏协会陶瓷分会、江苏省聚德古典艺术品拍卖公司、四川省树王文化产业发展有限公司等单位的业务顾问，经常参加国际性或全国性专业学术研讨会。

我已是88岁的人了。近两年来，除已发表了12万多字的《创新型名窑——巩县窑》和12万多字、80多页图版的《巩义瓦窑嘴》两本书之外，当前所写的约60多万字的《嵩岳河洛史迹叙录》一书（此书由国家文物局原局长张文彬先生、北京大学已故的著名教授邹衡先生以及河南文博院名誉院长许顺湛先生等作序）即将付梓出版。此外，将着手编写《郑州大河村论文集》和《新石器时代的彩陶装饰艺术》两书。

另外一件事，就是20多年来我曾在报刊上发表20多篇论文，论述以碧沙岗为基地创建北伐战争纪念馆的重要性和重大意义。现在我梦寐以求的创建北伐战争纪念馆规划已经解决，在各级党政领导支持下终于实现了。郑州市政府已在郑州商城内划拨32亩地，作为郑州市文物考古研究院的新址，腾出的三民主义烈士祠即将筹建北伐战争纪念馆。当前，筹建工作基本就绪。

廖永民

（原载于《炎黄天地》2013第3期）

目　　录

河南巩义市洪沟旧石器遗址试掘简报

1994年3月下旬，巩义市文物保护管理所与河南省社会科学院河洛文化研究所的业务人员在巩义市东北部发现一处旧石器文化遗址。该遗址地理坐标为东经113°02′40″，北纬34°49′33″。具体位于神都山西南约1千米的洪沟村中部。南距洛水约0.5千米，北距黄河约1千米，属黄河与洛水汇流处的夹角地带。这里古称“洛汭”[1]（图一）。

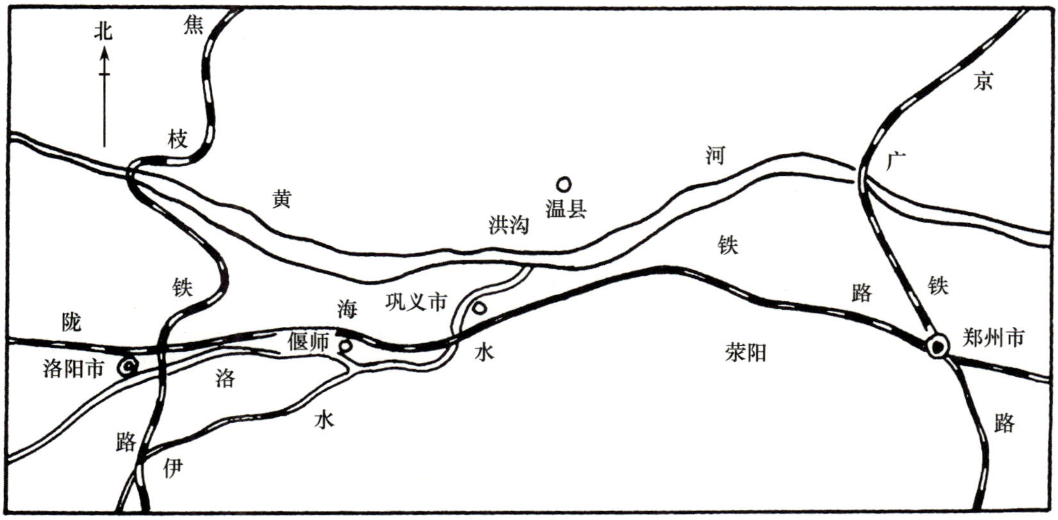

图一　洪沟遗址位置图

一、发现与试掘情况

石制品、动物化石交错裸露在邙岭断崖下部距地表约0.5米的黄土层中。据了解，由于当地农民发现化石层之后争相采挖，使化石遭到了严重破坏。为了抢救这一重要文化遗址，1994年4月1～8日，由河南省博物馆（现为河南博物院）研究员张维华先生现场指导进行抢救性试掘，参加试掘工作的还有席彦昭、廖永民、王保仁等同志。揭露面积约25平方米，出土了数百件石制品和大量哺乳类动物化石。为进一步了解石制品和动物化石堆积的层位及其相邻上下地层的叠压关系，1996年11月23～29日，在河南省文物考古研究所李占扬同志主持下又对洪沟遗址进行了第二次试掘。挖南北向10米×2米探沟1条，两次揭露面积共45平方米。

1994年4月以来，中国科学院古脊椎动物与古人类研究所张森水、中国地质研究所周昆叔、郑州大学王兵翔、河南省地矿厅石钦周等专家学者曾先后到洪沟发掘工地进行考察，指导工作。中国科学院古脊椎动物与古人类研究所黄慰文先生对部分动物化石作了甄别与分类。西北大学地质系薛祥熙教授、郑州市文物考古研究所周军副研究员对出土的动物化石亦作了鉴定。河南省文物局主持召开了专家会议，对洪沟旧石器遗存作了初步研讨。

二、地层叠压与文化遗存堆积

遗址附近为海拔200米左右的浅山丘陵区，即洛阳北邙岭的东延部分。洪沟一带的地层，系邙岭下切中第四纪形成的多层松散状黄土堆积。由于风雨、水流等自然原因，地形地貌变化甚大。

1. 地层叠压情况

第1层：从洪沟村南岭的顶端至含石制品与动物化石层为厚70多米的粉砂质黄土，属第四纪晚更新世Q3的马兰黄土层。

第2层：为厚约5米的细砂质泛浅红色黄土，仍属于第四纪晚更新世Q3的马兰黄土层，形成时间应早于第一层。有一条东西向水沟坐落在此层中。水沟呈不规则形展布，地层断面有明显的弧形沟壁痕。已探明的部分水沟长约30米，宽2～5米，深4.5米。水沟上部为黄色淤土层，厚0.3～0.5米，含大量石制品和动物化石（图二，1～3）。水沟下部为暗绿色或铁锈色淤土层（可能因含大量植物腐蚀物所致），其中所含石制品和动物化石表面黏结有厚薄不一的钙结核。

第3层：浅黄色土层，不见石制品和动物化石，深不见底。

2. 文化遗存的堆积与分布

洪沟的文化遗存主要堆积在第一层（粉砂质黄土）下部的水沟中，并直接被这层厚达70多米的黄土所覆盖，有的就包含在第一层黄土中，而且动物化石与石制品堆积最密集、最丰富，最厚处达1.2米。石制品、动物化石与木炭屑、烧土碎块、灰烬等烧火痕共存。本层所含动物遗骸的石化程度较轻，水沟下部暗绿色淤土层所含动物化石与石制品相对较少，而且相当分散，分布面积达200多平方米。但动物遗骸的石化程度较重，其表面均黏附一层钙结核，不少被包含在钙结核内（图二，4）。除沟内文化遗存之外，洪沟附近方圆十多平方千米范围内的七八个地点都先后发现了或多或少的动物化石，不同的是其他地点的动物化石大多是肢体完整或基本完整的动物个体，没有洪沟化石遗存那么集中。

图二

1～3.动物化石堆积情况　4.钙结核中的动物化石与石制品　5.大型石核　6.大型石片
7.凸刃石片　8.长方形石片

三、文化遗存

1. 火痕迹

在第一层下部石制品和动物化石堆积最密集处，周围发现不少零星木炭屑、散碎烧土块和烧焦的兽骨，部分石制品上有明显的烟熏痕。

2. 石制品

第一层下部呈堆状堆积的石制品，为了保持其原貌，除用套箱取出一个样品外，其他均原地保存，因之其数量无法详细统计。分散出土的石制品计550余件，另有大量制作石制品时崩落的石屑。这些石制品一般为黄河、洛水岸边滩地的自然石块、砾石。质料以紫红色和绿色砂岩砾石为主，其次为灰白色砂岩和数量较少的石英。石料的硬度一般在6°以上，很适合于用来打制石器。制作方法多采用直接打击法。剥片多在砾石台面的一端向一个方向打击，少数是在砾石或石核的多面剥片（图二，5）。石片数量约占石制品总数的68%，石核次之，约占15%。此外，有一部分不规则石制品。大中小型石制品中，以中小型者为主。石核超过7400克者1件，其他石核重量在250～7100克之间。石片超过3500克者1件，其他石片重量在150～3000克之间。加工修整过的典型石器很少。仅根据其形状挑选部分标本介绍如下。

石片　231件。大者长达31厘米，小者仅长4厘米，一般长度在6～20厘米之间。一次加工的占绝对多数，多次加工者甚少。在比较规则的石片中，长方形者稍多于三角形者。台面以人工打制台面为主，自然台面为次，有的另一面全为自然台面。刃部可分直刃、凸刃、凹刃、两边刃和三边刃等，少部分石片刃部有明显使用痕。

HG：010，大型石片，红色砂岩砾石，略呈三角形，一次加工而成，一侧有清晰的打击点，人工台面上遍布放射线纹理，三面有弧形凸刃，刃部有明显使用痕。长31厘米，宽16厘米，最厚处6厘米，重3500克（图二，6）。HG：501，凸刃石片，青灰色砂岩，略呈三角形，两边凸刃，长13厘米，宽9.5厘米，厚4厘米，刃部有使用痕（图二，7）。HG：502，长方形，三边有刃，另一边有明显的打击点。长17厘米，宽10厘米，厚5厘米（图二，8）。

有尖石片　113件。最长者11厘米，最短者仅4厘米。多呈片状，其次为三棱锥体，个别为多棱形。少数保留部分自然台面。多一边或两边有刃，有的尖部锐利。

HG：551，青砂岩，两边有刃，长11厘米，宽7厘米，厚3厘米（图三，1）。HG：061，青砂岩，两边有刃，长6.7厘米，宽3.8厘米，厚1.6厘米（图三，2）。HG：504，红砂岩，三棱锥体，长6厘米，宽4.5厘米，厚2厘米（图三，3）。HG：513，红砂岩，两端有刃，长8厘米，宽4.5厘米，厚2厘米（图三，4）。HG：630，石英岩，

图三

1～6. 有尖石片　7. 石核　8. 象颌骨

三棱锥体，长4厘米，宽3.5厘米，厚1.4厘米（图三，5）。HG：631，石英岩，四棱锥体，钝尖，长4.7厘米，宽3.5厘米，厚1.7厘米（图三，6）。

石核 46件。核体大小悬殊，大型者直径达20～24厘米，小型者仅5～6厘米，一般在13～18厘米。石料以红色砂岩为主，其次是青色砂岩，另有少部分石英岩。可分为球形、长方形和不规则形等。球形体者多周身打片，不见自然台面。长方形和不规则形者一侧或大部分保留自然台面。从片疤看，石片多呈长方形或三角形，可知人们已注意到“着力点”的选定和人工台面的平整问题。个别石核有明显的撞击斑痕，斑痕多在棱部或隆起部，应是剥片时手握石核向另一石核撞击的遗痕。有个别石核周身有烟熏痕。HG：069，大型石核，基本呈球形，红色砂岩，周身布满打片痕。长24厘米，宽20厘米，厚15厘米，重7400克。HG：045，长方形石核，灰白色砂岩砾石，大部分保留自然面，一侧有剥片痕，长9.5厘米，宽7.5厘米，厚5.5厘米（图三，7）。

3. 动物化石

出土的动物化石异常丰富，但堆积相当杂乱，未发现肢体完整、齐全的动物遗骸。不同种类的动物化石与石制品、炭屑、烧土碎块等交错堆在一起或零散分布（图二，1～3）。据初步认定，有纳玛象、羚羊、斑鹿、赤鹿、猪、小型偶蹄类动物等。其中以象的骨骸数量最多，约占70%，其次是赤鹿、羚羊等。许多化石未能认定是何种动物。大部分动物化石出土后，在原地按原貌就地保存，具体数字无法统计，仅将零散出土的部分动物化石介绍如下：

象　主要是纳玛象，可以认定成年象2头，幼象4头。肢体都残缺不全，分别出土于第一层的下部和坐落在第二层上的水沟中。其中颅骨2件，门齿2件（已破碎），臼齿5件，乳齿3件，肩胛骨4件，肋骨34件。HG：601，成年象颅骨，出土于第一层下部，因石化程度较轻而大部分破碎，又由于搬动而断为两截。残留部分颅骨为上颚部，存二臼齿，二齿之间有缺位，二齿的齿板各11个，齿长16厘米，宽6.5厘米（图三，8；图四，2）。HG：605，成年象臼齿，镶嵌在齿槽上，齿板11个，齿

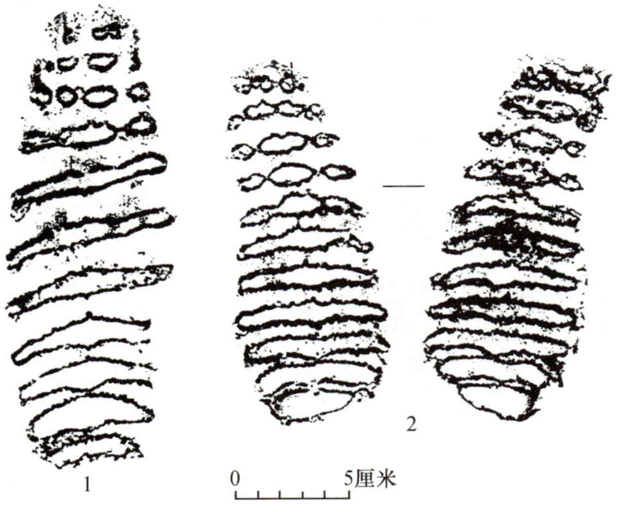

图四
1、2. 象臼齿拓片

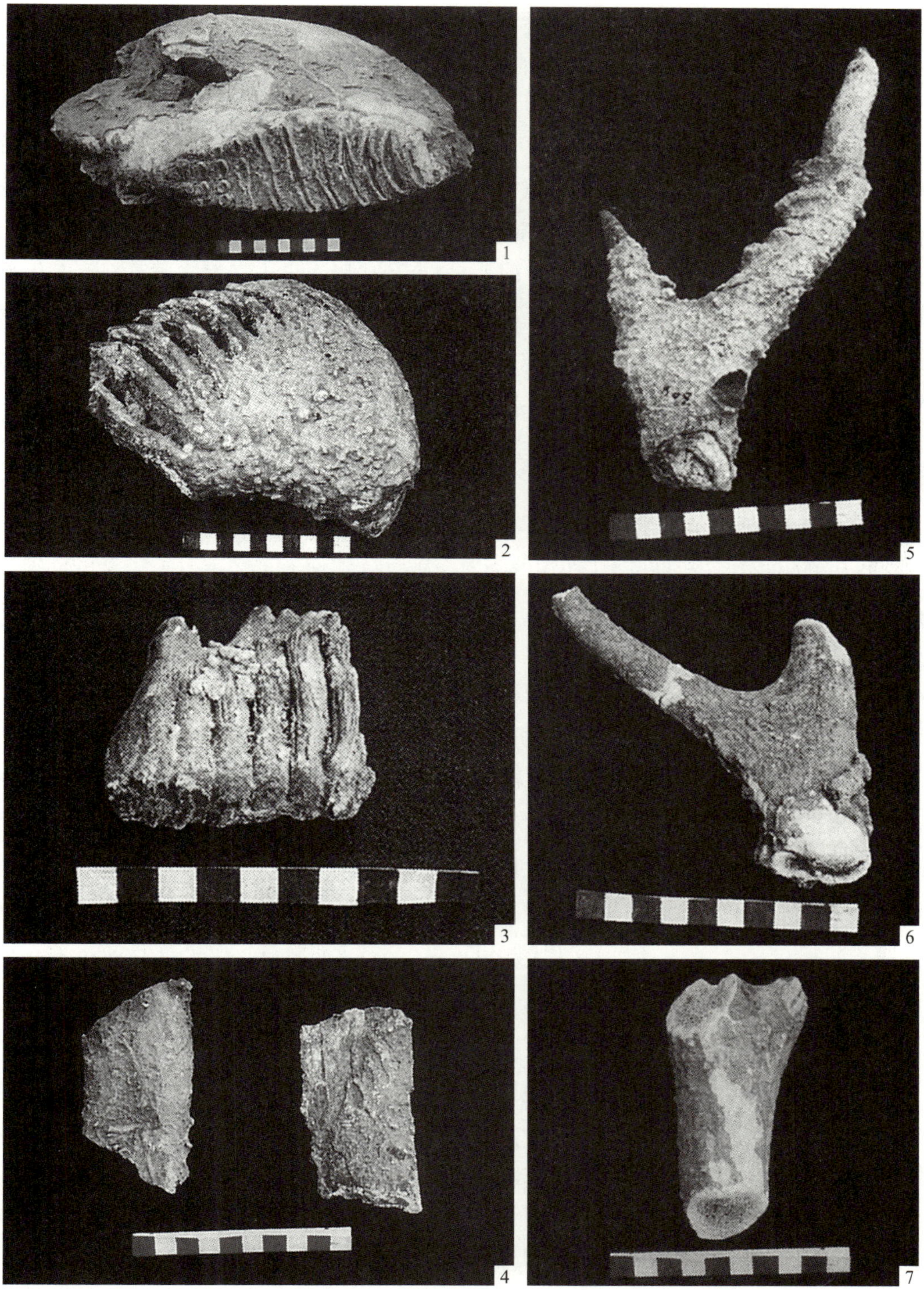

图五

1. 成年象臼齿　2、3. 幼象乳齿　4. 象肋骨　5～7. 鹿角长20.5厘米，宽7.5厘米（图五，1；图四，1）。HG：602，幼象乳齿，形体较完整。齿冠较短，周边有显著突起而形成齿带。齿板9个，齿长18厘米，宽18厘米，厚8厘米（图五，2）。HG：604，幼象乳齿，形体较小而完整。齿冠较短，齿板6个，齿长6厘米，宽7厘米，厚3.5厘米（图五，3）。HG：553，象肋骨，残存1段。扁体，断面呈椭圆形，残长10.5厘米，径2.5～5厘米（图五，4左）。HG：552，象肋骨，残存1段。扁体，中间稍凹，残长9.5厘米，径2～5厘米（图五，4右）。

鹿角　均为残段，共4件。HG：614，赤鹿角残段，出土于第二层下部。石化程度较重而角质坚硬，角体黏附钙结核。有骨质角芯，角端分杈。最大径4厘米，长23.5厘米，杈长13.5厘米（图五，5）。HG：615，赤鹿角残段，出土于第一层下部。石化程度较轻，角表面稍磨即现粉末，角芯有孔隙。残长15厘米，径4厘米（图五，6）。HG：627，赤鹿角残段，残长11厘米，径5厘米（图五，7）。

小型偶蹄类动物残骨　数量甚多，均出土于第二层中。石化程度较重，骨芯多中空，少量骨芯有蜂窝状孔隙。

烧焦动物化石　数量较多，均出土于第一层下部，往往与石制品、木炭屑、烧土块共存，大部分为碎骨片，呈灰黑色。

4. 其他遗物

木炭屑　数量甚多，比较集中地分布在第一层下部黄土中。

碎烧土块　数量较多，散乱分布在第一层下部黄土中，呈橘红色或灰黄色，因烧成温度相当低而极易破碎。

钙结核中的动物化石与石制品全部出土于第二层浅红色土层中（图二，4）。

四、结　　语

1. 年代

洪沟的旧石器遗存，发现于晚更新世形成的粉砂质马兰黄土中（第1层），其相对年代相当于晚更新世。出土的动物化石，已确认的有纳玛象、赤鹿、羚羊、斑鹿一类动物。北京大学考古系年代学实验室根据第一层出土的纳玛象下臼齿残片，以铀系法测定的年代为距今11万年以上。这一年代数据与地质年代以及动物群所属年代相一致。洪沟下部（第2层）的文化遗存，动物骨骸的石化程度较重，其年代应早一些。

2. 性质

洪沟文化遗存的特点是：大量的石制品、动物化石与用火痕迹共存；不同动物的骨骸杂乱堆积，肢体无一完整者；石制品均棱角分明。

以上特点表明，洪沟当时是先民肢解、分食猎物的场所，动物化石系食后的遗留物。成堆的石制品和散存的石屑，则可能表明用作宰割猎物、砍伐树木的石制品随时制作和使用，钝者或不适用者随地丢弃。石制品的使用率相当低。

3. 文化特征

洪沟的旧石器遗存有以下特征：

（1）制器原料以红色砂岩砾石为主，其次为灰白色砂岩砾石，少数为石英石。

（2）打片方法主要是锤击法，其次为摔击法。石制品经第二次加工修整者很少，制作相当粗糙。

（3）石片的数量居于首位，其次为石核。真正意义上的石器数量很少。石制品的形体大小悬殊，以中小型的为主。

（4）动物化石以纳玛象的骨骸最多，约占70%，此外为斑鹿、羚羊、猪等，这应是洪沟当时的主要动物群体。

4. 自然环境与先民的经济生活

洪沟附近的黄土丘陵，是豫西黄土丘陵往东的延伸，黄土发育非常好。附近沟壑纵横，槽谷列布。洪沟旧石器遗存反映出远古时代这里的气候湿润稍寒，水源充足，丘陵上下生长着茂密的丛莽树木，成群的野兽不时出没其间，显然是原始人群和各种动物栖息繁衍的理想之地。洪沟先民主要的经济活动是狩猎。不同用途的大中小型石制品的组合，正是为了适应这种自然环境与经济活动客观上的需要而产生的。

执笔：席彦昭　刘洪森　廖永民

摄影：刘洪森　张颖兑

附记：在洪沟旧石器时代文化遗址的发掘、整理工作中，河南省社会科学院河洛文化研究所所长康树森，副所长崔耀银，李书声等给予大力支持，提供诸多方便。孙校辉同志亦参与了整理编写工作。

注　释

［1］洛汭，指洛水入黄河处。《元和郡县志·河南府巩县》："洛水东经洛汭，北对郎邪渚入河，谓之洛口，亦名什谷……"

（原载于《中原文物》1998年第1期）

中原地区发现旧、新石器时代遗存直接叠压的过渡期遗址

——河南新密李家沟遗址

一、发现与发掘概述

李家沟遗址位于河南省新密市岳村镇李家沟村西（图一）。2004年底郑州市文物考古研究院进行旧石器考古专项调查时发现的。这里的地形为浅山丘陵区，海拔高约200米。地势由东北向西南部倾斜，黄土层堆积发育良好。属于淮河水系溱水河上游的支流椿板河由北向南流经遗址西侧。李家沟遗址具体坐落在椿板河左岸以马兰黄土为基础的二级阶地堆积层上。2009年秋季，北京大学考古文博学院与郑州市文物考古研究院联合对此遗址进行了考古发掘。发现了距今约10500年至8600年相连续的新石器文化层堆积，下部直接叠压着有旧石器时代晚期细石核与细石叶等典型的细石器文化遗存。上部新石器遗存中包含有绳纹和刻划纹等装饰的粗夹砂缸瓮类陶器（图二、图三）与石磨盘等。经过约两个多月的发掘，共揭露面积近30平方米，探方分布是在一条沿断层破碎带形成的沟谷两侧因而形成南、北两个发掘区。两区的探方壁面上均显示出从旧

图一　李家沟遗址地形地貌图

图二 夹砂褐红陶绳纹、划纹缸残片

石器向新石器时代过渡的地层堆积层面。

北发掘区（图四）的文化层厚约3米，从上向下分七层：第1～3层为近代堆积层；第4～6层为新石器时代早期堆积，发现数量较多的陶片，石制品与残损动物骨骼等；第7层即为仅含打制石器的旧石器文化层。

图三 粗夹砂红陶绳纹缸残片

图四 北发掘区地层剖面

南发掘区（图五、图六）的地层堆积自上向下分为四层：第1层为棕褐色含碳酸钙胶结构层，此层常见于本区新石器时代遗址，并被叠压在裴李岗文化层之下；第2层为灰白色沙砾层，含零星陶片，按岩性与包含物的特点看，与北发掘区的第5、6层属同期堆积；第3层含少量打制石器与动物化石碎片，岩性特点和文化遗物与北发掘区第7层相当；第4层的遗存最为丰富，含船形、柱形等类型的细石核与细石叶等典型细石器文化遗存（图七），同时亦见人工搬运的石块与粗大石制品（图八）；第4层之下则为不含文化遗物的马兰黄土层。加速器^{14}C等年代测定结果进一步提供了过渡阶段的年代

图五　南发掘区地层剖面

图六　南发掘区旧、新石器过渡期地层遗物分布图

图七　南发掘区第四层出土的细石器遗物

数据。采自南发掘区的第4层，即细石器文化层的三个木炭样品的加速器^{14}C年代测定结果，均距今10500～10300年（经过树轮校正，下同）。采自北发掘区新石器时代文化层木炭样品的加速器^{14}C年代测定结果，则分别为距今9000年（第5层）和8600年（第4层）。综合南北两个发掘区剖面层位序列，可清楚地看到本地区旧石器时代晚期向新石器时代早期过渡的地层关系。

李家沟遗址南发掘区第7层还发现数量较多的脊椎动物骨骼遗存。骨骼多较破碎。部分标本表面有轻度风化与磨蚀迹象。初步鉴定有牛、马以及大型、中型和小型鹿类、猪以及食肉类，啮齿类与鸟类等（图九）。按照最小个体数字统计，牛、马与鹿类等大型食草类动物的比例高达半数以上。动物遗存的情况也说明狩猎大型食草类动物仍是李家沟遗址早期阶段的主要经济生活来源。

图八　石磨盘与石砧

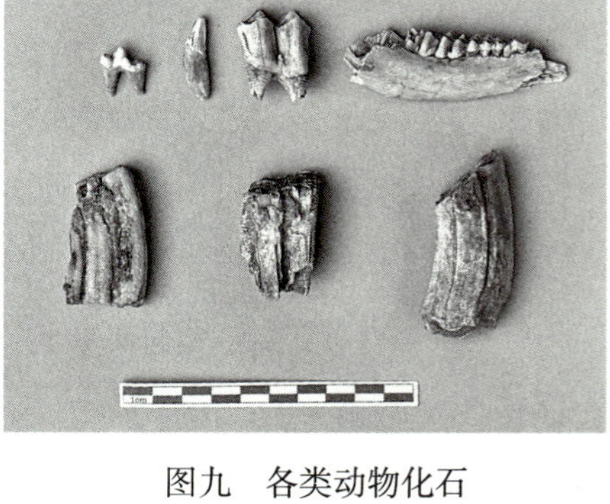

图九　各类动物化石

二、发掘的重要成果及其重要意义

李家沟遗址发掘的重要意义首先是发现了国内罕见的包含旧石器时代晚期到新石器时代早期文化直接叠压关系的地层剖面，填补了本地区对于过渡阶段地层堆积特点认识的空白，为继续发现这类遗址提供了地层学方面的参照；在旧、新石器时代之间的交接这一重要课题上是一个重大突破。例如距李家沟遗址不远的许昌灵井遗址，在旧、新石器时代的地层叠压、土质以及各不同地层中包含遗物的种类、分布、质料、制作工艺诸方面彼此都非常接近。这就为两遗址之间相互比照、研究提供了有利条件。

李家沟遗址旧石器阶段的发掘，主要收获在于发现了典型的细石器文化的同时，也有能够反映出人类相对稳定栖居形态的大型石制品及人工搬运石块的出现。这一有别于早前发现的共存现象说明，本地区较晚阶段的新文化因素并不是突然出现，而是已经孕育在旧石器时代晚期之末。

李家沟新石器阶段的主要发现是较成熟制陶技术的突然出现以及细石器技术的明显变化。这两种情况均显示出本地区旧、新石器时代过渡与华南及华北北部已有的发现并不相同，而很可能有非本地技术因素在内并且在旧、新石器时代过渡进程中发挥过重要作用。

李家沟遗址上述发现的重要意义，还在于其从底层堆积、工具组合、栖居形态到生活方式等多角度的演化中提供了中原地区旧石器时代向新石器时代过渡进程的重要信息，比较清楚地揭示了本地区史前居民从流动性较强，以狩猎大型食草类动物为主要对象的旧石器时代，逐渐过渡到具有相对稳定的栖居状态到以植物性食物与狩猎并重的新石器时代的演化历程。特别是新石器时代出现较大型的陶缸瓮类储存器，暗示着此阶段主要方面的生活方式与早期相比已发生了明显变化，并展示了本地区这一阶段历史发展的特殊性，填补了这段历史的缺环与空白。

与当时人类栖居状态有关的大型石制品及人工搬运石块现象，显然是本地区旧、新石器时代过渡期的一个重要特点。特别是大型缸瓮类储存器表面出现的滚动压印纹与绳纹、划纹与点纹，把用这种纹饰装饰陶器的历史提前了两千来年，加之其陶质、陶色、器形等，都呈现出本地区新石器时代早期阶段，在裴李岗文化之前早期陶器的特点。

（原载于《炎黄天地》2010年第2期）

瓦窑嘴裴李岗文化遗存试析

瓦窑嘴遗址位于河南省巩义市城区杜甫西路西侧，面积约17万平方米。1995年5月发现，同年5～9月，曾两次配合土建工程进行发掘，揭露面积约1200平方米。文化层厚25～40厘米，但其中包含遗物甚少，绝大部分遗物出土于灰坑之中。部分灰坑有打破关系，但包含的遗物无大差别。地层关系相当清楚，出土遗物比较单纯。瓦窑嘴的裴李岗文化遗存具有明显的特点，展现不少新的文化因素，与其他裴李岗文化遗存既有相同之处，又有较大的区别。早在1991年，巩义市的考古工作者，在市境内坞罗河流域考古调查当中，这类遗存便在东山原和北营两遗址被发现[1]。由于当时调查所得实物资料较少，对其文化面貌、基本特征及其分布情况等认识得相当肤浅。瓦窑嘴遗址的两次发掘，出土这类遗物异常丰富，又通过整理与研究工作，对这类遗存才有了比较深刻地认识。现仅就这类遗存的一些情况进行分析，并谈谈初步看法。

一、文化面貌与基本特征

1. 遗迹

灰坑为圆形或椭圆形直壁筒形坑，平底，个别为圜底。有的直壁筒形灰坑接近底部向外扩展，形成弧壁，并有烧火痕和厚约5厘米的草木灰层；灰坑的口径和底径在1.4～1.7米，本身深度在0.5～1.4米，填土内包含遗物相当丰富。没有发现房基和墓葬。

2. 遗物

陶器均为手制。以泥质橘红陶为主，约占50%，其次为夹砂褐陶，约占30%，泥质黑陶约占15%，另有少量泥质浅灰陶。泥质红陶和泥质黑陶，陶土均经过淘洗，土质细腻；一般烧制火候较低，陶质疏松，尤其夹砂褐陶和少部分泥质红陶，刚出土时经手即碎，干后稍磨即现粉末。但泥质黑陶和大部分泥质红陶烧制火候较高，陶质坚硬，陶胎薄而均匀，制作精细，器形规整，制作水平相当高，突出的是不同型式、数量众多的泥质黑陶碗，以及豆、钵等（图一，1、4、8；图二，8），陶色漆黑而有光泽，多内壁磨光而外壁素面。有的陶碗胎厚仅2毫米。泥质红陶钵、碗、盆等器，外壁腹部以下为红色，口部与内壁为黑色。一种红陶圈足（或假圈足）钵和圜底深腹盆，

1 2 3 4 5 6 7 8 9 10 11 12

图一

1. 泥质黑陶圈足碗 2. 泥质红陶圈足碗 3. 灰砂褐陶卷沿深腹罐 4. 泥质黑陶豆 5. 泥质红陶短柄勺 6. 泥质红陶方沿小平底盆 7. 泥质红陶卷沿平底盆 8. 泥质黑陶深腹钵 9. 泥质黑陶喇叭口平底杯 10、11. 泥质红陶盆形圈足甑 12. 泥质红陶耳罐

上黑下红的外壁经磨光处理后施深红色陶衣（图二，2、3）。

器形器类：主要器物有方唇圜底（或小平底）盆（图一，6），卷沿平底盆（图一，7），卷沿深腹罐（图一，3），直口圈足钵（图二，2、3），直口浅腹钵（图二，16），三足钵（图二，11），平沿圈足碗（图一，12；图二，8、9），深腹底豆（图一，4），喇叭口平底杯（图一，9；图二，15），厚胎杯（图二，14），短柄勺（图一，5；图二，12），匕形器（图三，1～5）。其中还有盆形圈足甑（图一，10、11），喇

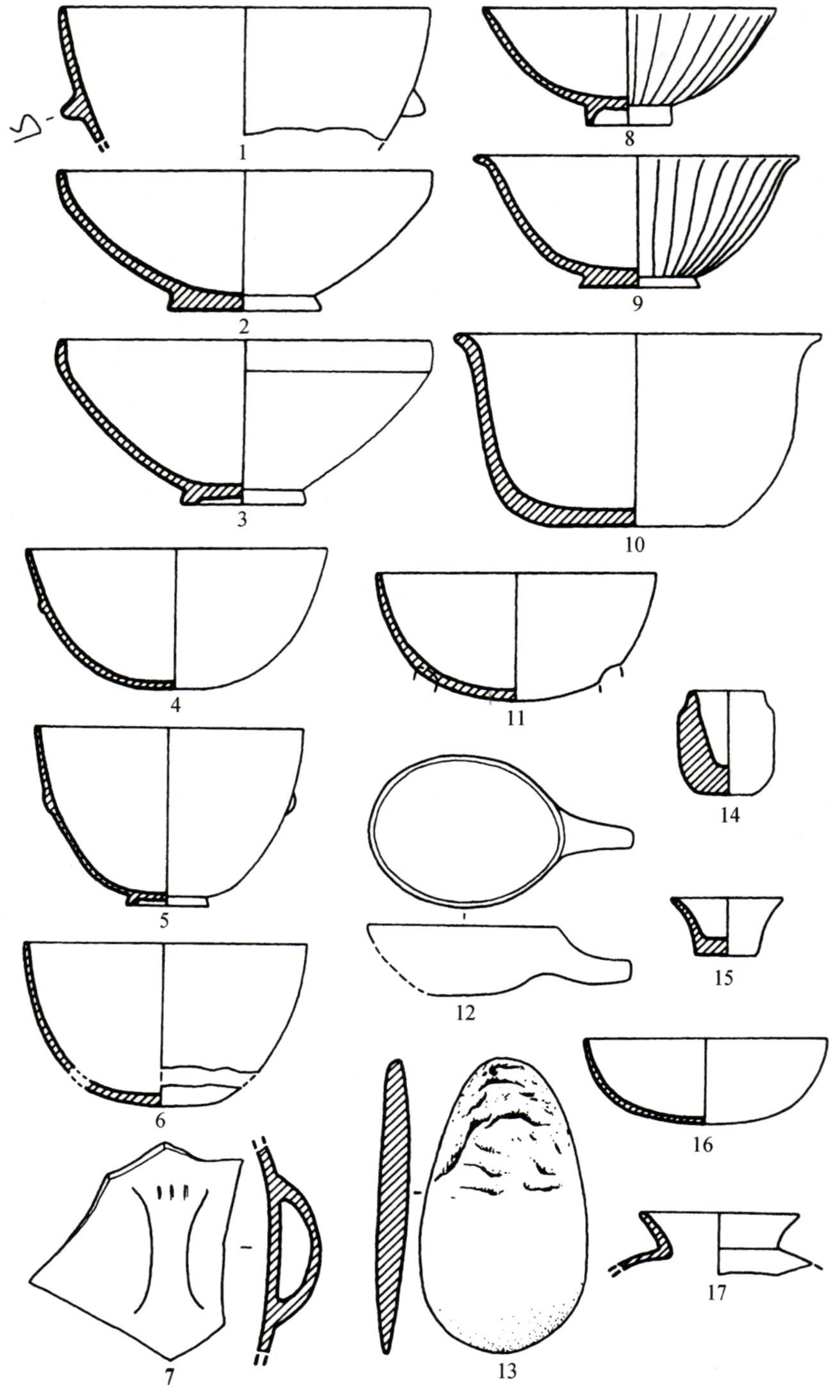

图二

1. 深腹钵　2. 直口假圈足钵　3. 直口圈足钵　4. 泥质黑陶小平底碗　5. 深腹圈足钵　6. 深腹钵
7. 泥质灰陶大耳罐器　8. 泥质黑陶圈足碗　9. 假圈足碗　10. 圈沿平底盆　11. 三足钵　12. 短柄勺
13. 石铲　14. 泥制褐陶厚胎杯　15. 泥质黑陶喇叭口杯　16. 泥质黑陶直口浅腹钵　17. 泥质红陶喇叭口球形壶

叭口球形壶（图二，17），小口大耳罐（图一，12），器座等。除夹砂深腹卷沿罐、杯和部分泥质红陶盆为平底或小平底外，其他如碗、钵、甑、豆、盆等器绝大部分为圜底并有圈足或假圈足。圜底圈足器之多，是这类裴李岗文化遗存的一个明显特点。此外，数量众多，形式多样，大小不一的匕形器是这类文化遗存所特有的一种器物。

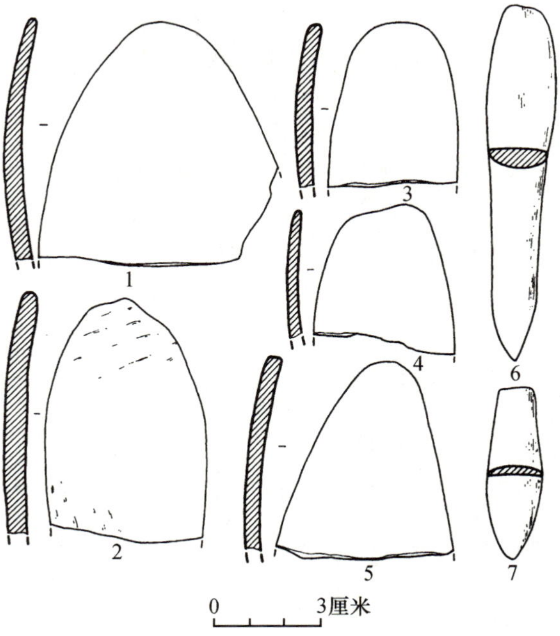

图三
1～5. 匕形器 6. 骨锥 7. 骨镞

器表装饰 大部分陶器为素面，约占70%，部分陶器（主要是碗、豆、钵）的内壁或外壁经磨光处理约占20%，少量陶器（主要是圈足或假圈足钵）外壁饰暗红色陶衣。常见纹饰有篦点纹（图四，1～3），戳刺纹（图四，4、5），放射状竖划纹（图一，1、2；图二，8、9），点线纹（图四，6～8），“之”字纹（图四，9），乳钉纹（图四，10、11），扁形乳钉纹（图四，12），镂孔等。尤其是薄胎圈足碗（图一，1、2），所饰由底部向口部作放射状竖划纹最具特色，而且数量最多。钵和豆的腹部多饰对称乳钉纹或驼峰形鋬（图二，1；图四，13），鼎、罐、盆和三足钵等多饰篦点纹，戳刺纹或点线纹。部分三足钵的底部有排列整齐的钻孔。

二、石器、骨器、蚌器

石器 磨制，均无钻孔。主要器形有履底形四足磨盘[2]，圆柱形磨棒，椭圆形和上窄下宽弧刃铲（图二，13），扁平饼形器（图五，1）和锯齿镰[3]等。

骨器 磨制，主要有扁平体锥（图三，6），短铤镞（图三，7）和扁平条形匕（图五，2）等。锥、镞磨制相当粗糙，但匕磨制精细，器形规整，厚仅0.15厘米。

蚌器 仅见蚌镰，整体呈弧形，锯齿刃，一端有二钻孔（图五，3）。

三、文化性质

瓦窑嘴的文化遗存有着明显的裴李岗文化的特点。首先，构成裴李岗文化基本特

图四

1 ~ 3. 篦点纹　4、5. 戳刺纹　6 ~ 8. 点线纹　9. “之”字纹　10、11. 乳钉纹　12. 扁形乳钉纹　13. 驼峰形鋬

征的代表性器物如石器中的锯齿镰、椭圆形或上窄下宽弧刃石铲、石磨盘、石磨棒；陶器中的大口钵、三足钵、小口球形壶、卷沿深腹罐、勺等，都是裴李岗文化中常见的典型器。此外，陶器均为手制，烧制火候低，陶质疏松易碎，红陶呈橘红色等都具有裴李岗文化的特征；器表所饰篦点纹、戳刺纹、乳钉纹、“之”字纹等，也是裴李岗文化流行的纹饰。这种情况表明，瓦窑嘴的文化遗存与其他裴李岗文化遗存属于同一种文化，彼此有着内在的关系。

但是，另一方面，瓦窑嘴文化遗存自身独具的文化因素表现出它与其他裴李岗文化之间也有着显著差异。

（1）泥质黑陶占相当大的比例，约占15%。这部分陶器火候高，陶质硬，陶胎薄，器形规整。泥质黑陶中，具有代表性和典型性的器物有平沿圈足碗、薄胎小平底碗、小平底钵、喇叭口杯和深腹圜底豆等。这部分泥质黑陶器构成了瓦窑嘴文化遗存的一个显著特点。不仅代表着裴李岗文化制陶技术最高的工艺水平，也显示出当时中原文化的领先地位。

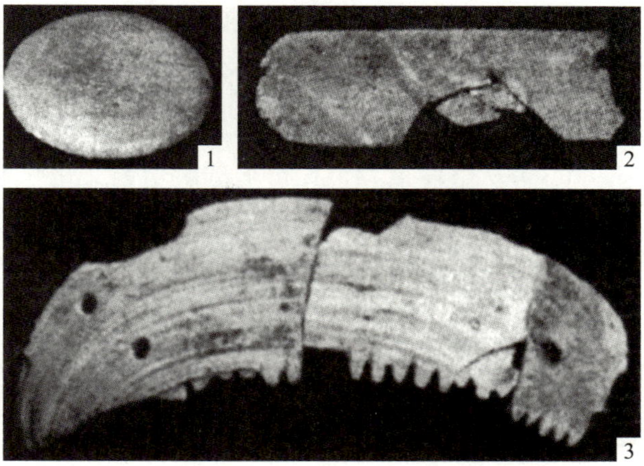

图五
1. 扁平饼形器 2. 扁形条形匕 3. 锯齿蚌镰

（2）泥质红陶器的陶色多为内壁漆黑，而外壁则口部呈黑色，腹、底部呈红色。这类器物主要有直口圈足钵和深腹圈足钵、三足钵、卷沿盆等。是瓦窑嘴文化的一大特色。

（3）器形器类方面，泥质红陶圈足盆形甑、施深红色陶衣直口圈足钵、薄胎深腹圈足钵、卷沿平底盆、饰放射状竖划纹圈足碗以及深腹圜底豆等，都为其他裴李岗文化遗存中少见或不见。此外，拥有众多不同器类的圈足器（一部分为假圈足），其数量仅次于平底器而居第二位。

（4）大量的匕形器，是这类文化遗存中特有的一种器物。

（5）锯齿蚌镰、骨匕等，在裴李岗文化遗址中尚属首次出土。

基于以上分析，可以认为，瓦窑嘴的裴李岗文化遗存与其他裴李岗文化遗存虽然在内涵上关系密切，有着内在的关系，但彼此之间的诸多不同，又反映了文化性质的差异。这种差异主要表现在瓦窑嘴的裴李岗文化遗存包含着许多其他裴李岗文化遗存中不见或少见的新的文化因素。这种差异既有着时间早晚的关系，又有着地域性的原因。诸种迹象表明：

（1）从制陶技术上的进步、器类的增多、器表装饰比较复杂等情况看，瓦窑嘴文化遗存的时代当属于裴李岗文化的晚期。

（2）比较集中地分布在洛水支流坞罗河与湟水流域的这类裴李岗文化遗存，以其自身独具的特点，表现出与其他裴李岗文化遗存之间的显著差别，这种差别表明它可能代表着主要分布在以嵩山为中心的裴李岗文化中的一个新的类型。我们认为，瓦窑嘴遗址的发掘面积较大，出土遗物丰富，特别是其拥有的陶器群具有较充分的代表性和典型性。因之，我们主张把这类遗存作为裴李岗文化的一个新的类型，称之为"瓦窑嘴类型"。瓦窑嘴类型的发现和确认，将是中原地区新石器时代考古的一个新的进展。

（3）从整体上看，瓦窑嘴的裴李岗文化晚期遗存与豫中地区仰韶文化早期遗存共有的文化因素甚少，这是一个非常特殊而又令人费解的现象。同样在坞罗河流域发现的坞罗西坡裴李岗文化晚期的遗存[4]，却展现了另一种特点，即具有明显的从裴李岗文化向豫中地区仰韶文化过渡的性质。以其与仰韶文化早期遗存较多的共同因素以及文化面貌非常相近，而展现了裴李岗文化向仰韶文化发展进程中，从早到晚的嬗变过程与传承关系。瓦窑嘴与坞罗西坡这两种裴李岗文化的晚期遗存文化面貌的显著差别，表明裴李岗文化的晚期阶段，中原地区的社会、文化与经济生活等方面，可能处于一个复杂多变的时代。

注　释

[1][2][3]　赵玉安：《巩义市坞罗河流域裴李岗文化遗存调查》，《中原文物》1992年第4期。

[4]　廖永民：《坞罗西坡文化遗存试析》，《中原文物》1994年第1期。

（原载于《中原文物》1997年第1期）

坞罗西坡文化遗存试析

坞罗西坡遗址，于1992年10月，巩义市文管所的业务人员对市境内坞罗河流域进行考古调查时发现。调查资料已经发表[1]。由于坞罗西坡遗址采集的遗物标本，文化面貌比较特殊，显示了某些新的文化因素。引起北京与河南省考古界一些学者的注意。河南省社会科学院河洛文化研究所就此召开的研讨会上，学者们的看法也有明显的分歧。为了进一步掌握这类遗存的情况，1993年5月初，河南省社会科学院河洛文化研究所与巩义市文管所的业务人员联合再次调查了该遗址。并采集到一部分较重要的遗物标本。

该遗址位于巩义市南约20千米处，在坞罗河西岸。遗址以东与同时发现的东山原、北营两裴李岗文化遗址隔河相望。遗址附近，丘陵起伏，沟壑纵横，形成阶梯形台地。遗址西北半华里是坞罗村，当地群众称遗址分布地带为“西坡”。文化遗存主要分布在第三级台地上，面积约3万平方米。岗沿、沟边暴露的文化层，距地表0.5～1.2米，为暗红色黏土，土质坚硬，有的地方与其他土层无明显界限。部分文化层之上直接叠压着战国与汉代文化层。发现房基1座，距地表1.9米，仅能看到部分地坪。其构筑方法是地坪铺垫之后再经大火烘烤。暴露在岗沿上的两座墓葬，相距约40米，均为竖穴土坑墓，墓坑边线不明显，仅露出部分肢骨，不见随葬品。发现瓮棺葬1座，距地表1.1米，在暗红色硬土文化层中，无明显墓坑，葬具为一泥质红陶器，陶质陶色与文化层中其他陶片相同。幼儿骨骸尚存，多与葬具黏合一起。发现灰坑1个，坑口距地表1.7米，直接压在厚约0.3米的文化层之下。下面打破生土。坑壁明显，为直壁圜底筒形坑，深约0.8米，填土灰黄色，含陶片、烧土块、兽骨等。

采集的遗物标本，主要是陶片，其次是石器，还有柱形烧土块（含粟状颗粒）、猪骨、禽骨等。陶器，以泥质橘红色陶为主，约占70%，其次是夹砂红陶和夹砂褐陶，有少量泥质浅灰陶。小型器物如钵、碗等，陶土似经淘洗，显得质地细腻，胎壁大多薄而均匀；均系手制。因烧制火候低而陶质疏松，刚出土时手捻即碎，干后稍磨即现粉末。有的器表有成片脱落现象。器表多数为素面，有些器物如碗、钵，沿下有凸棱一周，或施附加堆纹一周，还有部分器物沿外侧施凹槽一周，少量器表饰划纹、线纹。器形以钵、碗等小型器为主，其他有折沿深腹罐、圆锥形足鼎、平沿盆、三足钵等（图一）。石器，有杵、凿、铲、盘形器、弹丸等（图二）。

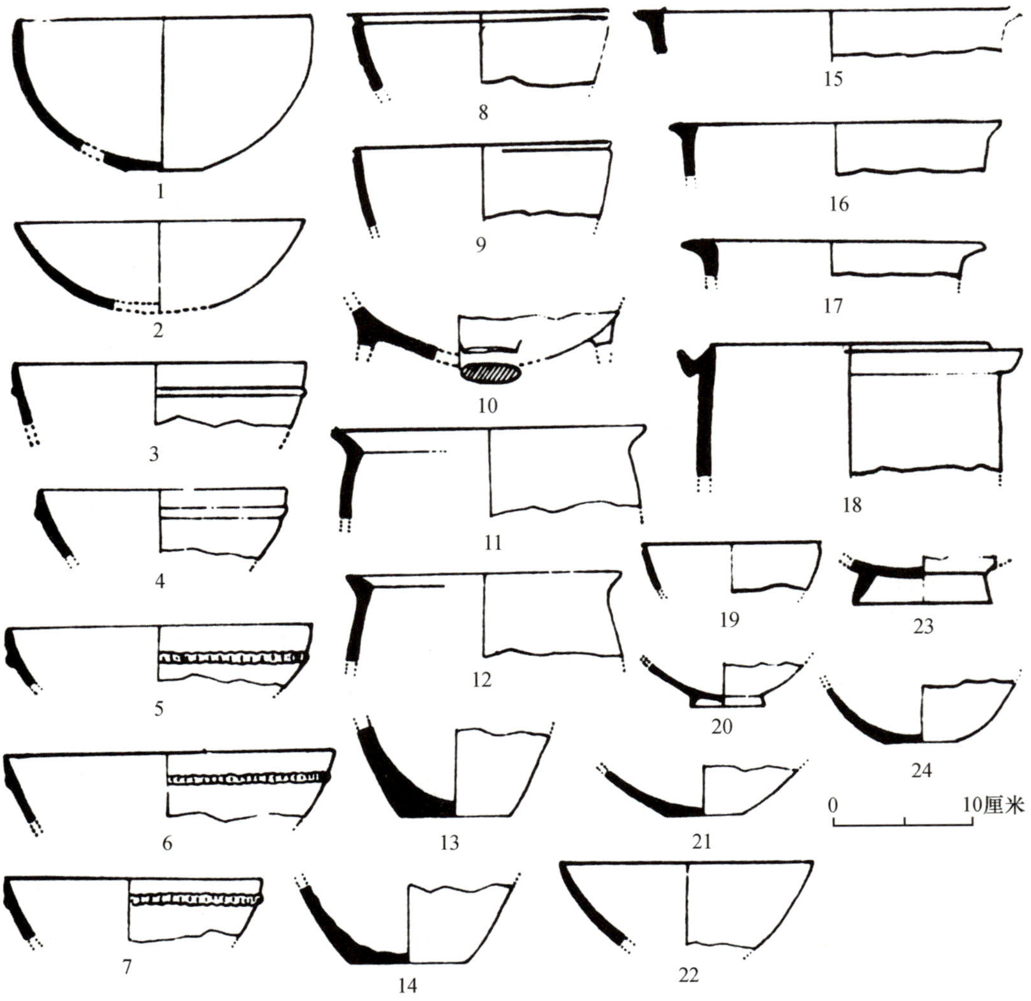

图一

1～10. 钵　11～14. 罐　15～17. 盆　18. 筒形陶器　19～24. 碗

尽管采集的遗物标本较少，仅观察到一些遗迹的暴露部分。但初步迹象已可看出其独有的显著特点，展现一种新的文化面貌。

1. 具有从裴李岗文化向豫中地区仰韶文化过渡的性质

一方面，文化面貌上有着明显的裴李岗文化特点，如陶器的器类少，器形简单，且多为小型器物；烧制火候低，陶质疏松易碎；均为手制，或陶土经过淘洗；红陶呈橘红色，且占绝对多数，另有少量浅灰陶；器形方面，有裴李岗文化中常见的大口浅腹钵、三足钵、薄胎碗等。另一方面，又有着较多的豫中地区仰韶文化因素，如房基地坪铺垫之后经大火烘烤；幼儿实行瓮棺葬；平沿盆是豫中地区仰韶文化早期遗存中

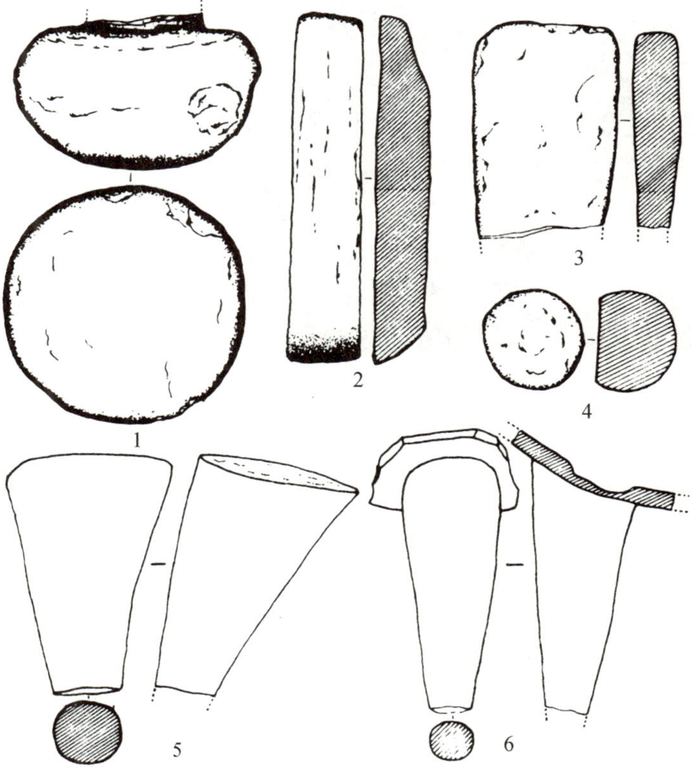

图二

1. 石杵　2. 石凿　3. 石铲　4. 弹丸　5、6. 鼎足

常见的，圆锥形稍向外撇的鼎足与郑州大河遗址下层[2]、长葛石固遗址V期[3]仰韶文化早期遗存中的鼎足完全相同；附加堆纹、划纹、线纹也是仰韶文化早期便已开始流行的纹饰。通过以上比较，可以认为，坞罗西坡的文化遗存与裴李岗文化、豫中地区仰韶文化在文化内涵上关系密切，它在裴李岗文化向豫中地区仰韶文化发展进程中起着承前启后的作用，从而明确了三者（裴李岗文化—坞罗西坡文化遗存—豫中地区仰韶文化）从早到晚的嬗变过程与传承关系。

2. 坞罗西坡文化遗存自身独具的文化因素

它与裴李岗文化豫中地区仰韶文化都存在着显著的差异。首先，构成裴李岗文化基本特征的代表性器物，如锯齿石镰、两端弧刃石铲、石磨盘、石磨棒；陶器中的半月形耳球形壶、乳钉纹鼎、卷沿深腹罐、勺等，坞罗西坡都未见；豫中地区仰韶文化早期遗存中的典型器如浅腹釜形鼎、罐形鼎、小口瓶、敛口瓮、敛口钵以及彩陶等，坞罗西坡也都未见。此外，坞罗西坡的扁三足钵与钵的沿外侧施凹槽或沿下附加凸棱的做法，裴李岗文化与仰韶文化都不见；钵沿下施附加堆纹，裴李岗文化不见，而与仰韶文化的附

图三
1. 划纹陶片（左）　2. 线纹陶片（右）

加堆纹亦不同；西坡文化遗存的附加堆纹不仅又窄又细，而且是在附加的细泥条上用棍棒细而扁的尖端压印而成，仰韶文化则是用手指压印而成的粗大附加堆纹；再者，西坡的附加堆纹仅施于钵形器，而仰韶文化则钵类器未见施附加堆纹者；西坡的划纹疏朗而有间隔，划痕粗且深，纵横排列有序，而仰韶文化陶器的划纹稠密而划痕较浅，且相当杂乱（图三，1）；西坡的线纹稠密而印痕深浅不一，仰韶文化的线纹间隔均匀而印痕甚浅（图三，2）；筒形陶器，形制特殊，裴李岗文化、仰韶文化均不见。

基于以上分析，可以认为坞罗西坡的文化遗存尽管与裴李岗文化、豫中地区仰韶文化在文化内涵上关系密切，有着内在的联系，但是彼此之间的诸多不同体现了文化性质的差异。初步迹象表明坞罗西坡的文化遗存可能是独立于裴李岗文化和仰韶文化的另一种新型文化，因之应考虑给予新的命名，即“西坡文化”。它属于豫中地区新石器时代的中期遗存。不过，由于受资料较少、又都是采集品的局限，还只能作为一个问题提出来，尚有许多工作要做，最重要的是对坞罗西坡遗址进行大面积的科学发掘，获取更多的实物资料。

注　释

[1] 赵玉安：《巩义市坞罗河流域裴李岗文化遗存调查》，《中原文物》1992年第4期。

[2] 大河村遗址博物馆展览厅陈列品。

[3] 郭天锁、陈嘉祥：《长葛石固遗址发掘报告》，《华夏考古》1987年第1期，第63页，图五五：8，图五六：1。

（原载于《中原文物》1994年第1期）

试论从仰韶到河南龙山的过渡期文化

一、过渡期文化的发现与认识过程

具有从仰韶文化向河南龙山文化过渡性质的遗存，是1957年首先在河南省中部汝河沿岸考古调查中被发现的。不过那个时候对它的认识还非常肤浅。当时考古工作者在伊阳县上店遗址采集到一块“表里漆黑而有光泽的陶片，外壁上却施有深红色的彩绘花纹”，由此曾断言这处遗址包含着仰韶与龙山两个文化系统的混合文化，而这块陶片则被认为是“富有这种混合血液的产品”[1]。河南龙山文化由仰韶文化发展而来的观点是由于1956～1957年河南陕县庙底沟二期文化的发现而提出来的[2]。继之，1959～1960年洛阳王湾二期（晚）文化的发现，证明了这一观点的正确性[3]。于是，仰韶文化与河南龙山文化的传承关系逐渐被我国考古界所公认。以后的考古发掘，特别是1971～1972年河南淅川下王岗晚一期文化[4]以及1972～1975年郑州大河村四期文化[5]的发现，进一步揭示了这种过渡文化的分布范围及其本身的复杂情况。由于掌握了相当丰富的实物资料，可以看出，具有过渡性质的文化遗存之间，除了共有的基本特征外，也存在着明显的差异，而这处差异又在一定地区范围内有着类同的归属。

当前的问题是需要进一步把过渡文化遗存的内涵、特征、类型以及与其他文化的关系等问题搞清楚。这种基础性的研究工作将有助于我们对这类遗存更深入地了解，从而在准确划分类型的基础上把这一课题的研究工作再向前推进一步。

二、地域分布与文化特征

从现在掌握的材料看，具有过渡性质的文化遗存已经发现一百多处，其分布范围主要在河南省境内，而鄂西北、晋南和陕西的东部地区也有发现。它的主要分布区和仰韶文化、河南龙山文化的主要分布区基本一致。经过发掘或试掘的遗址六十多处。

由于过渡文化经历了一个较长时期的发展过程，所以在文化面貌上呈现出明显的阶段性变异。但这种变异并没有脱离开它本身具有的基本特征，即从仰韶向河南龙山的过渡性质。通过对出土陶器的研究，我们可以把过渡文化的基本特征归结为以下几点：

（1）陶质、陶色。早期红陶较多，以后红陶逐渐减少，灰陶相对增多。晚期灰陶居于优势，有少量的黑陶。

（2）陶器制作。以手制为主，或慢轮修整口沿。晚期阶段，轮修部分向下延伸到腹部。

（3）陶器的组合。早期的陶器群以鼎、罐、盆、缸、钵、壶、甑、瓶、碗、豆、杯为基本器型。晚期增添了斝、鬶、盉等新型。而鼎、碗、杯、豆的数量显著增多，器盖的形式多样化，应用也较广泛，钵的数量却逐渐减少。

（4）器表装饰。多素面或磨光，常见纹饰有绳纹、划纹、弦纹、附加堆纹、镂孔、彩绘等还有少量篮纹、方格纹。晚期彩绘骤减，绳纹、篮纹渐增，而器体装配纽、耳、鋬、柄、流的陶器明显增加，相当普遍地流行器腹两侧施鸡冠耳的做法。

（5）彩陶。有红陶绘彩，也有灰、黑陶绘彩，一部分彩陶是先施红衣然后绘彩。用色，一般用单彩，罕见两彩兼用者。晚期的彩陶，不仅数量和纹样减少，而且结构简单，画法潦草，色彩不匀，出现明显的衰落趋势。

三、三个地区类型的划分

根据过渡文化自身的特点、变异情况以及分布区域，大体可以分为豫中、豫晋陕交界、豫西南三个地区性类型。

1. 豫中地区

以大河村四期文化为代表，分布范围大致为郸城到洛阳之间，新乡到镇平、禹县之间。郑州、偃师及洛阳近郊应是这类遗存的中心地带。它的区域分布基本上和仰韶文化晚期的秦王寨类型相同，而且往往和秦王寨类型遗存共存于同一遗址中，也多伴有河南龙山早期遗存。已经发现四十多处遗址中，经过发掘的约十余处，包括洛阳的王湾（二期晚）、涧滨[6]、中州路[7]，偃师的高崖西台地[8]，孟津的小潘沟[9]、郑州的林山寨[10]、大河村[11]，荥阳的青台[12]、点军台[13]，新乡的洛丝潭[14]，郸城的段寨[15]等。

其中，经过大面积发掘的大河村遗址最具典型性。跟其他遗址相比，大河村四期文化的灰层最厚，内涵最丰富，地层叠压关系也比较清楚：它直接压在大河村三期（秦王寨类型）之上，又直接压在大河村五期（河南龙山文化早期遗存）灰层之下。同属于四期遗存的灰坑、墓葬打破灰层，以及灰坑、墓葬之间的相互打破关系，发掘中都屡有发现，表明四期文化是在相当长的时期内形成的。根据各不同单位之间的叠压、打破关系和一些特征器物的变异情况，四期文化本身还可分为前后两个发展阶段。它的前段，和仰韶文化晚期的秦王寨类型有着明显的承袭关系；它的后段，和河南龙山文化早期相衔接。从前段到后段的发展演变，揭示了仰韶文化向河南龙山文化过渡的全过程。

大河村四期文化最具有特征意义的是它的陶器、彩陶花纹和石器。

陶器以泥质和夹砂灰陶为主，泥质红陶为次，夹砂红陶少见，此外有一部分褐陶和黑陶。一般采用手制或手轮兼制方法。盛行圈足器和平底器。三足器只有鼎和鬶。器体装配纽、耳、鋬、流等附件的陶器较之秦王寨类型有显著增加。特别流行器腹两侧饰鸡冠耳的做法。主要器型有盆形鼎、罐形鼎、折沿深腹罐、敞口深腹盆、大口缸、浅腹碗、深腹亚腰甑、筒形杯、背壶等。器表多素面和磨光，常见纹饰有弦纹、划纹、绳纹、篮纹、附加堆纹、镂孔、彩绘等，还有少量方格纹。

彩陶花纹富有特色，除泥质红陶绘彩外，有将近一半是泥质灰黑陶绘彩。施红衣的彩陶约占全部彩陶的四分之一，陶衣有暗红和浅红两种。不见白衣彩陶。施彩器物有钵、盆、罐、瓮、壶、碗、器盖等。用色流行黑色或橙红色，个别为白色。全部用单彩，绝不见两彩兼用者。彩纹式样较多，以几何图案为主，其次为植物纹，最具代表性的彩绘花纹有“L”形纹、“八”字重叠纹、“人”字纹、曲线纹、水波纹、旋涡纹、星座纹、禾苗纹、藤须纹、叶形纹等。

大河村四期文化的前段，红陶仍占相当大的比例，彩陶的数量和种类比较多。一些陶器可以在秦王寨类型陶器中找到它的祖型，如“X”纹、“∽”变体纹彩陶罐，盆形鼎，罐形鼎，折腹鼎等，二者的传承关系相当明显。但也出现一些秦王寨类型陶器中所未见的新器形，如深腹盆、深腹碗、深腹亚腰甑、大口尖底器等。后段，红陶成为少数，灰陶占绝对多数，磨光黑陶明显增加，彩陶的数量和纹样骤减。器形方面出现了鬶、盉、锅、盘形鼎和菊花形把手的砂质器盖等。鼎、豆、杯、碗的数量和形式显著增多。器表装饰方面，流行绳纹、横篮纹。另一特点是部分缸、罐的口沿往往用附加堆纹及泥条加厚或口沿捏制波浪形花边的做法。一些器形显然是河南龙山文化早期遗存中相应器物的雏形，如折腹盆，到龙山早期发展成为双腹盆，夹砂折沿绳纹罐发展到龙山早期，折棱消失，形体向瘦高发展，黑陶筒形杯成为龙山文化的典型器。

大河村四期文化的陶器，在发展形成自身特点的同时，也接受了外来文化的影响，如背壶、盉、尊、宽肩壶、鬶、镂孔高柄豆等，都和大汶口晚期的同类器相似；而锅、高圈足杯、宽肩瓦足鼎具有屈家岭文化的风格。但总的看来，在大河村四期文化的中心区域内，外来文化的影响比较薄弱，其边沿地区则特别显著，如处于豫东地区的郸城段寨遗址，早期遗存中的背水壶、镂孔黑陶杯、一号墓的女性死者拔掉外侧门齿、二号墓随葬猪牙等，均为山东大汶口文化晚期的陶器与葬俗。又如处于大河村四期文化南部边沿的禹县谷水河遗址，受到湖北屈家岭文化较大的影响。

大河村四期文化的石器，具有代表性的是有肩石铲和有柄石犁，显然属于当时先进的农业生产工具。此外，石镰和长方形石刀也是一种新型工具。

2. 豫晋陕交界地区

以庙底沟二期文化为代表，其分布范围主要是豫西、渭南、晋南等地。经过发掘的典型遗址有山西万荣县的荆村、平陆县的盘南村（H1）、芮城县的西王村（上层）、陕西华县的柳子镇、华阴县的横阵村等遗址。这类遗存首先在河南陕县庙底沟被发现。《庙底沟与三里桥》一书把它定为龙山文化早期遗存，同时指出"它可能是仰韶到龙山的一种过渡性质的遗存"[16]。这种文化是在仰韶文化庙底沟类型的基础上发展起来的。但二者并不衔接，中间还有一个仰韶文化晚期的西王村类型。据山西芮城西王村遗址提供的地层叠压情况，下层是庙底沟类型，中层是西王村类型，上层是庙底沟二期文化[17]。三叠层的发现，不仅确定了它们之间的相对年代，而且从器物形态上明确显示出它们从早到晚连贯发展的传承关系。

这类过渡文化本身又可以划分为互相衔接的前后两个阶段。即以东下冯（下层H206、H227、H260）和西王村上层为代表的前段，和以陕县庙底沟遗址（二期）以及平陆县盘南村H1等为代表的后段。前段遗存与仰韶文化西王村类型有直接的承袭关系，后段遗存的重要标志是釜、灶、斝的出现和鼎的大量使用。至于以垣曲丰村为代表的遗存，则在陶质、纹饰、器形诸方面和龙山文化中期遗存更为接近。

以庙底沟二期遗存为代表的过渡文化，陶器的制作以手制为主，部分陶器的口沿经慢轮修整。陶质以夹砂和泥质灰陶为主，红陶为次，不见或少见黑陶。常见器形有深腹网带纹彩陶罐、菱形带纹彩陶罐、小口尖底瓶、鼎、斝、灶、盆、碗、豆等有较多的大型陶器，并有一部分小型薄胎陶器，陶胎最薄者仅0.2厘米。纹饰以篮纹为主，其次有绳纹、附加堆纹、镂孔等，方格纹少见。彩陶数量较少、纹样也较简单，一是在一种小陶杯上施紫红色陶衣，或在陶杯上绘朱；一是在深腹罐的上腹绘黑彩菱形带纹。

庙底沟二期文化的前段，文化面貌上仍保留着较多的仰韶文化因素，如小口尖底瓶、菱形带纹彩陶罐、网带纹深腹彩陶罐、紫红色陶衣小陶杯等，相当明显地反映了和仰韶文化的传承关系。而后段的一些陶器，如双耳盆、高足豆、斝以及类似蛋壳陶的小型薄胎杯。纹饰流行篮纹、绳纹、方格纹等，都反映了龙山文化的特点。

石器多系磨制（庙底沟一期文化多打制石器），出现了半月形石刀、石镰以及蚌刀、蚌镞等，而这些都是河南龙山文化中常见的生产工具。

3. 豫西南地区

以淅川下王岗晚一期文化为代表。这类遗存的分布范围主要是南阳一带，信阳及鄂西北地区也有发现。经过发掘或试掘的除下王岗[18]外，有唐河的寨茨岗[19]、茅草寺[20]，南召的下店，淅川的黄楝树等遗址。

就总的方面来看，这类遗存仍属于过渡文化的范畴，但由于地理因素和相邻原始文化的影响，使之染上了相当浓厚的地方色彩。从其分布地区看，正处在属于黄河流域原始文化体系的仰韶文化和属于江汉流域原始文化体系的屈家岭文化二者的交汇地带。它是在仰韶文化和屈家岭文化双重影响下发展起来的，但主体是继承了屈家岭文化。应该说，像以下王岗晚一期文化为代表的这类遗存，文化性质并不单纯，应是豫中地区过渡文化的一种变体。这一点形成它和豫中地区过渡文化的明显区别。

下王岗遗址的发掘，提供了仰韶、屈家岭和"过渡文化"这三种遗存的地层叠压关系：直接压在仰韶文化层（早三期）之上的是屈家岭文化层，陶器中的一些器形显然与下层仰韶文化的同类器有着传承关系，但大部分陶器的形制与仰韶文化显著不同。同时一部分陶器开始出现向河南龙山文化转化的趋势。直接压在屈家岭文化层之上的晚一期文化，更明确地显示出向河南龙山转化的性质。这类遗存的陶器，以泥质和夹砂灰陶为主，红陶与黑陶为次，主要器形有方格纹深腹罐、扁足圆腹鼎、矮圈足碗形豆、喇叭口形器等。器表多素面磨光，常见纹饰有绳纹、线纹、方格纹、篮纹、镂孔、彩绘等。从陶器的形制特征看，有三种情况：部分陶器的器形比较特殊，如高扁足圆腹鼎、喇叭口形器形、敞口小罐等；部分陶器显示了屈家岭文化的特征，如高圈足杯、高圈足壶、平底小陶杯等；部分陶器具有龙山文化色彩，如方格纹深腹罐、横篮纹盆形甑、空足鬶、澄滤器、斜壁平底碗、敞口平底杯等，反映了向河南龙山文化过渡的特点。

四、三个地区过渡文化之间的关系

1. 豫中型与豫晋陕交界型的关系

从文化面貌上看，豫中型与豫晋陕交界型具有不少共同因素。由于二者地方毗邻，彼此发生较密切联系是很自然的事。

豫中型（早）和豫晋陕交界型（早，即西王村上层与东下冯第一类遗存）的共同点是：陶质方面，二者红陶都仍占较大比例。器形方面，二者主要器物都有缸、钵、盆、碗、杯等，器类大悉相同，器物造型亦颇多相似，如敛口曲腹钵、敛口斜腹钵形制完全相同。斜壁碗、弧壁碗、折沿平底罐、长柄豆等器形非常近似。都有较多的素面或磨光陶器，常见纹饰有篮纹、绳纹、弦纹、附加堆纹、镂孔、彩绘等。上述情况表明二者的文化面貌基本相同。但二者之间也存在着差别，如前者的深腹亚腰甑、彩陶深腹盆、彩陶深腹碗以及专作小儿葬具的大口亚腰尖底器等不见于后者。纹饰方面，前者篮纹少见，后者则篮纹甚为普遍；前者彩陶的数量和纹样都远远超过了后者，在缸、罐的器体或口沿上绕饰环带状附加堆纹以及口沿捏制波浪形花边的做法前者尚未出现，后者已经存在并占相当大的比例。

豫中型（晚）和豫晋陕交界型（晚）相比较，不难看出，二者的共同点显著增加了。陶质方面，都以灰陶为主，红、褐陶为次。器形方面，二者的夹砂折沿罐、菊花形把手的器盖、碗、豆等，器形完全一致；二者的圜底罐形鼎非常近似，只是前者鼎腹部圆鼓而后者的鼎腹部略瘦长而已。器表装饰方面，二者的彩陶罐，不仅器形相同，颈部绕绘的网带纹也相当近似；前者从晚期开始，后者从早期便已开始流行夹砂缸沿下绕饰一到二周附加堆纹和口沿加厚堆泥的做法，还流行缸、罐唇沿捏制波浪形花边以及器体绕饰多周环带状泥条的做法，而这种装饰方法是河南龙山文化早、中期所常见的。前者与后者之间也存在着一定的差异。如前者的盉、背壶、锅等不见于后者，而后者的釜、灶、小口尖底瓶不见于前者；前者仍有较多的彩陶而后者彩陶已濒临绝迹。

就文化性质而言，二者有着共同因素，特别是晚期阶段共同因素增多，表明彼此间的交往更为频繁，相互影响更深，从而逐渐趋向统一。彼此间产生差异的原因有两个：一是各有不同的前身：前者源于秦王寨类型，后者源于西王村类型；二是时代先后不同所致：前者仍保留着较多的仰韶文化因素，而后者特别是它的晚期阶段，较多显示了河南龙山文化的特征。由此我们可以认为，前者早于后者。从^{14}C测定的年代来看，前者（大河村遗址四期文化）最早一个数据为（WB82-10）距今4585 ± 90年（校正E5125 ± 130年），可能与后者的前驱——仰韶文化晚期的西王村类型的时代相近。另外，前者最晚一个数据是（WB81-26）距今4410 ± 90年（校正E4910 ± 185年）。而后者（庙底沟遗址二期文化H558）所测数据为（ZK-111）距今4260 ± 95年（校正4730 ± 145年）。这里同样证明前者早于后者。

2. 豫中型与豫西南型的关系

豫中型与豫西南型这两种过渡文化在禹县、镇平一带交汇。二者共同的因素：陶器都是灰陶为主，红陶为次，另有少量的黑陶。器表多素面或磨光，纹饰有较多的横篮纹和附加堆纹，此外有弦纹、绳纹、彩绘和少量方格纹。器类都有罐形鼎、盘形鼎、大口深腹平底罐、似倒置假圈足碗的器盖等。以上陶器又都是二者中最具有代表性的器物。还可看到，属于豫西南型的镇平赵湾遗址出土的沿下施鸟形鼻纽的敞口平底器、双耳壶等，与豫中型的大河村遗址四期共见。下王岗遗址中期（屈家岭文化）遗存中常见的高圈足小壶、高圈足杯等，在大河村、谷水河两遗址也有出土，显然是屈家岭文化影响的结果，豫西南型的鼎，腹部多施对称鸡冠耳，显然是豫中型的文化因素。豫西南型的舞阳峨沟寺遗址出土的彩陶罐，与豫中型的彩陶罐形制、花纹完全相同[21]。当然，二者之间文化面貌上还存在着相当大的差异。一个不可忽视的现象是豫西南型的过渡文化包含着浓厚的屈家岭文化因素，与屈家岭文化有着密切联系。这在淅川的下王岗、唐河的寨茨岗、舞阳的峨沟寺、镇平的赵湾等遗址都可以看到，所以说，这种类型的过渡文化并非单纯的，因而也并不具有典型性。这是和豫中型最明显的差异。豫中型过渡文化没有单独的屈家岭文化遗存，只是在其影响下出现一部分具有屈家岭文化特点的遗物，如大河村遗址出土的大口折沿盆、瓦足鼎、高圈足杯、高圈足壶以及谷水河遗址出土的鸭嘴足鼎、折腹豆、龟头玉饰品等。总的来看，从豫西南到豫中，离屈家岭文化中心区越远，其影响也就越薄弱。而且具有屈家岭文化晚期形制特征的器物只见于豫中型的早期阶段，到晚期阶段逐渐趋于消失而转化为新的器形。两地过渡文化相比较还可看到，豫西南型显然缺少豫中型常见的大口小平底缸，而豫西南型不仅彩陶数量很少，彩绘花纹也和豫中型多不一样，豫西南型菌状把手的器盖也不见于豫中型。

在年代上，由于豫中型早期遗存中出现了屈家岭文化晚期遗物，表明二者所处的时代应大体相当，而豫西南型过渡文化本身包含的龙山文化因素较多，如下王岗晚一期文化的方格纹深腹罐、横篮纹甑、鬶和较多的圈足器等，都具有明显的龙山文化特点。由此可以认为与豫中型晚期遗存的时代相当。

3. 豫西南型与豫晋陕交界型的关系

两地的过渡文化，同样存在着共同因素，又各有自己鲜明的地方特色。二者的共同因素是：都有较多的素面，广泛流行篮纹，并且都是横篮纹或交错篮纹，也都有绳纹、弦纹、方格纹、附加堆纹和镂孔等。陶质都是灰陶多，红陶少，另有一部分黑陶。器形主要有鼎、罐、豆、碗、杯等。另有少量的甑、鬶、斝等器。如果加以具体比较，可以看到，豫西南型湖北郧县青龙泉遗址出土的相当于下王岗晚一期的圜底罐形鼎和豫晋陕交界型的庙底沟遗址二期文化的圜底罐形鼎形制非常相似。庙底沟二期文化的斝和喇叭形杯与下王岗遗址中期和晚一期的同类器相似。共同因素的存在，表明二者有着一定的联系。这种联系就是彼此之间的交流、影响与渗透。但二者之间的差异非常明显，而且居于主导方面，表现于二者各有其直接来源，各拥有数量众多、形制互不相同的陶器。如豫西南型的喇叭形擂钵、腰鼓形罐、厚胎喇叭形杯、盘形器以及菌状把手的器盖等都不见于豫晋陕交界型，而豫晋陕交界型的小口尖底瓶、平底鼎、斜壁盆、釜、灶等不见于豫西南型。器体装饰，豫晋陕交界型流行的缸、瓮等器口沿加厚堆泥与口沿捏制波浪形花边，口部或腹部饰绕数周附加堆纹或者泥条的做法均不见于豫西南型。

年代上，豫晋陕交界型早期遗存中，有的陶器与屈家岭文化晚期的陶器近似。如上面谈到的庙底沟二期的圜底罐形鼎。此外，山西平陆盘南村的双腹豆也显示了屈家岭文化的作风，显系受屈家岭文化晚期遗存影响的结果。这就说明了它应和屈家岭文化晚期遗存的年代接近。从而也间接证明豫晋陵交界型的晚期遗存——庙底沟二期文化（晚期）与豫西南型的下王岗晚一期遗存年代应大体相当。就是说，豫西南型过渡文化晚于豫晋陕交界型的早期而与其晚期遗存的年代相一致。下王岗晚一期遗存开始向龙山文化过渡，晚二期遗存则其文化性质已经完全属于龙山文化性质。它的陶器与纹饰与黄河流域龙山文化系统基本相类同，如它的豆和小口高领圆肩瓮与郑州旮旯王出土的同类器基本相同。由此，我们认为下王岗晚二期遗存应接近或相当于河南龙山文化的中期遗存。

五、过渡文化的考古学意义

处于仰韶与河南龙山这两大新石器文化转折交替时期的过渡文化，显然具有重要的考古学意义，可以简括为以下几点：

（1）过渡文化本身早晚两个阶段，大约延续了两百年左右。一般说，早晚两类遗存地层叠压关系明确，一些主要器物的形制存在着区别，而区别中又能看到从早到晚的演化脉络。这样，就从层位关系和器物形态上证明了仰韶文化和河南龙山文化的传承关系，从而使中原地区自成体系的原始文化发展链条中的一个重要环节连接起来。这里也同时说明了古代文明发展的连续性。

（2）三个不同地区类型过渡文化的确定。特别是它们各自从早到晚的发展序列的初步建立，不仅明确显示出由仰韶文化向河南龙山文化过渡进程中的一些具体环节，而且在仰韶文化的下限和河南龙山文化的上限应划在何时以及河南龙山文化本身的分期类型划分等问题的研究上提供了重要线索。

（3）近年来新发现的考古学材料愈来愈多地证明，各个不同地区类型的过渡文化是以各自的特点和途径在发展着。也不难看出，它们之间有着相当密切的联系。这种联系反映了它们彼此曾经有过互相影响和渗透。在发展进程中，愈是后期，彼此之间的联系愈加密切，交往越加频繁，彼此的共同因素也就愈多。此外，各不同类型过渡文化在其发展过程中，有一段时间并存。在其并存时间内，因其发生横向的交流与影响，彼此的共同因素应多一些。它们总的发展趋势是一致向着河南龙山文化过渡。

（4）各个地区类型过渡文化之间出现的差异，除地域因素之外，更主要的是由于它们直接来源不同。同样，各种过渡文化作为河南龙山文化的前驱，对河南龙山文化的形成与发展起着决定的作用。就是说，河南龙山文化所显示的地域性差异，主要在于其来源于不同类型的过渡文化。过去有人曾说河南龙山文化是承袭庙底沟二期文化而来的。今天看来，这种说法是不确切的。其实河南龙山文化的来源是多方面的。不同类型的过渡文化是形成河南龙山文化不同类型特点的重要原因。

注 释

[1] 贾峨：《河南伊阳汝河沿岸古遗址调查纪要》，《考古通讯》1958年第1期。

[2][16] 中国社会科学院考古研究所：《庙底沟与三里桥》，科学出版社，1959年。

[3] 李仰松、严文明：《洛阳王湾遗址发掘简报》，《考古》1961年第4期。

[4][18] 河南省博物馆：《河南淅川下王岗遗址的试掘》，《文物》1972年第10期。

[5][11] 郑州市博物馆：《郑州大河村遗址发掘报告》，《考古学报》1979年第3期。

[6] 冯承泽：《洛阳涧滨仰韶、殷文化遗址和宋墓清理》，《考古学报》1956年第1期。

[7] 中国社会科学院考古研究所：《洛阳中州路》，科学出版社，1959年。

[8] 李仰松：《河南偃师伊河南岸考古调查、试掘报告》，《考古》1964年第11期。

[9] 洛阳博物馆：《孟津小潘沟遗址试掘简报》，《考古》1978年第4期。

[10] 毛宝亮：《郑州西郊仰韶文化遗址发掘简报》，《考古通讯》1958年第2期。

[12] 发掘报告待发。

[13] 赵清、张松林：《荥阳点军台遗址1980年发掘报告》，《中原文物》1982年第4期。

[14] 新乡地区文管会、新乡县文化馆：《河南新乡县洛丝潭遗址试掘简报》，《考古》1985年第2期。

[15] 曹桂岑：《郸城段寨遗址试掘》，《中原文物》1981年第3期。

[17] 中国科学院考古研究所山西工作队：《山西芮城东庄村和西王村遗址的发掘》，《考古学报》1973年1期。

[19] 刘东亚：《河南唐河寨茨岗新石器时代遗址》，《考古》1963年第12期。

[20] 汤文兴：《河南唐河茅草寺新石器时代遗址》，《考古》1965年第1期。

[21] 舞阳县人民文化馆：《河南舞阳的几处新石器时代遗址》，《考古》1965年第5期。

（原载于《中原文物》1986年特刊）

试析豫中地区原始时代的陶鼎

陶鼎是豫中地区原始遗存中常见的一种器物。其数量之大，流传之久，型式之多，都非与之同期的其他陶器所能比拟的。各种型式的陶鼎又有其发生、发展的过程，并在阶段性变化中各具特点而可排出演化序列。由此不仅证明了陶鼎是豫中地区原始文化特有的一种传统性特征因素，同时也确定了它在豫中地区原始文化研究中特别重要的地位。因之，对豫中地区陶鼎的研究应该成为一个单独的课题。仅就此提出几点看法以就教于考古界大方之家。

一、陶鼎的出土情况与分布特点

从新石器时代早期偏晚的裴李岗文化开始，豫中地区的先民就以陶鼎为主要炊器。新郑的裴李岗[1]，密县的莪沟北岗[2]、马良沟[3]，巩县的铁生沟[4]、水地河[5]，长葛的石固[6]，舞阳的贾湖[7]，临汝的中山寨[8]等裴李岗文化遗址都多有陶鼎出土。裴李岗遗址的陶鼎，较完整者多出自墓葬，均为死者生前所用之物，出土的十多件陶鼎，下层墓葬中常见夹砂红陶钵形鼎，上层墓葬中已不多见，却出现浅腹高足钵形鼎和深腹罐形鼎；密县莪沟北岗与长葛石固两遗址出土的罐形鼎与裴李岗遗址上层墓葬中的罐形鼎基本相同；临汝中山寨遗址出土的夹砂红陶鼎足，足根部排列六个椭圆形凹窝，时代应更晚些。

仰韶文化时期，陶鼎不仅数量大增，而且也变得多种多样了。郑州的大河村[9]、后庄王[10]、林山寨[11]，荥阳的青台[12]、点军台[13]，洛阳的王湾[14]，禹县的谷水河[15]等遗址的发掘，都有数量众多的陶鼎出土，最突出的是大河村遗址，先后出土的陶鼎，个体至少在350件以上，其中完整或可复原者百余件。除个别情况外，一般都有比较明确的层位关系，包括豫中地区仰韶文化早、中、晚各个阶段乃至向河南龙山文化过渡阶段、河南龙山文化早期阶段等不同型式的陶鼎。尤其可贵的是从早到晚各个阶段陶鼎的演化序列相互连接。因而发展脉络与承袭关系相当清楚。从大河村遗址陶鼎出土情况还可看到，数量上从早到晚每期递增，仰韶文化较晚阶段与向河南龙山文化过渡阶段（大河村遗址三、四期遗存），陶鼎的数量最多。各种型式陶鼎的消长情况也不一样，从仰韶文化早期（大河村遗址前一、前二期）开始，罐形鼎和釜形鼎的数量便稳步上升。罐形鼎的数量始终居于领先地位，而且延续使用的时间最长。釜形鼎在仰韶文化早、中期比较流行，晚期日益减少，并分别向盆形鼎和罐形鼎转化，向河南龙山文化过渡时期之后渐趋消失，却出现了盘形鼎，但数量不多，从形制上看并非炊器。大河村遗址出土的陶鼎给我们对豫中地区仰韶文化陶鼎的研究提供了非常重要的线索和条件。

河南龙山文化时期，整个豫中地区，陶鼎的数量相对减少，型式趋于简化，罐形鼎和盆形鼎较常见，另有少量盘形鼎。大概由于空足炊器的出现，特别是河南龙山文化晚期陶鬲的出现和二里头文化时期陶鬲的普及，逐渐取代了陶鼎长期作为主要炊器的地位。

从陶鼎的分布特点看，仰韶文化时期，豫中地区各遗址出土陶鼎的数量悬殊，东部明显多于西部。特别是仰韶文化早、中期，这种分布状况相当突出。向河南龙山文化过渡时期，东多西少的状况已经改变，陶鼎不仅遍布整个豫中地区，更向西扩展到陕西的渭南和山西南部的大片地区。这种情况表明陶鼎的原生地在东边，逐渐向西扩展，恰和仰韶文化特有的器物——小口尖底瓶的发展方向相反。

二、陶鼎的阶段性变化

豫中地区的原始时代，各种型式陶鼎发生与共存发展的过程以及彼此之间的联系，构成了一个相当庞杂的陶鼎大家族，这个大家族的谱系从（图一）中大体可以看出一些端倪。

1. 裴李岗文化的陶鼎

这是目前豫中地区已发现的时代最早和最原始的陶鼎。全部手制，制作粗糙，因火候低而质松易碎，形制简单，陶胎厚薄不匀，内壁多留手制痕。均为夹砂红陶，但陶色不纯，部分呈灰褐色。有的器体歪扭变形，因之从外形看，大概只服从于实用的目的，看不出什么审美要求。

罐形鼎，器表多素面或施扁圆形乳钉纹。裴李岗遗址5号墓出土的一件，口沿微卷，弧腹，器体如深腹圜底盆，腹部附扁圆乳钉纹三周，附三个较短的方柱足（图一，1）。14号墓出土的一件为敞口，束颈，深腹微鼓，圜底，长锥足略外撇（图一，2）。

钵形鼎，裴李岗遗址12号墓出土的一件，尖唇，直口，圜底，通体呈半球形，短锥足略外撇，器表施篦点纹（图一，3）。

此外，临汝中山寨遗址下层裴李岗文化遗存中出土的陶鼎足，断面呈椭圆形，足上端有一排六个椭圆形凹窝，火候较高，陶质坚硬，与其他裴李岗文化遗址出土的陶鼎显著不同，而与仰韶文化早期的陶鼎非常接近，应是裴李岗文化的晚期遗存。

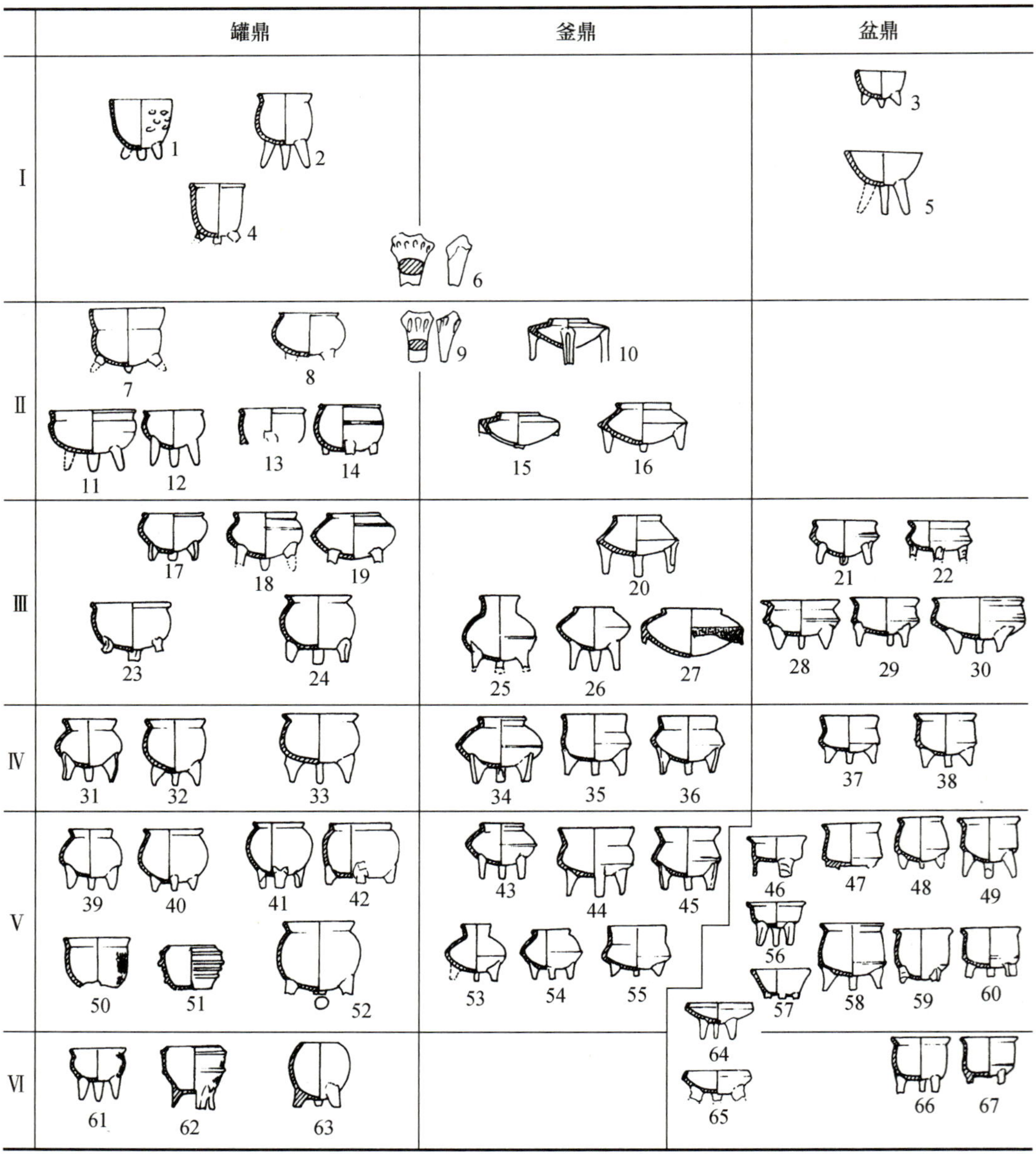

图一　豫中原始时代陶鼎谱系图

附注：

Ⅰ.裴李岗文化　Ⅱ.仰韶文化早期（相当大河村遗址前一、前二期）

Ⅲ.仰韶文化中期（相当大河村遗址一、二期）　Ⅳ.过渡期（相当大河村遗址四期前后两小期）

Ⅴ.仰韶文化晚期（相当大河村遗址三期）　Ⅵ.河南龙山文化（相当大河村遗址五期）

说明：

1、2.新郑裴李岗遗址　3、5、7、11、13、16、25、30、39.长葛石固遗址　4.密县莪沟遗址　6、9、17、19、20、22、24.临汝中山寨遗址　8.鲁山邱公城遗址　10、15、18、23、29、32、33、35～37、40～42、44、47～51、54～57、59、60、61、67.郑州大河村遗址　12、26.汝阳圣王台遗址　14.唐河茅草寺遗址　21、27、28、46.荥阳点军台遗址　31、34、45.荥阳青台遗址　38.荥阳秦王寨遗址　43.临汝阎村遗址　52、53、58、63、64.禹县谷水河遗址　62、65、66.偃师二里头遗址裴李岗文化与仰韶文化早期之间，陶鼎存在着相同或相似的特征，如外撇的长锥足，足根部成排的凹窝，陶质陶色一致，均以蚌屑或云母屑为羼和料，有的器形相似等，显示了一定的承袭关系，但二者之间也明显存在着较大的缺环。

2. 仰韶文化时期的陶鼎

外形趋于规范化，开始讲究审美效果，器表装饰因素逐渐增多。有罐形鼎、釜形鼎、盆形鼎三种基本型式。盆形鼎出现的时间可能较晚。仅以大河村遗址出土的仰韶文化早期（相当大河村遗址前一、前二期）、中期（相当大河村遗址一、二期）、晚期（相当大河村遗址三期）的陶鼎为主线加以具体说明：

罐形鼎　早期为夹砂红陶或棕褐陶，含蚌屑或云母屑，手制。一般为大口，折沿，扁圆体，锥形或柱形长足，足根部多绕饰一排凹窝或指甲纹，足根中间部位多捺一蝌蚪形指窝，以后指窝尾部向下延伸，通贯全足，演化为凹槽扁足。显然绕足根的指甲痕和足根中部的指窝，用意并非装饰器表，而是针对腹足黏结不牢采取的加固措施。中期，仍为夹砂红陶和棕褐陶。手制，口部出现轮修痕。腹部明显加深，多圆底，少数为平底。锥形或柱形长足消失，流行带凹槽扁足。晚期为夹砂红陶或灰陶。部分陶鼎形体增大。一般为折沿，束颈，球形体，流行鸭嘴形或凿形足，由足根部向下饰2～3个指窝。

釜形鼎　早期为夹砂红陶或棕褐陶，含蚌屑。圆唇，直口，短颈，肩近平，折腹，折棱呈锐角，圜底。以折棱为界，器身上下段的比例为1∶3或1∶2，个别为1∶1，锥形长足或带凹槽足，肩部满布指甲纹或弦纹。中期为夹砂红陶或褐陶，含蚌屑。方唇，直领或折沿，斜肩或弧肩，腹部加深，以折棱为界，器身上下段的比例为1∶1。个别为2∶1。流行椭圆形带凹槽足，足根部多有两乳状突，个别为瓦形扁足，开始出现鸭嘴形扁足，足根中间向下饰2～3个凹窝，肩部或领部往往饰稠密的弦纹或磨光施红色陶衣，折腹处或饰附加堆纹一周。晚期，为夹砂红陶或灰陶。手制，口部有轮修痕。形制变化较大。直口或稍侈，长颈，曲肩，折腹处变为钝角，腹部继续加深，容量增大。带凹槽足消失，流行鸭嘴形扁足，颈部饰弦纹，折腹处有凸棱或饰附加堆纹一周。

盆形鼎　中期始见。夹砂红陶。一般为圆唇，折沿，束颈，折腹，圜底，椭圆形带凹槽足和扁圆凿形足，肩部饰稠密的弦纹，折腹处饰附加堆纹一周。晚期，夹砂灰陶增多，器形仍保持折腹、圆底的特点，但腹部加深，有的短领变为高领，腹壁稍鼓，较长的带凹槽扁足消失，流行鸭嘴形足（图一，37、38）。

3. 过渡期的陶鼎

具有仰韶文化和河南龙山文化两种特征，显示了承上启下的过渡性质。仍以大河村遗址出土的陶鼎为主线加以说明。

罐形鼎　夹砂灰陶。形制变化比较大。

前期，基本可分为二式：Ⅰ式，仍保持折沿、束颈、球形体的特点。Ⅱ式，腹径变宽，体形增大，圈底变为平底，流行短凿形足和镂孔锛形足。

后期，可分三式：Ⅰ式，大口，直壁，深腹，圜底，周身饰横篮纹。Ⅱ式，敛口，口边有棱似子母口，圆肩，腹下部内收，平底，肩以下饰附加堆纹四周，腹部有对称鸡冠耳。Ⅲ式，折沿、束颈，球形体，圆注足，腹部饰绳纹。

釜形鼎　为夹砂灰陶，少量夹砂红陶。轮修部分延伸到腹下部。可分二式：Ⅰ式，前期为直领，扁圆腹，折腹处有凸棱，凿形足。后期仍为束颈，扁圆腹，但折棱接近消失，明显向罐形鼎转化。Ⅱ式，前期一般为敞口，束颈，腹部折棱下移，流行凿形足，明显呈现向盆形鼎转化的趋势。后期为折沿，高直领，三角形短足。

盆形鼎　夹砂灰陶，少量夹砂红陶。可分二式：Ⅰ式，前期为敞口，直腹，圜底近平，凿形足或瓦形足。后期为大口，腹身内收，平底、柱足，周身饰绳纹或素面。Ⅱ式，仍保持前期折沿，直腹，凿形足的特点，但器身直径接近底部，折棱上部器壁较长而直，折棱下部内收为圜底。

盘形鼎　出现于过渡期的后期阶级。夹砂灰陶或黑陶。手制。敛口，鼎身作盘状，沿下饰附加堆纹一周，锛形足。

4. 河南龙山文化早期的陶鼎

全部为夹砂灰陶，形制和纹饰发生了较大变化。釜形鼎消失。

罐形鼎　可分三式：Ⅰ式，侈口，束颈，鼓腹，圜底，四棱形足，足根中部向下施4个凹窝。Ⅱ式，与过渡期Ⅱ式罐形鼎基本相同，显示了二者间的承袭关系，唯腹部加深，肩部饰附加堆纹一周，周身饰绳纹。Ⅲ式，球形体，四棱足稍外撇，周身饰横篮纹。

盆形鼎　与过渡期的盆形鼎基本相同，只是下腹部折棱趋于消失，圜底变为平底，周身多饰横篮纹。

盘形鼎　夹砂灰陶。敛口，折肩，平底，圆角三棱足，折肩处饰附加堆纹一周，器表饰粗绳纹。

以上对各种型式陶鼎自身发展序列与演变关系分析的结果，除个别者例外，可以大致归纳为下面几个共同点：

（1）陶质陶色。由夹砂红陶或棕褐陶到夹砂灰陶。

（2）器体。颈（领）部由矮变高（个别又由高变矮），腹部由浅变深，腹最大直径下移，有的折棱渐趋消失。底部由圆底到平底。足部由长变短，其发展顺序是：锥形或柱形长足到带凹槽扁足，再到凿形足、锛形镂孔足直到三角形矮鸭嘴足。

（3）器表装饰。除大量素面者外，肩部由布满指甲纹到稠密的弦纹，再到周身饰绳纹或横篮纹；折腹处由无凸棱到有凸棱再演进到饰一周附加堆纹。

三、陶鼎的演变法则

当我们把不同型式的陶鼎按其时代早晚进行排比时，可以清楚地看到它们都具有明显的连续变化下去的趋势。从其变化过程看，演变是逐渐实现的。演变法则首先是服从于实用的目的，其次是满足审美的要求。就是说，始终沿着用着更方便，看着更美观（如装饰因素逐渐增多）的方向发展。不外乎器体形态与器表装饰两方面的变化。

（1）各种型式的陶鼎都有其完整的演变序列。即产生、发展、成熟、衰退、消失的全过程，也都有各自的“原始型”和更新了的“成熟型”以及衰落时期的“退化型”。

（2）在发展演变过程中，各种型式的陶鼎之间存在着相互影响的关系。早期阶段彼此的区别比较大，发展到后期阶段，一致性逐渐增多，出现器型非常接近的“中间型”陶鼎。

根据陶鼎演变过程中的连续性和彼此间的影响关系，通过综合分析，就能够比较容易地掌握它们的相对年代。当然，不同型式陶鼎的演化并非整齐划一的，由于多种社会因素的影响，变化有的快些，有的慢些，往往某种先进的新式陶鼎出现之后的较长时间内，比较原始的陶鼎还依然存在。但总的发展趋势是不断的改进与创新，旧的型式不断地被淘汰。这里似乎可以看到豫中地区整个原始文化在历史进程中的步伐，即由简单到复杂，由低级到高级。由不合理到合理的不断创新的过程。

促使陶鼎发生变化的原因是多方面的：人们审美观念的产生与日益加强，制陶技术的不断提高，需求量的增长等都是明显的原因，至于足部的形状、长短及腹部形状的变化，还可能与用于炊煮时支撑方法的改变有关。

四、陶鼎在豫中地区原始文化研究中的作用

在豫中地区原始文化的研究中，如关于年代分期、类型划分、风尚习俗以及族属判别等方面，陶鼎具有特别重要的作用。这种作用是由陶鼎本身独具的多方面特点决定的。主要特点是：

（1）在豫中地区原始遗存中陶鼎普遍存在。有的学者曾指出，在仰韶文化的年

代、分期方面，小口尖底瓶具有“标准化石”的性质。这是专就仰韶文化说的，因为小口尖底瓶是仰韶文化特有的一种器物，并在仰韶文化遗存中具有分布比较普遍，时代特征与类型特征明显，形制变化灵敏度高等特点。但具体到豫中地区，却出现另一种情况。这个地区的东半部，仰韶文化早期阶段，小口尖底瓶就不多，大约中期偏晚阶段就更少。如大河村遗址仰韶文化遗存中，从早期开始小口尖底瓶就比较少。十几次大面积发掘，出土上千件陶器，只发现少量小口尖底瓶残片，竟没有一件可复原者。属于仰韶文化晚期的第三、四期遗存中，就更少见到这种器物了。如果以郑州为起点，似乎越往东、往北这种器物就越少；分布在豫北、冀南一带的仰韶文化后岗类型、下潘汪类型、大司空类型遗存中根本不见这种器物。河南东北部的濮阳地区，笔者调查过的多处仰韶文化遗址中也都不见小口尖底瓶[16]。上述地区仰韶文化遗存中，陶鼎却普遍存在。以上情况表明，解决豫中地区原始文化的年代、分期问题，首先应注意的是陶鼎而不是尖底瓶。

（2）延续使用的时间长。从新石器时代早期偏晚阶段的裴李岗文化开始，约距今8000年前，在豫中一带定居的原始部落或部族集团便以陶鼎为炊器，经仰韶文化、河南龙山文化、一直延续到青铜器时代的夏、商、周，仍还保持着用陶鼎作炊器的习惯。当然，一些与陶鼎共存发展，使用时间较长的陶器如钵、罐、盆、缸、壶、瓮等，尽管在制作方法、陶质陶色、形制及器表装饰诸方面也都相当明确地反映了豫中地区原始文化发展中的连续性和阶段性，但它们延续使用的时间之长，都比不上陶鼎。

（3）形制演变序列清楚。较早的陶鼎，数量少，形制和型式简单，表现出较多的原始性。为了适应炊事和饮食生活上不断增长的需求，在制陶技术进一步提高的基础上，陶鼎的数量和型式逐渐增多。不论哪一种型式的陶鼎，一经产生，都继续在长期使用过程中加以改进。从口、腹、底、足到器表装饰都在不断变化。在阶段性变化中因各具特点而可排出演化序列。陶鼎作为原始时代的主要炊器，人所必备。但这种陶质炊器极易破碎而须时有更换，这就决定了它的用量大，数量多和形制变化快的特点，也同时赋予它鲜明的时代特征。给我们今天根据其不同特征来确定它的早晚关系提供了条件。从这个意义上讲，陶鼎的阶段性变化在一定程度上显示了豫中地区原始文化独特的发展途径，也在一定程度上反映了豫中地区原始文化的时代特征和地域（类型）特征，为我们对这一地区原始文化进行分期断代与类型划分提供了依据。当然，当我们进行这项工作时还须注意两点：①因为不同型式的陶鼎各有其自身演化序列，这就要求我们不仅要注意不同型式陶鼎之间的共同点，还必须注意它们之前的不同点。就是说，需要掌握各种型式陶鼎彼此之间纵的和横的关系。②陶鼎不过是豫中地区原始文化中时代特征和地域（类型）特征比较明显的重要因素之一，但并非进行文化分期断代和划分类型的唯一依据。还因为不同型式的陶鼎演化进程的不一致性：

变化有快、有慢，甚至长时间稳定不变的情况。所以仍然离不开地层上的依据，必须结合同一单位（如灰坑、墓葬、灰层等）中与之共存的器物组合体进行全面分析，才能避免判断上的错误，达到正确解决文化分期断代和类型归属问题。

（4）体现了民族传统的稳定性。自古以来，炊器是人所必需之物，与人们的日常生活密切相关。特别是古代，使用不同的炊器最能反映和代表不同区域人们生活方式和传统习惯的差异。因之，使用炊器的不同成为我们判别不同族属的一个重要标志。在通常情况下，原始时代一个部落或部族集团在其长期发展过程中，炊器始终应该是相同的，这是由长期定居生活的稳定性决定的。如果一旦所用的主要炊器变了，将在很大程度上意味着民族的迁徙或转移，就是说被新来的人群所取代了。今天，我们据此可以探索古代各不同部落或部族集团的活动区域及其大致年代和迁徙情况。

豫中地区原始时代的先民除以陶鼎为主要炊器外，还有本地区特有的一种炊器——陶鏊，这种辅助性炊器也有自身从早到晚相当清楚的发展演变序列[17]。以陶鼎和陶鏊为炊器，显然有别于其他地区用陶罐或陶釜，陶灶作主要炊器的部落或部族集团。由此我们可以认为，豫中地区至少从原始氏族制的繁荣时期一直到奴隶制确立的夏代，数千年之久，在这里居住着一个稳定的人们共同体。就是说，是同一个族始终在此从事劳动、繁衍、生息，没有发生过迁徙或部族更替的情况。

（5）反映了文化面貌的一致性和文化传统的一致性。陶鼎在豫中地区原始时代使用时间长久，数量众多，充分说明它是这个地区原始文化中重要的特征之一，因而它在较大程度上体现了本地区古代的文化传统。可以认为，一旦这种器物消失，必将意味着文化面貌的改变，甚至意味着文化传统的中断。相反，这一固有的特征因素事实上的长期存在，令人信服地证明了豫中地区以裴李岗文化、仰韶文化、河南龙山文化为主体的原始文化是一支前承后继、自成一系的古代文化，陶鼎的连续性与阶段性变化，反映了这个地区文化面貌的递变发展和文化传统的一致性。

注　释

[1] 开封地区文管会、新郑县文管会：《河南新郑裴李岗新石器时代遗址》，《考古》1977年第4期；中国社会科学院考古研究所河南一队：《裴李岗遗址一九七八年发掘简报》，《考古》1979年第3期。

[2] 河南省博物馆、密县文化馆：《河南密县莪沟北岗新石器时代遗址发掘报告》，《河南文博通讯》1979年第3期。

[3] 开封地区文管会等：《密县马良沟新石器时代遗址调查试掘》，《裴李岗文化》，1976年。

[4] 开封地区文管会等：《河南巩县铁生沟新石器时代遗址试掘简报》，《裴李岗文化》，1976年。

[5]　调查简报待发。
[6]　河南省文物研究所：《长葛石固遗址发掘报告》，《华夏考古》1987年第1期。
[7]　朱帜：《许昌地区的新石器时代早期遗存》，《论仰韶文化》，《中原文物》1986年特刊。
[8]　中国社会科学院考古研究所河南一队：《河南临汝中山寨遗址试掘》，《考古》1986年第7期。
[9]　郑州市博物馆：《郑州大河村遗址发掘报告》，《考古学报》1979年第3期。
[10]　见河南省文物研究所资料。
[11]　毛宝亮：《郑州西郊仰韶文化遗址发掘简报》，《考古通讯》1958年第2期。
[12]　郑州市文物工作队：《青台仰韶文化遗址1981年上半年发掘简报》，《中原文物》1987年第1期。
[13]　赵清、张松林：《荥阳点军台遗：1981年发掘报告》，《中原文物》1982年第4期。
[14]　北京大学：《洛阳王湾遗址发掘简报》，《考古》1961年第4期。
[15]　河南省博物馆：《河南省禹县谷水河遗址发掘简报》，《河南文博通讯》1977年第2期。
[16]　马连戊、廖永民：《濮阳市郊区考古调查简报》，《中原文物》1986年第4期。
[17]　廖永民、张松林；《豫中地区新石器时代的炊器浅析》，待刊。

（原载于《中原文物》1988年第1期）

中原地区新石器时代的主要炊具——鼎

豫中地区，是指郑州到洛阳，黄河南岸到镇平这一广阔地带。我国新石器时代早期，从裴李岗文化开始，这里的先民便以鼎为炊器。仰韶文化时期，鼎不仅数量大，而且型式多样。一直延续到龙山文化时期，仍保持着用鼎作炊器的习惯，从早到晚，鼎的形制特征与演化序列相当清楚。这一点，远非其他地区原始文化所能比拟。

苏秉琦先生说小口尖底瓶在仰韶文化的年代、分期方面具有“标准化石”的性质，说得很好，很有见地。但苏先生是指整个仰韶文化说的，而豫中地区的仰韶文化却有点特殊。它的东部，大约始于仰韶文化中期偏晚阶段，小口尖底瓶便逐渐减少了。如笔者多年从事发掘工作的郑州大河村遗址，据了解，仰韶文化遗存中，从早期开始小口尖底瓶就不多，十几次大面积发掘，竟没有发现一件可以复原者，甚至第三期遗存中就很少见到这种器物了。似乎从郑州越往东、往北这种器物就越少，地处豫东北的濮阳地区，笔者调查过的多处仰韶文化遗址中都未发现小口尖底瓶，而鼎却相当普遍[1]。豫中地区的新石器时代，鼎的延续使用时间要比小口尖底瓶长得多、况且鼎的形制变化灵敏度很高。所以就豫中地区而言，解决原始文化的年代、分期问题，首先应该注意的是鼎而不是尖底瓶。

我们认为，豫中地区的原始文化是一支自称一系并经历了一个独特发展过程的古代文化。这在它拥有的陶器群中有着明显的启示。其中一些具有一定代表性的陶器如鼎、罐、盆、钵、壶、瓮等，其器形、陶质、装饰诸方面的变化，都明确反映了这种原始文化发展进程中的连续性和阶段性。这方面最突出、最具代表性的典型器，就是创造这种原始文化的部族集团用作炊具的鼎。

炊器是人所必需之物。炊器数量之多少，可以据以推测当时当地人口的数量和密度。古代，使用不同的炊具，显示着不同部族集团之间的差异。因之，使用炊器的不同，成为我们判别不同族属的一种重要标志。豫中地区原始文化遗存中鼎的数量之大，型式之多，各种型式的鼎又有其发生、发展的过程，并且在阶段性变化中各具特点而可排出演化序列。由此可见，鼎是豫中地区原始文化特有的一种传统特征因素。鼎的演化过程，是沿着更适用、更美观的方向发展的。

我们似乎可以看到本地区整个原始文化在历史进程中的步伐；即由简单到复杂、由低级到高级、由不合理到合理的不断创新的过程。

我们探讨豫中地区新石器时代的鼎，目的也就在于：①确定其演变规律与阶段性

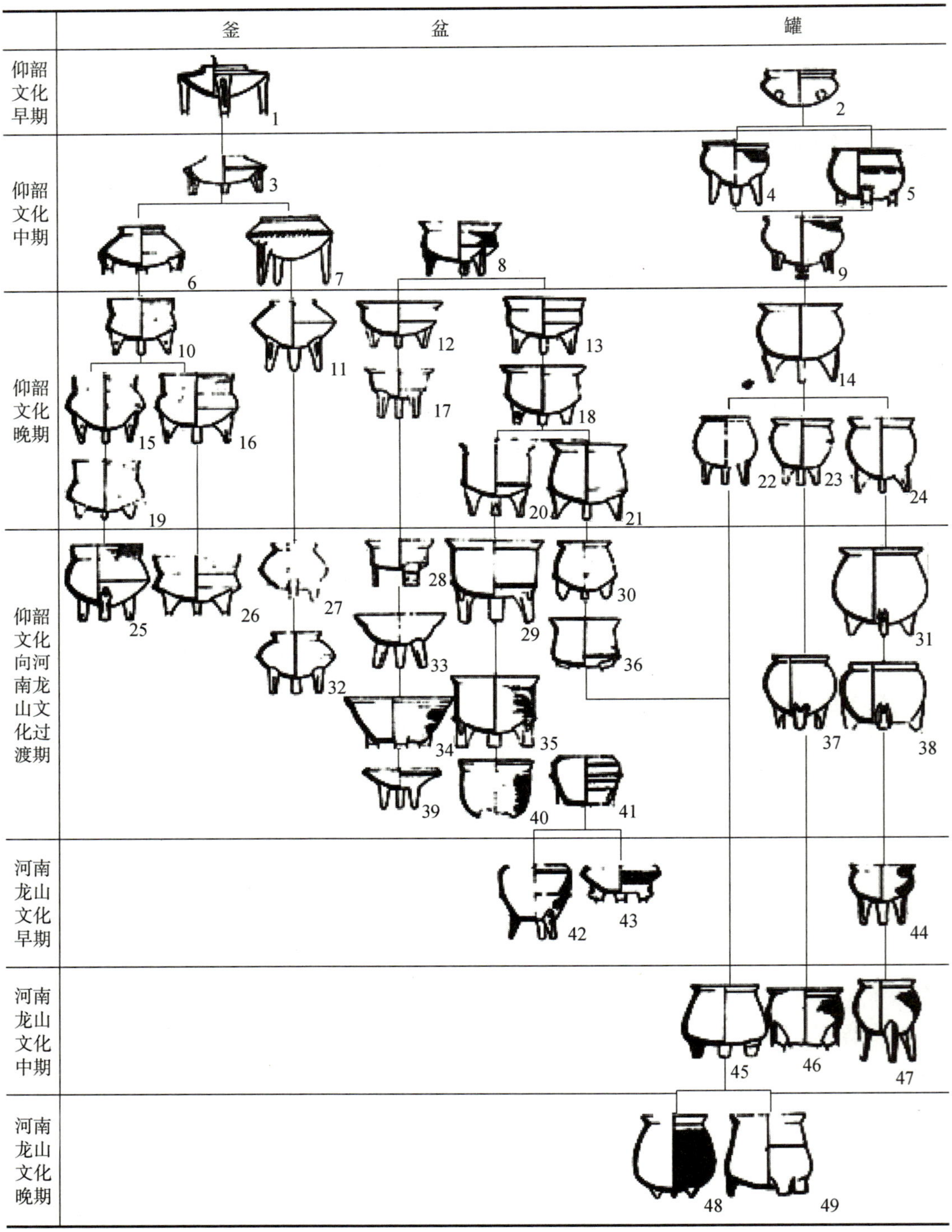

图一　豫中地区仰韶、龙山时期鼎类器演变系列

1、8～10、12～20、22、24、25、28、30、31、35、40～44. 郑州大河村出土　2. 巩县赵城出土　3. 临汝中山寨出土　4、11. 偃师圣王台出土　5、6. 唐河第草寺出土　7. 孟津小潘沟出土　23、45、48. 洛阳王湾出土　21. 荥阳秦王寨出土　27、29、34、39. 禹县谷水河出土　32. 临汝阎村出土　33. 偃师南寨出土　36、46. 阳点军台出土　47. 郑州马庄出土　49. 洛阳矬李出土

变化；②确定各个阶段的鼎与之共存的其他原始遗存的对应关系和相对年代。

当我们把各个不同时期、不同形制的鼎按其早晚进行排比时，就可以清楚地看到它们具有明显的连续变化下去的趋势。表现在：①各类鼎有其从早到晚完整地发展演变序列；②各类鼎都有自己的“原始型”和更新了的“成熟型”；③越往后，形制变化越复杂化。根据这种变化的连续性，通过综合分析，我们就能够比较容易地掌握它的相对年代以及与其共存的其他遗存的关系。

裴李岗文化的钵形鼎，形制比较简单，可能是豫中地区最早、最原始的鼎了。到仰韶文化时期出现了三种型式，即釜形鼎、罐形鼎、盆形鼎。盆形鼎出现的时间可能较晚，应是从釜形鼎派生演化而来。这三种鼎发生与共同发展的过程以及彼此间的关系，从图一中大体可以看出一点端倪。

仰韶文化早期的鼎，多为沙棕褐陶，总的特点是浅腹、长足（初为锥形、柱形，以后发展为中间出现凹槽）。中期，多夹砂红陶，腹部加深，足逐渐变短，锥形足、柱形足消失，代之以凿形足。晚期，腹部变深，腹部变宽，体型增大，出现镂空足、锛形足和瓦形足。这个时期，多数鼎的足长和腹深相等；发展到从仰韶文化向河南龙山文化过渡时期，一部分鼎的形制又开始按另一个方向发展，即由直口为侈口，腹部变浅，出现了盘形鼎。

这里以大河村遗址的鼎为例子加以具体说明：下层的（前一、前二期）仰韶文化早期，釜形鼎为小口，短颈、平肩、浅腹、锥形长足。发展到仰韶文化中期（一、二期）、腹部加深，变为斜肩，扁圆形带凹槽足，同时出现瓦形足。仰韶文化晚期（三、四期）的盆形鼎显然是从前的釜形鼎演化而来的，一方面似保留着折腹、圆底、直颈的特点，另一方面腹部变深，短颈变为高颈，较长的扁圆带凹槽足变为较短的凿形足或锛形足。这种变化不仅逐渐增加了容量，放置也更加稳固。陶质由夹砂红陶变为夹砂灰陶，火候升高，陶质变硬，器形合理、美观、实用。这种形制一直延续到龙山早期阶段，同时又出现了大口、浅腹盆形鼎和盘形鼎，标志着鼎的形制朝着另一个方向发展[2]。

注　释

［1］ 马连成、廖永民：《濮阳市郊考古调查》，《中原文物》1986年第4期。

［2］ 郑州市博物馆：《郑州大河村遗址发掘报告》，《考古学报》1979年第3期。

（原载于《考古与文物》1990年第2期）

大河村新石器时代的彩陶艺术

郑州市北郊大河村遗址，是中华人民共和国成立后发现的一处比较重要的新石器时代遗址。这处遗址的仰韶文化和仰韶文化向龙山过渡时期（以下简称“过渡期”）的文化遗存中，包含着数量众多的彩陶。大河村的彩陶，内容丰富、题材多样，具有独特的风格。本文仅依据已公开发表和即将发表的大河村彩陶资料，对它的历史发展、题材内容、花纹结构、色彩运用、绘画技法等方面谈点个人看法。

一、大河村彩陶的历史发展

大河村的彩陶，伴随这处遗址的其他文化遗存，经历了一个漫长的发展演化过程。因为出土的彩陶都有比较明确的层位关系，所以从早到晚发展演化的脉络比较清楚。可以看出，大约两千多年之间，大河村的彩陶经历了由简单到复杂，又由复杂到简单，直到消失这样一个过程。

根据大河村彩陶的演化情况，我们把它分为仰韶时期和过渡时期两个大的发展阶段。仰韶时期又分为早、中、晚三期。

仰韶早期的彩陶出土数量不多，并且都是残片。绘彩器物仅见钵、碗和少量小型陶器。以红彩为主，其次是黑彩。未见施陶衣的彩陶。比较常见的纹饰，是在器物口沿内外绕绘红彩宽带纹一周。还有一种大口钵，沿下绘圆点与三角纹组成的几何形图案（图一）。在光洁的红色陶地上绘彩的手法，是大河村仰韶早期彩陶的特点之一。花纹虽然简单，但是取得的装饰效果相当突出，具有单纯、古朴的格调。

仰韶中期，彩陶的数量和种类有显著增加。开始出现施陶衣的彩陶。陶衣以白色为主，此外有少量淡黄衣。绘彩多黑色或棕色单彩，少部分是黑、红或棕、红两彩兼用。绘彩陶器有钵、盆、罐、碗、壶、器座等。有的盆，器表内外壁都施衣绘彩。器表装饰花纹除早期便已流行的宽带纹、圆点纹、三角纹、直线纹之外，又出现了弧边三角纹、曲线纹、网格纹、射线纹、勾叶纹、花卉纹、月亮纹等。横列的各种二方连续花纹构成的图案带，一般为单层。单位纹的组合，开始讲究对称、平衡的结构形式。这个时期出现的淡黄衣彩陶，质地坚硬，细腻，用黑彩或棕彩绘“互”字纹和网格纹、花瓣纹等。花纹整洁秀丽，成为这个时期彩陶艺术中之佼佼者（图二）。大河村仰韶中期具有代表性的绘彩陶器有饰月亮纹的钵，饰勾叶纹的盆，饰弧边三角、圆

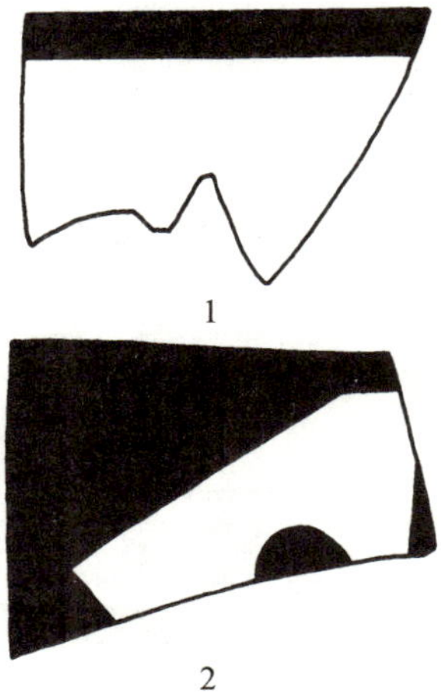

图一　大河村仰韶早期的彩陶
1. 宽带纹　2. 圆点纹、三角纹

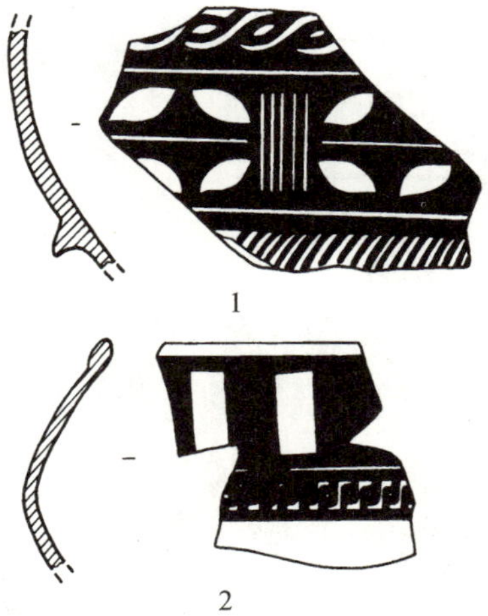

图二　大河村仰韶中期的淡黄衣彩陶
1. 花瓣纹、互字纹　2. 网格纹、互字纹

点、直线组成图案的碗，饰曲线、直线、圆点和以弧边三角、横竖直线组成图案的器座等（图三）。

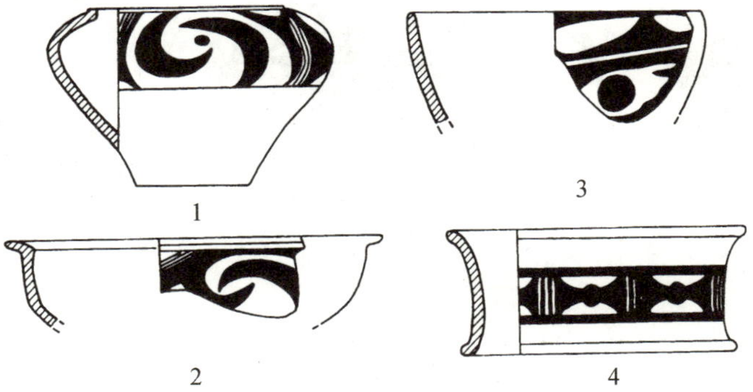

图三　大河村仰韶中期的彩陶
1. 月亮纹钵　2. 勾叶纹盆　3. 圆点纹、弧边三角纹碗　4. 弧边三角纹、横竖直线纹器座

仰韶晚期，彩陶数量和种类大增，装饰艺术发展到了最高峰，形成了自身的独特风格。盛行白衣彩陶，是这个时期彩陶的一个突出特点。白衣彩陶之外，还有少量红衣和淡黄衣彩陶。用色，习见黑，红或棕、红两彩兼用，只有施红衣或无衣的器物绘单彩。器表装饰花纹的式样，达三十多种，除前期已经流行的花纹以外，常见的有梳形纹、同心圆纹、圆圈纹、舟形纹、窗棂纹、射线纹、古钱纹、六角星纹、锯齿纹、“X”纹、“∽”纹、太阳纹、日晕纹、鱼纹、多足虫纹、豆荚纹、茎叶纹等（图四）。

这个时期，彩陶装饰艺术显示出不少新的特点：

图四　大河村仰韶晚期的彩陶纹饰

1、3. 梳形纹　2、4. 太阳纹　5. 同心圆纹　6. 舟形纹　7. 钩形纹　8. X纹、∽纹　9. 网带纹

（1）对比色的应用非常成功。特别是施以白衣，绘以黑、红或棕、红两彩，各色相映，对比强烈，显得特别绚丽多彩。

（2）构图上形成了比较固定的格式。常见用二到三条平行线作横分层，就在平行线上下填绘各种式样的花纹。还常见用两条黑色或棕色直线合镶一条红线，或用黑色直线与锯齿纹合镶一起的手法。使呆板的平行线条变得生动美观。

（3）图案的构成，以横列的二方连续花纹为主，巧妙地运用对称、平衡、排比、反复等手法，组合成各种富于变化的装饰图案。

（4）按照器物的造型特点和用途，安排花纹的区划面，出现横列的多层次图案带。

（5）画法上，较多的运用直线，特别是两条以上的平行直线的应用非常广泛。平行横线，工整平直，不见起笔落笔痕，应是用“轮绘”方法绘制而成。

（6）前期流行的一些花纹有了明显变化。如勾叶纹，叶片变得细长，更显得流畅多姿，弧边三角纹，两边逐渐延长，三边的弧度明显增大，而且这种花纹的应用更为广泛。

以上各点标志着大河村的彩陶已臻于成熟阶段，同时也反映了大河村彩陶的风格和最高成就。

大河村“过渡期”的彩陶，情况比较复杂，继承、创新、衰退，三种因素都有，并且都很突出和明显。

“过渡期”的彩陶在承袭方面可以看到两种情况：

（1）一些仰韶时期的彩陶因素在新的历史条件下又得到发展。如仰韶晚期出现的红衣彩陶，数量有所增加，约占这时彩陶的三分之一。陶衣有暗红和浅红两色。彩陶的陶质，除泥质红陶外，将近半数是泥质灰陶或黑陶。器表装饰花纹仍以几何形图案为主，尤其是仰韶时期即已出现的网带纹，这时更为普遍，几乎所有彩陶罐的颈部都饰有这种纹饰，应用范围扩展到盆、钵、瓮、壶等器。网带纹的广泛流行，成为这个时期彩陶的一个特点。仰韶晚期出现的“X”纹和“∽”纹，数量稍有增加，变化比较大，出现几种变体，有的已面目全非（图五，17、19、20）。在一些陶器上仍然保留着仰韶晚期那种以二到三条平行线作横分层的构图格式。

（2）仰韶晚期广泛流行的弧边三角纹，这时数量和应用范围缩小，已经少见。仰韶早期的红彩宽带纹，却仍有少量存在。

“过渡期”彩陶的创新，表现在仰韶晚期广泛流行并作为代表性的东西，绝大部分消失了，如黑、红或棕、红两彩兼用的白衣彩陶，这时完全绝迹，代之而起的是饰黑色或橙红色的单彩陶器。那些绚丽多彩的装饰花纹，也全部消失，代之以数量众多，清新活泼的单彩花纹。仰韶时期那些典型性的绘彩陶器器形也发生了显著变化。特别是新出现了一大批造型新颖，纹饰简洁的绘彩陶器，最具代表性的典型器有通体饰曲线纹、“L”字纹的深腹盆和饰“八”字重叠纹或平行折线纹的折腹盆，饰“L”字纹或曲线纹的深腹碗和饰禾苗纹或藤须纹的浅腹碗，饰水波纹、“八”字重叠纹的大口钵，饰网带纹的背壶，饰“X”纹、“∽”变体纹的罐，饰平行直线、方块纹等组成图案的器盖等（图六）。以各种曲线组成不同式样的花纹，如“L”字纹、“八”字重叠纹、草木纹、禾苗纹、藤须纹、水波纹、双钩纹、“人”字纹，重弧纹、悬弧纹，星座纹，旋涡纹等，是这个时期彩陶的一个特点。装饰上的另一特点，是形体较大的器物，如钵、罐、瓮等，器腹两侧多饰对称的鸡冠耳；一些小型器物，如杯，沿部往往饰尖状弯纽，这不仅有装饰意义还具有实用意义。画法上，在写实方面前进了一步，开始追求生物形态的美，如禾苗纹、藤须纹等，形态生动自然，逼真传神。另一个特点是不少器物的着彩部位向下延伸，因为借用平视和侧视构图，所以俯视几乎看不到纹饰。

图五　大河村“过渡期”彩陶纹饰

1～3. 弧边三角纹　4. 圆圈纹　5. 射线纹　6. 六角星纹　7、8. 古钱纹　9～12. 梳形纹　13～15. 同心圆纹　16～20. “X”纹、“∽”纹　21. 窗棂纹　22. 菱形纹　23. 网带纹　24. 锯齿纹　25～27. “互”字纹

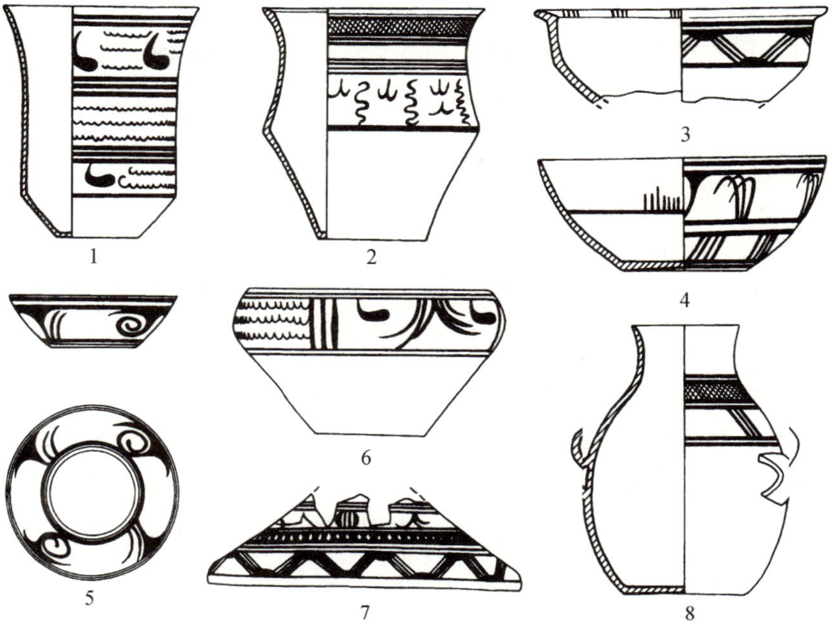

图六 “过渡期”彩陶

1. “L”字纹、曲线纹深腹盆 2. “人”字纹、双钩纹深腹盆 3. 平行线纹折腹盆 4. 禾苗纹浅腹碗 5. 藤须纹浅腹碗 6. “八”字重叠纹钵 7. 平行线纹器盖 8. 网带纹背壶

出现这种情况的直接原因，是多数绘彩陶器的口径大于腹径，也可能意味着人们生活方式和风尚习俗的改变。“过渡期”彩陶的进展，体现了当时画工的绘画技法的提高。

“过渡期”的晚期阶段，彩陶明显地呈现出衰落的趋势。衰退现象比较普遍地表现在三个方面：

（1）彩陶数量减少。

（2）一些彩绘花纹粗率潦草，色彩浓淡不匀。

（3）构图简化，有的图案甚至只画寥寥几笔。

和彩陶日益衰退的同时，出现了一批素面磨光、质地精良、造型规整的薄胎陶器，多为黑陶，其次是浅灰陶。一些形体稍大的陶器的器表装饰，出现了打印或压印纹饰。龙山文化因素渐趋浓厚。

二、彩陶花纹的题材内容

据初步统计，大河村各类题材的彩陶花纹达六十多种，可以分为几何形图案、天文图像、植物、动物等四类。几何形图案约占全部彩陶花纹的百分之七十。以动物为题材的甚少，只有鱼纹和多足虫纹两种。

1. 几何形图案

几何形图案是用点、线、面作有条理地排列、组合而成，比较常见的有：

宽带纹：仰韶早期出现，一直沿用到“过渡期”。饰于碗、钵的口沿内外（图一，1）。

弧边三角纹：应用广泛，形式多样。多以两个弧边三角底边相对或顶尖相接的形式出现。底边相对者，中间多绘数条竖直线，顶尖相接者，交接处多绘一圆点（图五，1～3）。

圆圈纹：习见与圆点纹一起组合成纹（图五，4）。

射线纹：也有人称“睫毛纹”，应用较广。常饰于钵的肩部或盆的腹部。往往绘在圆圈纹或椭圆纹的周边上。有两种分布形式：一是布满整个周边，一是空出上下对称的一段周边（图五，5）。

古钱纹：有多种形式，习见饰于钵的肩部（图五，7、8）。

六角星纹：多饰于钵的肩部或壶、罐的腹部（图五，6）。

梳形纹：仅见饰于钵的肩部。数量较多，有几种变体，似有演化关系（图五，9～12）。

同心圆纹：应用较广，多饰于壶、盆、钵、器座等器上。有多种式样（图五，13～15）。

“X”纹、“∽”纹：多饰于罐的腹部，少量饰于壶的肩部。仰韶晚期出现，“过渡期”仍沿用，但出现多种变体，演化脉络相当清楚（图五，16～20）。

窗棂纹：饰于壶和罐的腹部，往往用作两主体纹的界隔。粗线条描绘，多黑、红彩相间而有别于网格纹（图五，21）。

菱形纹：饰于钵的肩部，多内填网格纹或涂红彩。往往两菱形连续排列（图五，22）。

网带纹：饰于多种器物的颈部。仰韶中期出现，“过渡期”广泛流行（图五，23）。

“互”字纹：流行于仰韶中期，饰于施淡黄衣的陶罐肩部。形式多样，秀美别致（图五，25～27）。

锯齿纹：饰于钵的肩部，往往与平行直线组合成图案（图五，24）。

“过渡期”新出现的几何图案有：

“八”字重叠纹：形式多变，画法不一，流行广泛，多饰于盆、钵的上腹部（图七，1）。

“L”字纹：也有人称“豆点纹”，多饰于碗、盆、钵、壶、罐等器上，往往与曲线纹共见（图七，2）。

曲线纹：是一种不拘形式的纹饰，可以随意伸缩，线条粗细自如。应用范围同

图七 “过渡期”彩陶几何纹饰

1. “八”字重叠纹 2. “L”字纹 3.水波纹 4. 斜线纹 5.悬弧纹（垂幛纹） 6. 旋涡纹 7.曲线纹

“L”字纹（图七，7）。

水波纹：由一条或多条线横向作平行弯曲，形似水波，习见于钵的肩部（图七，3）。

悬弧纹：也称“垂幛纹”，饰于钵、盆的上腹部（图七，5）。

旋涡纹：形为车轮，饰于钵的肩部（图七，6）。

2. 天文图像花纹

天文图像花纹是大河村彩陶艺术中最具有代表性的纹饰，包括太阳纹、日晕纹、月亮纹、星座纹等，都是作为主体纹出现的。

太阳纹：仅见饰于仰韶晚期钵的肩部。可分为三种形式（图八，1～3）。T14出土的两件太阳纹钵（残），根据口沿弧度计算，口径分别为30厘米和15厘米，每个太阳纹的夹角均为30度，由此可知钵的肩部都应绘12个太阳，在两个器物上都出现12个太阳（图四，2、4），看来不是偶然现象，可能表示每年有12个月份。反映了古人对天象的观察与认识。

日晕纹：饰于仰韶晚期钵的肩部。组合比较复杂，太阳纹两边绘对称的内向弧形

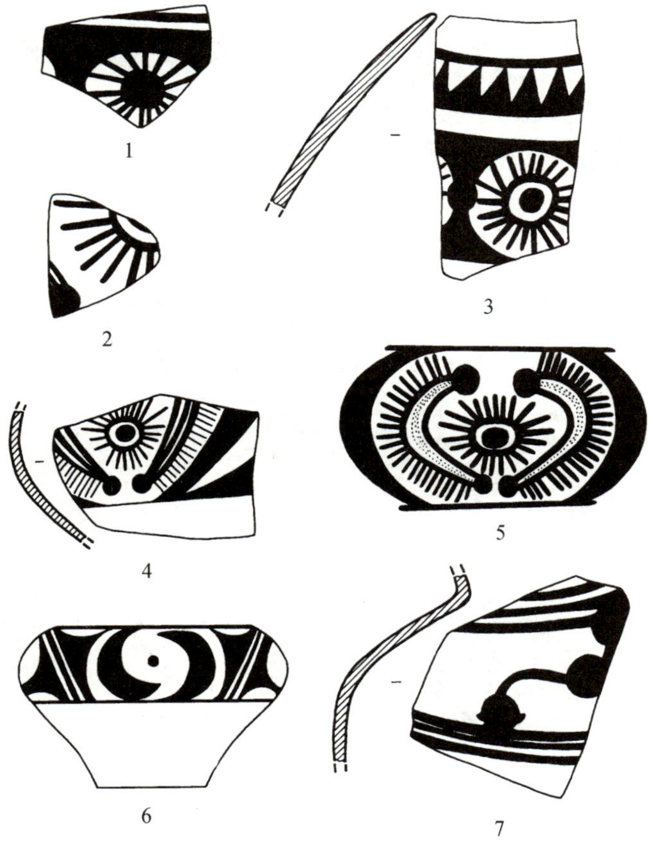

图八　天文图像纹饰

1～3. 太阳纹　4. 日晕纹　5. 日晕纹（复原图）　6. 月亮纹　7.星座纹

带，带外沿绘放射线（图八，4、5）。这种图像显然反映的是一种大气光学现象。《吕氏春秋》："晕珥，日气也。环绕四币曰晕。"这种图像所反映的可能就是"日晕"现象。T11出土的日晕纹钵（残），直径为24厘米，每组图像的夹角为90度，钵的上腹部应绘四组这种图像。

月亮纹：出土数量较多，饰于仰韶中期钵的上腹部。两个弯月相对，中间绘一圆点，两个弯月相对，可能表示月亮运行一周所出的不同月相，即所谓"上弦月""下弦月"。T11出土一件月亮纹钵（图八，6），上腹部一周绘三组月亮纹。

星座纹：仅一例，绘于"过渡期"陶壶肩部的残片上。从仅存部分看，是由三个或三个以上圆点，用曲线和直线连接而成。原发掘人员认为可能是北斗星尾部的形象（图八，7）。

3. 植物花纹

大河村彩陶以植物为题材的花纹主要有勾叶纹、豆荚纹、叶茎纹、禾苗纹、草木纹、藤须纹等，都是作为主体纹出现的。

花卉纹：仰韶中期开始出现，饰于钵、盆、罐等器上。一般用黑色或红色圆点作花心。以四瓣花为主，三瓣或五瓣花比较少。三瓣花的两个瓣细长，另一个花瓣特别肥大，可能表示花蕾初放（图九，6、7）。五瓣花外形似五角星，用圆点和圆圈作花心（图九，5）。有的用弧边三角在白色陶衣上衬出的花朵，显得格外秀丽别致（图九，4）。有的采用两花朵巧合构成（图九，3）。有的花朵附在枝茎上；花、茎、叶配置得当（图九，9）。

茎叶纹：仰韶中期出现，仰韶晚期仍沿用。饰于盆的口沿上或钵的上腹部（图九，10）。

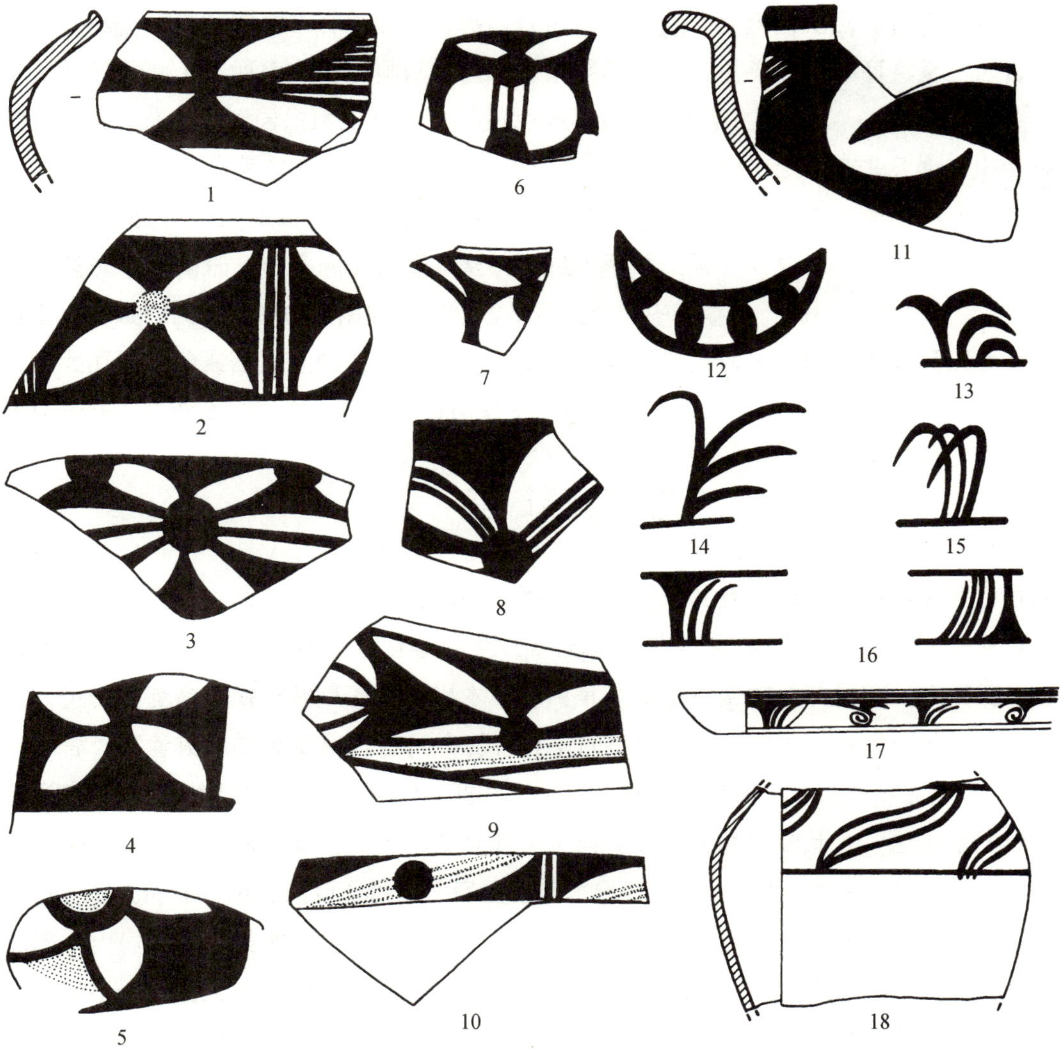

图九　大河村彩陶的植物纹饰

1～9. 花卉纹　10. 茎叶纹　11. 勾叶纹　12.豆荚纹　13～15. 禾苗纹　16. 草木纹　17. 藤须纹　18. 叶形纹

勾叶纹：仰韶中期出现，习见饰于盆的腹部。两叶相对、叶片形似弯钩。仰韶晚期，叶片趋于细长（图九，11）。

豆荚纹：饰于仰韶晚期壶，罐的腹部。形如弯月，两端上翘，内含四圆形豆粒（图九，12）。

禾苗纹：是“过渡期”比较流行的一种纹饰，多饰于碗的外壁。形式多样，富有写实意味（图九，13～15）。

草木纹：为“过渡期”常见纹饰。饰于碗、体的上腹部。作草生树下状（图九，16）。

藤须纹：“过渡期”常见纹饰，多饰碗的外壁，卷曲如藤须，平伸如藤茎（图九，17）。

叶形纹：过渡期常见纹饰，仅见饰于罐的上腹部（图九，18）。

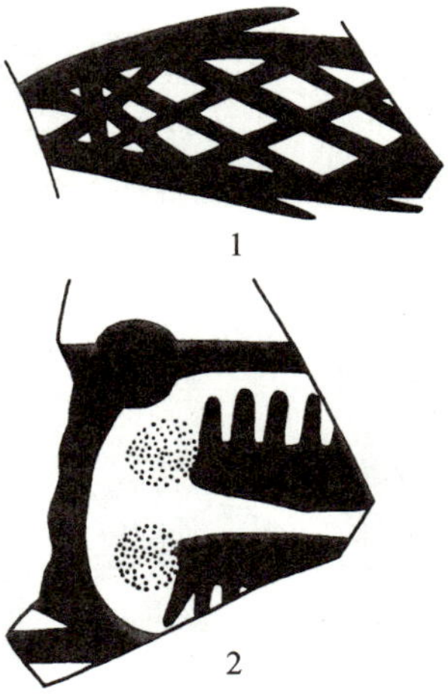

图一〇
1. 鱼纹　2. 多足虫纹

4. 动物花纹

大河村的彩陶纹饰以动物为题材的为数甚少，仅鱼纹和多足虫纹两种（图一〇）。鱼纹绘在仰韶晚期壶（或罐）的一块残片上。嘴部、尾部均残。鱼体呈枣核形，鳞、鳍具全，作游水状。

三、花纹图案的组织结构

大河村彩陶的装饰图案，是按照一定的形式原理设计的。从图案的整体结构，图案带的构成直到单位纹的组合，无不遵循一定的格式和规律进行安排。

图案的整体结构，通常采取一种比较固定的构图格式：用二到三条平行线环绕器壁作横分层，把着彩部位分为两层以上的横带，在平行线上下构成基本图式，然后逐次填绘各种纹饰内容。这种横带结构形式既与器形相适应，增加了器物造型的美感，同时在装饰上也取得了完整、丰满的效果。

由各单位纹组成的图案带，主体花纹占据中心部位。按照器形和用途的需要，又分单独花纹和连续花纹两种形式，而且二者都达到了结构严谨、变化多样、和谐统一的要求，取得了优美动人的艺术效果。

单独花纹应用较少，仅见鱼纹、旋涡纹、星座纹三种。应用广泛的是连续花纹中的二方连续花纹（图一一）。横列的二方连续花纹中，单位纹一般都有明显的段落。以同一母体纹组成的图案带，如“互”字纹、锯齿纹等，她的特点是可以无限地延

图一一　大河村彩陶中常见的几种二方连续花纹

续；以不同母体纹组成的图案带，习见的某种花纹为主体纹，另一种花纹为辅助纹，插在两个主体纹之间，如以月亮纹为主体纹，以两底边相对的弧边三角和短线为辅助纹组成的反复纹组。在二方连续花纹中，还有相互联结构成和不规则构成两种组合形式（图一二，1、2）。这两种组合形式虽然应用不太广泛，但显得非常别致。

二方连续花纹中的单位纹，其构成形式分对称式和平衡式两种。仰韶时期对称式的应用比较普遍。对称式又有两面对称与四面对称之分（图一三）。单位纹这种对称的构成形式，使各个单位纹之间取得了较好的连续效果，显得非常整齐、

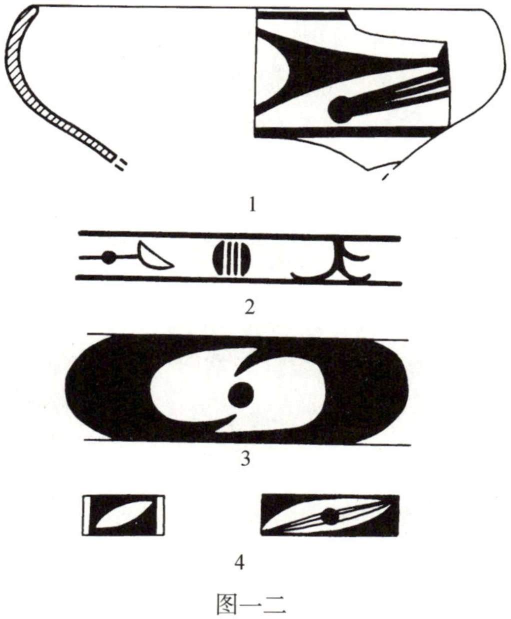

图一二
1、2. 大河村彩陶中的相互联结构成与不规则构成的花纹　3、4. 大河村彩陶中的平衡式单位纹

图一三　大河村彩陶中的对称方式单位纹

庄重。“过渡期”阶段平衡式应用较多（图一二，3、4）。平衡式的应用，使画面显得生动而富于变化。在图案结构中，作为基本因素的直线、曲线、折线、三角、圆点等，应用很广。一般说，平行直线多用作横分层或竖分割的界线；圆点主要用于填补空白或两个主体纹的连接，也用作圆圈和花卉纹的中心。

四、花纹图案的布局

大河材彩陶装饰图案的布局，最突出之点是绚丽的图案与丰满的器物造型紧密结合，图案的立体设计非常出色。这表现在三个方面：

（1）彩绘大都施于器表的显著部位。也就是视线最集中的部位，所以大大增强了装饰效果。如钵，彩绘都集中分布在近半球形的上腹部。俯视时，能看到以器口为中心而展现的图案；侧视或平视时，从四面任何角度都能看到半球形上腹部的主体花纹（图四，2、3）。

（2）彩绘花纹都装饰在不易遭受磨损的部位。为便于把持器体而设置的鼻、纽、鋬、耳等，都不绘彩。

（3）根据器物的形状和用途、安排恰到好处的适合花纹。一定的花纹，都有固定的位置。如“X”纹、“∽”纹，只饰于罐的腹部；太阳纹、月亮纹、梳形纹只饰于钵的上腹部；网带纹的特定位置是形体较高器物的颈部。此外，图案带的层数和宽窄也是视器形特点而定，或以折腹处为界，或以器体上的对称点分界等等。

由此可见，彩陶图案的分布，是经过认真考虑而设计的。设计思想相当明确，那就是从满足人们的欣赏要求出发，千方百计的增强装饰效果。这种装饰图案与器物造型相适合的构图方法，已是新石器时代彩陶装饰艺术的一种主要技法，成为审美与实用，装饰与器形有机结合的典范。

五、装饰图案的色彩

绘彩之前，器表须经过磨光，先施陶衣然后开始绘彩。陶衣的运用，使器表更易于着色，并且增强了器表的光洁度，尤其重要的是陶衣和画面上的颜色起着对比和映衬作用，使所画图案取得更加鲜艳明快的效果。

用色上，仰韶时期用黑、棕、红三色，“过渡期”阶段用黑、红、橙红三色。有人形容大河村仰韶晚期彩陶的颜色说：“红似血，白似雪，黑似漆”，这话并不过誉。仰韶晚期的彩陶，多数为黑、红或棕、红两彩兼用，衬以白色陶衣，黑白相映，色调对比特别强烈。常见的两条黑线合镶一条红线的画法犹如浮雕，富有立体感；用两条黑色或棕色粗线合镶网纹或锯齿纹的画法，用笔技巧更为高超。反映了新石器时代的画工们对颜色的识别与运用，特别是对比色的运用是非常成功的。

六、彩陶的绘画技巧

就绘画技法而言，不同的表现手法，会画出不同的效果或不同的风格。所以不同的表现手法是图案形式多样化的重要因素。运用何种表现手法，是由题材的内容决定的。大河村彩陶根据各种不同的题材内容，选取了不同的表现手法。

首先，画法上成功地运用了疏密、繁简、间隔、虚实、高低、大小等对比手法，达到结构严谨、变化多样而又和谐统一的要求。花纹的安排，配置妥帖，主次分明，从而构成风格迥异和富有节奏的画面。有些图案，构图比较简单，如较早出现的宽带纹以及由三角、直线、圆点组成的图案，它的格调是淳厚质朴；有些图案，构图有严整的格式，如仰韶晚期的菱形纹、窗棂纹等，讲究对称、平衡，较多运用直线，艺术特点是庄重大方；有些图案，构图自由，不拘泥于格式，较多运用曲线，如“过渡期”流行的“八”字重叠纹、“L”字纹以及各种曲线组成的图案，它的格调是生动活泼。

一些象生性花纹，显然是从自然界写生变化而来，画法上具有浓厚的写实意味。如鱼纹：虽然仅有一块残片，但仍能看出是一条尖嘴长身、鳞鳍齐全的游鱼。寥寥几笔，却生动传神。但从局部看，又采取了象征性的写意手法，如整个鱼体，包括鳞、鳍，仅仅用了几条简单粗略的曲线和直线。花卉纹的式样繁多，采用了不同的表现手法，根据需要，花瓣有肥有瘦，有长有短。有的花瓣攀附在茎叶上，显得娇柔可爱，有的花瓣用弧边三角衬出，更为生动别致。禾苗纹的写实意味更浓，笔画矫健秀美。有的植物由主茎向外伸出多个叶片，似繁茂生长；有的动植物茎叶倒向一侧，似随风摆动，有的茎叶挺拔，似长势茁壮（图九，13 ~ 15）。总的看来，象生性花纹的画法有两个明显特点：

（1）花纹本身作了必要的简化处理。粗线条地描绘，省去细部，只留必要部分，使特征更为明显而且富于变化。

（2）采用了平视构图方法。这种构图方法所绘的花纹图像同处于一条基线上，互不重叠，没有集中的视线，犹如后世的剪纸作品。

天象纹是大河村最具代表性的彩陶纹饰，光芒四射的太阳，两个弯月相对，可谓直接的，具体的形象化描绘。原始时代，人们为了生存和生活的需要（如农事活动需要掌握季节的变化，以便于适时耕种；寒暑交替及日月星辰的运行直接关系到人们的生活），所以人们不断观察、认识这些自然现象，并生动形象地把它描绘在陶器上。这部分彩陶花纹在装饰艺术的发展史上具有重要意义，是原始时代人们的现实生活在艺术上的生动反映。

（原载于《中原文物》1984年第4期）

再谈大河村新石器时代的彩陶艺术

一、大河村原始遗存的分期与各期彩陶的发展概况

《郑州大河村遗址发掘报告》把大河村的原始遗存分为六期：一期、二期属于仰韶文化中期遗存；三期属于仰韶文化晚期遗存；四期属于由仰韶文化向河南龙山文化的过渡期遗存。近年来，大河村遗址又经多次发掘，发现一期遗存下面还压着仰韶文化的早期遗存，我们暂称它为前一期和前二期。

从前一期一直到第四期的原始遗存中都含有彩陶因素。因为文化层的堆积有着比较明确的地层叠压关系和文化分期，所以大河村出土的彩陶从早到晚发展演化的脉络相当清楚。另一方面，由于其延续发展的时间比较长，各期的彩陶变化较大，从而表现出明显的连续性和阶段性。大约一千多年的时间里，大河村的彩陶经历了由简单到复杂，又由复杂到简单，直到消失这样一个完整的演化过程。总的看来，前一期、前二期是大河村彩陶的发生与形成阶段；一期、二期为持续发展阶段；三期则发展到鼎盛阶段，四期的前段，是大河村彩陶由盛而衰的转折点；四期后段，明显呈现出衰退的趋势；五期遗存中，彩陶已经完全绝迹。

四期的彩陶，较之以前各期，在内容、风格、形式上显示出较大变化。四期前段之初，又是大河村彩陶装饰艺术盛衰的分水岭，所以实际上大河村的彩陶可以分为前后两个不同的大的发展阶段：从前一期到三期，彩陶的发展是内容不断丰富，彩绘技艺不断提高的过程，四期前段开始，彩陶的发展是内容不断减少，彩绘技艺不断退化的过程。

二、各期彩陶的风格特点

大河村不同时期的彩陶，在艺术风格上有着不同的特点。

1. 前一期、前二期的彩陶

这两期遗存在地面下9 ~ 12米深处。其文化面貌呈现出早期仰韶文化特征。发掘面积60多平方米。出土彩陶甚少，而且都是陶器残片。究其原因，一是较大程度地受发掘面积小所限，一是大河村的彩陶处于初期阶段，但从这部分数量不多的彩陶遗

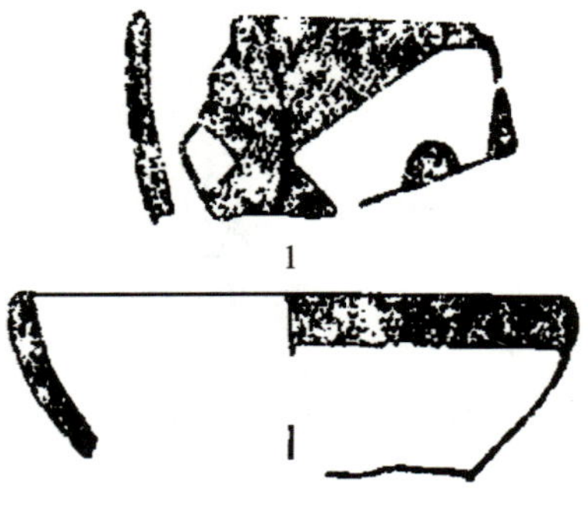

图一
1. 三角纹、圆点纹　2. 宽带纹

存中已可看出其具有较多的原始性，反映了大河村仰韶文化早期遗存中彩陶形式的特点。绘彩陶器仅见碗、钵。均为黑色或红色单彩，未见施陶衣的彩陶。比较多见的花纹是碗、钵口沿内外绕绘一圈红色宽带纹，另有一种大口钵，沿下绘圆点纹、宽带纹与三角形纹组成的几何形图案（图一）。在光洁的红色陶地上绘彩，是大河村仰韶文化早期彩陶艺术的特点，花纹单调，构图简朴，线条粗犷。但花纹虽然简单，取得的装饰效果却相当突出，具有单纯、古朴的格调。

2. 一期、二期的彩陶

属于仰韶文化中期遗存。这两期彩陶的风格特点相一致，所以放在一起叙述。这时的彩陶，数量和种类较前显著增加。开始出现施陶衣的彩陶。主要是白色陶衣，其次是淡黄色陶衣。用色，多黑色或棕色单彩，也有少部分黑、红或棕、红两彩兼用。绘彩陶器都是泥质红陶。绘彩的器形有钵、碗、盆、罐、壶、器座等。有的盆内外壁均施衣绘彩。花纹，除前期已流行者外，又出现了钩叶纹、花卉纹、月亮纹、弧边三角纹、网格纹、睫毛纹（射线纹）、圆点纹等（图二）。其中，最具特色的是花卉纹和月亮纹。花卉纹不仅式样繁多，也显示了多种表现手法，如有的用弧边三角在白色陶衣上衬出花朵，有的是两个花朵巧合构成，有的花朵附在枝茎上。画法上还出现以线条构出某种花纹的轮廓，然后在轮廓线以内填色的表现手法，这种画法给人以新颖、别致之感。月亮纹仅见于这个时期，多与底边相对的弧边三角纹组成花纹带，饰于钵的肩部。构图上，主要是横列的二方连续花纹构成的各种式样的图案带，一般为单层。彩绘图案的组合，开始讲究对称、平衡的组合形式。这个时期还出现硬陶彩绘。这种硬陶质地坚硬、细腻，胎较薄，内外壁施淡黄色陶衣，外壁用黑彩或棕彩绘“互”字纹、网格纹等图案。花纹整洁秀丽，成为大河村仰韶文化中期彩陶艺术中之佼佼者（图二，15 ~ 18）。此时期具有代表性的绘彩陶器有以月亮纹、圆点纹、弧边三角纹组成图案的钵，钩叶纹盆，以弧边三角纹、圆点纹、直线组成图案的碗，以弧边三角、直线组成图案的器座等。

3. 三期的彩陶

属于仰韶文化晚期遗存。这个时期，大河村的彩陶有了很大发展，不仅数量和种类增多，而且器物造型优美，装饰精巧，形成了色调鲜明的独特风格。大河村的彩陶

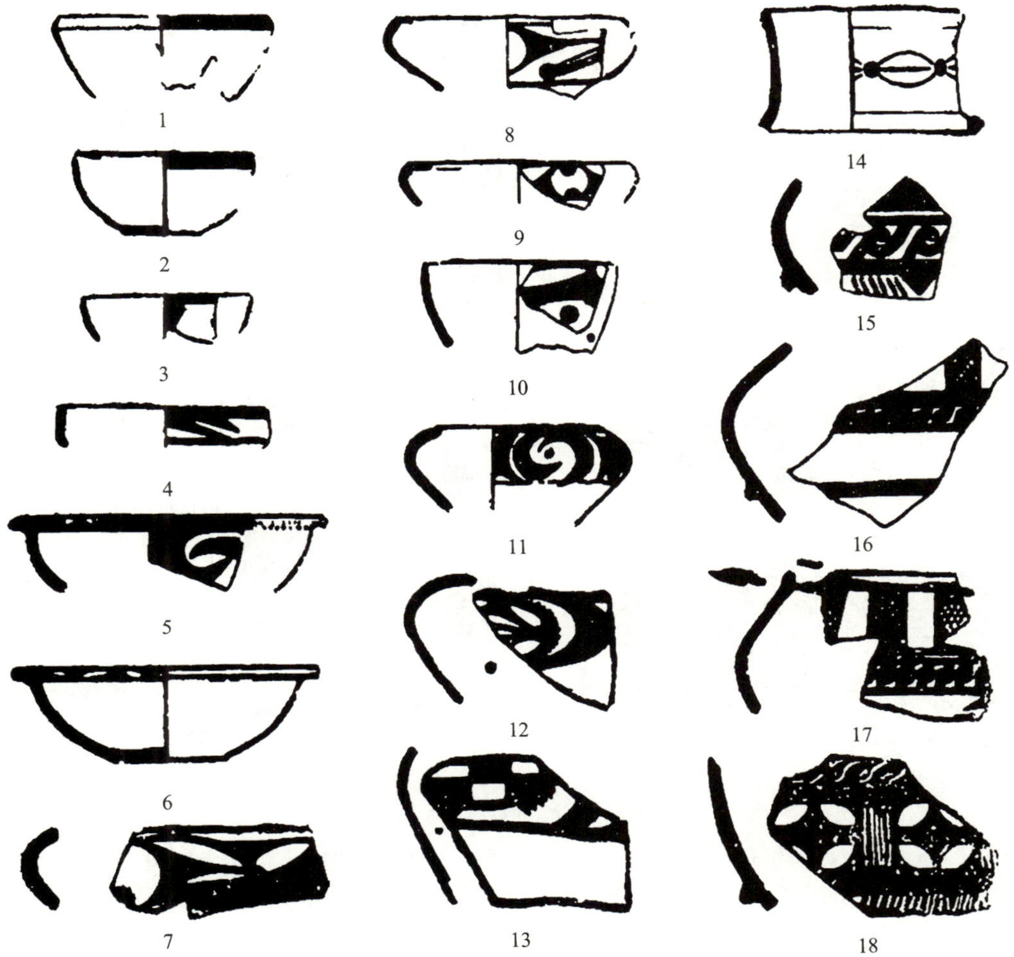

图二

1～4. 宽带纹 5. 钩叶纹 6、7. 花卉纹 8～10. 弧边三角纹、平行直线纹、圆点纹 11. 月亮纹、弧边三角纹 12、13. 射线纹（睫毛纹）、弧线纹 14. 弧线纹、圆点纹 15～18. 网格纹、“互”字纹

艺术发展到了鼎盛时期，代表着大河村彩陶艺术达到的最高水平。绘彩陶器都是细泥红陶。盛行白衣彩陶，另有少量红衣和无衣彩陶。用色，一般为黑、红或棕、红两彩兼用，只有红衣或无衣者绘单彩。花纹的题材有几何形图案、天文图像、植物、动物等四类。其中几何形图案居于多数，约占这个时期彩陶的百分之七十，花纹式样达三十多种。除前期已经流行者外，常见的有梳形纹、同心圆纹、圆圈纹、舟形纹、窗棂纹、射线纹、古钱纹、六角星纹、方格纹、菱形纹、网带纹、锯齿纹、平行线纹、“X”纹、“∽”纹等。

天文图像花纹有日晕纹和太阳纹。植物花纹有花卉纹、豆荚纹。动物花纹有鱼纹、多足虫纹等（图三）。这个时期，彩陶的风格特点可以归纳为以下几点：

（1）色彩鲜艳绚丽。白衣彩陶，绘以黑、红或棕、红彩，诸色相映，色彩显得格

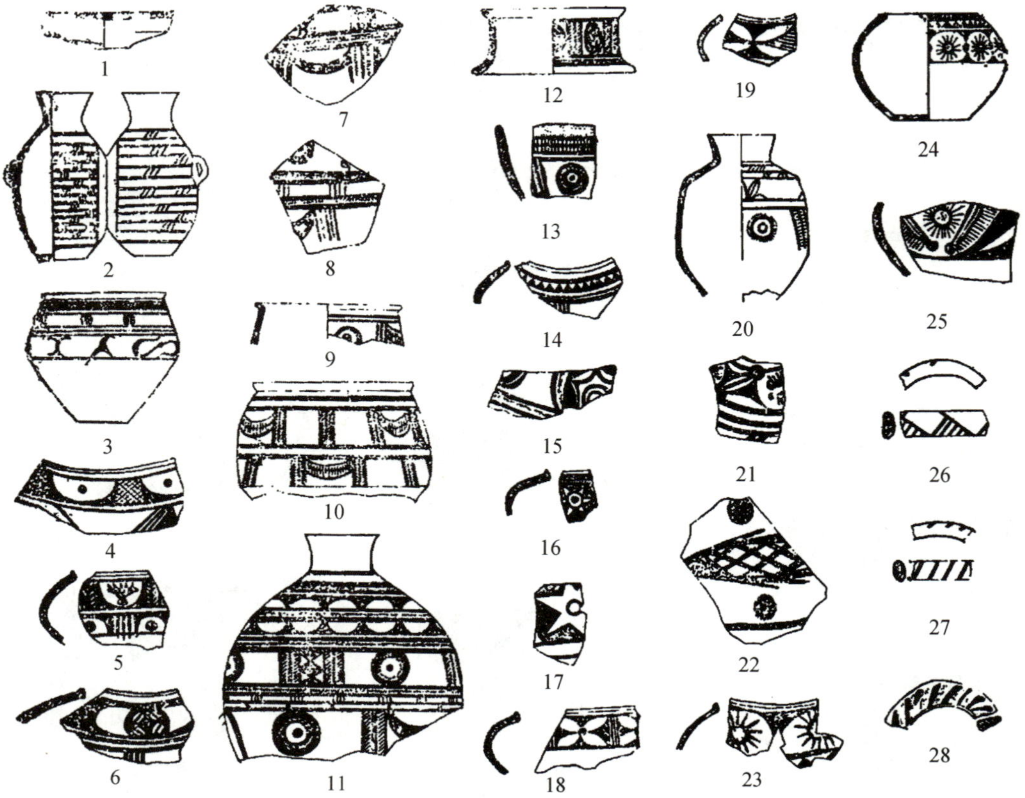

图三　三期彩陶纹饰

1. 宽带纹　2. 平行线纹　3. 网带纹、“X”纹、“∽”纹、弧边三角纹　4. 网纹、圆点纹　5. 圆点纹　6. 古钱纹　7. 窗棂纹、平行直线纹、舟形纹　8. 豆荚纹、同心圆纹　9～11. 舟形纹、同心圆纹　12、13. 平行直线纹、同心圆纹　14. 锯齿纹　15～17. 六角星纹　18、19. 花卉纹　21. 多足虫纹　22. 鱼纹　23、24. 太阳纹　25. 日晕纹　26～28. 平行直线纹

外鲜明、强烈。对比色的应用非常成功。

（2）图案结构严谨，线条规整，形成一种比较固定的构图格式。通常是用二到三条横、竖直线分界，每组横、竖直线等距分布，与作为主体纹的花纹相间，从而构成图案画面。

（3）画法上，平行直线的应用非常广泛。有横、有竖、有斜。网纹，往往画几十根或上百根平行直线，线条流畅规整。平行横线工整平直，不见起笔落笔痕，可能是用“轮绘”方法绘制而成。常见用两条黑色或棕色直线合镶一条红线，还有用黑色平行直线与锯齿纹合镶一起的手法。这种黑、红或棕、红相间的画法，使呆板的平行线条变得生动美观，富有节奏感。

（4）花纹的构成，主要是左右二方连续花纹，流行横列的多层次图案带。有的陶器从口沿到接近底部，都饰满了彩色图案带。图案带中的单位纹，巧妙地运用了对称、平衡、排比、反复等手法。

（5）按照器物的造型特点和用途合理安排花纹的位置。一般说，彩绘装饰部位大都在器物的沿、肩、上腹或内壁，都是人们视线所及之处，同时也是为了适应当时席地而坐或蹲姿的习惯。施彩陶器多是饮、食器，如钵、壶、盆、碗、罐等，炊器多不施彩，如鼎、夹砂罐等。

（6）承袭前期的一些花纹发生了明显变化，如花卉纹，花瓣由瘦变肥，由尖变钝，由长变短，钩叶纹的叶片变得细长，更显得流畅多姿；弧边三角纹的两边逐渐延长，三边的弧度增大，而且这种花纹应用更为广泛，形式亦趋于多样化。

这个时期，具有代表性的绘彩陶器有饰梳形纹或太阳纹的钵，饰舟形纹或“X”纹、“∽”纹或宽带纹的罐，饰同心圆纹的壶以及两器相连的所谓“双联壶”，饰宽带纹的碗，饰平行斜直线的环等。

4. 四期的彩陶

属于由仰韶文化向河南龙山文化过渡时期的遗存。这个时期的彩陶虽然已经接近新石器时代彩陶装饰艺术的尾声，但是仍有不少创新和独到之处。

可以看到，以前广泛流行并作为代表性的东西已全部消失，如三期盛行的黑、红或棕、红两彩兼用的白衣彩陶，这时完全绝迹，代之而起的是一部分施红衣和大量的无衣彩陶，那些繁缛多样、鲜艳绚丽的装饰花纹也都不见了，代之以数量众多、清新活泼的黑色或橙红色单彩花纹；三期那些具有典型意义的绘彩陶器也绝大部分消失了，另有一部分数量减少、器形也发生了显著变化，如钵、敛口钵不见而盛行大口钵。特别是新出现一大批造型新颖、纹饰简洁的绘彩陶器。

四期的前段，仍可看到承袭前期的部分彩陶因素，反映了和前期彩陶的联系。如三期便已出现的红衣彩陶，这时数量有所增加，陶衣分暗红色和浅红色两种，多施于盆、钵、罐、瓮等器上；前期出现的网带纹，这时更为普遍，大多数彩陶罐的颈部均饰绕这种花纹，应用范围扩展到盆、碗、壶等器，三期出现的“X”纹、“∽”纹，数量稍增，但变化甚大，应该说是这两种花纹的变体（图四，19），前期饰于碗、钵口沿内外的红彩宽带纹偶见于碗的沿部。在一些陶器上仍然保留着三期那种以平行直线作横分层的构图格式。

这个时期的彩陶花纹，式样繁多，轻巧秀致，都是前期彩陶中所没有的，其中流行最广的是各种曲线组成的不同式样的花纹。如“L”形纹、“八”字重叠纹、“人”字纹、双钩纹、悬弧纹、重弧纹、水波纹、星座纹、草木纹、禾苗纹，藤须纹等。此外，广为流行的还有折线纹、平行线纹、方块纹等（图四）。这些花纹都恰到好处地装饰在钵，盆、碗、罐、瓮、器盖等器物上。最具代表性的绘彩陶器有饰“八”字重叠或水波纹钵，饰曲线纹与“L”形纹深腹盆，饰折线纹折腹盆，饰网带纹与“L”形

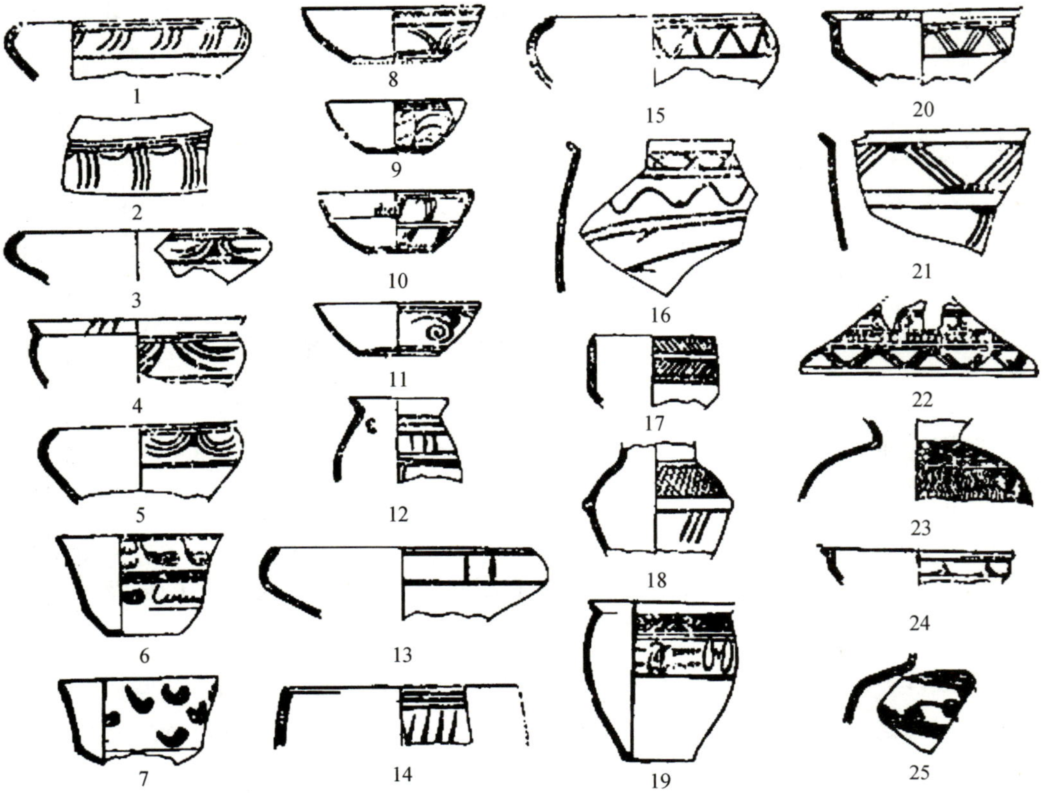

图四　四期彩陶纹饰

1、2. 平行弧线纹　3 ~ 5. “八”字重叠纹　6. 曲线纹、“L”形纹　7. “L”形纹　8 ~ 10. 禾苗纹　11. 藤须纹　12 ~ 14. 横竖平行直线纹　15、16. 水波纹　17. 平行斜线纹　18. 网带纹　19. “X”纹、“∽”变体纹　20 ~ 22. 平行折线纹　23. 折线纹　24. 连接三角纹　25. 星座纹

纹背壶，饰“X”纹、“∽”变体纹罐，饰草木纹、藤须纹碗，饰折线纹器盖等。

四期彩陶的风格特点可以归纳为以下几点：

（1）绘彩陶器中，除泥质红陶外，将近一半是泥质灰陶，还有少量黑陶绘彩。

（2）构图上，不拘泥于传统性的格式，创出一种灵活而富于变化的新形式，画面生动活泼，伸缩自如，给人以别开生面之感。

（3）图案布局上，多数器物的着彩部位向下延伸，花纹覆盖面一般在四分之三以上。多借用平视或侧视构图，所以俯视几乎看不到纹饰。至于花纹分布，因器而异，空间安排适当，疏密穿插自然，充分表现出单色平面美的效果。

（4）画法上，由于曲线的广泛应用，线条流畅活泼，给人以较强的动的感觉。特别是在写实方面有所突破，开始追求生物形态的美。如禾苗纹，形态生动逼真：有的由主茎向外伸出多个叶片，似自然生长；有的茎叶倒向一侧，似随风摆动；有的茎叶挺拔。似长势茁壮（图四，8 ~ 10）。

四期的后段，彩陶衰退的趋势日益明显，数量和种类减少，一些花纹粗率潦草，色彩浓淡不匀，构图简化。与彩陶日渐衰落的同时，一些陶器的表面出现了打印的篮纹、绳纹、方格纹等。器表装饰上显示出龙山文化的特色。

三、大河村彩陶的演变规律及其美学意义

生产的发展，风尚习俗的变化，或为了提高陶器的实用功能等，都直接影响着彩陶艺术的变化，不断增添、变换内容和更新艺术表现手法。这种变化给大河村各个不同时期的彩陶印上了鲜明的时代色彩。具体表现在两个方面：一是内容与形式的演变，如色彩的运用是由单彩到两彩兼用，又发展为单彩；图案的设计是由简单到复杂，又发展到简单，花纹的数量和种类是由少到多，又由多到少，与此同时，每一种花纹本身也在不断地发生变化。一是风格特点的变化，如前一期、前二期的彩陶具有简朴、稚拙的格调，表现出了较多的原始性；一期、二期的彩陶，给人以凝练、刚健之感；三期的彩陶庄重、大方；四期的彩陶清秀、活泼。

三期以前的各期彩陶，由早及晚保持着明显的连续性，彼此衔接得比较紧密，表现在彩绘花纹数量、种类的递增以及一些主要花纹（如梳形纹、花卉纹、弧边三角纹等）有着清楚的发展演变序列等方面。但三、四期之间，彩陶的差异较大，衔接得不那么紧密。可以清楚地看到，臻于成熟阶段的三期彩陶，其艺术风格是以图案规整、色彩鲜艳见长，给人的印象是线条工整、流畅；而四期的彩陶看起来没有三期彩陶规整，其实若仔细观察，就会发现四期的彩陶是以简洁明快取胜，给人的印象是线条疏朗，自由。但一般说来，绘彩技法不如三期工细。

值得注意的是，彩陶内容与形式的演变，或者风格的演变，都是和器物造型的演变紧密结合共同发展的。

大河村的彩陶装饰艺术和原始时代大河村人的生活紧紧相连。是当时人们现实生活的生动反映。仰韶文化时期，中原地区的先民早已过着定居生活，从事以农业为主、渔猎为辅的生产活动。因而农业和渔猎生产就成了艺术创作的题材。这种题材的花纹直接反映了当时人们的生产活动与生活情景。如禾苗纹，就反映了人们看到禾苗长势喜人而向往丰收的心情；鱼纹就反映了渔猎生产仍起着重要的作用；以天文图像为题材的太阳纹、日晕纹、月亮纹、星座纹等，反映了人们观察天象和对农事的关心。因为农事活动需要掌握季节变化，以便适时耕种。由此我们可以认为原始时代先民已经认识到天文与农业有某些关系。还可以认为这些花纹正是当时农业已有了较大发展的标志。人们观察、认识这些自然现象，还因为寒暑交替和日月星辰的运行直接关系着人们的日常生活。这里，可以证明艺术是生产活动和生活实践的产物。

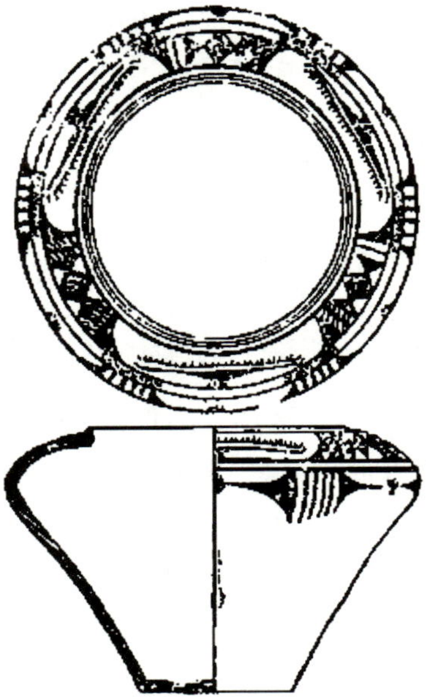

图五　梳形纹彩陶钵

大河村的彩陶艺术也反映了原始时代人们的审美观念，体现了人们在生活实践中不断丰富美的认识和形式美组合能力的提高。例如对连续、反复、平衡、对称等众多表现手法的应用上，从图案结构严谨、变化多样、和谐统一以及花纹构成均匀、整齐上都可以看出当时人们已初步掌握和熟练运用图案构成法则，并进而丰富了图案构成的形式原理。有些图案采用等分法构图，如梳形纹彩陶钵（图五），把器物肩部一周分为三等份，绘出完全相同的三组图案，显然需要预先加以周密计算。表明当时人们对数理已具有一定的推断能力。从装饰与器型相结合、审美与实用相结合上可以看出，人们对图案的设计和布局是事先经过仔细考虑的。当然，原始时代的大河村人在彩陶装饰艺术上取得的成就，是他们不断地追求陶器装饰的丰富性和艺术性的必然结果。这种装饰艺术虽然距今已有四五千年之久，但仍然给人以美的感受，保持着它十足的艺术价值。

四、大河村彩陶中的外来因素以及同类彩陶的分布

我国新石器时代中、晚期，居处黄河流域的甘肃、青海、陕西、山西、河南、山东及江淮流域的江苏、湖北、浙江等地的先民，都曾或先或后制作出许多精美的绘彩陶器。由于分布区域、地理环境和年代早晚的不同，各地的彩陶风格迥异，各具特色，又由于各部族之间日益频繁地交往，不同地域的彩陶多发生了程度不同的联系，彼此相互影响、交流、渗透，有的则是直接承袭关系。

大河村的彩陶在其发展过程中，由于不断地吸收、融化外来彩陶因素，并加以创新，从而使自己的内容更加丰富多彩，同时也逐渐形成了自身的独特风格。

大河村前一期、前二期的碗、钵口沿上施一周宽带纹也是豫北安阳仰韶文化后岗类型中常见的彩陶纹饰。两地一些陶器的形制也非常近似，如都有红顶钵、碗之类的器物，表明二者之间有着密切的联系。

大河村一期、二期的彩陶和豫西仰韶文化庙底沟类型的彩陶有着密切联系：二者绘彩陶器均多施于盆、罐、钵、碗等器；彩陶花纹的题材内容、艺术风格、表现手法等也多相同或接近，特别是二者共有的彩陶花纹，如式样众多的花卉纹以及钩叶纹、弧边三角纹、圆点纹等，都是二者中最常见的花纹（图六）。甚至还可看到二者一些彩陶花纹存在着的发展序列关系，如梳形纹（图七）。当然，大河村一期、二期的彩

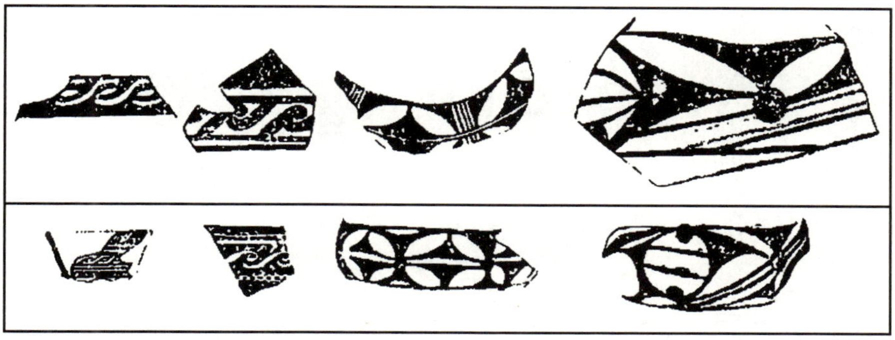

图六
上：大河村一、二期　下：庙底沟类型

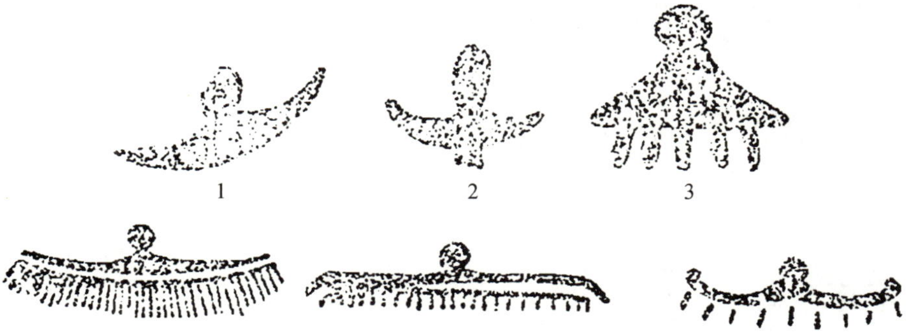

图七　梳形纹演变序列
1. 大河村一、二期　2. 庙底沟　3. 大河村　4. 点军台　5、6. 大河村三期

陶也具有自身的特点，不少彩陶花纹为庙底沟类型所不见。

大河村三期的彩陶中可看到山东大汶口文化的影响，如彩陶钵与大汶口四期的彩陶盆、钵的形制与花纹都很相似。但大河村三期彩陶更多地表现出了自身特点。

大河村四期的彩陶，接受山东大汶口文化晚期彩陶的影响更为明显。如9号墓出土的两个彩陶背壶，和大汶口五期的彩陶背壶相同。

近年来，随着考古工作的进展，与大河村同类的彩陶不断出土。这类彩陶比较集中地分布在豫中一带，尤其伊、洛、汝以及贾鲁河等河流沿岸最为密集。此外，豫东、豫西、豫南、豫北以及晋南、冀北等地也有发现。包含此类彩陶的遗址已发现近50处。典型遗址除大河村外，有洛阳的王湾、涧滨、孙旗屯，孟津的小潘沟，偃师的高崖西台地、苗湾、南寨、赵城、二里头，郑州的林山寨、后庄王、白家庄，荥阳的青台、点军台、秦王寨，新郑的唐户，密县的苇园、马鞍河、程庄、古郐城，登封的石羊关、颍阳镇，临汝的阎村、大张，禹县的谷水河，唐河的茅草寺，镇平的赵湾，舞阳的峨岗寺，新乡的洛丝潭（图八）。大量的考古材料证明，豫中一带此类彩陶非

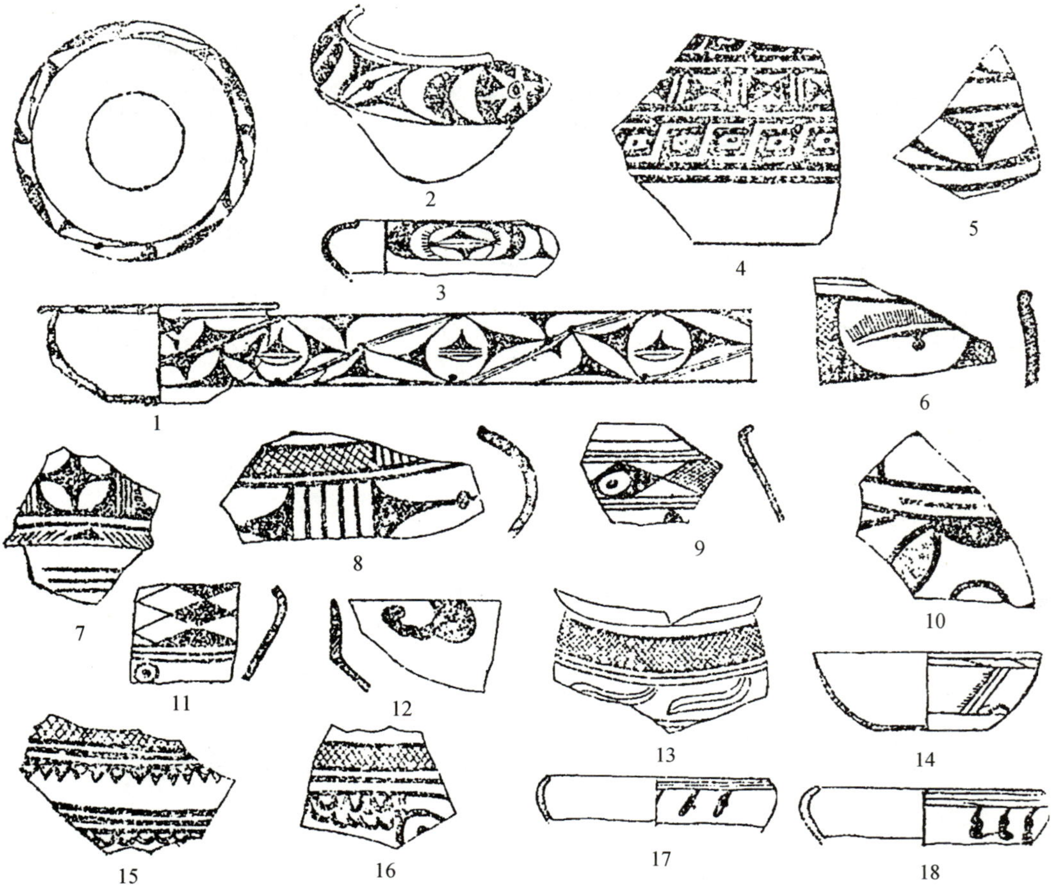

图八　部分和大河村同类遗址出土的彩陶

1～7. 相当于大河村二期　8～11. 相当于大河村三期　12～18. 相当于大河村四期（1、3、6、8、9、11、14. 荥阳点军台　2、7. 偃师高崖　4、5. 唐河茅草寺　10. 洛阳涧滨　12、15、16. 新乡洛丝潭　13. 偃师苗湾　17、18. 偃师二里头）

常丰富。大河村以彩陶的数量和花纹种类之多在各遗址中尤为突出。

由于各个遗址所处理位置不同，发展的不平衡性及邻近地区不同原始文化中彩陶的影响等原因，各遗址出土的彩陶彼此出现一定的差异。一般说来，在这类彩陶的中心地区内，外地彩陶因素的影响比较弱，边沿地区则特别显著。如处于豫西南唐河的茅草寺、舞阳的峨岗寺、镇平的赵湾诸遗址的彩陶，因受江汉地区屈家岭文化的影响而呈现深厚的豫西南特有的风格，与郑、洛一带的彩陶有明显的差异。处于豫东的郸城段寨遗址，受山东大汶口文化彩陶的影响较大。豫北新乡的洛丝潭遗址，明显受到安阳仰韶文化大司空类型的影响。

［原载于《中原文物》1986年特刊（总5号）］

大河村遗址的发掘与郑州地区的原始时代

1966年，考古工作者在郑州市北郊大河村西南1千米的地方，发现一处原始氏族聚落遗址。这处遗址面积30多万平方米，文化层厚达12米，是我国经过大规模系统发掘的新石器时代重要遗址之一。从1972年至今，考古工作者先后在这里进行了十几次考古发掘，揭露面积近5000平方米，发现了大量的房屋建筑、窖穴和墓葬。出土陶、石、骨、蚌、玉等不同质料的生产、生活用具、装饰品3000余件。遗址中各类文化遗存的叠压，按早晚顺序，有属于新石器时代的仰韶文化、仰韶向龙山的过渡文化（以下简称过渡期）、河南龙山文化以及进入青铜器时代的二里头文化和商文化。远古时代，先民在这里延续居住达3000多年，在距今6500～3200年之间。

从这处原始聚落的布局来看，40多座房屋建筑比较集中地分布在遗址的中心地带，形成建筑物密集的居住区。许多窖穴也大都分布在居住区以内，和房屋交错在一起。遗址中部偏东，还发现了饲养家畜的圈栏。两处氏族公共墓地分布在遗址的边沿地带。一条古代河沟，由西南向东北穿过聚落遗址的中部。

大河村原始聚落遗址的考古发掘，使我们对郑州地区远古时代先民的经济生活、居住条件、生产活动、生活习俗诸方面有了一定的了解。

一、建筑遗迹

远古时代，生活在郑州地区的先民，利用当时当地的自然条件，因地制宜，因材致用，创造了独具风格的房屋建筑。当时，郑州地带气候温暖，丘陵起伏，河流纵横，生长着茂密的森林和芦苇。所以木材和芦苇就成了主要的建筑材料。成排的长方形房舍，有着较厚的墙壁和房顶，外观显得厚重庄严。与西安半坡古代遗址的半穴居圆形建筑以及太湖地区古代木构架的防潮房屋存在着较大差别。

房屋建筑分别属于仰韶文化和过渡期文化遗存。虽仅存基础部分，但却是我国目前已经发现的保存最好的新石器时代房屋建筑。现存墙壁最高处1.08米，房顶仅见塌下的碎块。房屋大都是地面建筑，只有个别的是半地穴式建筑，多为东西向排列，单体房屋较小。房内面积一般在2.1～17.5平方米之间。较大的房内出现了套间。建筑技术采用所谓“木骨整塑”法。其建筑工序是：平整地面，挖基槽，然后在基槽内栽立柱和绑缚横木（即所谓“木骨”），两木柱之间有捆扎起来的芦苇束，在“木骨”内外侧涂草拌泥，抹墙皮，铺垫地平，然后用大火烧烤墙壁与地坪，最后是架梁盖顶。房顶以草拌泥和草覆盖。房内中央或靠墙壁地方有方形烧土台和挡火墙设施。最具有代表性的是1～4号房屋，东西并列成排，毗邻相连，构成大小不同的一组地面建筑，显示了大河村原始聚落房屋建筑的特色。这种土木混合结构的房屋建筑，开我国富有民族风格的木骨泥墙建筑之先河，标志着早在5000多年前郑州地区已进入地面土木建筑的时代。

数量众多的窖穴，大都和房屋交错并存。形状多是口小底大的袋状土坑，另有圆筒形和椭圆形。这些窖穴底径多在1.8～2.5米。一般用于贮放物品或饲养禽畜。个别较大的窖穴直径3米以上，底部往往有台阶、灶坑以及烧土面等，可能是住人的。废弃的窖穴即填置垃圾。

饲养家禽的圈栏，属于过渡期遗存。四周的围墙用烧土块垒砌而成，墙面抹有一层草拌泥。圈栏的平面则呈长方形，北墙中间还留一通道。这种圈栏适于饲养牛、马之类较大的家畜。可以证明当时的饲养业已具有相当规模。

二、生产活动与生产工具

兽、禽、鱼类的骨骼和渔猎工具众多，是大河村仰韶文化遗存的特点之一。已经发现的动物种类有鹿、野猪、猪、狗、牛、水牛、马、兔、鸡、雉、鱼、蚌、龟、螺、蛤蜊等。从这些动物的习性看，它们大都是森林和水草丛生地带的动物。其中除猪、狗、牛、马、鸡是当时饲养的家畜家禽外，其余多是野生动物。

当时用的生产工具主要是石器，此外有骨、蚌、角和陶质工具。石器的制作，一部分是打制的，但大部分是先打制成型再加以磨制而成的。用于种植和砍伐方面的有铲、犁、斧、凿、锛等。用于渔猎的工具以骨制者居多，如镞、矛、鱼叉、鱼钩等。除骨器外还有蚌镞、石镞、角矛、石网坠、陶网坠、陶弹丸、石弹丸等。用于捻线、纺织的工具有陶纺轮、石纺轮、骨针等。长条形骨匕也可能是一种纺织工具。生产工具的状况表明当时种植业是一种主要的生产活动，同时打猎、捕鱼也非常盛行。打猎的对象有野猪、鹿、兔等。弓箭是当时主要的打猎工具，弹丸应是一种手掷或弹弓弹发的打猎工具。

过渡期到龙山文化早期阶段，石器的磨光和穿孔技术更为普及。大型有肩石铲的出现，是这个时期工具制作技术上的重要成就。人们可以把石器牢固地绑缚在木柄上，使用起来既减轻了劳动强度，又大大提高了劳动效率。除这种大型掘土、砍伐工具外，还出现了穿孔石斧、长方形石刀、石镰、玉刀等新型工具。耕作工具的改革和增多，无疑对农业的发展起了巨大的推动作用。另外，大河村遗址过渡期和龙山早期遗存中，兽、禽、鱼骨骼的数量相对减少，表明在农业进一步发展的情况下，渔猎已成为一种辅助性生产，反映了以农业为主兼营渔猎活动的社会经济形态。

纺轮是用于捻线的工具，有陶制、石制两种。骨针是用来缝缀衣服的。我们发现，大河村遗址过渡期和龙山早期遗存中，纺轮的数量大为增多，而且形体大小不一，式样也多样化了。最多的是扁平圆饼形，有的一面凸起，有的呈砣形。我们还注意到，陶器表面拍印绳纹痕的现象日益普遍，成为一种常见的纹饰。绳纹印痕有粗有细。以上诸种情况不仅表明当时人们已熟练地掌握了用麻类纤维捻线的技术，也表明纺织品有了粗细之分。

陶器的制作技术，大河村遗址仰韶文化时期一般采用手制方法：较大者用泥条盘筑，较小者直接捏制而成，多是红色陶器，造型与纹饰都比较简单。制作工具，发现了圆柄菌状和扁平刷状陶拍，一种有柄的鸭嘴形鹿角器，也可能是制陶工具；烧制的陶器，同一器类具有不同的样式。如盆，便有折腹、曲腹、深腹、浅腹等型式，口沿也有宽、窄、平、卷之分。器表纹饰有划纹、绳纹、弦纹以及以泥条附在器面捏制的堆纹和鸡冠纹等，但最具特色的是施白衣或红衣的绘彩陶器，花纹繁缛多样，鲜艳绚丽。过渡期和龙山早期，陶器制作进入了一个新的阶段。采用了轮制或轮模合制法，并在选土、炼泥等生产环节上也有较大改进。这个时期，陶器是在能进行还原反应的陶窑内烧制的，我们称它为“封闭陶窖”，其特点是窑内含大量的炭和一氧化碳，所烧造的陶器多呈灰色或黑色。陶器造型精美，比例适中，陶胎厚薄均匀。制陶技术显然向专业化方面前进了一步。

陶器是当时主要的生活用具。仰韶文化时期用作炊具的鼎和罐，都是夹砂陶器，有的底部至今仍留烟熏痕。另有一种细泥红陶罐，上腹部多饰彩绘花纹，属于盛储器一类。饮食器有碗、钵、壶、杯、豆、盘。盛储器有盆、罐、瓮、缸。一种小口尖底瓶、腹两侧有桥形纽以系绳索，是专用来提水的。过渡期和龙山文化早期，炊具又增添了鬲和锅，同时还出现了相当多的酒器，如斝、盉和各种型式的杯。饮酒风气盛行，表明酿酒业已发展起来。而酿酒业的产生与发展，只有在农业进一步发展、粮食有了剩余的情况下才有可能。

三、对死者的埋葬习俗

在大河村遗址还发现了两处比较集中的原始氏族公共墓地，分别分布在居住区的边沿地带。这两处墓地，都属于过渡期遗存。其中一个墓地，上层埋葬着成群的儿童，下层埋葬着众多的成人。另有五座墓葬属于龙山早期遗存。

发掘的200多座成人墓，都是葬在长方形的墓坑中个别墓坑不太明显。死者排列整齐，头向基本一致，一个墓地多数是头朝南偏西，另一个墓地多数是头朝东。盛行单人葬，并且都没有发现葬具。葬式均为仰面直肢。人骨也大都保存完好。另外，在墓中还发现了随葬品，少者只有一件，多者三件，有陶鼎、陶碗、陶壶、陶纺轮、陶弹丸、骨针等，都是实用品。

过渡期和龙山早期的窖穴中不断发现有完整的或者零碎的人骨架。这些骨架有的曲缩一起如捆缚状，有的呈不规则姿势，显然是被处死后随便丢弃的。这种现象反映了一种原始宗教的迷信活动，即所谓“人祭”。我国原始时代这种“人祭”习俗一直延续流行到商代。据说多跟奉献“粟米之神”，以祈求食物等生活资料的农事祭祀活动有关[1]。

属于龙山早期的13号、14号墓，骨架都没有下肢，墓坑仅长1.3 ~ 1.4米，边沿清楚，未发现打破现象，应是“割体葬仪”。这是原始时代的一种非常野蛮的埋葬习俗。在其他新石器时代晚期遗址中也出现过这种埋葬仪式，如西安的半坡遗址和豫西的庙底沟遗址。古代，我国一些地区曾流行亲族之间的“避煞”风俗，认为亲者死后，鬼煞变成妖怪会伤害亲人或本族成员。于是割下死者（特别是非正常死亡者）的脚或大腿，其用意是不让它走动而危害活着的人。原始人这样做，并不认为是在伤害死者，而是在伤害“鬼煞”“妖怪”，使之不能降灾于人。

大河村遗址发现的小儿墓有八十多座。出现这么多小儿墓，表明当时儿童的死亡率是很高的。小儿墓多有葬具，其葬具多为瓮、钵、盆、鼎、豆等陶器。我们称之为“瓮棺葬”。瓮棺葬，有的是两件陶器扣合起来，但半数以上只用一件陶器作葬具。在作为葬具的陶器上，往往发现腹部凿一小孔。

总的说来，考古发掘证明，大河村原始聚落遗址经历了一个漫长的发展过程。如果包括夏、商文化遗存在内，前后延续了大约3000多年；前期处于原始氏族制阶段，中期处于原始氏族制发生重大变革的时代，即由父系氏族制向私有制过渡时代，后期已经进入阶级社会的第一个阶段——奴隶制时代。这实际也正是郑州地区原始时代社会历史发展的缩影。

注　释

［1］　俞伟超：《铜山丘湾商代社祀遗迹的推定》，《考古》1973年第5期。

（原载于《中州古今》1986年第6期）

关于大河村四期遗存的文化性质与命名问题

以大河村四期遗存为代表的原始文化，从地层叠压关系和器物形态上都明确显示出由仰韶向龙山过渡的性质。过渡进程中的一些具体环节，令人信服地证明了河南龙山文化是承袭仰韶文化又进一步发展而来的一种文化。但考古界通常把这类遗存并入仰韶文化晚期的秦王寨类型，显然是不适当的。本文仅依据多年来发表的考古学资料，试对这类遗存的文化性质、年代分期、类型划分问题谈一点看法。

一

从已掌握的资料看，这类遗存已经发现30多处。它的分布区域基本上和秦王寨类型相同，大致范围是郑州到洛阳之间，新乡到南阳之间。偃师境内的伊河沿岸包括洛阳近郊，应是这类遗存的中心地带。在其主要分布区之内，往往和秦王寨类型文化共存于同一遗址中，也多伴有河南龙山文化早期的堆积层。经过发掘或试掘的遗址有洛阳的王湾[1]、涧滨[2]、中州路[3]，偃师的高崖西台地[4]，孟津的小潘沟[5]，郑州的林山寨[6]、大河村[7]，荥阳的青台[8]、点军台[9]，禹县的谷水河[10]，临汝的大张[11]，镇平的赵湾[12]，新乡的洛丝潭[13]，武陟的东石寺[14]等。其中，大河村遗址最具典型性，和其他遗址相比，大河村四期遗存灰层最厚，内涵最丰富，层位关系也比较清楚：代表着这类遗存从早到晚整个的发展过程。

大河村遗址，四期遗存的分布面积最广，30多万平方米范围内大都有它的堆积层。最厚处达2米以上，文化层本身上下自然层的叠压，有着土质土色的差别，同属于四期遗存的窖穴、墓葬打破灰层，以及窖穴、墓葬之间的相互打破关系，发掘中都屡有发现。表明这类遗存是在相当长的时期内堆积而成。根据各不同单位之间的叠压，打破关系和一些特征器物的变化情况，可分为早、晚两小期，分别代表着先后两个不同的发展阶段。

二

在仰韶文化整个发展过程中，大河村四期遗存是比秦王寨类型更晚而和河南龙山文化早期衔接的一个文化类型。它是在秦王寨类型的基础上形成和发展起来的。大河村、王湾、高崖西台地等典型遗址提供的地层叠压关系表明，它直接压在秦王寨类型灰层之上，又直接压在河南龙山文化早期灰层之下，由此说明它晚于秦王寨类型而早于河南龙山文化。因之，它们的相对年代是确定了的。

关于大河村四期遗存的绝对年代，大河村遗址有3个^{14}C测定的数据，分别为：

（WB82-10）距今4585±90年（校正 5125±130年）

（WB81-27）距今4458±90年（校正 5000±185年）

（WB81-26）距今4410±90年（校正4910±185年）

除此之外，大河村四期遗存的上限还可以用秦王寨类型所测最晚一个数据作参考，为（ZK-837）距今4605±90年（校正5145±130年）。由此得知，大河村四期遗存的上限大概不会早于距今5150年。大河村四期遗存的下限，还可参考庙底沟二期早期龙山遗存（H558）的断代数据，为（ZK-111）距今4260±95年（校正4730±145年）。就是说，大河村四期遗存的下限大概不会晚于距今4700年。这里可以看到，大河村四期遗存的绝对年代正处于秦王寨类型和早期河南龙山文化之间，跟地层叠压关系确立的三者的相对年代是一致的。

大河村四期遗存代表着我国考古学上一个重要的发展阶段，即仰韶、龙山这两大新石器文化转折交替时期。可以看到，仰韶文化末期曾经历一个相当长的历史阶段才转化为河南龙山文化。处于这个历史阶段的大河村四期遗存起着承上启下的作用。它的一些主要器物的演化序列，为仰韶文化和河南龙山文化的传承关系提供了确凿证据（图一）。

据^{14}C断代数据，可知距今5100年左右，仰韶文化开始向河南龙山文化过渡，距今4900年左右始告完成。大约经历了200多年的时间。这个进程是相当快的。大河村四期遗存的所谓“过渡”性质，实际反映的是突变形式的新旧交替，也就是由量变到质变的过程。

三

大河村四期遗存最具特征意义的是陶器、石器和房舍建筑遗迹。

陶器：以夹砂和泥质灰陶为主，泥质和夹砂红陶为次。此外有一部分褐陶和黑陶。陶器制作，采用轮制和手轮兼制方法。主要器形有鼎、钵、盆、罐、缸、碗、壶、豆、甑、杯、背壶等，此外有盂、锅、鬶等。器表多素面或磨光，常见纹饰有弦纹、划纹、绳纹、篮纹、附加堆纹、镂孔、彩绘等，还有少量方格纹。盛行圈足器和平底器。器体装配纽、耳、鋬、柄、流等件的陶器较之秦王寨类型显著增多，特别流行器腹两侧饰鸡冠耳的做法。

（一）

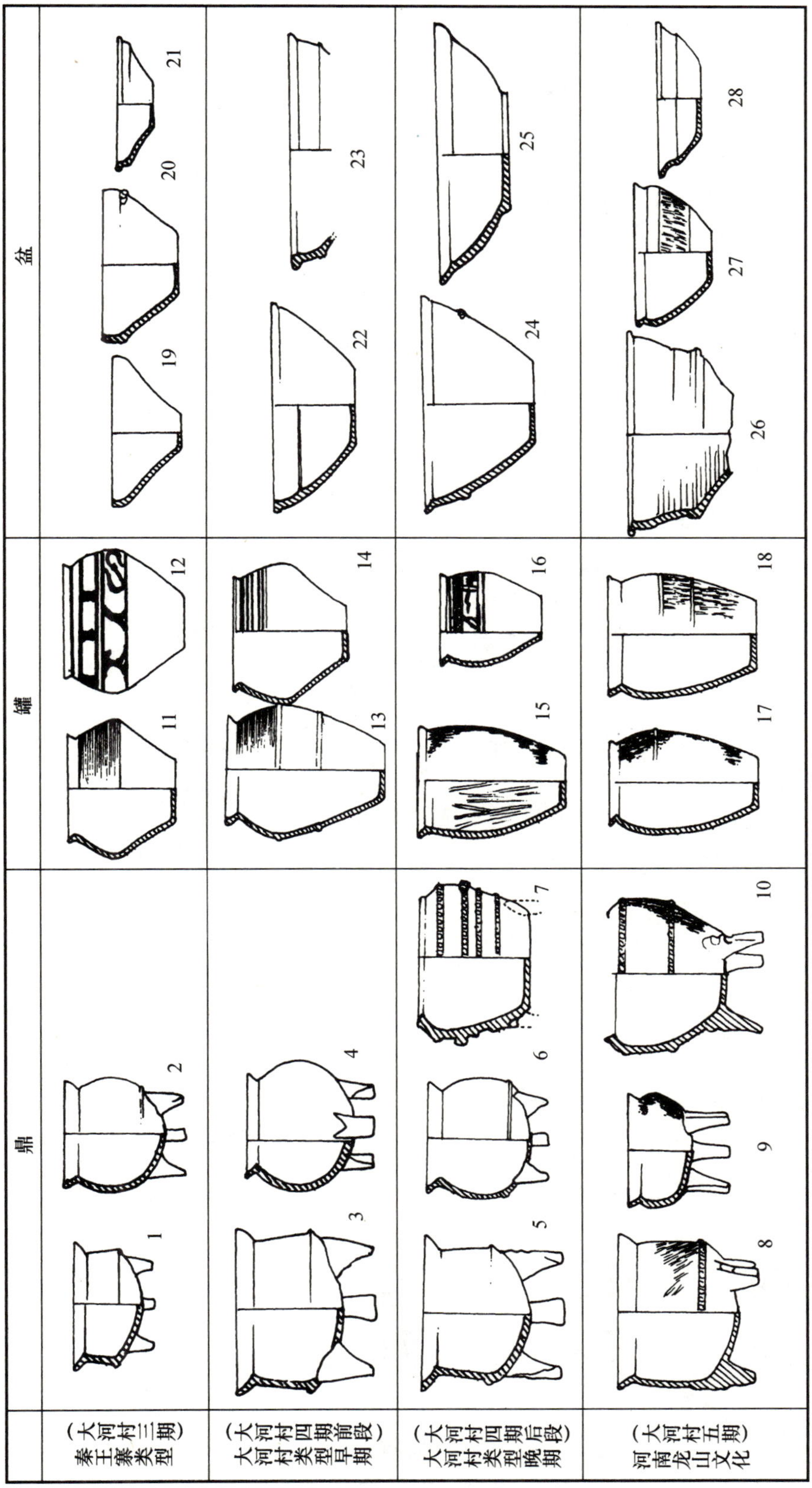
鼎
罐
盆
秦王寨类型（大河村三期）
大河村类型早期（大河村四期前段）
大河村类型晚期（大河村四期后段）
河南龙山文化（大河村五期）
1
2
3
4
5
6
7
8
9
10
11
12
13
14
15
16
17
18
19
20
21
22
23
24
25
26
27
28

（二）

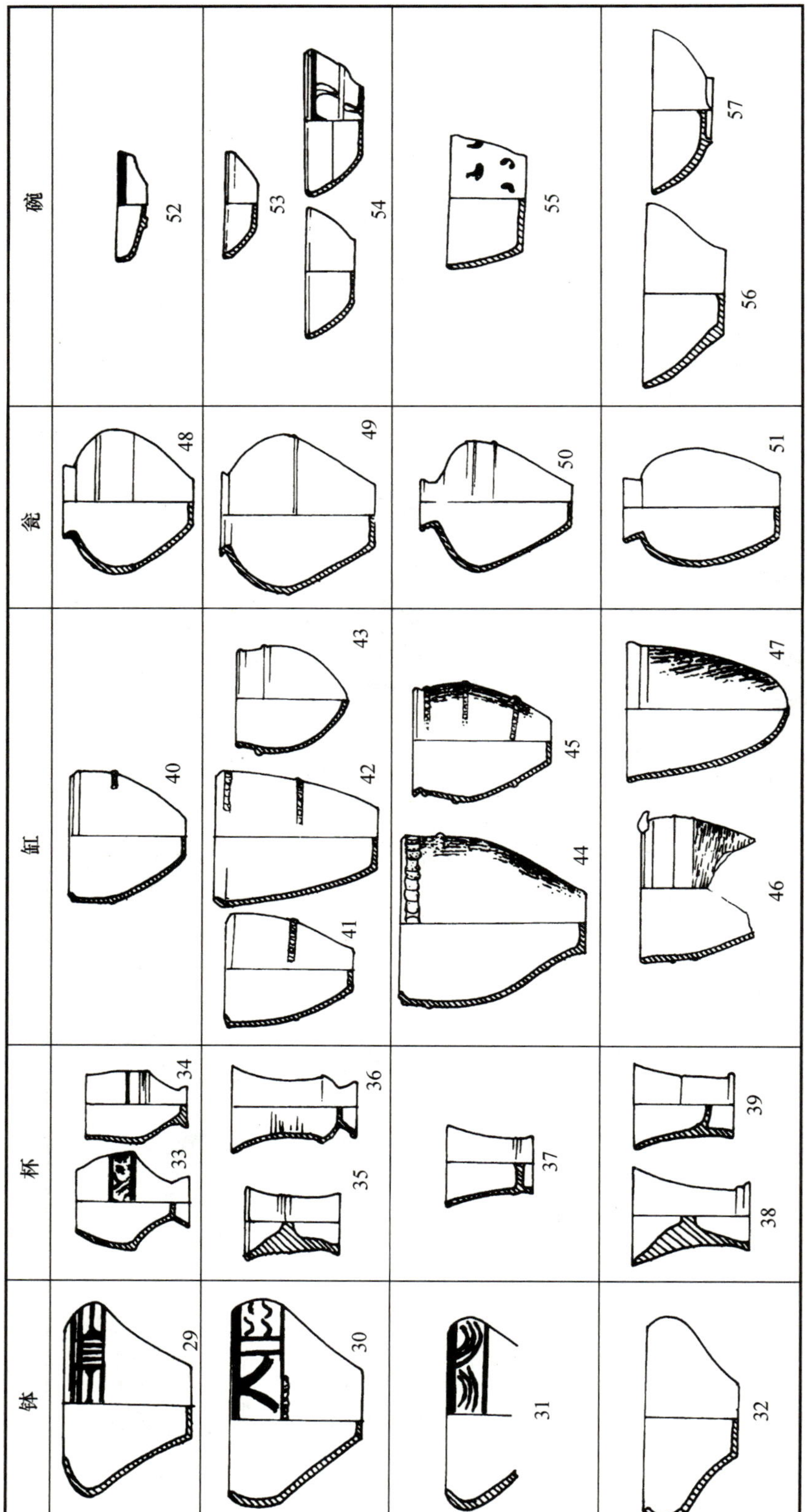

图一　秦王寨类型、大河村类型、河南龙山文化几种主要陶器的演化序列

早期阶段，还保留着较多的仰韶文化因素，如红陶似占较大比例，彩陶的数量和纹样较多，一些主要器物大都可以在秦王寨类型遗存中找出它的祖型，如变体“X∽”纹彩陶罐、盆形鼎、罐形鼎、折腹盆等，都和秦王寨类型的同类器有着相当明显的传统关系（图二）。此外，还增添了一些新器形，如亚腰深腹盆、亚腰深腹甑、深腹碗等。

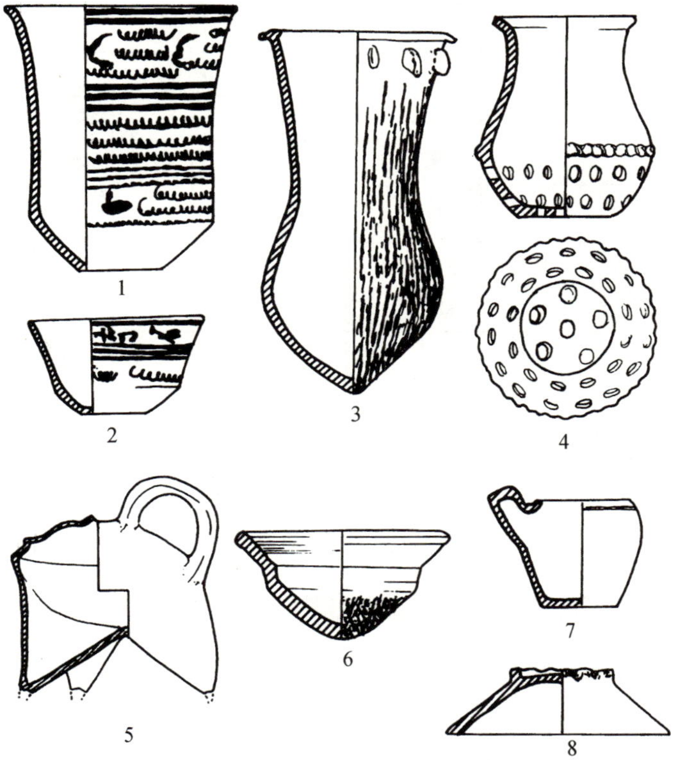

图二 大河村四期遗存中的陶器

1. 深腹盆 2. 深腹碗 3. 大口尖底器 4. 甑 5. 鬶 6. 锅 7. 盉 8. 器盖

晚期阶段，在陶质、纹饰、器形诸方面，河南龙山文化因素逐渐浓厚：红陶下降到少数，灰陶上升到绝对多数，磨光黑陶明显增多，彩陶的数量和纹样骤减，而绳纹、横篮纹普遍流行（表一）。器表装饰还具有以下显著特点：①砂质缸的唇沿厚，或在沿下绕饰一周附加堆纹。②缸、罐的唇沿上多捏制波浪形花边。③鼎、缸、罐等器绕腹壁多饰数周带状泥条。上述器表装饰方法一直延续到河南龙山文化早期阶段。器形方面，出现了鬶、盉、锅、盘形鼎、浅盘豆和菊花形把手的器盖等新器形。豆、杯、碗的数量和形式显著增多。常见的典型器有大口盆形鼎、镂孔足绳纹鼎、大口斜壁平底碗、宽折沿平底盆、镂圈足豆、“X∽”变体纹罐等。一些器形显然是早期河南龙山遗存中相应器物的雏形，如窄沿折腹盆，龙山早期发展成双腹盆；夹砂绳纹罐，发展到龙山早期，折棱消失变得瘦高；黑陶筒形杯成为龙山文化的典型器。

表一　大河村遗址T52第四期文化层出土陶片陶质、纹饰统计表

分期	纹饰 数量 陶质	素面或磨光	绳纹	线纹	弦纹	篮纹	方格纹	附加堆纹	彩陶	总计	百分比
第四期后段（H1）	泥质灰陶	146	66	4	13		2	26	24	281	48.2
	夹砂灰陶	82	90		6	6	1	10	1	196	33.5
	泥质红陶	41				2		2	19	64	10.9
	夹砂红陶	16	2		2	8		2		30	5
	泥质黑陶	14								14	2.4
	总计	299	158	4	21	16	3	40	44	585	100
	百分比	51	27	0.5	3.4	0.26	0.4	6.8	7.5	100	
第四期后段（第六层）	泥质灰陶	1100	57	8	17			11	63	1256	56.5
	夹砂灰陶	457	97		8			19		581	26.2
	泥质红陶	210	4					11	130	355	15.9
	夹砂红陶	21						4		25	1.1
	泥质黑陶	6								6	0.3
	总计	1794	158	8	25			41	193	223	100
	百分比	80.2	7.1	0.5	1.1			1.8	8.6	100	

大河村四期遗存的彩陶富有特色。绘彩陶器除红陶外，有将近一半是灰陶，还有一部分是在磨光黑陶上绘彩。施彩器物有钵、盆、瓮、碗、罐、壶、器盖等。施红衣的彩陶比较普遍，约占全部彩陶的四分之一。陶衣有暗红色和浅红色两种。不见白衣彩陶。用色盛行黑色或橙红色单彩，绝不见两彩兼用者。纹样以几何图案为主，其次是植物纹。彩纹式样繁多，都是秦王寨类型所绝对不见的。最具代表性的有“L”形纹、“八”字重叠纹、“人”字纹、双钩纹、水波纹、重弧纹、悬弧纹、星座纹、旋涡纹、曲线纹、折线纹、禾苗纹、草木纹、藤须纹、叶脉纹等（图三）。总的看来，有两个特点：①曲线的应用非常广泛，和秦王寨类型以横竖平行直线为基调的花纹形成鲜明的对照。②画法上不拘泥于传统的构图格式，画面灵活多变伸缩自如。此外，仍可看到一部分秦王寨类型的彩纹因素，如秦王寨类型饰于钵、罐颈部的网纹带，这时流行更为普遍，应用范围扩展到壶、碗、盆、瓮等器。网纹带的广泛流行，成为大河村四期遗存彩陶艺术的一个特点。还可以看到秦王寨类型中的“X∽”纹，但变化较大，有的已面目全非。秦王寨类型饰于钵、碗口沿内外的宽带彩纹仍有残余。晚期阶段，彩陶呈现出明显的衰落趋势，如花纹粗率潦草，色彩浓淡不匀，构图日益简化，

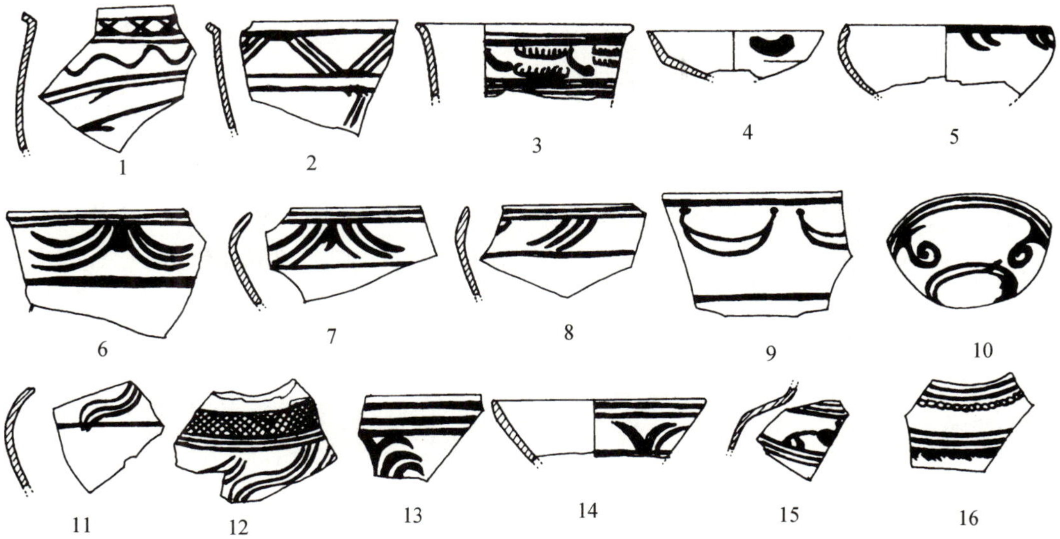

图三 大河村四期的彩陶

4、5、10. 秦王寨遗址采集 13. 郸城段寨遗址出土 余. 均大河村出土

彩纹数量减少，逐渐被后起的绳纹、篮纹所代替。

大河村四期遗存中的陶器，在发展形成自身特点的同时，也受到外来文化因素的影响，主要是山东大汶口文化和湖北屈家岭文化的影响。如大河村的背壶、盉、尊、杯以及谷水河的宽肩壶、鬶等，都和大汶口晚期的同类器似[15]。大河村的锅和谷水河的高圈足杯、宽肩瓦形足鼎、龟头玉饰品等具有屈家岭文化的风格。这些都说明相当于大河村四期遗存的原始文化和大汶口、屈家岭文化之间有着长期的文化交往。

大河村四期遗存中的石器，有铲、斧、犁、锛、凿、刀、镰、镞、锥、弹丸、纺轮等。多为通体磨光，只有少数比较粗糙。具有代表性的典型器是大型有肩石铲和有柄石犁。仅临汝大张遗址就有四件石犁出土，而大河村、林山寨、谷水河等遗址都普遍有大型有肩石铲出土。这显然是当时农业上的先进工具，可以把它捆绑在木柄上使用。这种复合工具的发明，是工具制作上的一大进步。石镰和长方形石刀也是这个时期的一种新型工具（图四）。

大河村四期的房舍建筑，在大河村、谷水河、青台等遗址都有所发现。一般为地面建筑、个别为半地穴式。均为长方形或方形的单间房舍。大者达120平方米，小者仅1平方米。大河村一般为土墙，少数是用烧土块垒砌而成。谷水河的墙壁则是用草拌泥垒砌到高约26厘米时，置放鹅卵石，其上竖立木柱，再堆放草拌泥固定木柱而继续垒砌成墙。墙壁和地坪一般都略经火烤，但不像秦王寨类型的房舍那样被烧成砖红色。地坪铺设很讲究，如大河村F14的地坪，铺垫10层左右，除最下面的基础层外，每层都用黏土、细砂、料姜石粉羼和后铺平、砸实、磨光，然后用火烧烤。房内

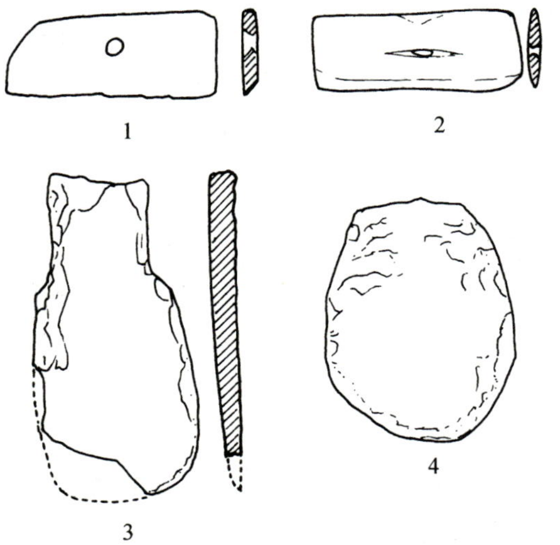

图四　大河村四期遗存中的石器
1. 石镰（大河村出土）　2. 石刀（大河村出土）
3. 有肩石铲（大河村出土）　4.石犁（镇平赵湾出土）

中部设一长方形烧火台或靠墙设一圆形火池。

需要说明一点，由于各个遗址所处地理位置的不同，发展的不平衡性，时间先后之差，外来不同文化因素的影响等等原因，比较之下，各遗址之间文化面貌上显露出某些地域性或时代性差异。如大河村晚期流行的缸加厚口沿或绕饰附加堆纹的做法不见于谷水河，而谷水河的白彩不见于大河村；谷水河的红陶比例大，而大河村红陶比例小并且有较多的灰黑陶绘彩。有的遗址仰韶文化因素多些，有的遗址龙山文化因素多些，甚至器类和器型上也有一定的差别。这些都需要我们作进一步的探讨。

四

可以说，大河村四期遗存来源清楚，去向明确，自身特征明显，有着一定的年代序列和分布区域。这些都表明它是一种独特的考古学文化。应当单独命名，以示和秦王寨类型及河南龙山文化的区别。鉴于大河村遗址这类原始文化的内涵丰富，地层关系明确，并且较大程度的反映了这种原始文化的基本特征，于同类遗址中相当突出，所以今在大河村遗址工作的同志提出把这一原始文化命名为“大河村类型”。同时认为秦王寨类型只应包括大河村三期以及与之相当的遗存；而大河村类型则只应包括大河村四期以及与之相当的遗存。两个类型的划分，不仅正确地反映了二者各自的文化面貌，而且使我们能够较准确地把握它们的文化特征，有利于对比研究工作。应该说这是在探讨仰韶文化晚期遗存工作上的一个进展。

这里需要说明两点：

（1）大河村三期遗存或者四期遗存，本身都具有自己的特点，并且在各自的同类遗存中都具有代表性和典型性。这是它们能够单独成为一个文化类型的前提。

（2）过去考古界曾有人主张以“大河村类型”这个名称来替代“秦王寨类型”，用来概括相当于大河村三、四两期的文化遗存[16]。但考古界对这一主张的认识并非一致，也有人认为没有易名的必要，同时也提出秦王寨类型只应包括相当于大河村三期的遗存[17]。我们提出把相当于大河村四期的遗存单独命名为大河村类型，实际上也就是赞同后一种意见。

大河村类型文化的确定，在考古学上具有重要意义。对仰韶文化和河南龙山文化的相互关系，对仰韶文化的下限河南龙山文化的上限应划在何时，以及对河南龙山文化本身的分期等问题的研究，提供了重要线索。

注　释

［1］ 李仰松、严文明：《洛阳王湾遗址发掘简报》，《考古》1961年第4期。

［2］ 冯承泽：《洛阳涧滨仰韶、殷文化遗址和宋墓清理》，《考古》1962年第10期。

［3］ 中国社会科学院考古所：《洛阳中州路》，科学出版社，1959年。

［4］ 李仰松：《河南偃师伊河南岸考古调查试掘报告》，《考古》1964年第11期。

［5］ 洛阳博物馆：《孟津小潘沟遗址试掘简报》，《考古》1978年第4期。

［6］ 毛宝亮：《郑州西郊仰韶文化遗址发掘简报》，《考古通讯》1958年第2期。

［7］ 郑州市博物馆：《郑州大河村遗址发掘报告》，《考古学报》1979年第3期。

［8］ 发掘报告待发。

［9］ 赵清、张松林：《荥阳点军台遗址1980年发掘报告》，《中原文物》1982年第4期。

［10］［15］ 河南省博物馆：《河南禹县谷水河遗址发掘简报》，《考古》1979年第4期。

［11］ 赵青云：《河南临汝大张新石器时代遗址发掘简报》，《考古》1960年第6期。

［12］ 河南省文化局文物工作队：《河南镇平赵湾新石器时代遗址的发掘》，《考古》1962年第1期。

［13］［14］ 河南省新乡地区文物管理委员会：《新乡地区历史文物介绍》，1981年。

［16］ 安志敏：《中国的新石器时代》，《考古》1981年第3期。

［17］ 巩启明：《试论仰韶文化》，《史前研究》1983年创刊号。

（原载于《中原文物》1989年第1期）

大河村原始村落遗址

大河村原始氏族村落遗址，位于郑州市北郊大河村西南1千米处，距今6500 ~ 3200年，面积约30万平方米。此处先后发现房舍建筑（仅基础部分）40多座，窑穴280多个，墓葬300余座；出土陶、石、骨、蚌、玉等不同质料的生产工具、生活用具、装饰品等4000余件。它是我国新石器时代重要遗址之一。

大河村文化包括新石器时代的仰韶文化、仰韶向龙山的过渡文化、龙山文化以及进入铜器时代的文化。从这处原始村落的布局看，已初具规模。40多座房舍建筑比较集中地分布在遗址的中心地带，形成建筑物密集的居住区；窑穴也大都分布在居住区以内，和房屋交错在一起。遗址中部偏东，发现饲养家畜的圈栏。两处氏族公共墓地分布在遗址的边沿地带。有一条古代河道由西南向东北穿过原始村落的中部。

大河村原始村落的房舍建筑独具风格。当时，这里气候温暖，丘陵起伏，河流纵横，生长着茂密的森林和芦苇，所以木材和芦苇就成了主要的建筑材料。成排的长方形房舍，有较厚的墙壁和房顶，是我国目前已经发现的保存最好的新石器时代房屋建筑。建筑外观显得厚重庄严，与西安半坡村古代遗址的半穴居圆形房舍以及太湖地区古代木构架的防潮房舍大不相同。现存墙壁最高处1.08米。房舍大都是地面上建筑，只有个别的是半地穴式建筑，多东西向排列，为方形或长方形建筑，单体房屋较少。房内面积一般在2.1 ~ 17.5平方米。较大的房内出现了套间。建筑技术采用所谓“木骨整塑”法。房内中央或靠墙壁有方形烧土台和挡火墙等设施，这是保存火种、取暖和烧烤食物的地方。最具有代表性的是，1 ~ 4号房舍东西并列成排，毗邻相连，构成大小不同的一组地面建筑，显示了大河村原始村落房舍建筑的特色。这种土木混合结构的房舍建筑，开创了我国富有民族风格的木骨泥墙建筑的先河，标志着早在5000多年前郑州地区已进入地面土木建筑的时代。

数量众多的窑穴，大都和房屋交错并存。形状多是口小底大的袋状土坑，另有圆筒形和椭圆形的。底径在1.8 ~ 2.5米，一般用于贮放物品或饲养禽畜，个别较大的窖穴直径3米以上，底部往往有台阶、灶坑以及烧土台等，可能是住人的。

饲养家畜的圈栏，属于由仰韶向龙山过渡时期的遗存。四周围墙是用烧土块垒砌而成，圈栏的平面呈长方形，北墙中间留一通道。残存的南墙和北墙长9.3米，西墙长6米，这种圈栏适于饲养牛、马之类较大的家畜，可以证明当时的饲养业已具有相当规模。

兽、禽、鱼类的骨骼和渔猎工具众多，是大河村仰韶文化遗存的特点之一。已经发现的动物骨骼有鹿、野猪、猪、狗、牛、马、兔、鸡、雉、鱼、蚌、龟、螺、蛤蜊等。从这些动物的习性看，大都是森林和水草丛生地带的动物。其中猪、狗、牛、马、鸡已是当时饲养的家畜，其余应是野生动物。

人们用的生产工具主要是石器，此外有骨、蚌、角、陶质的工具，石器的制作，一部分是打制的，但大部分是先打制成形再加以磨制而成。用于种植和砍伐方面的有铲、犁、斧、凿、锛等；用于渔猎的工具以骨制者居多，如镞、矛、鱼叉、鱼钩等，除骨器外还有蚌镞、石镞、角矛、石网坠、陶网坠、陶弹丸、石弹丸等；用于捻线、纺织的工具有陶纺轮、石纺轮、骨针等。生产工具的状况表明当时种植业是一种主要的生产活动，同时打猎、捕鱼也占有重要地位。

过渡时期到龙山早期阶段，石器的磨光和穿孔技术更为普及，大型肩石铲的出现，是这个时期工具制作技术上的重要成就。此外，还出现了穿孔石斧、长方形石刀、石镰、玉刀等新型工具。耕作工具的改进和增多，对农业的发展起了巨大的推动作用。

陶器的制作技术，大河村遗址仰韶文化时期一般采用手制方法，多是红色陶器，造型与纹饰都比较简单。过渡期和龙山早期，陶器制作进入一个新的阶段，采用了轮制或轮模合制法，并在选土、炼泥等生产环节上也有较大改进。这个时期，陶器是在能进行还原反应的陶窑内烧制的，我们称它为“封闭陶窑”，其特点是窑内含大量的碳和一氧化碳，所以烧造的陶器是灰色或黑色的。陶器造型精美，比例适中，陶胎厚薄均匀，制陶技术显然向专业化方面前进了一步。

陶器是当时主要的生活用具。仰韶文化时期用作炊器的是鼎和罐；饮食器有碗、壶、豆、盘，盛储器有盆、罐、瓮、缸。另外，还出现相当多的酒器，这表明酿酒业已发展起来，而酿酒业的产生与发展，是在农业进一步发展、粮食有了剩余的情况下才有可能的。

大河村遗址发现了两处比较集中的原始氏族公共墓地，都属于过渡期遗存，其中一处墓地，上层埋葬着成群的小儿墓，下层埋葬着成群的成人墓。另有五座墓葬属于龙山早期遗存。发掘的200多座成人墓，都是葬在长方形的墓坑中。死者排列整齐，头向基本一致，盛行单人葬，并且都没有发现葬具。葬式均为仰面直肢，人骨也大都保存完好。5座墓中发现了随葬品，经鉴定，墓主多是女性。随葬品少者只有1件，多者3件，有陶鼎、陶碗、陶壶、陶纺轮、陶弹丸、骨针等，都是实用品。为死者随葬物品，反映了原始时代人们的灵魂不死的宗教观念。当然，也可以看作“财产私有”的萌芽。

大河村遗址发现了小儿墓80多座。出现这么多小儿墓，表明当时儿童的死亡率是很高的。小儿墓多有葬具，是用瓮、盆、鼎、豆等陶器作葬具，把小儿尸骨装入埋葬。我们称之为“瓮棺葬”。

发掘证明，大河村原始村落经历了一个漫长的发展过程。如果包括夏、商文化遗存在内，前后延续了大约3000多年。前期处于原始氏族制阶段，中期处于原始氏族制发生重大变革的时代，即由父系氏族制向私有制过渡时代，后期已经进入阶级社会的第一个阶段——奴隶制时代。这实际也正是郑州地区原始时代社会历史发展的缩影。它的发掘，为我们研究郑州地区远古时代先民的居住条件、生产生活情况及风俗习惯提供了非常宝贵的实物依据，充分证明中华民族具有悠久的历史、灿烂的古代文化和勤劳智慧的优良传统。

（原载于《郑州文物志》）

关于秦王寨类型与大河村类型的划分问题

一、关于名称问题

“秦王寨类型”，以其所代表的文化遗存首先在河南省荥阳县秦王寨村被发现而得名。秦王寨遗址位于荥阳县城以北约20千米的邙山上。西面紧靠黄河，遗址坐落在一个半岛形状的台地上，面积约3万平方米。它是我国早期发现的史前遗址之一。1921年，瑞典人安特生派人到荥阳收购和采集史前遗物，开始发现这处遗址，在国内外颇有一定影响。当时，不过采集与收购了一部分地面散存的遗物，而且主要是绘彩陶片。此后，一些考古工作者也曾相继来这里进行调查，但都只是采集了一些遗物标本而已。秦王寨遗址至今还没有进行过发掘。

由于秦王寨村的文化遗存表现了比较明显的自身特征，具有一定代表性，所以20世纪60年代初，考古界在关于仰韶文化的分期与划分类型问题的讨论中，有人把它作为仰韶文化晚期的一个文化类型提出来进行讨论[1]。当时虽然没有作出什么结论，但现在看来，提出“秦王寨类型”这个名称是有其积极意义的。首先，把这类遗存同半坡类型、庙底沟类型区别开了，肯定其仰韶文化晚期遗存的性质，并把它作为这类遗存的代表，显然是对仰韶文化研究与探讨工作的一个推进。另一方面，当时田野考古发掘工作规模较小，这类遗存只限于秦王寨村一地发现，而且未经科学发掘，缺乏地层依据，对地下遗物的堆积情况及遗迹、遗物之间纵横关系的真相不可能有十分深刻地了解。仅以地面上的遗物为依据来确定“秦王寨类型”这个名称，显然基础是非常薄弱的。

洛阳王湾和郑州大河村等遗址的发掘，出土了丰富的所谓“秦王寨类型”的遗迹、遗物。两处遗址的发掘简报和报告依据地层叠压关系与出土物特点，把这类遗存明确地分成两期，即王湾二期的早、晚两小期和大河村的三、四期。并且都对这两期遗存各自的文化特点作了简要论述[2]。

近年来，考古界一些学者认为跟“秦王寨类型”相当的大河村三、四期遗存，经过较大规模地科学发掘，获得的资料比较丰富，有着明确的地层叠压关系，而且出土的遗迹、遗物较之秦王寨遗址更具有典型性和代表性，所以提出以“大河村类型”来代替原来的所谓“秦王寨类型”[3]。对这个提议，不少人表示赞同，认为这一改称更能概括和反映这类遗存的文化面貌和文化特征。

二、关于文化内涵问题

由于和大河村三、四期相当的文化遗存陆续被发现，从而加深了我们对这类遗存的认识，使我们能够依据丰富的实物资料和地层叠压关系进行分析研究。在这个基础上发现和提出了一些新问题，具有关键性的有两点：

（1）所谓“秦王寨类型”（或谓“大河村类型”）所包括的，实际是时期不同，面貌各异的两种文化遗存，二者之间有着明显的差别。

（2）关于“秦王寨类型”（或谓“大河村类型”）文化内涵的分界，学术界认识有分歧：有人明白表示它包括相当于大河村三、四两期遗存[4]，也有人专指相当于大河村的三期遗存[5]。

笔者曾在大河村遗址工作多年，通过发掘和整理工作，发现大河村三、四两期遗存之间存在着较大差异，因之倾向于把它们区分为两个类型，分别命名以代表豫中地区仰韶文化较晚的两个不同时期的遗存。据笔者所知，大河村遗址最普遍的是第四期遗存：堆积厚，面积广，内涵丰富，较大程度地反映了这类遗存的基本特征，在同类遗址中相当突出。以大河村四期文化为这类遗存的代表，命名为“大河村类型”是比较适宜的。关于三期遗存的名称，笔者原曾主张仍叫做“秦王寨类型”[6]。理由是秦王寨遗址发现的比较早，大家对它所代表的文化遗存已有所了解，约定俗成，三期遗存仍沿用这个名称，并加以必要的说明，大概不会导致混乱或误解。当然，确定一个考古学文化类型的名称，最好是经过科学发掘的典型遗址。把一个未经发掘，而地面采集遗物又包括相当大河村三、四两期遗存的遗址作为类型划分的依据，不仅基础薄弱，理由也是不充分的。但当前的问题是现在还无法确定一个包含丰富的相当大河村三期遗存的典型遗址。按照考古学划分类型的惯例，可供选择的有王湾、点军台、青台、后庄王等遗址。然而，王湾、点军台两遗址公开发表的材料甚少，青台、后庄王两遗址的出土资料还未公布于世。在目前情况下，笔者意见，作为权宜之计，仍暂以“秦王寨类型”这个名称作为相当于大河村三期文化遗存的代表。

三、两种不同类型遗存的分布与文化特征

1. 秦王寨类型

这个类型的遗存比较集中地分布在豫中地区，大致范围是郑州至洛阳，黄河南岸至南阳这片广阔地带。伊河、洛河、汝河、颍河以及贾鲁河流域最为密集，为这类遗存的中心区。遗址多坐落在高出周围地面的土丘上。一般说来，积压的灰层比较厚。

已经发现的四十多处遗址中，经过科学发掘或试掘的有郑州的大河村、后庄王，荥阳的青台、点军台，洛阳的王湾，偃师的高崖西台地，孟津的小潘沟，临汝的大张，新郑的唐户，镇平的赵湾等。

陶器，以泥质红陶和夹砂红陶为主，其次是泥质灰陶和夹砂灰陶，还有一部分褐陶。跟早于这类遗存的大河村一、二期遗存相比较，则有红陶比例逐渐下降，灰陶比例逐渐上升的明显趋势。制作采用手制方法，部分器物轮修口沿。器表装饰比较简单，有的器物腹部两侧多施鸡冠耳，素面居多数，部分磨光，常见纹饰有弦纹、划纹、附加堆纹、镂孔、彩绘等，另有少部分绳纹。主要器形有鼎、钵、盆、罐、壶、瓮、缸、碗、杯等，其次是瓶、豆、甑、灶、釜、器盖、器座等。不少器形在豫中地区仰韶文化遗存中为首次发现，如高圈足镂孔豆、造型奇特的双联壶、圈足杯、筒形彩陶罐、圈足大口罐等。常见的典型器物有盆形鼎、罐形鼎、敛口圆肩彩陶钵、曲腹盆、平沿折腹盆、弦纹折腹罐、“X ∽”曲纹彩陶罐、小喇叭口圆腹瓮、圈足浅腹平底甑、鼓腹平底缸等（图一）。绘彩陶器均为泥质红陶，器形有钵、盆、罐、壶、碗、器盖、器座、环等；盛行白衣彩陶，另有部分施红衣或无衣。用色，习见黑、红或棕、红两彩兼用，代表性花纹有梳形纹、弧边三角纹、圆点纹、方格纹、菱形纹、同心圆纹、窗棂纹、古钱纹、六角星纹、平行线纹、锯齿纹、“X∽”纹、太阳纹、日晕纹、花卉纹、豆荚纹等，还有少量的鱼纹、昆虫纹（图二）。

石器，有斧、铲、锛、刀、镰、凿、镞、纺轮等。制作，采用打磨兼制方法，另有少量打制石器。一般制作相当粗糙，或刃部磨制较好。具有代表性的是梯形石斧和有肩石铲。骨器、蚌器多为小型生产工具；装饰品有形式多样的陶环。

房舍建筑的建造技术较高。多地上建筑，个别为半地穴式建筑。以两间以上排列成行的长方形房舍为主；面积一般在2.1 ~ 17.5平方米。建造方法采用所谓“木骨整塑法”。墙内绑扎立柱、横木和芦苇，墙表抹泥皮一至三层，墙壁和地坪都经大火烘烤成砖红色；房内靠墙设方形或长方形烧火台，一侧多有挡火墙。较大房舍内出现套间。

墓葬，成人墓均为竖穴土坑墓，葬式多仰身直肢单人葬，未发现随葬品，有在死者头部涂朱的现象，小儿盛行瓮棺葬，以小口尖底瓶、缸、罐、盆、钵为葬具，多为两件器物扣合、横置。

窖穴以口小底大的袋状坑为主，此外有椭圆形、筒形和不规则形坑。一般口径1.6 ~ 2.5米，深0.7 ~ 1.5米。

秦王寨类型遗存的年代，大河村遗址三期遗存^{14}C所测的数据中，最早（2K-185）和最晚（2K-144）为距今5025 ~ 4500年（校正5635 ~ 5020年）。另，王湾二期（早）所测数据为距今4770 ± 120年（校正5340 ± 150年）。

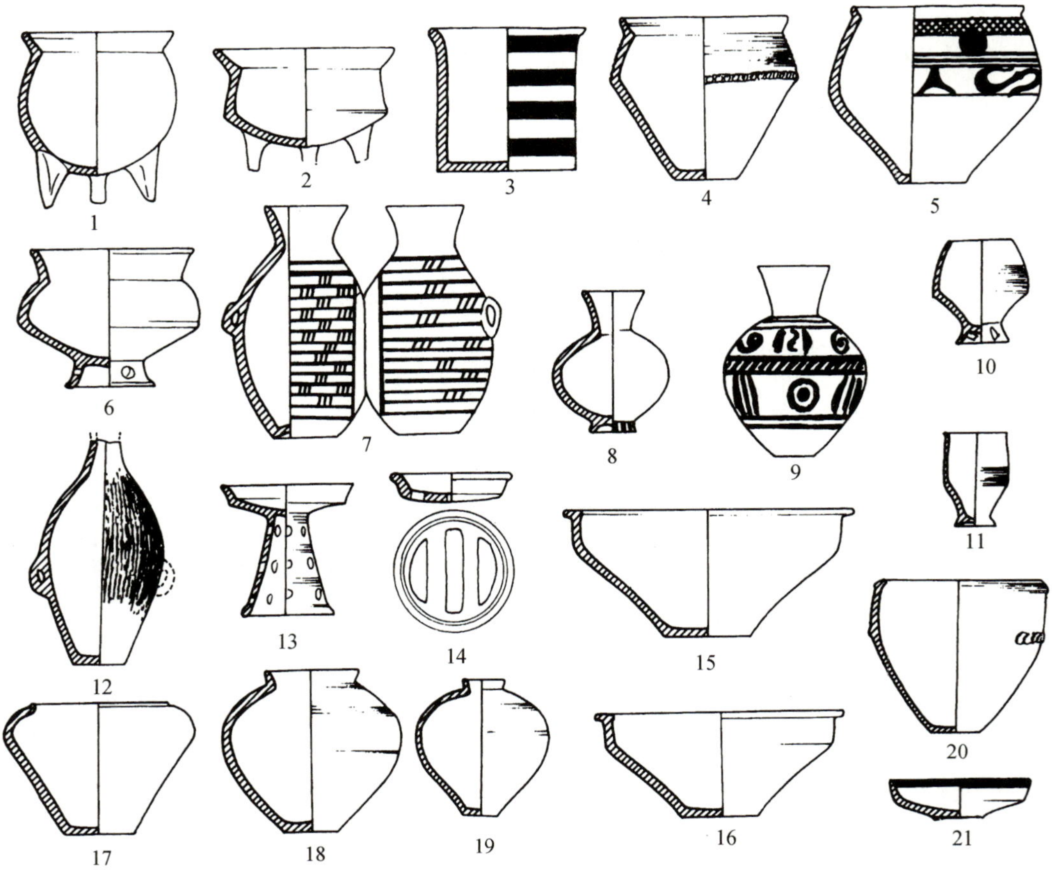

图一　秦王寨类型的陶器

1. 罐形鼎　2. 盆形鼎　3. 筒形彩陶罐　4. 弦纹折腹罐　5. "X∽"纹彩陶罐　6. 圈足大口罐　7. 双联壶　8. 圈足壶　9. 喇叭口球体罐　10、11. 圈足杯　12. 小口瓶　13. 高圈足镂孔豆　14. 浅腹平底甑　15. 曲腹盆　16. 平沿折腹盆　17. 敛口圆肩钵　18、19. 小口鼓腹瓮　20. 敛口瓮　21. 圈足碗（均为大河村出土）

2. 大河村类型

在豫中地区仰韶文化发展过程中，大河村类型是比秦王寨类型更晚而和早期河南龙山文化衔接的一个文化类型。它是在秦王寨类型的基础上形成和发展起来的。从地层叠压关系看，它直接压在秦王寨类型灰层之上，又直接压在早期龙山灰层之下。这种情况在大河村遗址发掘中曾屡次发现[7]。所以，它和秦王寨类型以及河南龙山文化的相对年代是确定了的。

大河村类型遗址目前已发现将近四十处。分布范围基本上和秦王寨类型相同，但它向北已扩展到武陟、新乡一带[8]。豫东的郸城也发现了它的踪迹[9]。在其主要分布区之内，往往和秦王寨类型遗存处于同一遗址中，也多伴有早期龙山文化的堆积层。还有一部分大河村类型单独存在的遗址。经过发掘或试掘的遗址有郑州的大河

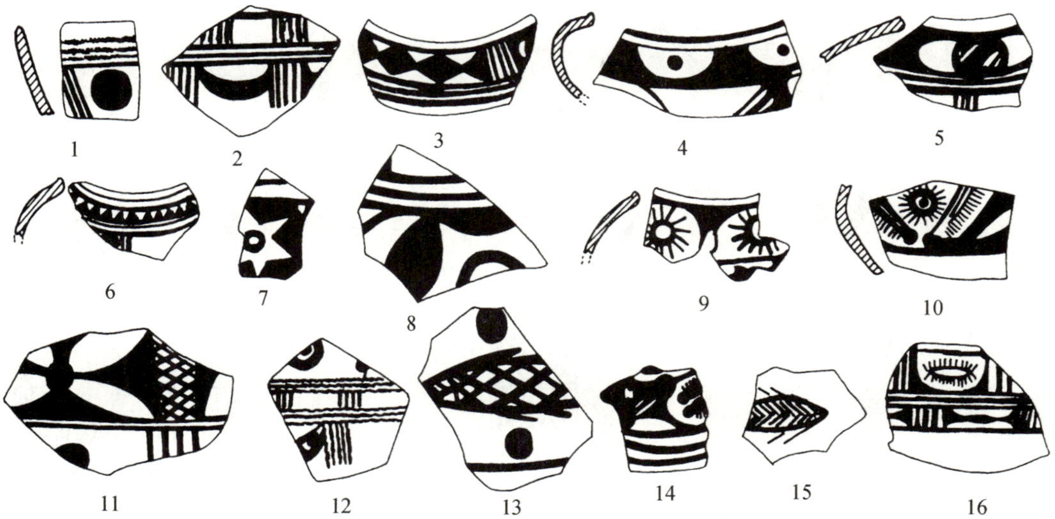

图二　秦王寨类型的彩陶

1. 同心圆纹　2. 窗棂纹、舟形纹　3. 菱形纹、平行线纹　4. 圆点纹、网格纹　5. 古钱纹　6. 锯齿纹　7、8. 六角星纹　9. 太阳纹　10. 日晕纹　11. 花卉纹　12. 豆荚　13. 鱼纹　14～16. 昆虫纹（8. 洛阳涧滨；15. 偃师苗湾；余均大河村）

村、林山寨，荥阳的青台、点军台，洛阳的王湾，偃师的高崖西台地、二里头，孟津的小潘沟，禹县的谷水河，新乡的洛丝潭等。其中大河村、谷水河两遗址最具典型性，和其他遗址相比，灰层最厚，内涵最丰富，地层叠压关系也比较清楚，代表着这类遗存从早到晚的整个发展过程。两处遗址的文化层最厚处均达2米以上。同属大河村类型的窖穴、房舍、墓葬打破灰层以及窖穴、房舍、墓葬之间的相互叠压，打破关系都多次发现。表明这类遗存是在一个相当长的时期内堆积而成。根据各不同单位之间的叠压、打破关系和一些特征器物的变异情况，我们把这类遗存分为早、晚两小期，分别代表着先后两个发展阶段。

陶器，较之秦王寨类型，种类和数量明显增加。陶质、器形、纹饰都有了很大变化；陶质，以泥质灰陶和夹砂灰陶为主，泥质红陶为次，夹砂红陶少见，还有一部分黑陶、褐陶和白陶。制作，采用轮制或手轮兼制。常见器形有鼎、钵、盆、罐、壶、缸、瓮、杯、豆、甑等，新增添的器形有鬶、尊、盉、锅、背水壶、束颈深腹甑等（图三）。还有一种大口亚腰尖底器，专用作小儿瓮棺葬的葬具。器体装配耳、纽、鋬、柄、流者亦明显增多。器表多素面或磨光，常见纹饰有弦纹、绳纹、横篮纹、附加堆纹、镂孔、彩绘等，还有少量方格纹。彩绘陶器，除泥质红陶外，将近半数是泥质灰陶，少部分磨光黑陶绘彩，施彩器物有钵、盆、瓮、罐、碗、背水壶等，施红衣者约占全部彩陶的四分之一，陶衣有暗红色和浅红色两种，不见白衣彩陶；用色盛行黑色或橙红色单彩，不见两彩兼用者；花纹式样繁多，都为秦王寨类型所不见，具有代表性的花纹有“L”形纹（豆点纹）、

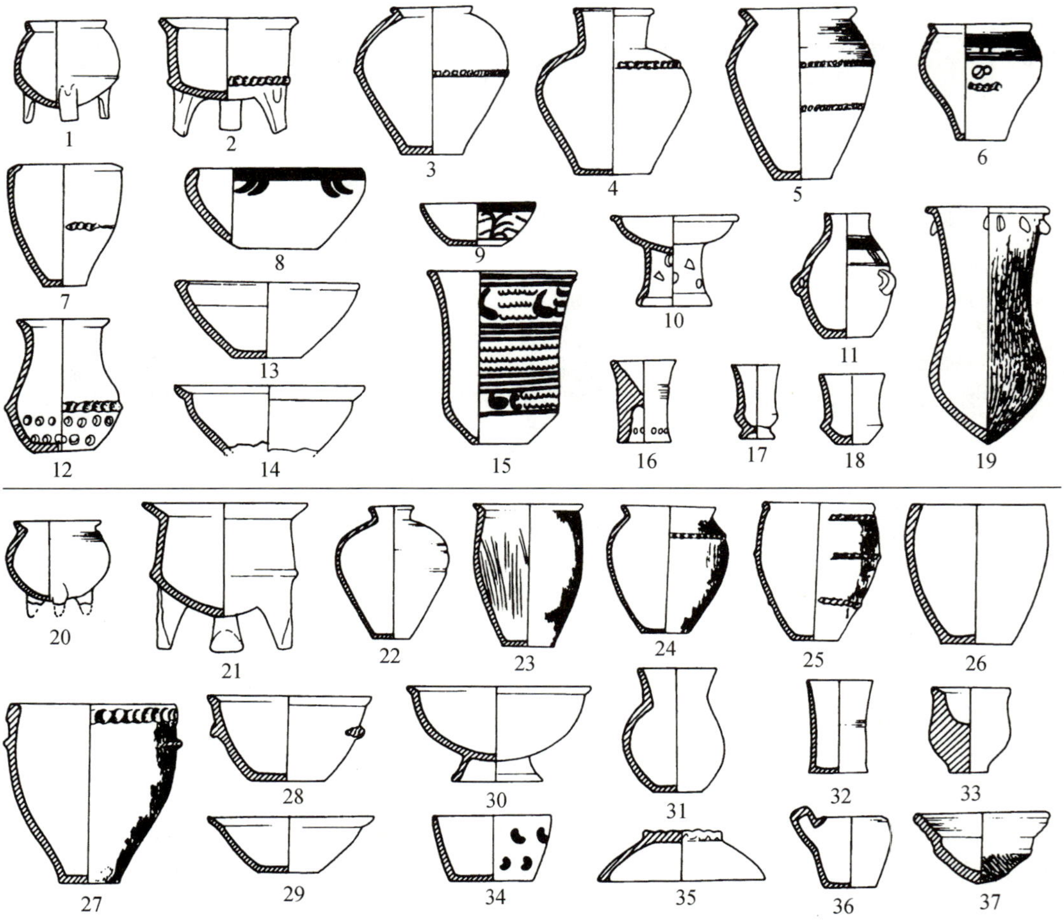

图三　大河村类型的陶器

上：早期　下：晚期　1. 罐形鼎　2. 折腹鼎　3. 瓮　4. 壶　5. 折腹罐　6. 彩陶罐　7. 缸　8. 彩陶钵　9. 彩陶碗　10. 豆　11. 背壶　12. 亚腰深腹甑　13、14. 盆　15. 深腹盆　16～18. 杯　19. 亚腰大口器　20. 罐形鼎　21. 折腹鼎　22. 小口鼓腹瓮　23. 绳纹罐　24、25. 罐　26、27. 缸　28、29. 盆　30. 豆　31. 壶　32、33. 杯　34. 碗　35. 器盖　36. 盉　37. 锅（8. 秦王寨；6. 偃师二里头；12、16、18、22、24、25、31. 禹县谷水河；26. 新乡洛丝潭；其余均大河村出土）

"八"字重叠纹、"人"字纹、双钩纹、水波纹、重弧纹、悬弧纹、星座纹、涡纹、曲线纹、折线纹、禾苗纹、草木纹、藤须纹、叶形纹等（图四）。

大河村类型早期的陶器仍保留着较多的仰韶文化因素，如红陶仍占相当大的比例，彩陶的数量和纹样比较多。一些陶器和彩陶花纹可以在秦王寨类型中找出它的祖型。晚期，秦王寨类型的文化因素趋于消失，红陶下降到少数，灰陶上升到绝对多数，磨光黑陶增多，彩陶数量骤减，绳纹、横篮纹普遍流行，附加堆纹应用更为广泛，出现了方格纹。器体装饰上出现缸的唇部加厚或绕饰一到二周附加堆纹，鼎、罐缸等腹部多施数周带状泥条。器形方面出现了空足鬶、浅盘豆、盘形鼎、菊花形把手

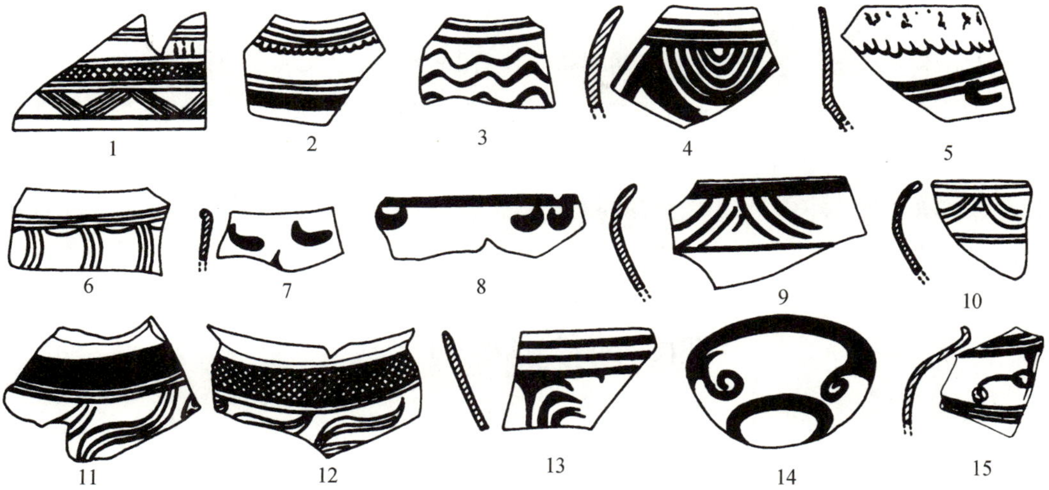

图四　大河村类型的彩陶

1. 折线纹　2. 平行直线纹　3. 水波纹　4. 悬孤纹　5. 曲线纹　6. 平行曲线纹　7、8. "L"形纹　9、10. "八"字重叠纹　11、12. 网状纹、叶纹　13. 禾苗纹　14. 藤须纹　15. 星座纹（5. 新乡洛丝潭；8. 洛阳中州路；11. 郸城段寨；12. 偃师苗湾；14. 秦王寨；余均大河村出土）

器盖等。河南龙山文化色彩日益浓厚。

石器，有铲、斧、犁、锛、凿、刀、镰、镞、弹丸、纺轮等。多通体磨光，少数较为粗糙。一般说，石铲和一些小型有肩石铲和有柄石犁是这类遗存的典型器，各遗址多出土这类石器，是当时一种先进的农耕工具。

房舍建筑一般为地上建筑，个别为半地穴式。以方形或长方形单体房舍为主，少数房内有隔墙。面积大小悬殊：大者120平方米，小者仅1平方米。这种小房子可能是用于放置物品的。一般为土墙，或用烧土块垒砌而成。谷水河遗址的墙壁则是用草拌泥垒砌到高约26厘米时，置放鹅卵石以作柱础，其上树立柱，再堆放草拌泥固定木柱并垒砌成墙。地坪都略经烧烤，不像秦王寨类型的房舍那样，墙壁和地坪均烧成砖红色。但地坪铺设相当讲究，用黏土、细砂、料姜石末羼和一起后铺设3～5层，经铺平、砸实。烧火台多设在房内中部，或靠墙设一圆形火池。

墓葬，有比较集中的墓地，同一墓地的墓葬，排列整齐，头向基本一致。成人墓均为长方形竖穴土坑墓。一般为一次单人仰身直肢葬。未见葬具。有随葬品者甚少，而且只随葬1～3件小型物品，如陶鼎、陶碗、背水壶、纺轮、弹丸，骨针之类。小儿均为瓮棺葬（另有个别成年人二次葬也用瓮棺），多数用一件陶器作葬具，主要用鼎，其次用缸、盆，罐，除个别横放外，大部分竖放两件陶器作葬具者均为对口扣合，横放；葬具的组合多以大口亚腰尖底器与鼎、豆、罐、盆相组合，也有罐与盆组合者。作为葬具的大口尖底器或缸，在腹或底部多有一特制的圆孔。

窖穴，底大于口的袋状坑增加，容积扩大，修造更加规整，分布更为密集。一般口径1.13 ~ 3.16米，底径1.24 ~ 3.37米，深1.24 ~ 2.76米。窖穴中往往发现完整或散乱人骨架，躯体呈不规则姿势，有的如捆缚状。还有部分窖穴中发现完整猪骨架。

大河村类型的年代，大河村四期遗存最早（WB82-10）和最晚（WB81-26）两个数据，为距今4585 ~ 4410年（校正5125 ~ 4910年）。另，大河村类型的下限还可参考庙底沟二期文化（龙山早期）H558的断代数据，为（2K-111）距今4260 ± 95年（校正4730 ± 145年）。

四、两种类型的比较

秦王寨类型与大河村类型加以比较，能使我们对二者的关系以及它们各自的特征有一个更清晰的认识。

从二者文化内涵的基本成分看，存在着不少共同因素，显示了二者之间的内在联系。如陶器，都有红陶与灰陶，但其明显趋势是由前者的红陶为主，灰陶为次逐渐演化为后者的灰陶为主，红陶为次。陶器的组合，主要器物大体相同，都有数量众多的鼎、罐、钵、盆、缸、碗、杯等，并且后者的一部分陶器在前者的同类器中可以找出其祖型，如前者从釜形鼎演化而来的折腹鼎，后者的同类器仍基本保持着釜形鼎的原型，只是肩部由斜直变为斜曲，折腹处由锐角变为钝角而已。二者都有“X ∽”纹彩陶罐，尽管后者发生了较大变化，但仍可一望而知是由前者演化而来的。二者的彩陶花纹，都广泛流行网带纹，也都流行器腹两侧施鸡冠耳的做法。石器，都有长方形石刀、有肩石铲、石镰，而且形制基本相同。房舍建筑，同为地上建筑的方形或长方形房合，房内烧火台也基本相同。窖穴，均以底大于口的袋状穴居多数。墓葬，墓制相同；成人均一次单人仰身直肢葬，小儿普遍实行瓮棺葬。

秦王寨类型与大河村类型之间存在的差别也很显著，而且占主导方面。

陶器：前者以红陶为主，后者以灰陶为主，还有一部分黑陶。前者为手制，后者为轮制或手轮兼制。前者陶器群中的广肩圈足壶、筒形彩陶罐、双联壶、薄胎圈足杯等后者不见，后者陶器群中的亚腰深腹盆、深腹碗、圈足尊、长喇叭口鼓腹杯、亚腹深腹甑、盂、锅、鬶、菊花形把手器盖、亚腰大口尖底器等前者不见。前者的鼎，多鸭嘴形足，腹足比例一般是1∶1，后者的鼎，多镂孔锛形足，腹足比例一般是2∶1，前者的盆多宽沿、曲腹，后者的盆多窄沿、折腹，前者的钵为敛口、圆肩，后者的钵为大口、曲腹，前者的罐体形粗矮，后者瘦高并出现折腹。前者的划纹后者不见，后者的横篮纹前者不见；前者有少量附加堆纹，不见方格纹，后者附加堆纹应用广泛，出现方格纹。前者的彩陶，全部为红陶绘彩，后者除红陶绘彩外，近半数是灰陶绘彩，并有少量黑陶绘彩；前者白衣彩陶相当普遍而后者不见前者盛行黑、红或棕、红两彩兼用，后者全部是黑色或红色单彩；前者常见的弧边三角纹、梳形纹、同心圆纹、圆点纹、窗棂纹、古钱纹、六角星纹、锯齿纹、太阳纹、日晕纹、豆荚纹、花卉纹等后者不见，后者常见的“L”形纹、“八”字重叠纹、“人”字纹、水波纹、禾苗纹、藤须纹、悬弧纹、涡旋纹等前者不见，前者彩陶花纹鲜艳绚丽，图案规整、严谨，横竖平行直线应用非常普遍，后者彩陶花纹清新秀丽，图案灵活多变，各种曲线的应用非常普遍。

石器：前者采用琢磨兼制方法，制作粗糙，有少量打制石器，典型器是梯形石斧和有肩石铲，一般器形较小，数量较少，后者为通体磨光，形制相当规整，器形较大，数量大增，典型器是石犁和大型有肩石铲，石器钻孔相当普遍。

通过以上对比，我们可以认为二者文化内涵存在的共同因素，不仅表明它们的内在联系，也表明它们同属于一个文化体系；二者之间存在着的显著差别，表明在文化性质上已经有了较大变化。这种变化正是我们区分它们为两个不同文化类型并分别给予适当名称的根据。两个类型的关系是前后相承，继续发展的关系。总的看来，大河村类型比秦王寨类型有了进步，它包含着许多新的因素。如复合工具和大型工具的广泛应用，制陶技术水平的提高，房舍面积的扩大，窖穴数量的增多与容积的增大等，都表明大河村类型所代表的历史阶段，较之秦王寨类型所代表的历史阶段，在社会生产、物质生活、意识形态诸方面也都相应的发生了变革。

注　释

［1］ 李衍垣：《关于“仰韶文化”的讨论综述》，《考古》1964年第7期。

［2］ 李仰松、严文明：《洛阳王湾遗址发掘简报》，《考古》1961年第4期；郑州市博物馆：《郑州大河村遗址发掘报告》，《考古学报》1979年第3期。

［3］ 安志敏：《裴李岗、磁山和仰韶——试论中原新石器文化的渊源及发展》，《考古》1979年第4期。

［4］ 安志敏：《中国的新石器时代》，《考古》1981年第3期。

［5］ 巩启明：《试论仰韶文化》，《史前研究》创刊号，1983年。

［6］ 廖永民：《关于大河村四期遗存的文化性质与命名问题》，《中原文物》1986年第1期。

［7］ 郑州市博物馆：《郑州大河村遗址发掘报告》，《考古学报》1979年第3期。

［8］ 河南省新乡地区文物管理委员会：《新乡地区历史文物介绍》，1981年；新乡市博物馆：《河南新乡县洛丝潭遗址试掘简报》，《考古》1985年第2期。

［9］ 曹桂岑：《郸城段寨遗址试掘》，《中原文物》1981年第3期。

（原载于《中原文物》1986年第4期）

巩县米北遗址调查

米北遗址位于巩县县城东南约25千米的米河乡米北村北城岭的一个台地上，东西宽约110米，南北长约350米，面积近4万平方米。1985年秋，巩县文管所曾在此调查，发现过大量的仰韶文化和东周遗物。1986年4月初，巩县文管所与郑州市文物工作队联合再次对这处遗址进行了调查，并采集了部分标本。

这处遗址文化内涵相当丰富。文化层最厚处达3米以上。包含着仰韶文化，二里头文化、商代和周、汉等不同时期的文化遗存。遗址的北部，主要分布着周、汉时期的遗存。砖瓦和陶器碎片俯拾皆是，采集到的有盆、尊、罐、豆、缸、瓮等器。仰韶文化遗存集中分布在遗址的南部和西南部。二里头文化和商代文化遗存仅散见于地面上。从断崖上暴露的文化层可以看到，上层为周、汉时期的文化层，直接压在仰韶文化层之上。仰韶文化层最厚处2米余，包含遗迹、遗物非常丰富，发现房基1座，成人墓1座，小儿瓮棺葬1座，窖穴3个。从房基、窖穴和灰层中采集到的石器有铲、凿、斧、刀、盘形器等。陶器，能看出器形或可以复原的有釜形鼎、罐形鼎、宽沿盆、大口钵以及缸、罐、小口尖底瓶、豆、环等。

一、仰韶文化遗存

房基　距地表1.1米。从暴露的部分看，墙壁残存高0.3米，厚度不详。用草拌泥砌成，墙内有相当稠密的柱洞，柱洞内的木炭保存较全，地坪长2.3米，分三层铺垫而成：下层为黏土层，中上层为草拌泥层，各层厚度均在0.1米左右。墙壁和地坪均经大火烘烤成砖红色，相当坚硬。地坪上面积压一层烧土，显然是墙壁倒塌所致。房基内采集的陶片能看出器形的有白衣彩陶钵以及盆、罐等。

窖穴　3座。一为口小底大的袋状坑，压在耕土层之下，壁高残存0.4米。口径约1.8米，底径约2米。包含陶片较多，器物形制与房基内的相同。另两个窖穴形状不详，其一为圜底。坑口距地表约1.5米。包含陶片呈现了仰韶文化早期遗存的特征，如大口圜底红陶钵、夹砂褐陶缸等。

瓮棺葬　1座。距地表0.8米，葬具为大口尖底器，横放，口部残失，内尚存小儿骨骸。

采集的遗物标本大多出自文化层或窖穴中，包括一部分石器，但多数是陶器，可复原者7件。

石器　20余件，器形主要有斧、铲、盘状器、网坠、弹丸、长条形器等。

斧　2件。一件残，灰白色石料，体形较宽，横断面呈椭圆形，双面刃。残长7、宽7、厚2.2厘米。另一件刃部稍残，青石、圆柱体、双面刃、形体较小，横断面呈椭圆形，长7、宽3.4、厚2.6厘米（图一）。

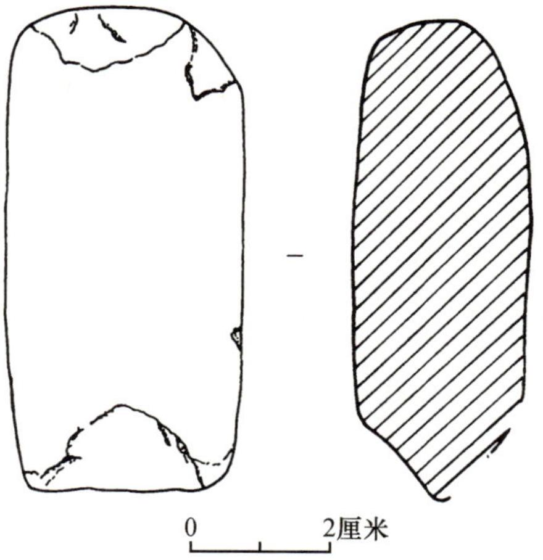

图一　石斧

铲　1件。残存刃部，青灰石，扁平体。残长5.6、宽7.8、厚1.4厘米。

盘状器　1件。石质白色，圆饼形，中间凹陷。直径13、厚4厘米。

网坠　1件。灰白石，中间亚腰，如两球相连，纵断面呈鞋底形。长9.6、最大直径4.5厘米。

弹丸　2件。一大一小，灰白石，球形，表面磨制粗糙。大的直径5.3厘米；小的直径3厘米。

长条形器　10余件。形体大小、长短不一，均灰白石，石质松软，可能是打磨加工石器的工具。一件为六棱体，一端稍粗，长11.5、宽3、厚2.2厘米。

陶器　主要是泥质红陶，其次是夹砂褐陶或灰陶，泥质灰陶数量较少。按照器物行制，基本可分为三期。

一期陶器　陶质以泥质红陶为主，夹砂褐陶为次，有少量泥质灰陶。夹砂陶多含蚌壳碎屑。器表多素面，纹饰有弦纹、划纹、指甲纹等。主要器形有釜形鼎、大口钵、深腹钵、宽沿浅腹彩陶盆、厚沿深腹盆、小口尖底瓶、大口直壁缸、器座等。

釜形鼎　基本可复原者1件。夹砂褐陶，短领，圆唇，折腹，圜底，扁足，足腹交接处有两乳突，中间有一捺窝，以下有凹槽。内壁留有一层水垢。口径10.8、高14厘米（图二，1）。

钵　5件。多泥质红陶，部分为“红顶器”，或内壁呈深灰色。可分为三式：Ⅰ式，大口，浅腹，小圆唇。红顶、下腹部呈褐色，薄胎，通体呈半球形，口部绕饰深红彩宽带纹一周，靠口沿处有一圆孔。口径26、高11.2厘米（图二，2）。Ⅱ式，1件，泥质红陶，敛口，尖唇，壁斜直，器表磨光，施红衣。口径38厘米（图二，3）。Ⅲ式，1件，残存口及腹部，敞口，深腹，尖唇，直口，壁斜直，器表磨光，沿内外饰红彩宽带纹，口径20厘米。

盆　6件。均残，可分三式：Ⅰ式，泥质红陶、圆唇、宽沿微卷、弧壁、浅腹，沿以下绕饰弦纹多周，口径40厘米（图二，4）。Ⅱ式，2件，均残，敞口，直沿、弧壁。一件夹砂粗褐陶，胎较厚，内含蚌壳碎屑，厚沿，沿以下饰弦纹多周，口径36.4厘米（图二，5）。另一件泥质红陶，素面，口径44厘米。Ⅲ式，2件，均残，泥质红陶，敛口，鼓腹。一件内壁呈灰色，沿下绕饰弦纹数周，口径40厘米（图二，6）。另一件器表磨光，施红衣，口径40厘米（图二，7）。

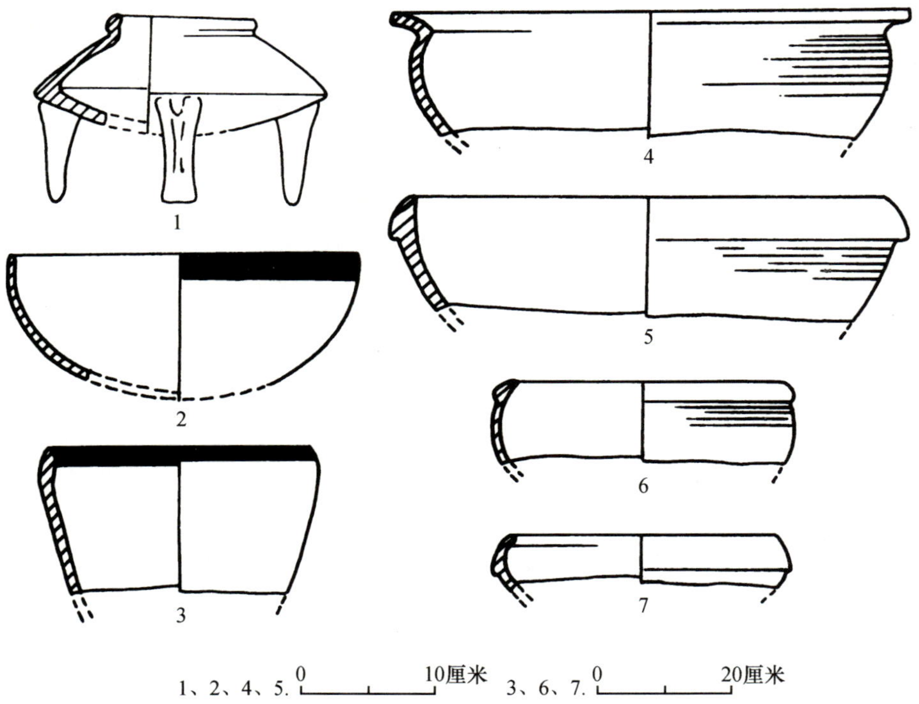

图二　一期的陶器

1. 釜形鼎　2. Ⅰ式钵　3. Ⅱ式钵　4～7. 盆

小口瓶　口沿1件，泥质红陶，扁圆口，口径5.6厘米。

彩陶器有钵、碗、盆、罐、器座等。以钵、碗口沿内外绕饰红彩宽带纹为最多，部分彩陶施白衣绘黑彩或棕彩，纹饰比较简单，有宽带纹、直线纹、弧边三角纹等。

二期陶器陶质仍以泥质红陶居多，其次是夹砂褐陶或灰陶。泥质灰陶占一定数量。器表多素面或磨光，常见纹饰有弦纹、划纹、附加堆纹等。器型以罐类器比较多，此外有盆、钵、缸、鼎、瓮、豆、碗、小口尖底瓶、大口尖底器（葬具）等。

罐　一般为尖唇，宽折沿，弧腹近直。一种为泥质红陶，器表磨光，绘黑彩网带纹，口径30.6厘米（图三，1）。一种为夹砂褐陶，上腹部饰稠密的弦纹，口径22厘米（图三，2）。另有一种高领罐，夹砂褐陶，铁轨式唇沿，直领，鼓腹，素面，口径36厘米（图三，7）。

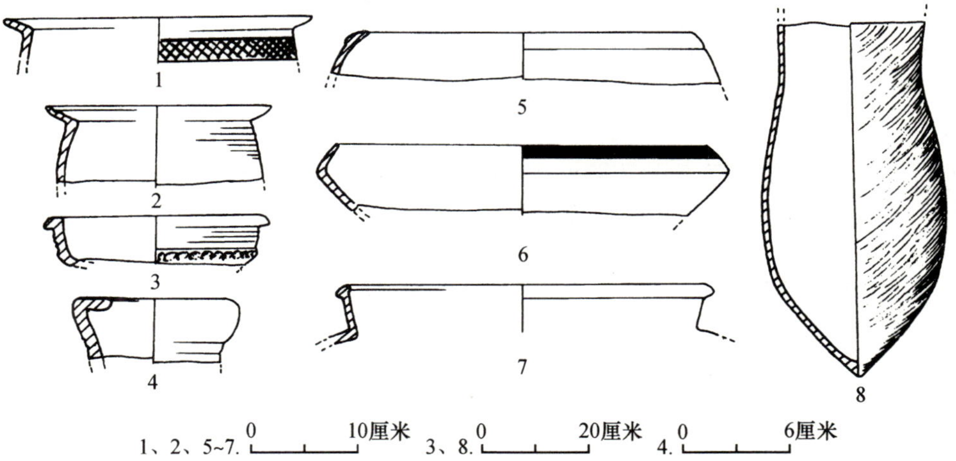

图三　二期的陶器

1、2、7. 罐　3. 盆　4. 小口尖底瓶　5. 缸　6. 豆　8. 大口尖底器

盆　比较完整的一件，夹砂红陶，厚胎，圆唇，卷沿，折腹，沿下饰四周弦纹，折腹处饰附加堆纹一周，口径42厘米（图三，3）。

缸　夹砂褐陶，尖唇，宽沿，敛口，弧腹，素面，口径28.2厘米（图三，5）。

豆　细泥褐陶，制作精细，尖唇，折沿，器表磨光，沿部绕饰红彩宽带纹一周，口径36厘米（图三，6）。

鼎足　夹砂褐陶，鸭嘴形，长7.4厘米。

小口尖底瓶　泥质红陶。口沿内折，颈部饰弦纹，外口径8厘米（图三，4）。

大口尖底器　幼儿葬具。一件口部较粗糙，厚唇，直沿，腹部饰划纹，口径32厘米。一件口部残，泥质红陶，亚腰，饰划纹，残高66、腹径33厘米（图三，8）。

三期陶器　陶质以泥质灰陶为主，其次为夹砂灰陶和泥质红陶。器表以素面磨光居多，常见纹饰有弦纹、绳纹、附加堆纹、镂孔、彩绘等。主要器形有罐、盆、缸、钵、豆，碗等。

罐　1件，泥质灰陶，敛口，尖唇，折沿，弧腹，素面，口径22厘米。另一件，泥质红陶，小圆唇，窄沿，壁近直。器表施红衣，绘黑彩网带纹、平行直线纹，绘彩大部剥落而模糊不清，口径26厘米（图四，1）。

缸　1件，夹砂灰陶，直口，方唇，直壁，口沿处较厚，素面，口径46厘米。另一件夹砂灰褐陶，唇部捏制波浪花边，唇沿，直壁，口部绕饰附加堆纹一周，腹部饰细绳纹，口径34.6厘米（图四，2）。

钵　泥质红陶，敛口，小圆唇，弧腹，下腹部斜直，器表磨光，施红衣。口径28厘米（图四，3）。

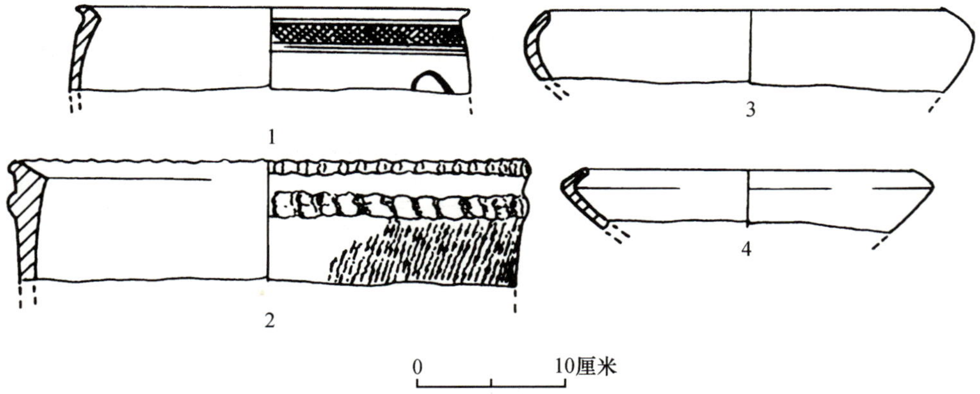

图四　三期的陶器

1. 罐　2. 缸　3. 钵　4. 豆

豆　细泥灰陶，尖唇，内折沿，浅腹，素面，口径25厘米（图四，4）。

二、战国陶器

此处为一东周城址，战国时期以石块垒砌的城墙仍断续可见，遗存砖、瓦、陶器碎片甚多。陶器，有泥质灰陶和红陶两种，仅采集釜（尊）、豆、罐、盆数件。

釜（尊）　泥质灰陶，方唇，平沿，弧壁，圜底近平。上腹部轮制痕明显，腹底部饰绳纹，口径30、高18.4厘米（图五，1）。

豆　复原1件，泥质灰陶，束颈，浅盘，细柄，喇叭形圈足，口径17、高14厘米（图五，4）。

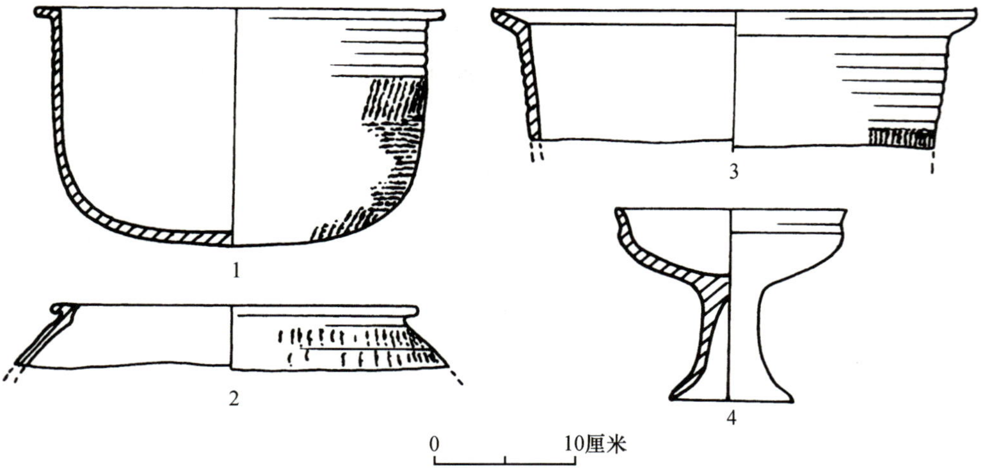

图五　周代陶器

1. 釜　2. 罐　3. 盆　4. 豆

罐 1件，泥质灰陶，宽折沿，直壁，肩部饰弦纹，腹部饰绳纹，口径40厘米。另一件泥质灰陶，平沿，束颈。口径分别为27、24厘米（图五，2）。

盆 2件，均泥质灰陶，大口，深腹，宽折沿，上腹部饰弦纹，腹部饰绳纹，口径分别为36、41厘米（图五，3）。

三、结 语

据初步调查，我们把巩县米北遗址的仰韶文化遗存分为三期：一期的陶器，陶质、陶色主要是泥质红陶和含蚌壳碎屑的夹砂褐陶，有较多的“红顶器”和外红里灰（黑）的陶器；彩陶，常见钵、碗一类陶器口沿内外饰红彩宽带纹一周；器形，有大口圜底钵、深腹钵、夹砂褐陶鼓腹罐等。与西安半坡类型、豫北后岗类型、郑州大河村下层遗存非常近似，具有仰韶文化早期遗存的特点。但另外一部分器，如釜形鼎、宽沿浅腹盆、偏圆口尖底瓶以及施白衣绘黑彩或棕彩的彩陶钵等，时代可能要晚一些，与陕县庙底沟类型，大河村一、二期，点军台一、二期的同类器相同或相似，大概已经接近或相当于仰韶文化中期遗存。米北遗址二期的陶器，如网带纹彩陶罐、盆、缸、鸭嘴形鼎足、大口尖底器等，与大河村三期，王湾二期（早），点军台三期的同类器相同。这类遗存一般被认为属于仰韶文化晚期的所谓“秦王寨类型”。

米北遗址三期的深腹罐、彩陶罐、钵、缸、豆等陶器以及彩陶纹饰的作风，都与大河村四期、王湾二期（晚）、郑州林山寨的同类器相同，属于豫中地区仰韶文化向河南龙山文化过渡时期的遗存。米北遗址处于豫中地区的腹心地带，各期的主要陶器，都是这个地区仰韶文化遗存中所常见的。跟大河村、王湾、点军台等遗址一样，各期仰韶文化遗存从早到晚的连续发展与阶段性变化都相当明显。由此我们认为米北遗址是豫中地区仰韶文化的又一处典型遗址。

（原载于《中原文物》1986年第4期）

洛 汭 考

洛水，源出陕西洛南县西北部，东入河南，流经洛宁、卢氏、洛阳，在偃师东部与伊水会合后称伊洛河，在巩义市（原巩县）东北部注入黄河。据先秦典籍记载，洛水与黄河会合处，跟远古时代一些重大事迹有关，因而成为人们非常注意的地方。这个地方，古称“洛汭”，亦称“什谷”“洛口”。《水经注》卷五：“洛水于巩县而东迳洛汭，北对琅邪渚，入于河，谓之洛口矣。”又卷十五：“洛水又东北流，入于河……谓之洛汭，即什谷也。”清·胡谓《禹贡锥指》引《传》：“洛汭，洛入河处。”《正义》：“洛入河处，河南巩县东也。”《元和郡县图志·五、河南府巩县》：“洛水东经洛汭……入河，谓之洛口，亦名什谷。张仪说秦王：‘兵下三川，塞什谷之口’，即此也。”但东汉到南北朝时期，“洛汭”亦泛指洛阳及其以东的伊洛河流域，如《文选·南朝梁·丘希范与陈伯之书》：“吊民洛汭，伐罪秦中。”

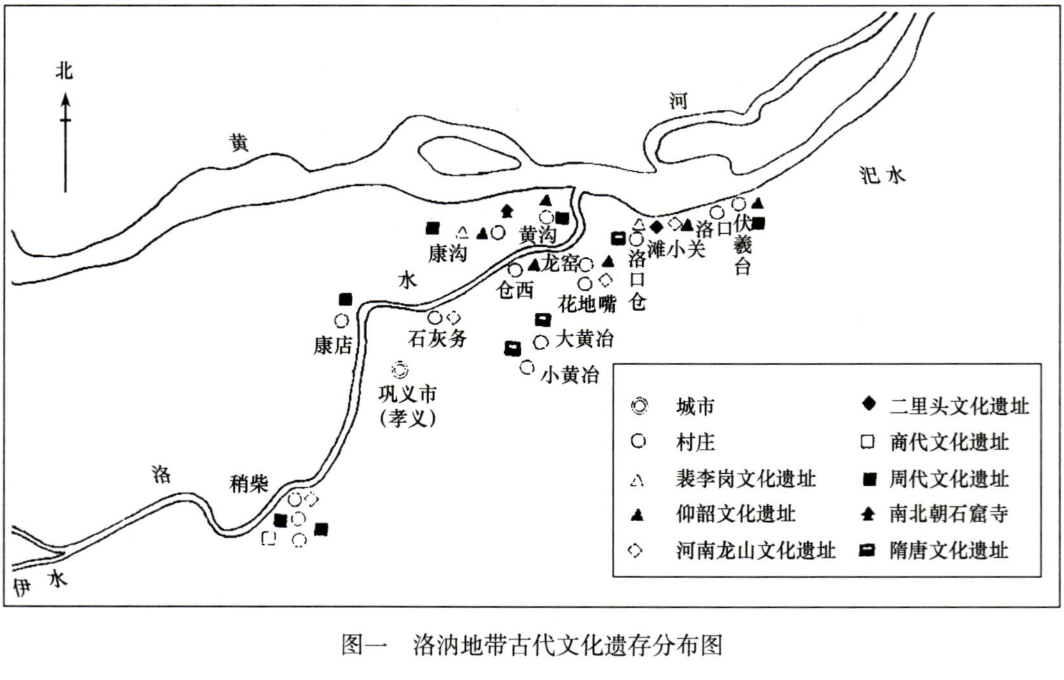

图一　洛汭地带古代文化遗存分布图

一、远古时代的洛汭

先秦典籍中远古时代跟洛汭有关的重大事迹主要有以下方面：

1. “龙图”“龟书”的出处

《水经注》卷十五；“洛水又东北流，入于河……谓之洛汭。”这里又转引《竹书纪年》：“黄帝东巡河过洛，修坛沈璧，受龙图于河，龟书于洛。”就是说，黄帝巡视黄河，经河洛会流处，即洛汭，而接受“龙图”“龟书”。其实，唯有洛汭这个地方才具备既“受龙图于河”，又受“龟书于洛”的地理条件。北魏·郦道元注《水经》，把黄帝受“龙图”“龟书”事注在洛水入河处的洛汭之下，表明郦道元也确认事情发生在洛汭。《帝王世纪》载：“尧率诸侯群臣沈璧于河洛，受图书。”《博物志》卷十四引《尸子》有禹受河图的事迹。

“龙图”亦称“河图”，“龟书”亦称“洛书”，或二者简称“图书”“河洛”。上古时代，“河图”“洛书”曾被看作思想、行动的规范与准则。《易·系辞上》：“河出图，洛出书，圣人则之。”“河图”“洛书”的出现，也被视为帝王、圣者受命于天的征兆。《艺文类聚》卷五一：“盖河洛写天意，符谶述圣心。”

2. 尧、舜禅让大典与汤伐桀

传说时代，关于尧、舜禅让帝位以及汤伐桀的事迹多载之先秦典籍。禅让大典或大规模征伐活动，都是在“受龙图于河，龟书于洛”的情况下，也就是征兆出现的时候才进行的。《水经注》卷十五：“洛水又东北流，入于河……谓之洛汭……尧帝又循坛河洛，择良议沈，荣光出河，休气四塞，白云起，回风逝，赤文绿色，广袤九尺，负理平上，有列星之分，什政之度，帝王录记兴亡之数，以授之。又东沈书于日稷，赤光起，玄龟负书背甲，赤文成字，遂禅于舜。舜又习尧礼，沈书于日稷，赤光起，玄龟负位（书）至于稷下，荣光休至，黄龙卷甲，书（舒）图坛畔，赤文绿错，以授舜，舜以禅禹。殷汤东观于洛，习礼尧坛，降璧三沈，荣光不起，黄鱼双跃，出济于坛，黑乌以浴（洛）随鱼，亦上化为黑玉，赤勒之书，黑龟赤之之题也。汤以伐桀。”

以上记载是《水经注》转引自《尚书·中候》《竹书纪年》《周书·度邑篇》等先秦典籍。《施府志》又依据以上记载，明确指出：“按《水经注》，洛水入河处，谓之洛汭。……帝尧修坛河洛，择良议沈，又东沈书于日稷，遂禅于舜。其谓沈书于日稷者，即《尚书·中候》所谓洛璧书也。系其事于洛汭下，即今巩县洛汭为沈书处，又云：‘《水经注》纪河洛坛于洛汭，以为历代图书并出其地。在巩县洛水入河处。’”

3. 禹治洪水与周使臣对禹的赞颂

《禹贡》：“（禹）导河积石，至于龙门，南至于华阴，东至于砥柱，又东至于孟津，东过洛汭，至于大邳。”另《竹书纪年》：“禹贡导河，东过洛汭。”《史记·河渠书》："太史公曰：余南登庐山，观禹疏九江，遂至于会稽太湟，上姑苏，望五湖，东阙洛汭，大邳、迎河、行淮、泗、济、漯、洛渠……甚哉，水之为利害也！"以上记载反映了禹继承父业，"居外十三年，过家门不敢入"，专心治水，终于把"浸山灭陵"的洪水分疏九河，导流入于渤海，平治水患的事迹。春秋时期，周景王的使臣刘夏（即刘定公）旅居洛汭，曾对禹治水的功绩倍加赞扬，《春秋·昭公元年》传："天王使刘定公劳赵孟于颍。馆于洛汭。刘子曰：'美哉禹功！明德远矣。微禹，吾其鱼乎！'"意即：周王派刘定公赴颍地慰劳赵孟，旅居洛汭，曾说："美好呀！禹的功绩！他光明正大的德行多么深远。若没有禹，我们大概会要变成鱼了"。

4. 夏太康被羿所逐而留居洛汭

夏太康，是启的儿子。古史记载，他在位时荒淫暴虐，被有穷之君羿所逐。《水经注》卷十五引《竹书纪年》："昔夏太康失政，为羿所逐，其昆弟五人，须于洛汭，作五子之歌。"《夏书》："太康尸位以逸豫，不厥德，黎民咸贰，乃盘游无度，畋于有洛之表。有穷后羿因民弗忍，距于河。厥弟五人，御其母以从，溪于洛之汭。五子咸怨，述大禹之戒以作歌。"当时，夏都在斟寻。《索隐》《汲冢古文》："太康居斟寻，羿亦居之，桀又居之。"以上记载表明，夏代初期，中原地区虽出现了统一局面，但部族之间的纷争并未完全平息，以至发生太康被逐，有穷氏一度取代夏政的现象。

5. 夏商周三代活动疆域的中枢地带

伊洛河流域是我国最早进入阶级社会的先进地区，在国家的形成过程中曾起过非常重要的作用。夏代，以伊、洛河流域为中枢地带，出现了国家政权的雏形，并开始形成中原地区为"天下之中"的意识，即"中天下而立以经营四方"。《周书·度邑篇》："自洛汭延于伊汭，居易元固，其有夏之居。"又，（周）武王问太公："吾将因有夏之居。"《史记·封禅书》："昔三代之君（居）皆在河洛之间。"《竹书纪年》亦载有夏桀在伊洛之间"筑琼宫""饰瑶台"的事迹。以上记载反映了伊洛河流域进入文明时期之后，尽管夏、商、周三代的疆域一代比一代扩大，但三代统治者仍都紧紧把握着伊洛河流域这个腹胸地带。这种形势，就决定了伊洛河流域从远古时代开始，长期作为"天下辐辏"的中心，在政治、经济、军事、科技等方面达到繁荣发达的顶点，放射出独特的光彩。

6. 传说中伏羲画八卦的地方

晋·王嘉《拾遗记》卷一："伏羲为上古，观文于天，察理于地……是以图书著其迹，河洛表其文。"今位于河洛交会处的洛汭东约1千米的洛口村，村东为高出黄河河床约80米的台地，名“伏羲台”，据传即伏羲“观河水东流，察日月交替，思寒暑循环，构演八卦”之处。伏羲台东约40米有方形水池，称“羲皇池”，即伏羲画八卦着墨处。乾隆十年《巩县志》载，隋文帝开皇二年（582年）曾在此敕建“羲圣祠”，元代曹铎又在祠侧建“河洛书院”。

二、中古时代的洛汭

秦汉以后，直到隋唐，洛汭地带以其地理优势，仍长期处于交通枢纽和政治、军事战略要地的地位，还是物产丰富，气候温和，人烟稠密，经济繁荣的地方。所以《巩县志》说：“洛水入河处名曰‘洛口’，居民以之名村。隋唐后故事殊伙，如洛口仓、洛口屯、洛口城、洛口驿……不胜枚举。”

1. 漕运的重要航道

两汉时期，黄河流域水利事业，除农田灌溉之外，开漕渠发展航运也占有重要地位。进入东汉之后，国家的政治中心从长安迁到了洛阳，黄河漕运的中枢也随之东迁。洛阳位于伊水、洛水下游洛川平原西部。《后汉书·王梁传》载：依王梁的建议，开始修建“穿渠引谷水注洛阳下，东泄巩川”的引水工程。建武二十四年（48年），又进行“上穿阳渠引水为漕”的引水工程。两次引水工程，使洛水成为漕运的重要通道。所以《水经注》卷十六指出：“成下漕渠，东通河济，南引江淮，方贡委输，所由而至。”说明江淮一带的赋贡正是通过汴渠北运，经黄河由洛汭顺洛水而达京都洛阳的。

魏晋南北朝时期，战乱四起，迫切需要利用水路来运输军队、军粮。西晋泰始十年（274年）司马炎下诏“凿陕南山，决河，东注洛以通运漕”，把黄河水引向洛水，大大改善了京都洛阳的航运条件。《宋书·武帝本记》载：宋武帝攻克长安后班师南还。“自洛入河，开汴渠以归。”后魏太昌元年，孝武帝“幸都水，南过洛汭，遂至瀍、涧”。以上记载表明，通过洛汭由洛入河的这条航道，不断发展并发挥了重要作用。

隋唐时期，漕运又有较大发展，沟通了长江、淮河、黄河和河北水系。《资治通鉴》载：隋大业元年，隋炀帝下诏“发河南诸郡男女百余万开通济渠，自西苑（隋帝宫殿，在洛阳西）引谷（即涧水）、洛水达于河，自板渚（今汜水东）引河通于淮。”这条通济渠从洛阳开始，由洛口入黄河，再从板渚引河水东经开封，东南流经商丘、宿县、灵璧在盱眙进入淮河。由于洛口南原一带地势高而干燥，下有漕运之便，所以隋唐时期都在洛口置大型粮仓。据《资治通鉴》：隋大业七年（611年）七月，“帝发江淮以南民夫及船，运黎阳及洛口诸仓米至涿郡。舳舻相次千余里，载兵甲及攻取之具，往还在道常数十万人。填咽于道，昼夜不绝，死者相枕，臭秽盈路，天下骚动。”大业八年，又“敕运洛口仓谷向望海顿”，《大业杂记》一书还记载隋炀帝“驾幸江都，行次洛口”时的壮观场景：龙舟巨舸及各种船只两千余艘，船夫上万人。《河南府志》亦载：“巩邑当隋唐时，幸无宫殿土木之扰；然洛口龙舟其为烦费不支。龙舟必在洛口者，以数千百舳舻，洛水不能容，故皆置舟于洛水入河之处……”

以上记载可窥隋唐时期洛汭地带漕运发达兴旺之一斑。其实，这种情况一直延续到五代时期而经久不衰。据《旧五代史·罗绍威传》：“（绍威）以临淄、海岱罢兵岁久，储庾山积，惟京师军民而食益寡。愿于太行伐木，下安阳、淇门，斫船三百艘，置水运。自大河入洛口，岁漕百万石，以给宿卫。”

春秋时代，关于周室派使臣刘子劳赵孟而“馆于洛汭”的记载，表明两点：一是洛汭一带当时已设有供过往官员住宿的处所，类似汉代开始出现的为投递文书、转运官物及招待过往官员的驿站；一是洛汭当时应为贯通黄河两岸的渡口，就是说，洛汭系沟通黄河南北的陆上要道。

2. 洛口仓与仓城

据史籍记载，在洛口南原上设置粮仓，是从秦代开始的。当时称“敖仓”。《五代史》载：后唐同光三年（925年）七月，“洛水泛涨，巩县河堤破，坏敖仓”。清·景日昣《说嵩》谓：“洛口仓即秦敖仓旧址……今犹名‘窖粮坑’。”秦代敖仓一直沿用到两汉和南北朝。随着当时河洛漕运的发展，粮仓规模不断扩大，北齐并在粮仓东西两侧建造两座仓城。《周书·武帝纪》有“齐王宪围齐洛口，收其东西二城”的记载。隋大业二年（606年），又在洛口设粮仓，称“兴洛仓”，规模进一步扩大，成为隋代三大粮仓之一。据《资治通鉴》载，当时，“筑仓城，周围二十余里，穿三千窖，窖容八千石以还。置监官，并镇兵千人”。大业十二年（616年）七月，隋炀帝“幸江都，次巩县”，“虞世基以盗贼充斥，请发兵屯洛口仓……车驾至巩，敕有司移箕山、公路二府于仓内，仍令筑城以备不虞”。次年二月，农民起义军领袖李密、翟让等率部攻占兴洛仓。李密又“命护军田茂广筑洛口城，方四十里而居之”。并且“临洛筑偃月城，与仓城相应”（见《隋书·李密传》）。

3. 政治与军事战略要地

从东晋大兴二年到唐武德三年，大约三百多年之间，洛汭地带战争频仍，人民饱受兵燹之苦。史籍记载颇多，仅择要抄录于下：

晋大兴二年（319年），“荥阳太守李矩使郭诵救赵固于洛阳，屯洛汭。诵遣其将耿稚夜济河，袭刘粲，大败之”（见《读史方舆纪要》）。

晋太和十二年（387年），“松滋太守王遐之讨翟辽于洛口，败之”（见《晋书·孝武帝纪》）。

隋大业初。“移巩县治于洛口。”（见《方舆纪要》）

隋大业十三年（617年）二月，李密、翟让“将精兵七千人出阳城，北踰方山，自罗口袭兴洛仓，破之。开仓恣民所取，老弱襁负，道路相属……李密据洛口，越王侗遣虎贲郎将刘长恭、光禄少卿房则率步骑二万五千，讨李密，反为所败。长恭等解衣潜窜得免，士卒死者什五六，密、让尽取收其辎重、器甲，威声大振”（见《隋书·炀帝纪》）。

又，“让于是推密为主上。密号为魏公，即位称元年，大赦。其书行下称‘行军元帅府’。置长史以下官属，拜翟让为上柱国……以单雄信为左武侯大将军，徐世绩为右武侯大将军，各领所部。其余封拜各有差。于是道路降者，不绝如流，众至数十万”（见《资治通鉴》）。

又，“二月丙辰，密遣其将夜袭仓城……府兵败，遂入据仓。然二府将士犹各固小仓城二十余日不下。既而外救不至，仓又尽，城乃陷没，死者大半。密开仓招纳降者，日数百千人。于是赵魏以南、江淮以北莫不归服”（见《通鉴考异》）。

又，“五月，裴仁基以武牢归密，因遣仁基与孟让率兵二万余袭洛仓，破之，烧天津桥，遂纵兵大掠。东都出兵乘之，仁基等大败，仅以身免。密复亲率兵三万，逼东都。将军段达、武贲郎将高毗、刘长恭等出兵七万拒之，战于故都，官军败走，密复下回洛仓而据之……后数日，东都出兵击之，密众大溃，弃回洛仓，归洛口”（见《隋书·李密传》）。

又，“七月，炀帝遣江都通守王世充将江淮劲卒，将军王隆帅邛黄蛮，河北大使，太常少卿韦霁，河南大使虎牙郎将王辩等，各帅所领，同赴东都相知讨李密……合十余万众。击李密于洛口，与密夹洛水相守。炀帝诏诸军皆受世充节度”（见《资治通鉴》）。

又，“密乃筑长城，掘深堑，周回七十里以自固。十五日，世充渡洛水以乘之，逼仓城为营堑。密纵兵疾战，世充兵马弃仗奔亡，沉溺死者不可胜数……”（见《隋书·李密传》）。

唐武德三年（620年）二月，“王世充别将单雄信、裴孝达与总管王君廓相持于洛口。秦王世民帅步骑五千援之，雄信等遁去……七月，诏秦王世民击王世充，遣上谷公王君廓自洛口断其饷道”（见《资治通鉴》）。

唐光启三年（887年），“诸葛仲方部将刘经与李罕之争据洛口，罕之败，经于圣善寺乘胜欲攻河阳，营于洛口，经遣全义拒之”（见《五代史·张全义传》）。

中古时代，洛汭地带三百多年间的政治、军事风云变幻，最重要的是李密进据洛口，建立农民革命政权，拥军众数十万。并以洛口为根据地、进军东都洛阳，连连取胜，声势波及全国，当时，隋炀帝正巡幸江都，竟不敢北归。《隋书·炀帝纪》：

"时李密据洛口，炀帝惧，留淮左不敢还都。"总之，李密洛口魏政权的建立，使本来就已分崩离析、摇摇欲坠的隋王朝加速了覆亡。

三、洛汭地带的考古调查

考古调查证明，洛水下游，特别是洛汭地带，地面上下密集分布着不同时期不同性质的古代遗存。"伏羲台"就是一处新石器时代仰韶文化和商周时期的遗址，文化层最厚处2.5米，岗沿、沟边多处暴露着仰韶文化的房基、灰坑、墓葬以及白灰面筑成的台基遗迹等。白灰面台基附近还发现可能用于祭祀的完整猪骨架；伏羲台向西约一公里的滩小关遗址，面积达46万平方米，内含丰富的裴李岗文化和仰韶文化遗存以及河南龙山文化遗存。先民在这里延续居住长达四千年之久。遗址范围内发现大量房基、成人墓葬、小儿瓮棺葬、窖穴等仰韶文化遗迹。遗址偏南部暴露着长达43米的烧土层，系仰韶文化排房遗迹；采集到文物百余件，其中石器有斧、铲、刀、凿、纺轮、弹丸、研磨器等，可复原或看出器形的陶器有釜形鼎、罐形鼎、盆形鼎以及盆、钵、碗、豆、杯、缸、瓮等。在30多个窖穴中发现了鹿角、猪骨、羊骨、蚌壳等。在洛汭附近的洛水两岸，大约十平方千米范围内，另外还发现仓西、董沟两仰韶文化遗址，花地嘴、石灰务两处龙山文化遗址，稍柴二里头文化及商文化遗址，康沟、南石、北石等三处周代遗址。汉唐时期的遗存，各遗址均有发现，但最集中、最丰富的是隋唐洛口仓遗址，地面上尚存城墙，南北长百余米，宽十余米，最高处4.5米。城墙夯层明显，厚度划一。遗址地面散存大量汉、隋、唐时期的砖、瓦及陶器残片等。遗址中部平坦地带，应是仓城内的窖仓群，创建于北魏孝文帝时期的石窟寺（唐代称"净土寺"），位于洛汭偏西部。是继洛阳龙门石窟之后开凿的一座石窟寺。保存至今仍规模宏伟壮观。据《石窟寺本末》载北魏景明年间（约500～503年），开始"凿石为窟，刻佛千万像"，直至北齐，唐代仍继续刻石造像。成为佛教净土中的一块要地，最盛时，僧众数百人，规模相当可观，被称为"海内名区，巩境佳地"。

调查所得大量的考古资料，有力地证明早在八千年以前，即裴李岗文化时期，先民便已在洛汭地带安居下来，从事采集、渔猎和原始农业生产活动。同时也充分证明，古老的中华民族数千年的文明史在这个地方得以不间断地延续下来。

洛汭附近地面上下的考古调查，与史籍中有关洛汭的记载起着相互印证的作用，二者的综合研究与探索，必将使我们对洛汭地带的历史面貌和历史地位有一个更深刻、更清晰的认识。

（原载于《中原文物》1992年第4期）

颛顼、帝丘与蚌塑龙虎图

一、颛顼及其历史业绩

颛顼，号高阳氏，为五帝之一，黄帝裔。《山海经·海内经》：“黄帝妻雷祖，生昌意，昌意降处若水，生韩流，韩流擢首、谨耳、人面、豕喙、麟身、渠股、豚止。取淖子曰阿女，生帝颛顼。”按《吕氏春秋》和《礼记·月令》的说法，颛顼为北方的帝，即北方的大神。《淮南子·时则训》：“北方之极，自九泽穷海晦之极，北至令正之谷，有冻寒积冰，雪雹霜霰，漂润群水之野。颛顼、玄冥之所司者万二千里。”这里也说颛顼的职司在北方。关于颛顼的传说，《山海经·大荒西经》中还说：“风道北来，天乃大水泉，蛇乃化为鱼，是为鱼妇。颛顼死即复苏。”按徐旭生先生的解释，复苏是重新苏醒，是说蛇由鱼又变作蛇。风自北来，象征着帝颛顼要出现，这时候，被人厌恶的蛇就变成了无害的鱼。“颛顼死即复苏”，意谓因“帝”死了，被人厌恶的蛇才又恢复它的生活。徐先生还指出：“帝颛顼的神通能广大到这步田地，不是大巫，怎能够有这样广大的神通！”[1]

颛顼作为北方的大神，具有神格，但有的记载表明他也具有人格。《大戴礼记·五帝德》说他：“洪渊以有谋；疏通而知事。养财以任地；履时以象天。依鬼神以制义；治气以教民；洁诚以祭祀。乘龙而至四海……”是说他有雄才大略，智谋广大而通晓事理，使土地增加产值，时刻按天象行事，虔诚照鬼神的意志裁决事务，“理四时五气以教化万人”，乘龙往还于天下。《五帝德》所载颛顼的德行与事迹，表明他是一位英明的部族集团首领和主宰宗教事务，总揽神权的宗教主。

颛顼没有显赫的武功。他的功绩主要是成功地推行宗教改革，强化宗教势力，带动社会的全面进步。

颛顼的改革，是在经历一次社会大震荡之后，结束黄帝与炎帝、蚩尤的战争，结束部族林立的局面，各部族逐渐相互融合与同化，形成部落大联盟的基础上实现的。颛顼综合华夏、东夷两个部族集团，在黄河中、下游广大地域实现了统一。这时，社会生产力有了新的发展，特别是原始农业经济和手工业的发展，社会财富的增加，为贫富分化，劳心与劳力的分工以及劳动生产的专业化等奠定了基础。社会将进入一个新的时期。

由于原始宗教势力的壮大，在宗教事务、社会管理、军事结为一体的情况下，社会分工首先突出地表现在原始宗教内部的改革方面；原始宗教改革的成功又有力地推动了社会各业的分工。《国语·楚语》中说："及少皞之衰也，九黎乱德，民神杂糅，不可方物。夫人作享，家为巫史，无有要质。民匮于祀，而不知其福。烝享无度，民神同位。民渎齐盟，无有严威。神狎民则，不蠲其为。嘉生不降，无物以享。祸灾荐臻，莫尽其气。颛顼受之，乃命南正重司天以属神，命火正黎司地以属民，使复旧常，无相侵渎，是谓绝天地通。"

上面的话是说：自少皞势衰，九黎乱德以后，人人都能与神相通，都可兼充神职，弄得人神不分，人杂言庞，危及社会安宁。于是，颛顼指派南正重"司天以属神"，专管天上的事，把民意转达神灵，把神灵意旨传达下来，其他巫觋不得升天与神沟通，更不得妄传神的指令；又指派火正黎"司地以属民"，管理地上的巫觋，使之好好地为氏族成员祈福、治病。并采取一条严命，把过去群神聚会和往来的名山予以查封，使群巫不能随意往来，再不能与天上的神直接交通。首领（宗教主）垄断了与神沟通的大权。这就改变了过去"民神杂糅，不可方物，夫人作享，家为巫史"的状况。与此同时，又选用有知识，善动脑筋的智者充任巫觋，成为脱离生产的专业宗教人员。

上面的记载清楚地阐明了颛顼时代宗教改革的主要内容和重大措施。中心是改进了天与地，人与神之间的沟通方式。这种改革具有重大社会意义，使由于人们对自然界威力的恐惧心理而自发形成的原始宗教向着较有系统的人为宗教的发展推进了一大步。宗教由低级向高级的发展，是社会发展到一定程度的必然结果。氏族成员应遵守的信条得到统一，结束了过去人杂言庞使人无所适从的混乱局面，稳定了社会秩序。尤为重要的是由于大批专业化宗教人员——优化了的巫觋集团的出现，意味着劳心与劳力的分工，意味着宗教、军事与社会管理职能的强化，知识阶层和特权阶层已经形成，为国家的出现铺平了道路。

二、帝丘——中国最早的宗教圣地

濮阳，是颛顼部族集团的主要活动区域，并在此建立帝都，颛顼死后亦葬在濮阳[2]，因之古称"帝丘"，又称"颛顼之墟"。《水经注》卷二十四："濮阳城东北，故卫也，帝颛顼之墟。昔颛顼自穷桑徙此，号曰商丘，或谓之帝丘，本陶唐氏火正阏伯之所居，亦夏伯昆吾之都，殷之相又都之……卫成公自楚丘迁此。"以上记载表明先秦时期，帝丘曾是多次建都之地。

帝丘成为宗教圣地，是从颛顼在此建都时开始的。距今6000年左右，颛顼部族集团统一华夏、东夷两个部族集团之后，拥有了黄河中、下游两岸广大地区，颛顼由穷桑（今山东曲阜）徙都帝丘，以帝丘为中心建立起中原部落大联盟。

帝丘因处于政治、宗教、经济、军事、文化的中心地位而声名远扬。当时，四方朝觐，熙熙攘攘，何等热闹，何等显赫。

帝丘的中央，有一座宫殿建筑叫玄宫，是颛顼居住和办事的地方，即中央常设办事机构，是宗教主和巫长、部族领袖和各酋长等举行会议，发号施令和作军事决策的场所。《庄子·大宗师》："颛顼得之以处玄宫。"处，即居住。《释文》："李颐云：'颛顼帝，高阳氏。玄宫，北方宫也。'"汉扬子云（雄）《羽猎赋》："丽哉神圣，处于玄宫。"由以上记载可知，玄宫是当时规模最大，装饰最讲究的建筑物。

帝丘郊外，高筑祭坛，是首领、宗教主举行庆典和祭祀活动的地方。

徐旭生先生就甲骨文和金文中的"高"字作畗、食、畗、禽（《殷墟文字类编》卷五、《金文编》卷五）指出："高字下部从冋，就是冂的古文。后来变为形声字的'坰'，意为郊坰。古人祭天，在野外除草扫地而祭，就叫作墠；以后封土而祭，就叫作坛。正是坛的象形。高阳氏为宗教主，祭天是他的本职。开始在帝丘（今濮阳）野外扫地而祭，不久就改为封土而祭。这个封土，这个冂因为在野外，所以后来又得了郊坰的意思。再后，又不能限于封土，遂于坛上盖点房子，高字上盖的合，或少一横两横及全无横格的上盖，是以大同小异的形式表示坛上所盖房子的形式。开始大约是为的祭天，以后保存原来专用的意义，就叫作效，叫作圜丘。也可以在那里占物的吉凶，察日月星的行度，岁时登临以资游览，这样将来分立出来，就叫作灵台……"[3]

颛顼时代，帝丘是权力的中心。政治、宗教、军事相结合的体制，实际实行的是神权统治，即依靠神的力量，依靠众生膜拜的原始宗教。由此形成一种巨大的原始力量，借以巩固与完善上层统治者的权力地位，借以管理社会秩序，统一战争行动，组织生产劳动……于是，祀天地、敬祖宗、理神灵的祭祀活动成了社会生活中的头等大事。可以想象，在帝丘郊外的祭坛举行各种大型宗教仪式时，场面何等隆重：或以泥土竹木塑造神灵形象，或以卵石、蚌壳等物摆塑（还可能用炭灰在地上画出）某种被崇拜的人物、兽禽类；陈列祭品（牺牲）；吹奏声乐，巫觋穿着特别式样的衣服，歌唱舞蹈；众多氏族成员参加者的呐喊；仪式主持者（当然，主持者的身份等级，视祭祀的对象、规模和性质而定）的祈祷；在烟火缭绕之中，人们扮演的各种兽类奔腾跳跃，活灵活现等等，自当烘托出庄严、肃穆、神秘气氛。这种祭仪，把颂扬首领（宗教主）的威德和祖先的功绩，对神灵的祈祷，作为最庄严的历史时刻，以制度和传统固定下来，经久不衰，影响甚巨，对后世的"君权神授""天与人归"的统治手段起着强大的舆论作用。

颛顼作为部落联盟的首领和宗教主而声名洋溢，威灵显赫，"小大之神，莫不砥属"[4]。他死后，其氏族依然存在，高阳氏仍继续为宗教主。《墨子·非攻下》记载："昔者三苗大乱，天命殛之……高阳乃命玄宫，禹亲把天之瑞令以征有苗。"按王念孙的说法，"高阳乃命玄宫"句应作"高阳乃命禹于玄宫"[5]。此说甚是。另，《艺文类聚·符命》则作："天命夏禹于玄宫。"

以上记载表明，直到虞夏之际，颛顼的后裔，即高阳氏还居住在玄宫仍执掌着宗教大权，帝丘仍保持着其宗教上的核心和祭仪上的崇高地位。

三、西水坡遗址蚌塑龙虎图的性质与社会意义

“历史不仅是部落和民族的历史，而且也是知识发展的历史，宗教、艺术、习俗等等的历史。”[6]西水坡遗址的考古发现，对考察我国新石器时代考古和古代史研究作出了重要贡献，难怪中外学术界为之轰动，使濮阳获得了龙乡、龙城的称号。笔者祖籍濮阳，当然亦为之感到骄傲。显然，这次考古发现，对我国距今6000多年前的社会性质以及原始宗教和艺术的具体情形打开了一个窗口。由于我们暂时对所发现的某些现象还未能确切地了解其含义，因而只能在一定程度上作出一些猜测性的看法。

西水坡遗址的三组蚌塑龙虎图，地层没有什么问题，摆塑方法、艺术风格和内容基本上相一致，因之属于同一时期的遗存，所以应该与同时发现的四具人骨架作为一个整体来看。

从这批文化遗存的时代上看，距今6000多年，与颛顼时代相符或相近。正是原始宗教经过改革之后，势力更为昌盛，在人神沟通方式以及祭仪、葬俗等方面进一步规范化和等级制度更为完善之际。笔者认为，西水坡的考古发现与原始宗教活动密切相关，应是按当时宗教习俗举行葬仪的反映，就是说这是一处瘗葬遗迹。

从葬仪的规模以及复杂情况看，葬仪相当隆重，蚌塑龙虎之间的仰身直肢男性死者（墓主）应是一位身份地位相当高的人，很可能是部落酋长同时职掌宗教事务的大巫一类人物。周边的三具人骨架是作为人祭的牺牲。仰韶文化时期，实行土葬，墓地与住地是分开的。蚌图与牺牲显然是把死者送到墓地安葬时完成的，仪式完毕，随墓主同时掩埋地下：这就是蚌图形成与保留下来的原因。举行葬仪的目的，是对死者表示悼念、敬仰，也是对死者生前的功绩和对氏族集团作出贡献的报答。蚌图与人祭显示了墓主的身份、地位。但以人为牺牲容易办到，龙虎却难以得到，因之以蚌塑图像代之。我们知道，原始宗教信仰的特点之一，就是以客体代替主体，这里是以虚幻的龙虎形象履行真正龙虎的职能，把观念的东西与物质的东西完全等同起来了。

墓主是个男性，为其举行如此隆重的葬仪有着深远的社会意义：母系氏族制时期，对祖先的崇拜，主要是对女性祖先的崇拜，如女娲以及红山文化出土的女神塑像等，就都有对女性祖先崇拜的含义。颛顼时代及其以后，被崇拜的祖先就都是男性祖先了，这是父权制已经确立的生动反映。

墓主与蚌图周边的三具人骨架，应是较早的人祭现象。用作人祭的牺牲，其身份可能是被判有罪的人。商代卜辞中屡见用“执”作为牺牲的记录。如“告执”“用

执”“目执”“氏执”等。《说文·幸部》：“执，捕罪人也。”胡厚宣先生指出，甲骨文的“执”字，“像两手执于刑械之中，或以绳拴住，或头戴枷锁，或又拘于囚室之内”[7]。这种现象表明当时在人祭的同时，也可能是对罪人的严酷刑罚。《吕氏春秋·顺民》：“汤克夏而正天下。天大旱，不收，汤乃以身祷于桑林。曰：‘余一人有罪，无及万夫，万夫有罪，在予一人，无以一人之不敏，使鬼神伤民之命。’于是剪其发，磨其手，以身为牺牲……”汤作为国王，最高统治者，甘愿“以身为牺牲”，也得首先承认自己有“罪”。

甘肃秦安大地湾仰韶文化遗址一室内曾出土一幅用炭灰绘制的地画[8]，也是反映古代葬仪的：上部男女两人对舞的形象，被认为是跳丧舞，下部画的长方框中者，被认为是两个安葬在墓穴中仰身屈肢的死者，因之判定炭画所反映的“是家庭成员对家庭已故长亲（家庭祖先）的祭拜”[9]。西水坡的蚌图比大地湾的炭画时代较早，都是反映丧葬习俗的，但葬仪的形式与规模大不相同。显然，葬仪形式的繁简，规模的大小，与死者的身份、地位密切相关，即存在着等级的差别。

根据以上分析，可以认为，西水坡遗址的考古发现，其深刻的社会意义在于：毋可置疑地证明了仰韶文化早中期，即距今6000年左右，中原地区已进入成熟的父权制阶段，正处于华夏文明诞生的前夜，这与历史文献记载的情形是相吻合的；蚌塑龙虎图这一非常特殊的艺术品采用奇特的蚌壳摆塑手法，是我国首次发现，生动地显示了距今6000年左右黄河中下游，在中华民族发展过程中创造的精神文明和物质文明之果，同时也反映出原始宗教仪式与造型艺术之间的密切联系。

注　释

[1][3]　徐旭生：《中国古史的传说时代》（增订本），文物出版社，1985年，89页。

[2]　《帝王世纪》：“颛顼冢葬东郡顿邱城南，广阳里大冢者是也。”又，《皇览》：“帝喾冢在东郡濮阳顿邱城南台阴野中者也……东历广阳里，迳颛顼冢西。”

[4]　《史记·五帝本纪》，《集解》引王肃云：“砥，平也，四远皆平而来服属。”

[5]　孙诒让《墨子闲诂》引王念孙云：“‘高阳乃命玄宫’，此当作‘高阳乃命禹于玄宫’，下文禹征有苗正承此文而言。”

[6]　〔英〕爱德华·泰勒：《原始文化》，上海文艺出版社，1992年，4页。

[7]　胡厚宣：《中国奴隶社会的人殉和人祭》（下篇），《文物》1974年第8期。

[8]　赵建龙：《大地湾遗址仰韶晚期地画的发现》，《文物》1986年第2期。

[9]　宋兆麟：《室内地画与丧迁风俗》，《论仰韶文化》，《中原文物》1986年特刊。

（原载于《中华第一龙——95濮阳“龙文化与中华民族”学术讨论文集》，
中州古籍出版社，2000年）

龙起源及濮阳蚌塑龙虎图的社会意义

关于龙的起源问题，前辈学者如闻一多、郭沫若等，都曾作过开拓性的研究工作，提出了精辟的见解，给后人以不少启迪。近年来，随着河南濮阳“蚌壳龙”、湖北黄梅“卵石龙”图案的相继发现，又出现了一股新的研究龙的热潮。

什么是龙？生物界原本没有此类动物，全然出自原始社会先民的想象和虚构，又经过世世代代反复补充与再创造，于是成了能兴雨、利万民的神异动物。在我国古代，龙、凤、麟、龟并称四灵。郭沫若先生说，夔龙、夔凤和饕餮，均为想象中之奇异动物。《吕氏春秋》云：“周鼎著饕餮，有首无身，食人未咽，害及自身。”古盖有此神话[1]。总之，龙是古代人们心目中理想的一种动物。有鳞者称蛟龙，有翼者称应龙，有角者称虬龙，无角者称螭龙。

关于龙的神话传说，从原始社会便开始广泛流传了，在古代文献中有不少关于龙的记载。

《帝王世纪》：“燧人之世，有巨人迹，出于雷泽，华胥以足履之，有娠，生伏羲于成纪，蛇身人首。”“有娇氏女登，为少典妃，游华阳，有神龙首，感生炎帝。”《山海经·海外西经》：“轩辕之国，人面蛇身。”《山海经·海外南经》：“南方祝融，兽面人身，乘两龙。”《河图握矩记》：“大星如虹，下流华渚，女节梦接，意感而生朱宣。”朱宣即少昊。《拾遗记》：“昌意出河滨，遇黑龙负玄玉图。时有一老叟，谓昌意云：‘生子必协水德而王。’至十年，颛顼生，有文如龙，亦有玉图之象。”《春秋合祖图》：“尧母庆都，有名于世……赤龙与庆都合，有娠而生尧。”《史记·封禅书》中，还记述了黄帝乘龙升天的故事：“黄帝采首山铜，铸鼎于荆山下，鼎既成，有龙垂胡髯下迎黄帝。黄帝上骑，群臣后宫从者七十余人，龙乃上去。余小臣不得上，乃悉持龙髯，龙髯拔，堕，堕黄帝之弓。百姓仰望黄帝既上天，乃抱其弓与胡髯号。”《左传·鲁昭公二十九年》记述的一个名叫董父的人，甚至会养龙。“昔有飂叔安，有裔子曰董父，实甚好龙，能求其耆欲以饮食之，龙多归之。乃扰畜龙，以服事帝舜。帝赐之姓曰董，氏曰豢龙，封诸鬷川，故帝舜氏世有畜龙。”总之，从上古时代起，人类几乎都与龙蛇有着联系，有的就是龙的后裔。当时人们已将他们的始祖领袖视为龙的化身。

有趣的是，在新石器时代文化遗址出土的一些彩绘陶器上，所饰龙蛇纹图案，使我们目睹了它们的具体形象。譬如，陕西宝鸡北首岭仰韶文化墓葬内，出土的一件彩陶壶，在腹肩部用黑彩在红色陶地上，绘了一只水鸟啄着一个动物，鱼头，巨腮，有鳞纹，外形很像后来的蟠龙。蔡易安先生认为，应为龙凤纹[2]。经^{14}C测定，这件彩陶壶，距今6120±140年至6790±146年。从现有材料看，这是最早的龙纹了。1971年春，内蒙古翁牛特旗出土了一件大型玉龙，呈C字形，高0.26米，通体呈墨绿色。龙身光洁圆润，龙头吻部前伸，双眼突起呈棱形，颈脊饰长鬃，很有生气[3]。经测定，属于距今6000多年的红山文化遗物。1982年，山西陶寺龙山文化遗址出土的彩陶蟠龙陶盆，虽然晚一些，也有4500年。

1987年6月，濮阳西水坡遗址45号墓出土了用蚌壳摆塑的龙虎图案。龙摆塑在人骨架右侧，长1.78米，兽头蛇身、鹰爪、鱼尾，张牙舞爪，形象逼真，犹如遨游于大海，又似腾飞于太空[4]。以往在甘肃武山出土的人面龙身纹瓶，浙江吴兴出土的龙纹陶片，均带有明显的原始性。而这条蚌壳龙图案，则很像现在的龙的形象了。经^{14}C测定，其年代距今6460±135年。1992年5月，又经荷兰格罗宁根大学同位素研究中心测定，距今6465±45年，两个结果是一致的。1993年6月，又在黄梅焦墩新石器时代遗址，发现了一条用鹅卵石摆塑的巨龙，全长4.46米。龙头高昂，张口吐舌，头上有触角，腹下有二爪，背上有鳞，身呈波浪状，尾上卷，如腾云驾雾，形象十分生动。经专家鉴定，其年代距今6000～5000年，与濮阳西水坡出土的蚌壳龙年代相当[5]。

综合上述，龙的起源，大约在母系氏族社会末期或父系氏族社会早期，距今6500～5500年。关于龙脱胎的原型，学术界有多种说法。或蛇、或鳄、或鱼、或猪、或蜥蜴、或雷电等。但主张脱胎于蛇者较多。闻一多先生说："龙究竟是什么东西呢？我们的回答是，它是一种图腾，并且是只存在于图腾中而不存在于生物界中的一种虚拟的动物。因为它是由许多不同的图腾糅合成的一种综合体，因部落的兼并而产生的混合的图腾。……未合并之前，所谓龙者只是一种大蛇，这种大蛇的名字便叫作'龙'。后来有了一个以大蛇为图腾的团族兼并了，吸收了许多别的形形色色的团族，大蛇才接受了兽类的四角，鱼的鳞和须……于是便成了我们现代所知道的龙了。"[6]闻一多先生的说法博得了不少人的赞同。

濮阳西水坡出土的蚌壳龙虎图案，是一种图腾的徽号，还是与祭祀活动有关，或者是特种权力的象征呢？我们认为后两种说法有道理，并且显示着它的重要的社会意义。

蚌壳龙虎图案与原始宗教仪式有密切关系，应是一处按原始宗教习俗举行瘗葬仪式的遗迹，45号墓的墓主生前应是氏族集团中的上层人物或执掌宗教职权的人物。其周边的三具人骨架，应是用作人祭的牺牲。蚌图不仅显示着墓主崇高的身份和地位，也显示着因其生前的功绩而为氏族成员所表达的恭敬和仰慕之情。

距今6000年前后，正是继炎黄二帝之后兴起的颛顼集团。濮阳是颛顼集团活动中心地区，颛顼建都于帝丘，死后葬在濮阳，当时帝丘是天下的权力中心和宗教圣地[7]。在这里出现的蚌图，我们认为其社会意义还在于：表明社会早已进入成熟的父权制时代；出现了特权阶层，执掌宗教职权的人——巫觋，也有了等级之分，他们已是从事宗教事务的专职人员，应是我国出现的第一代知识阶层，这是因为他们在宗教活动中需要具有歌舞、卜筮、绘画、雕塑，甚至天文、地理等方面的知识和技能。

由此，我们认为，蚌图的出现并联系其他有关迹象证明，当时在中原大地上已出现华夏文明的曙光。

注　释

[1] 郭沫若：《青铜时代》，科学出版社，1960年。

[2][3] 蔡易安：《中国龙凤艺术研究》，河南美术出版社，1987年。

[4] 濮阳市文物管理委员会、濮阳市博物馆文物队：《濮阳西水坡遗址试掘简报》，《中原文物》1988年第1期。

[5] 《中国文物报》1993年8月22日。

[6] 闻一多：《伏羲考》，《闻一多全集》，湖北人民出版社，1993年。

[7] 廖永民：《颛顼、帝丘与蚌塑龙虎图》，《中华第一龙——95濮阳“龙文化与中华民族”学术讨论文集》，中州古籍出版社，2000年。

（原载于《中华第一龙——95濮阳“龙文化与中华民族”学术讨论文集》，中州古籍出版社，2000年）

濮阳市郊区考古调查简报

濮阳市位于河南省东北部。南部紧靠黄河，东部一部分市界与山东省的莘县接壤。境内地势平坦，河流纵横。西汉以前和南宋以前的两条黄河故道分别由市境西部的滑县入境，穿越市郊北部；此外，马颊河、潴龙河也流经市郊北部。古代遗址、墓葬比较集中地分布在这些河流两岸的台地上。历史文献记载，古代曾有濮水、澶水和瓠子河流经市郊的南部和东部。由于黄河水的泛滥、淤积（淤土最厚处达4米以上），这几条河道都早已被埋没地下。

1963～1979年，我们在市境范围内曾多次进行过考古调查。1985年又在此基础上开展了文物普查工作。先后发现古遗址20余处（包括3处古城址），古墓群3处，采集了大量的文物标本。对市境内不同时期的古代遗存的文化内涵、文化性质以及分布情况等有了进一步地了解。最丰富的是河南龙山文化遗存，其次有仰韶文化、二里头文化以及商、周、汉、唐等时期的文化遗存。一些遗址往往分布或直接叠压着两种以上不同时期的遗存。其中比较重要的有戚城、铁丘、马庄、蒯聩台、文寨、程庄、咸城、台上、瑕丘、高城等遗址。今简述如下。

一、几处重要遗址

1. 戚城遗址

位于原濮阳县城以北约4千米处，遗址以西约1千米，以南约5千米即黄河故道。这处遗址1963年曾进行过钻探，面积约1万平方米。地面上仍残存着古代城墙遗迹，即春秋时代的卫国重镇——戚[1]。靠古城北墙处发现仰韶文化灰层，但面积较小，大约20多平方米。城址东部和北部，地面上散存着许多仰韶文化的陶器碎片，能看出器形的有夹砂红陶罐、泥质红陶钵、碗和鼎足等。城址东部与东城墙之下为河南龙山文化层，最厚处达3米以上，深灰或浅灰土，包含物相当丰富，采集到完整或可复原的陶器有夹砂或泥质灰陶罐、碗、盘、盆等，另有鼎、瓮、豆等碎片。灰层中含有大量烧土（有的是草拌泥），还采集到残石斧、石刀、蚌镰多件。地面上和墙城夯土中还散见商代遗存，未见灰层，遗物数量也比较少，采集到的有夹砂灰陶细绳纹鬲、大口器、盆、簋等残片。城垣内周代和汉代文化层异常丰富，土沟或土岗边沿暴露的灰层可以看到周代和汉代的纯陶片层，二者没有明显的界线，土色浅灰，由土井壁可看到最厚处达4米以上。周代陶器以夹砂灰陶或红陶鬲为最多，此外有瓮、缸、盆、豆等，还采集三棱形铜镞三枚，铁杆锈残。汉代遗存，城垣内西、北和中部分布最为密集，有较多的大型陶器碎片，如瓮、缸等，此外有坛、豆、盆的碎片，但数量最多的是砖、筒瓦之类遗存。除陶器外，采集石磨一合、铁犁两件、铁镢一件（有方銎）、铜釜一件（底部稍残），两翼形铜镞二枚。地面还散存许多时代特征不明显的烧土块、陶窑残壁、兽骨、蚌壳、砺石等遗物。

2. 铁丘遗址

位于原濮阳县城西北约2千米处，其东北约3千米即戚城遗址。铁丘东、西、南均为河流环绕：西1.5千米、南约3千米是黄河故道，东约2千米是马颊河。遗址分布在铁丘村以东的一片台地上。台地高出地面约3米，遗址面积5000平方米左右。台地最高处，1965年平整土地时被农民普遍铲去1.5 ~ 2.1米，古代文化层直接暴露在地面。从三个较深的土坑壁可以看到现存文化层厚1.5 ~ 2.1米，大致可分为上下两层：上层为深灰土，下层为浅灰土，而且杂有烧土块和黄土粒。下层的包含物都相当丰富，均属河南龙山文化遗存。陶器中有泥质灰陶罐、碗、盆、豆、夹砂灰陶鼎（足）、罐以及泥质黑陶豆、杯等。此外，还有蚌刀（残）、鹿角（有加工痕）、兽骨、烧土块等遗物。从地面散存的陶片看，这处遗址的文化内涵包括仰韶、龙山和殷、周等不同时期的遗存：采集到的仰韶文化遗物有泥质红陶盆、碗和夹砂红陶鼎（足）等碎片；周遗物有鬲、罐、瓮、豆、簋、甑、大口尊等。除不同时代的陶片外，还采集到圆柱形骨镞一枚，扁平长方形石铲（残）一件，蚌镰（残）二件。兽骨，可识别的有猪、狗、牛、鹿等，不少兽骨被烧成灰色。

3. 马庄遗址

位于原濮阳县城以北约3千米。遗址紧靠马庄村西。西南约1.5千米即铁丘遗址，东北约2.5千米即戚城遗址，三者基本成一直线。马庄遗址为一丘形台地，最高处约2.5米，南北长约200米，东西宽约125米，面积25 000平方米左右。在30 ~ 60厘米的耕土层以下即文化层，南部文化层厚1.7米，中部厚约3.2米，北部厚约1.1米。东部由于农民平整土地和用土，破坏文化层约7000平方米，暴露的文化层厚达2.1米。一般上部呈浅灰色，下部呈深灰色，包含物纯属河南龙山遗物。地面上除大量的龙山遗物外，亦散存着商代和汉代遗物。陶器碎片中能看出器形者，龙山文化遗物有泥质灰陶碗、瓮、盆、甑、杯、盘、豆，泥质黑陶、杯，夹砂灰陶罐等；商代遗物有夹砂灰陶鬲、泥质灰陶罐、盆、大口器等；汉代遗物有瓮、罐、瓿，另有绳纹小砖、空心砖残片、筒瓦等，并发现印“千秋万岁”字样的瓦当。

4. 蒯聩台遗址

位于戚城遗址东北约1.5千米，东距马颊河约500米。是一大土丘，相传是春秋时代卫太子蒯聩由晋返戚后居住的地方。土丘东西长155、南北宽45米，面积约7000平方米。经钻探，文化层厚达4米。西部、东部都被战国墓和汉墓打破，表明土丘应早于战国时代。土丘以南以西地面下有龙山文化层。地面上陶片俯拾皆是，有龙山文化的夹砂灰陶罐、碗、器盖，泥质灰陶盆等。周代遗物甚多，器形有鬲、瓮、罐、豆等。汉代遗物有大型陶器如缸、瓮、瓿、豆以及绳纹小砖、筒瓦等。

5. 文寨遗址

位于原濮阳县城以南约1千米处。1984年春，文寨村农民在村南土坑内挖土，发现大面积龙山和二里头文化层。文化层之上为4～5米厚的淤土。文化层厚3～4米。土坑以南约百余米，地下1.2米出土了汉代铁器：半月形锄2件，镰4件，刀2件。文寨以西的七劝、高庄、西子岸和以北的三里店等村，3～4平方千米范围内，农民打井、挖渠，都在地面3米以下发现深灰土文化层，这里应是一处大面积的龙山和二里头文化遗址。包含物异常丰富。采集的陶片，能看出器形的有龙山文化的泥质灰陶盆、碗、盘、豆、甑、缸、瓮，夹砂灰陶鼎、罐等，还有石锛、石刀、骨针、骨匕、蚌镰、鹿角等；二里头文化遗物有泥质灰陶罐、碗等；还采集汉代陶器有豆、罐、坛、釜以及板瓦、筒瓦等。

6. 程庄遗址

位于原濮阳县城东南约13千米处。遗址在村南250米处。是一丘形台地。顶部高出地面约6米，面积1万平方米左右。经钻探，发现顶部与偏西部土质与包含物相当杂乱，很像墓葬填土，包含物有龙山和商代的陶片。东部耕土层下发现周代文化层，厚约1.7米。采集到的主要是周代遗物，有瓮、鬲、罐等。地面采集的龙山文化遗物有泥质和夹砂灰陶罐、鼎（足）、瓮、碗、陶拍子等，商代遗物有泥质灰陶瓮、豆以及夹砂灰陶鬲、盆、罐等。此外，地面还散存大量汉代空心砖、绳纹小砖、筒瓦等残块。

7. 咸城遗址

位于原濮阳县城东南约25千米处。咸城是春秋时期卫国的重要城邑之一。遗址南距咸城村1千米。遗址原高出地面1.5米，多年来当地农民用土或平整土地，上层已全部削平，现存面积1万余平方米。文化层土质坚硬犹如夯过。从土井壁可看到文化层厚达3米左右，呈深灰色。包含物非常丰富，完全是龙山文化遗存。陶器中有夹砂灰陶罐、碗，泥质灰陶盆、甑，泥质黑陶碗、豆、杯等残片。

8. 台上遗址

位于原濮阳县城以南约20千米处。遗址在台上村中央，基本上呈方形。高出周围地面1米左右。面积约15 000平方米。从居民的红薯窖壁可看到文化层厚达4米以上，呈灰色或深灰色，土质坚硬，含大量的陶片和烧土块、兽骨、蚌壳等。1977年文物普查当中经过钻探，在遗址中部距地表1米以下发现多层硬土面，1.2米处又发现白灰面；可能是居住遗迹。纯系龙山文化遗存。陶器的陶质，黑陶多于灰陶，器表多素面磨光和凸凹弦纹，有少量蓝纹和方格纹，未见绳纹。器形有碗、罐、杯、鬶、豆、盆、瓮等；豆、杯类器制作甚精，陶胎极薄，内外磨光，器黑而有光泽。

除以上比较重要的遗址外，还有一些值得注意并且需要进一步调查的遗址，即瑕丘、湾子、高城、故县、三里店等处。以上地方都发现了新石器时代的龙山文化或二里头文化、周、汉等不同时代的遗存。如高城遗址，据文献记载，是上古时代颛顼的都城。经实地调查，高城村以西以北地面下5米左右有大面积文化层，在附近约1万平方米范围内，当地农民打井，都发现了深灰土文化层，包含物有龙山文化、二里头文化和周代遗物，如龙山文化中的泥质黑陶薄胎豆、泥质灰陶碗、罐等以及周代的夹砂红陶矮足鬲、粗绳纹罐等碎片。紧靠高城村北首地面下约3米处发现东西向夯土墙，夯土相当坚硬。

二、遗　　物

采集的遗物标本主要是陶器碎片，完整或可复原者20余件。此外也采集到数件石器（均残）和铜、铁器。按不同时代遗物分述如下。

1. 仰韶文化遗物

采集的标本全部是陶片。陶质，以泥质红陶为主，其次是夹砂红陶，还有一部分泥质灰陶和夹砂灰陶。均采用手制方法，部分器物轮修口沿。器表多为素面。

钵　4件，均残，全为泥质红陶。标本：1，红顶器，上红下灰，胎较薄，口部较厚，大口、尖唇，斜壁微曲，沿部饰黑彩宽带纹一周，口径28厘米（图一，1）。标本：2，敞口，圆唇，壁稍弧，器表磨光，口径32厘米（图一，2）。标本：3，薄胎，火候较低，方唇，弧壁下腹部内收，器表磨光，口径28厘米（图一，3）。标本：6，圆唇，弧壁，素面，口径23厘米（图一，6）。

鼎足　1件。凿形，腹足交接处有一捺窝，长6厘米（图一，4）。

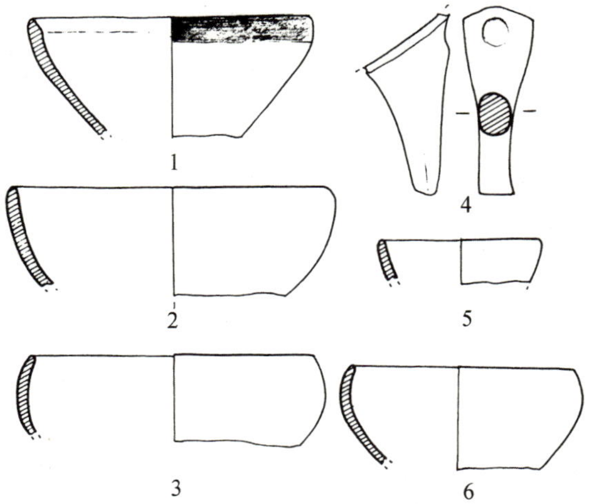

图一　仰韶文化的陶器
1～3、6. 钵　4. 鼎足　5. 碗（4. 瑕丘出土　余. 铁丘出土）

碗　1件。大口，圆唇，壁微弧，器表磨光，口径16厘米（图一，5）。

2. 龙山文化遗物

采集的标本主要是陶片，另有少量石器。可复原的陶器14件。陶质以泥质灰陶为主，其次是夹砂灰陶和泥质黑陶。多采用轮制方法，个别为手、轮兼制或手制。纹饰以绳纹为主，其次为方格纹、篮纹、弦纹、附加堆纹、镂孔等。

盆　复原3件。均为泥质灰陶。标本：1，大口，圆唇，壁内曲，平底，素面，高9.6、口径30厘米（图二，1）。标本：2，宽平沿，壁斜直，平底，内壁磨光，外壁素面相当粗糙，高7.8、口径37.8厘米（图二，2）。标本：3，方唇，直口，壁微内弧，平底，素面，高5.2、口径18厘米（图二，3）。标本：1，敞口，折沿，壁微弧，饰方格纹，口径25.2厘米（图三，1）。标本：3，大口深腹，内外壁磨光，口径36厘米（图三，3）。

盘形器　复原4件。均泥质灰陶，大口，浅腹，素面。标本：4，方唇，卷沿，直壁，高4.2、口径43厘米（图二，4）。标本：5，圆唇，宽平沿，弧壁，高4.8、口径43.2厘米（图二，5）。标本：6，方唇，折沿，弧壁，高4.8、口径43.2厘米（图二，6）。标本：7，圆唇，宽平沿，胎较厚，高3.8、口径44.5厘米（图二，7）。

瓮　均残存口部或上腹部。直领、广肩、饰篮纹。标本：8，泥质灰陶，圆唇，折沿，口径18厘米（图二，8）。标本：9，夹砂灰陶，沿部有折棱，口径14厘米（图二，9）。标本：10，泥质灰陶，圆唇，口径11.6厘米（图二，10）。

罐　均残。标本：11，夹砂灰陶，方唇，折沿，鼓腹，饰方格纹，口径28厘米（图二，11）。标本：12，泥质灰陶，圆唇，束颈，鼓腹，口以下饰绳纹，口径30厘

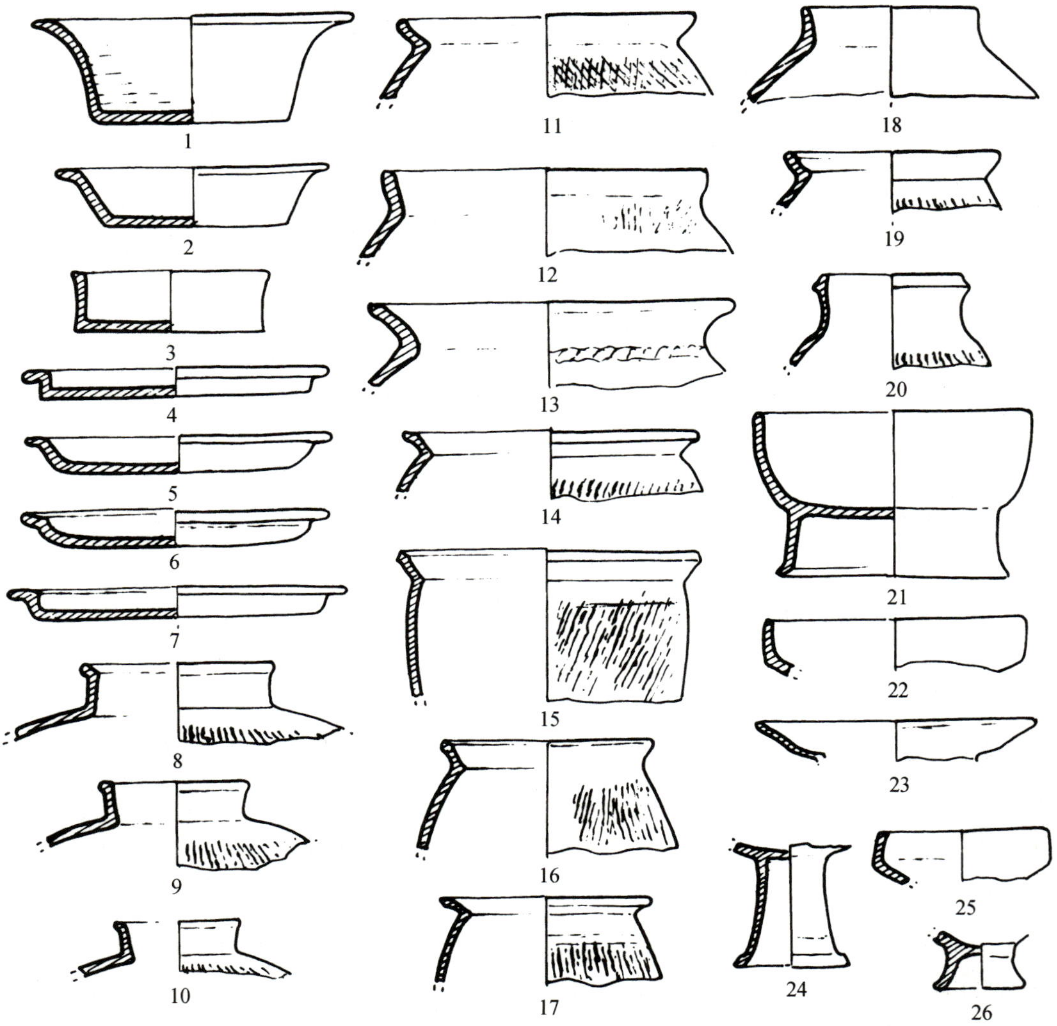

图二　龙山文化的陶器

1～3. 盆　4～7. 盘　8～10. 瓮　11～20. 罐　21～23、25. 豆　24、26. 豆圈足（9、10、13、16、17、24、26. 马庄出土　2. 湾子出土　4～6、15. 文寨出土　11. 戚城出土　18. 台上出土　余. 铁丘出土）

米（图二，2）。标本：13，泥质灰陶，圆唇，折沿，颈部饰附加堆纹一周，口径34厘米（图二，13）。标本：14，泥质灰陶，圆唇，折沿，鼓腹，饰篮纹，口径28厘米（图二，14）。标本：15，泥质灰陶，方唇，折沿，腹近直，饰篮纹，腹部绕凹弦纹数周，口径30厘米（图二，15）。标本：16，夹砂灰陶，双唇，折沿，弧腹，饰细绳纹，口径20厘米（图二，16）。标本：17，泥质褐陶，圆唇，折沿，弧腹，饰篮纹，口径40厘米（图二，17）。标本：18，手制，泥质灰陶，尖唇，短颈，素面，口径16厘米（图二，18）。标本：19，夹砂灰陶，方唇，折沿。饰方格纹，口径20厘米（图二，19）。标本：20，夹陶灰陶，尖唇，束颈，腹稍鼓，饰绳纹，口径14.2厘米

（图二，20）。

豆　复原1件，余残。多为泥质灰陶，少部分细泥黑陶。标本：21，薄胎，制作精细，圆唇，弧腹，底近平，圈足，素面，高7.4、口径12.8厘米（图二，21）。标本：22，口微敞，方唇，素面，口径36厘米（图二，22）。标本：23，浅盘，平底，素面，口径26厘米（图二，23）。标本：24，豆圈足，表面磨光，下部绕凹弦纹1周，底径10.8厘米（图二，24）。标本：26，豆圈足，素面，底径8.8厘米（图二，26）。标本：25，豆的口腹部，口微敛，方唇，口径15.6厘米（图二，25）。

尊形器　1件，残存口部。泥质灰陶，圆唇、直口，折肩，器表磨光，口径44厘米（图三，2）。

釜形器　1件，泥质灰陶，方唇，折肩，素面，口径26厘米（图三，4）。

钵形器　1件，底残。泥质黑陶，敛口曲腹，肩部饰弦纹多周。口径10厘米（图三，5）。

缸　1件，下腹部残。泥质灰陶，双唇，外唇沿刻花边，直壁，饰篮纹。口径34.2厘米（图三，6）。

器盖　1件。夹砂灰陶，顶部残。口径18.4厘米（图三，7）。

斝　1件。口部残。泥质黑陶，制作较精细。束腰，折腹，圜底，袋足。腹部磨光，底部、足部饰绳纹，内壁有白色水锈。残高12、折腹处宽16厘米（图三，8）。

碗　复原6件，余残。标本：9，泥质灰陶，宽方沿，弧壁，下腹部胎较厚，素面，口径16厘米（图三，9）。标本：10，夹砂灰陶，圆唇，斜直壁，轮旋痕明显，假圈足，素面，高7.2、口径17.8厘米（图三，10）。标本：11，夹砂灰陶，双唇、斜直壁，平底，素面，高5.6，口径13.2厘米（图三，11）。标本：12，夹砂灰陶，壁微弧，假圈足，素面，高6，口径13.5厘米（图三，12）。标本：13，泥质灰陶，子母口，弧壁，假圈足，制作较精，素面，高7.5、口径15.5厘米（图三，13）。标本：14，细砂灰陶，圆唇，曲腹，假圈足，素面，高2.8、口径7.8厘米（图三，14）。标本：20，泥质灰陶，双唇，斜直壁，浅腹，假圈足，素面，高2.8、口径12.4厘米（图三，20）。

鼎足　1件。泥质灰陶，下部残，断面呈枣核形，上部有一捺窝，残长6.3厘米（图三，15）。

鬶　多件，均残。细砂灰陶，薄胎，袋足。标本：16，残高20厘米（图三，16）。标本：18，袋足（图三，18）。

甗足　1件。夹砂灰陶，饰绳纹，残长15.2厘米（图三，19）。

重弧形纹陶片　1件。泥质黑陶，平行横列两行弧形纹。残长、宽各4厘米（图三，17）。

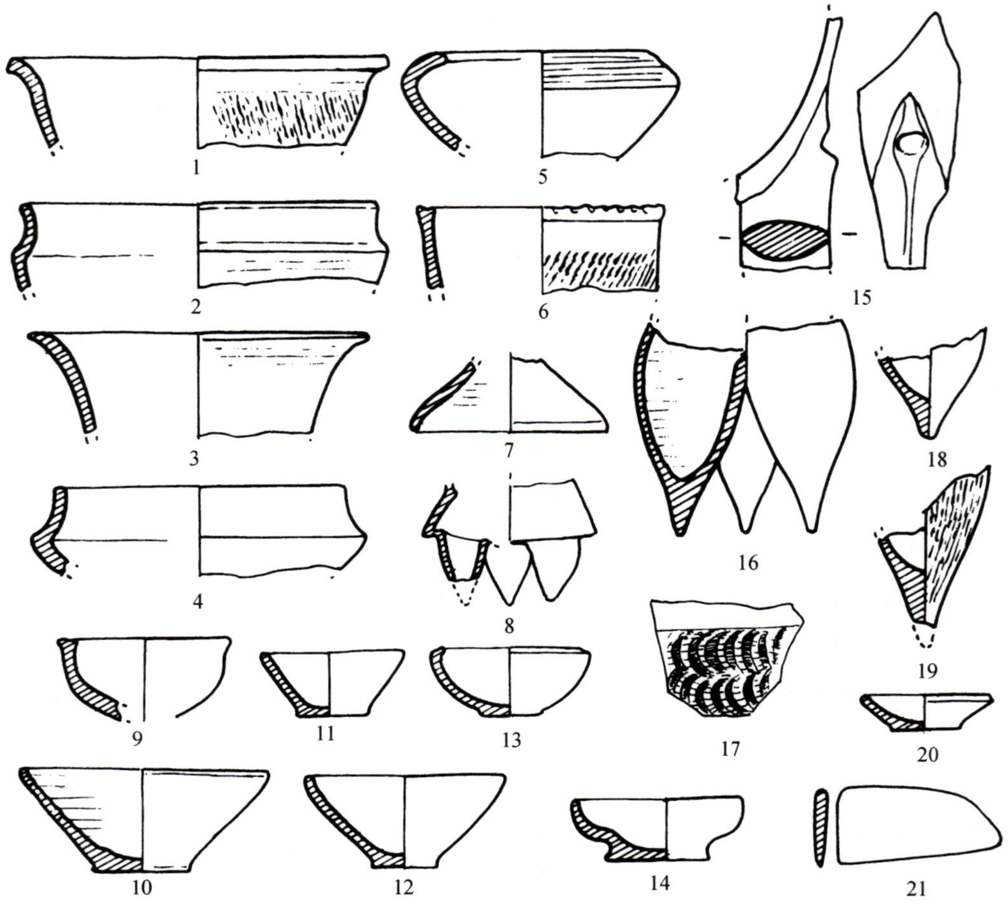

图三　龙山文化的陶、石器

1、3. 盆　2. 尊形器　4. 釜形器　5. 钵形器　6. 缸　7. 器盖　8. 斝　9～14、20. 碗　15. 鼎足　16、18. 鬶、鬶足　17. 重弧形纹陶片　19. 甗足　21. 石镰（6. 戚城出土　10、12. 文寨出土　11. 湾子出土　20. 蒯聩台出土　21. 瑕丘出土　其余均铁丘出土）

石镰　1件，残。标本：21，青灰石，双刃，磨制精细，残长7.4、宽3.4、厚0.6厘米（图三，21）

3. 二里头文化遗物

采集的标本全部是陶片，无可复原者。器形主要是罐，其次为鬲和盆。陶质以夹砂灰陶为主，其次是泥质灰陶，一般属于二里头文化晚期遗存。

罐　8件，均残。标本：1，夹砂灰陶，尖唇，折沿，束颈，鼓腹，颈部绕饰凸弦纹数周。口径36厘米（图四，1）。标本：2，夹砂灰陶，内折沿，束颈，腹微鼓，通体饰绳纹，口径28厘米（图四，2）。标本：3，泥质灰陶，方唇，折沿，鼓腹，饰绳

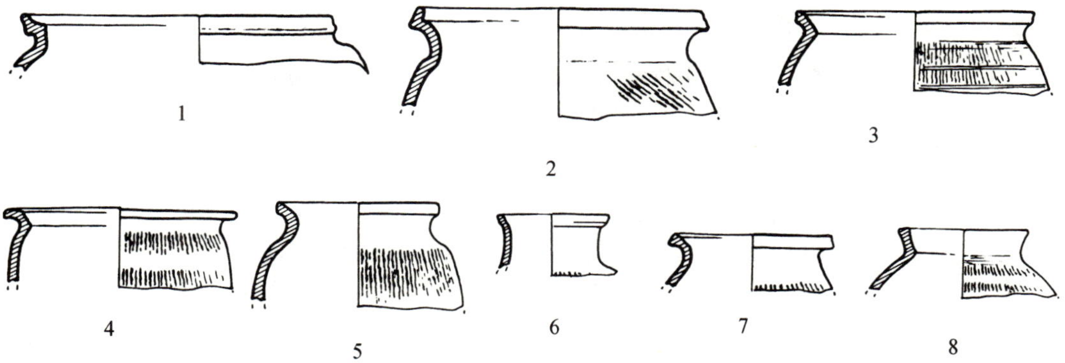

图四　二里头文化的陶罐

1、2、7. 文寨出土　4、6、8. 程庄出土　3. 瑕土出土　5. 蒯聩台出土

纹，肩以下到腹部绕饰凹弦纹数周，口径24厘米（图四，3）。标本：4，泥质灰陶，方唇，卷折沿，束颈，腹微鼓，通体饰绳纹，口径36厘米（图四，4）。标本：5，夹砂灰陶，尖唇，束颈，腹微鼓，饰绳纹，口径9.4厘米（图四，5）。标本：6，夹砂灰陶，尖唇，直颈，鼓腹，饰绳纹（图四，6）。标本：7，夹砂灰陶，尖唇，沿内折，束颈，鼓腹，饰绳纹，口径16厘米（图四，7）。标本：8，泥质灰陶，方唇，口近直，鼓腹，肩部绕饰弦纹数周，腹部饰绳纹，口径8厘米（图四，8）。

4. 商代文化遗物

罐　4件，均残。泥质灰陶，饰绳纹。标本：1，尖唇、直沿，鼓腹，口径22.4厘米（图五，1）。标本：2，方唇，束颈，鼓腹，口径40厘米（图五，2）。标本：3，胎较薄，圆唇，沿微卷，束颈，球形腹，口径22.4厘米（图五，3）。标本：4，泥质红陶，方唇，折沿，束颈，瘦腹，饰粗绳纹，口径40厘米（图五，4）。

鬲　1件，夹砂灰陶，方唇，束颈，弧腹，高裆，空足，饰细绳纹（图五，5）。

簋　2件，均底部残，泥质灰陶。标本：6，侈口，尖唇，弧腹，腹部饰绳纹、弧纹、折线纹，口径32厘米（图五，6）。标本：7，方唇，弧腹，腹部饰绳纹，弧纹，折线纹，口径30厘米（图五，7）。标本：8，簋残片，饰弧纹，折线纹，绳纹（图五，8）。

云雷纹陶片，泥质褐陶（图五，9）。

5. 周代陶器

鬲　复原1件，夹砂灰陶。标本：1，方唇，折沿，鼓腹，矮裆，胖空足，饰粗绳纹（图六，1）。

网坠　1件。基本完整。标本：2，泥质灰陶，腰鼓形，中有孔（图六，2）。

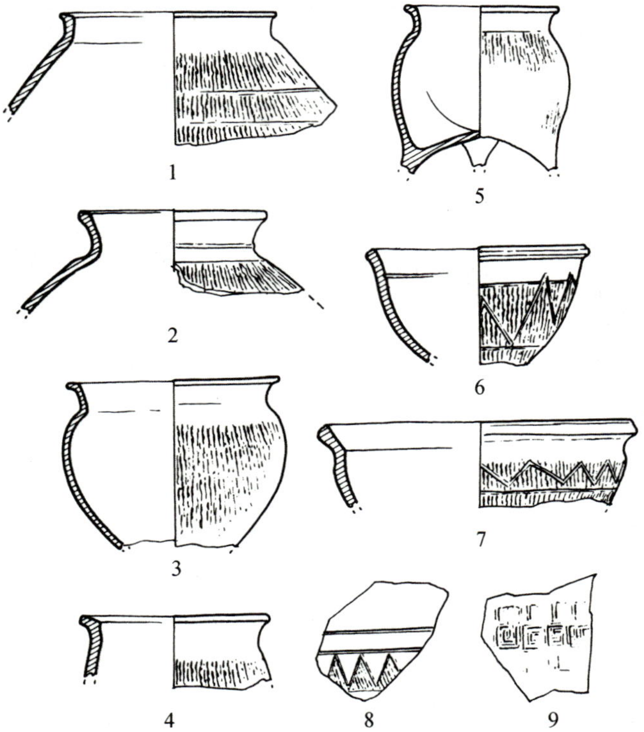

图五　殷商文化的陶器

1～4. 罐　5. 鬲　6、7. 簋　8. 簋陶片　9. 云雷纹陶片（1、4、5. 戚城出土　2. 马庄出土　3. 湾子出土　6、7. 铁丘出土　8. 台上出土　9. 程庄出土）

三、结　　语

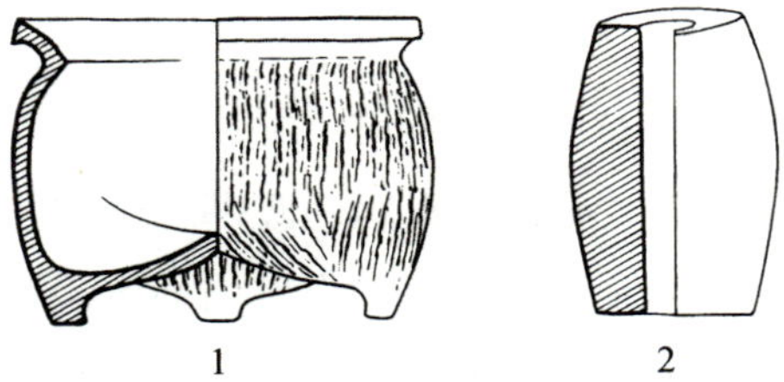

图六　周代陶器

1. 鬲　2. 网坠

濮阳市境内古代文化遗址的分布有两个特点：一是西部和西北部密集，南部，东部稀少；二是多分布在古老河流两岸高出周围地面的台地上。

每个遗址大多包含着不止一个时代的文化遗存。在调查的16处遗址中，都普遍发现了龙山文化遗存，含仰韶文化遗存者4处，含二里头文化遗存者9处，含殷商文化遗存者4处，含汉、唐遗存者7处。

仰韶文化遗存的分布面积甚小，而且灰层薄，遗物也不那么丰富。尽管如此，由于濮阳市地处河南省东北部豫鲁交界处，是仰韶文化向东发展的边沿地带，这里发现仰韶文化遗存，有助于我们对仰韶文化的地理分布范围的认识。采集的陶片标本中有相当数量的“红顶器”（钵、碗），部分器物口沿施黑彩宽带纹，器形上常见大口圜底钵等，这些都显示了仰韶文化后岗类型的特征。

龙山文化遗存，在濮阳市境内不仅分布普遍，而且各遗址面积大，灰层厚，包含物也很丰富。其中文寨、咸城等遗址，面积都在1万平方米以上。从采集的陶片标本看，陶质主要是泥质灰陶和夹砂灰陶，另有部分黑陶。器表，除素面、磨光者外，习见绳纹、方格纹、篮纹，其次有弦纹、附加堆纹、镂孔等。常见器形有大口浅腹平底盆、盘形器、双耳鼓腹瓮、深腹罐、筒形杯、带流空足鬶、斜壁碗、器盖等。从器物形制特点看，多与汤阴白营遗址出土的陶器相同，如三种形式的大口浅腹平底盆（图二，1～3）分别与白营遗址龙山文化中、晚期的一至三式盆完全相同，此外，罐、斝、碗等器也都非常近似[2]。可以认为，这里的龙山遗存基本上属豫北地区河南龙山文化的后岗类型。但二者之间也存在一定差别，如白营遗址不见盘形器。而濮阳龙山遗存中盘形器相当普遍：濮阳的碗形盘、粗圈足豆（图二，21）不见于白营而见于商丘地区永城王油房遗址[3]。此外，还有部分龙山遗存（如台上、咸城两遗址）明显接受了山东龙山文化的影响而出现较多的细泥黑陶，一些器物胎薄而有光泽，制作精细，造型规整，器表磨光，多凸凹弦纹，少见篮纹、方格纹，不见绳纹，器类中有较多的鬶形器等。这些不仅反映了濮阳地区龙山文化遗存的地区特点，也对河南、山东两种龙山文化关系的研究提供了线索。至少说明在我国新石器时代晚期，黄河下游的东方文化，由东向西已发展到豫北地区。并给这里的原始文化以较大影响。

二里头文化遗存的分布也相当普遍。文献记载，濮阳市正在夏族活动的地域之内。夏的属国昆吾，就在市东区南部。

市境内还分布着商代遗存。文献记载，豫北、鲁西一带曾是商族先公活动的地区。这里的商代遗存可以与文献相互印证，说明商代这里已处于直接控制之下，属于商文化的分布范围。

市境内普遍散布着周代、汉代遗存。特别是春秋时代的卫国重镇——戚，地面仍有城墙遗迹。城垣范围内大量周、汉遗物的存在，证明这座城邑从西周开始直到汉初，始终是一处物产丰富、交通发达、人口稠密的地方。

注　释

[1] 廖永民：《戚城考》，《中州今古》1985年第6期。

[2] 安阳地区文管会：《汤阴白营河南龙山文化村落遗址发掘报告》，《考古学集刊》1983年第3期。

[3] 商丘地区文物管理委员会、中国社会科学院考古研究所洛阳工作队：《1977年河南永城王油坊遗址发掘概况》，《考古》1978年第1期。

（原载于《中原文物》1986年第4期）

戚城遗址调查记

历史上的戚城是春秋时代卫国的重要城邑，是晋、卫两国长期反复争夺的要地，同时，也是各诸侯国曾七次会盟的名城。有关戚城的事迹，见于春秋经传的记载竟达26处之多。在后代默默无闻的戚城，而在春秋时代确是颇有名声的。因此，戚城遗址被确定为河南省重点文物保护单位。但是这座比较著名的戚城，现存情况究竟如何，它的地望与文献记载是否符合，为了弄清这个问题，我们对戚城遗址进行了多次调查。

1963年3月间，濮阳县文化馆的同志，在城址内发现了许多古代陶片和绳纹小砖砌成的古井。同年4月，省文物工作队的同志来此做了较详细的调查，进行了初步的钻探和摄影、绘图等工作。之后，县文化馆又派人在当地社员群众中，征集了一批历年出土的比较珍贵的文物。1965年11月中旬，北京大学历史系李仰松先生亦曾来此进行考古调查和试掘。至此，始对城址的遗迹和遗物有了较多的了解。今将各次调查情况综合简报如下。

一、城址的位置与城墙情况

戚城位于河南省濮阳县城北约5千米，坐落在安（阳）濮（阳）公路以西约300米处。古城以南紧靠戚城村，再向东南500米即戚城屯，向西2千米是王合村，向北2千米是白仓集。古城东北约700米有古冢，相传为子路坟，再向东北约1500米即蒯聩台。特别应该提到的是汉代以前的黄河故道，从城址以西约1千米处，由南向北入清丰县境，河道内有连绵不断的沙丘。城址以南约7.5千米是宋代以前的黄河故道，由西向东又折向北，亦进入清丰县境。古城附近，地势平坦，土质肥沃，城垣内外，均为农田。

地面上残存的城垣，原来的高度、厚度已不得而知。整个看来，几乎三分之一的城墙已与现在地面相平。地面上残存部分其高、低、宽、厚亦极不一致，南墙破坏最甚，西墙次之，北墙与东墙保存较好。经过实地勘察，残存部分最高为8.3米，最宽为16.5米。城垣基本上是方形，但东西稍宽，唯西南城角略向外突出。各城角均为圆转角。城垣四面各有缺口，其宽度均在30～40米之间，很可能是当时的城门遗迹。四面城墙相连接，总共长度为1520米。城内面积约144 000平方米。

城墙均经夯打，夯层显明可辨。墙基一般在地面下约0.5米，起基地坪亦经夯打，向上即逐层行夯。从东墙和南墙缺口处可以看出，城墙分先后两次筑成，显而易见，上部夯土是以下部夯土为基，并内外加以补贴。

上下两部分夯土内的包含物存在着显著的差别，下部夯层中大部分是仰韶、龙山以及商周文化遗物，如仰韶文化常见的红陶钵，龙山文化常见的陶碗、陶鼎等，有商代的大口尊、薄胎的绳纹鬲等，还有周代的矮足鬲残片等；上部夯层中除龙山、商代和西周的陶器碎片外，还有汉代的绳纹小砖、筒瓦和其他陶器碎片等。

二、城垣内外的遗迹遗物

城垣以东36米与80米处有东西并列的两个土丘，两丘之间相距25米，西丘较小，均呈长方形，系夯筑而成，其夯层、土色、包含物与城墙下部情况相同。初步判断与城垣属于同一时代，并应属于城垣的附属建筑物。传说是“孔悝及母卫良娣墓”[1]。在城东北约1500米处，有一座面积约5000平方米的土丘，传说为蒯聩台。经钻探得知，原系一处古代遗址，地面下0.5米即为灰土层，厚达4米，土质松软，包含物除仰韶、龙山与商代陶片外，有较多的周代遗物。丘上偏东部分发现有战国墓，偏西部分发现有汉代墓，都打破了土丘，表明这一土丘当较战国时代为早。城东北约700米处，有一高达6.5米的大冢，传说为子路墓，历代刻建碑碣甚多，但未经钻探经过调查，城内文化遗物甚为丰富。仰韶文化遗物分布在城内的东北部和东墙下的灰层中。出土遗物有罐、钵、鼎、小口尖底瓶和砺石、蚌器等。龙山文化遗物分布在城外东部，发现器物有碗、罐、鼎、甑、盆、瓮以及陶窑等。商代遗物只散见于地面，未见灰层，出土陶器有罐、鬲和大口尊等。周代遗物在城垣内外散布着大量的陶片，特别是城内周代灰层中包含物更为丰富，出土的陶器有矮足红陶鬲（图一）、鼎、瓮，罐、盆和豆等。另外还发现有铜镞。汉代遗物，以城内西部、中部和北部最多。出土的器物有瓮、罐、缸、盆、豆和印有绳纹的砖瓦，还有陶井圈、石磨、铁犁（图二）和铁镬（图三）等。

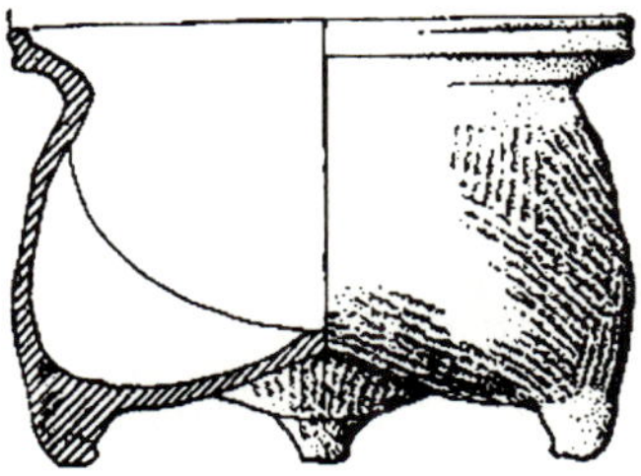

图一 矮足红陶鬲

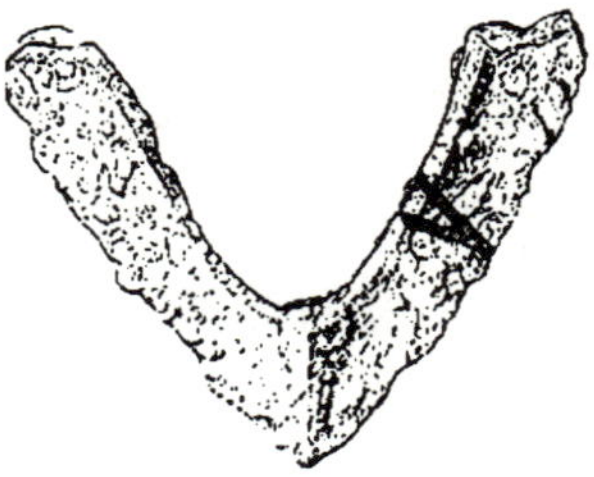

图二 铁犁

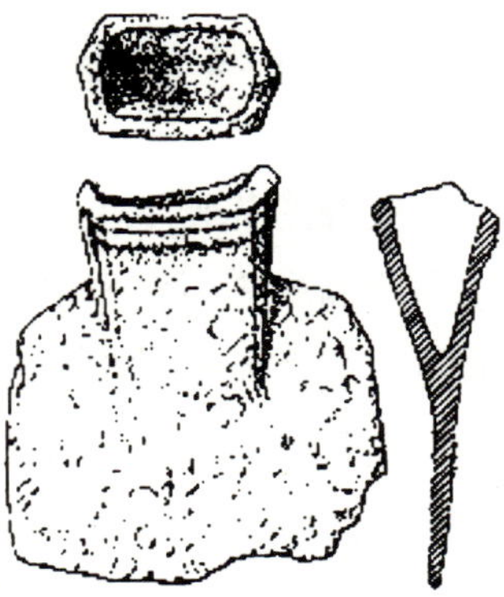

图三 铁镬

三、戚城的地望及有关问题

古籍中有关戚城的记载甚多，最早的记载见于春秋中叶。关于戚城的地望，《春秋经传》杜预注说："戚，卫邑，在顿丘卫县西。"[2]又说："铁，在戚城南。"[3]这里只是大致指出了戚的方位。然而卫县究竟在何处？我们还不知其确切地点。只有"铁丘"今仍袭旧名，在濮阳县北约2.5千米，在戚城西南方向，相距约4千米，与文献大致相符合。另外，《开州志》[4]谈到戚城时，引《寰宇记》说"在澶州北十里"，又引《明通志》说"在开州北七里"。澶州、开州即今濮阳县城[5]。虽然引文中一说十里，一说七里，但是，从其所指戚的位置来看，也与这一古城遗址是大体符合的。从《开州志》中我们还知道，在濮阳县境内"黄河故道有二，一自河南滑县流入，北下……经戚城西，而东北入清丰县界，此西汉以前黄河经行之故道也"。引《水经注》说："东北径戚城西。"经实地勘查，正好黄河故道在今古城址以西。《水经注》还说"戚，邑也，东城有子路冢"[6]，今子路冢在古城外东北。古城址附近现在还有戚城屯和戚城村。根据文献记载对照古城的实际情况，我们可以肯定，它正是春秋经传中一再出现的卫邑戚城。

在戚城内发现的新石器时代的仰韶和龙山文化遗址，表明早在四五千年以前，我们的祖先已经生活在这片土地上。在这里，还有丰富的商、周和汉代的遗址和遗物，说明这里历来就是生产发达、物产丰富、人们聚居的地方。

关于这一城垣的兴筑与荒废的年代问题，根据调查所得资料，并参考有关文献，已有初步了解。城垣下部夯层中的包含物，大部分属于新石器时代或殷商时代遗物，周代遗物只是少数，因之，此城的筑成应在西周或稍晚于西周。鲁僖公三十一年，卫成公由楚丘徙都濮阳[7]，次年，春秋经传中开始出现关于戚城的记载[8]。说明戚城的筑成是在徙都之前。也就是说筑成年代可能是在西周初到僖公三十一年这段时间里（公元前11世纪～前629年）。从鲁文公元年始，至鲁哀公十六年止（公元前626～前479年），在这一百多年中，春秋经传中关于戚城的记载凡二十六处，这应该是戚城最繁盛的时代。

戚城的荒废年代及其荒废原因，因缺乏必要的实物资料，又未载诸史籍，对我们进行判断带来一定的困难。但是从城墙上部修接部分的夯层中，包含着许多汉代遗物来看，表明城墙的重建，最早只能是汉代。《水经注》说："戚，卫之河上邑。汉高帝十二年封将军李必为诸侯国。"[9]文献与遗迹、遗物结合起来看，重建此城当是李必封侯的时候，即西汉初期。

这次对戚城遗址的调查，虽然获得一定的成绩，但仅只是第一步，因为调查中可观察到的，主要是地面上残存的遗迹和零散出土的部分遗物，对城址地下情况的进一步了解，还有待今后继续工作。

附记：此稿的完成，曾得到濮阳县党委、人委领导上的大力支持，其中包括人力物资上的帮助。县文化馆刘文选、梁夫二同志具体参加了摄影、绘图等工作。史钰同志亦曾在戚城村从事了文物的征集工作。

注　释

［1］《开州志》光绪壬午年刻本，卷一42页转引《开州旧志》："孔悝墓或云在戚城，盖尝登戚城，见其东有二坟，高如小丘，询之土人，云：'孔悝及其母卫良娣墓。'然石碣已失，未知确否。"

［2］《春秋经传集解》，文学古籍刊行社版，1955年，卷八，10页。

［3］同［2］，卷二十九，6页。

［4］《开州志》。

［5］《开州志》："金初仍曰澶州，皇统中始改为开州。"

［6］《水经注》。

［7］《春秋经传集解》。经："僖三十有一年，狄围卫。十有二月，卫迁于帝丘。"（杜预注：避狄难也。帝丘，今东郡濮阳县。故帝颛顼之虚，故曰帝丘）又《史记》集解引《世本》："成公徙濮阳。"

［8］春秋经传中关于戚城最早的记载是文公元年（公元前626年）公孙敖会晋候于戚的事。

［9］《水经注》。

（原载于《河南文博通讯》1978年第4期）

戚 城 考

河南省原濮阳县城北约5千米的地方，有一古城遗址，这就是春秋时代卫国的重要城邑——戚。城址南靠戚城村，东北半华里有子路（仲由）冢，再向东北约一华里有土丘，俗称蒯聩台。中华人民共和国成立后，文化部门曾先后在城址范围内进行调查、试掘和采集文物标本，始对城址地面上下文物分布情况有了初步了解。

一

据实地调查，原城墙至少有三分之一已与现在地面相平。地面上残存城墙最高处为8.3米，最厚处为16.5米。城垣平面呈方形，东、西、南三面靠中间各有一缺口，宽度均在30～40米之间，可能是城门遗迹。城内地面平整，中部偏北与偏西各发现古井一口，均系绳纹小砖砌成，时间应属东汉时期。城基地面经过夯打，然后向上逐层叠夯。从东墙、南墙缺口处可以看到，夯层明显分为上下两部分，其夯筑方法、土色和包含物有着显著的差异：上部夯层厚而平整，但硬度差，多用黄土，夯窝平而浅；下部夯层厚薄不一，夯窝略呈圆弧形，小而密，因而夯层坚实，用土灰黄相间。上部包含物除龙山文化时期和商、周陶片外，还有绳纹小砖、半圆筒瓦和大型陶器（缸、坛、瓮）碎片，系汉代遗物；下部则有较多的仰韶文化、龙山文化时期和商代遗物，也有少量周代遗物，如粗绳纹厚胎矮空足鬲残片。东墙缺口处还能看到上下两部分明显的打破关系。显而易见，上层是以下层为基础，内外补贴加厚并向上修接而成。

城垣内外古代文化层的堆积相当丰富，也相当复杂：东墙下和城垣东部有厚达3米的龙山文化层，城垣北部有面积较小堆积较薄的仰韶文化层。城内大部分是周、汉文化层，二者没有明显界限，由土井的壁上看到最厚处达4米以上；沟沿暴露的文化层能看到周代的纯陶片层，器形以夹砂红陶鬲最多，其次有瓮、罐、盆、缸等。汉代遗物多分布在城内中部和西部，有较多的大型陶器，如缸、瓮、盆等，也有绳纹小砖、半圆筒瓦等；另采集石磨一合，铁犁二件，铁镘一件（有方銎），铜釜一件，铜镞十余枚。此外，有大量的时代特征不明显的烧土块、制陶窑残壁、兽骨、砾石等。

二

我国的重要史籍，如《春秋》《左传》《荀子》《史记》，以及古代地理书《水经注》《括地志》《太平寰宇记》等，都有关于戚的记载。基本上有两个内容：一是记载戚的地理位置，二是记载涉及戚的历史事件。这些记载表明春秋时代戚曾处于显赫一时的特殊地位。

1. 关于戚的地理位置的记载

《春秋》杜预注："戚，卫邑，在顿邱卫县西。"[1]又，"铁，在戚城南"[2]。

两引文都大略指出了戚的方位。但我们不知"卫县"的确切地点，所以不能依据前一条引文找到戚。后一条中的"铁"，即"铁丘"，今仍袭旧名，在城址以南约二公里，这一条记载与实际相符。

《开州志》引《太平寰宇记》："戚城，在澶州北十里。"又引《明通志》："在开州北七里。"

澶州、开州均系濮阳旧名，两引文都说戚在濮阳县城以北，尽管说法不尽一致，但所指方位比较具体，并且与这一城址基本相符。

《春秋》杜预注："戚，卫河上邑。"[3]

《水经注·河水》："为卫之河上邑。"[4]又："东北经戚城西。"[5]

引文中的"河"是指黄河。据《开州志》：濮阳境内"黄河故道有二，一自河南滑县流入，北下……经戚城西而东北入清丰县境。此西汉以前黄河经行之故道也"。由此我们可以知道，当时戚位于黄河东岸。这里，还可参考《左传》中一段记载："晋赵鞅纳卫太子于戚。宵迷。阳虎曰：'右河而南必至焉。'"杜预注："戚在河外，晋军已渡河，故欲出河右而南。"[6]就是说，顺着黄河的右（即东）岸向南，便可走到戚。由此足见戚距黄河之近。经实地考察，黄河故道在城址以西约1千米处，由南而北，河身低洼，今仍有连绵不断的积沙。

《水经注·河水》："戚，邑也，有子路冢。"[7]这一记载相当重要，子路（仲由）冢的确在城址以东约半华里处。依据以上记载，可以肯定，这一城址正是春秋时代卫国的重要城邑——戚。

2. 与戚有关事迹的记载

先秦史籍中关于戚的记载大致有三个内容：

（1）诸侯或使臣在戚的集会、订盟活动。从鲁文公元年至鲁昭公十一年（公元前

626～前531年），在这95年中，各国诸侯或使臣在戚举行会盟凡七次。即：

《春秋》：“文元年秋，公孙敖会晋侯于戚。”[8]

《春秋》：“成十有五年，春王二月癸丑，公会晋侯、卫侯、郑伯、曹伯、宋世子成、齐国佐、邾人同盟于戚。晋侯执曹伯归于京师。”[9]又《左传》：“成十五年春会于戚，讨曹成公也。”[10]

《春秋》：“襄二年秋七月，仲孙蔑会晋荀罃宋华元、卫孙林父、曹人、邾人于戚……冬，仲孙蔑会晋荀罃蔑，会齐崔杼、宋华元、卫孙林父、曹人、邾人、滕人、薛人、小邾人于戚。逐城虎牢。”[11]

《春秋》：“襄五年，公会晋侯、宋公、陈侯，卫侯、郑伯、曹伯、莒子、邾子、滕子、薛伯、齐世子光、吴人、鄫人于戚。”[12]又《左传》：“襄五年九月丙午盟于戚。会吴，且命戍陈也。”[13]

《左传》：“襄十四年冬会于戚，谋定卫也。”[14]

《春秋》：“昭十年，十有一年，单子会韩宣子于戚。”[15]

诸侯或使臣在戚举行会盟次数之多，并非偶然。盖春秋时代政治活动中心是在北方，主要是黄河流域。齐国首先强盛起来，齐桓公死后，齐因发生内乱而衰落；晋继之而起，晋文公做了霸主。戚的集会、订盟活动，多是晋文公或其臣荀罃主持的。从地理上看，当时，戚位于黄河中下游，东有齐、鲁，西有秦、晋，北有燕、蓟，南有宋、陈、郑、蔡。地处中原，为四方交往必经之地。其地势则滨黄临卫，川原平旷，水陆具畅，道路通达。这些条件使戚自然形成北方诸侯集会、订盟最适宜的地方。

（2）卫、晋两国对戚田的争夺

卫、晋两国相邻，戚位于边界线南侧。为争夺戚田，两国不断发生战争。《左传》：“文元年五月辛酉朔，晋师围戚。六月戊戌取之……卫孔达帅师伐晋。秋，晋侯疆戚田。”杜预注：“晋取卫田，正其疆界。”[16]晋取戚田之后，鲁文公八年又归还给卫国[17]。鲁成公七年，卫大夫孙林父叛卫附晋，戚是孙林父的采邑，故亦随之属晋。这期间，卫也不断在戚地进行骚扰，两国之间常发生战争。

（3）卫统治集团内部的纠葛

卫国内部的废立弑纂，争宠夺权等活动也多涉及戚。如鲁成公十四年，卫定公死，其子继立（卫献公）[18]。大夫孙文子与新君有隙，为避新君迫害，孙文子把卫国重器尽藏置于戚。后，孙文子果遭新君猜忌而据戚作乱[19]。又，卫灵公死后，世子蒯聩在晋，因而立聩之子辄为君（卫出公）。当时，晋赵鞅亦送蒯聩返卫，出公辄拒之。蒯聩即居于戚，暗里内外串通潜入卫都，发动政变，推翻出公辄，自立为君[20]。

戚曾长期为孙氏采邑，数世袭居。见之于史的有昭子、文子、良夫、林父、蒯、襄等。戚郊之田也悉归孙氏。戚田甚广向西五十里至懿氏（地名），向东至第氏（地名）。孙氏为卫之世卿，拥有实力，权势甚大，竟致卫侯也奈何不得，大有尾大不掉之势。如卫权臣宁喜欲行废立，首先考虑的就是如何对付孙氏[21]。当时，周景王与臣下议论时事，申无宇答王问时说："卫，蒲、戚实出献公。"杜预注："蒲，宁殖邑；戚，林父邑。"意谓卫献公的垮台，主要是因为遭到宁、孙两家的反对[22]。

三

依据实地调查情况和文献资料，试作以下简单推论：

1. 戚城的建筑年代

从实地调查情况看，城墙下部夯层中的包含物除新石器时代或商代遗物外，也有少量周代遗物。由此可知，此城建筑年代的下限应在西周或稍晚于西周。从文献资料来看，《荀子·儒效篇》，中有"武王之诛纣也……朝食于戚，暮宿于百泉"的记载[23]，表明早在殷商时代，戚已是著名的要邑。特别是春秋时代，鲁僖公三十一年，卫成公由楚丘徙都濮阳（帝丘）之后[24]不久，春秋经传中便经常出现关于戚的记载。这一点可以说明戚城的建筑应在徙都之前，这与实物资料证明的情况是一致的。就是说，戚城的建筑年代应在西周初到鲁僖公三十一年这段时间里（公元前1066～前629年）。

2. 戚的繁盛时期

春秋经传中关于戚的最早记载是在春秋中叶。从鲁文公元年始，至鲁哀公十六年止（公元前626～前479年），在这一百四十多年的历史阶段中，春秋经传中关于戚的记载凡二十八处。这些记载中特别值得注意的是，诸侯各国在戚举行的七次集会、订盟活动均在这期间。与此同时，卫国内部发生的一些较重大事件也多涉及戚，这应是戚的繁盛时期。此外，城址内春秋时代的灰层之厚、遗物之多，也充分说明当时这里是生产发达、物产丰富、人烟稠密的地方。因此，戚显然是我国春秋时期北方的一个重要城邑，其在政治、经济、军事、文化以及外交、交通等努面的地位，都超过了当时卫国的都城——帝丘。

3. 戚城的衰落与废弃

戚的荒废年代以及衰落原因，由于缺乏必要的实物资料，又未载诸史籍，目前还很难断定。从当时政治局势的变化来看，春秋末，北方各诸侯国逐渐衰微，西方的秦和南方的吴、楚继起。政治重心南移，戚在国际交往中的作用和地位也就相应降低。鲁哀公十六年（公元前479年）以后，先秦史籍中便很少见到涉及戚的记载了。这表明戚的繁盛期已成过去。至于戚城的废弃原因，是由于兵燹、迁徙抑或自然灾害，尚需依靠将来更深入地考古调查与科学发掘来确定。

4. 戚城的重建

从城垣东墙与南墙的断面看出，城墙上下两部分的叠压关系、夯筑方法以及包含物，都显示了明确的时代差异：上部是以下部为基础，内外补贴加宽并向上修接而成。这种情况表明此城曾一度废弃，尔后又重新修筑。上部修接部分的夯层中包含着一部分汉代遗物，表明此城的重建最早只能是汉代。城内发现的大量汉代遗迹和遗物，也说明了这一点。

注　释

[1]《春秋经传集解·文公上》。

[2]《春秋经传集解·哀公上》。

[3]《春秋经传集解·襄公二》。

[4]《水经注·河水》。

[5][7]《水经注·河水》。

[6]《春秋经传集解·哀公上》。

[8]《春秋经传集解·文公上》。

[9]《春秋经传集解·成公下》。

[10][11][12]《春秋经传集解·襄公一》。

[13]《春秋经传集解·襄公二》。

[14][16]《春秋经传集解·昭公三》。

[15][17]《春秋经传集解·文公上》。

[18]《左传》："文八年春，晋侯使解杨归匡、戚之田于卫。"见《春秋经传集解·成文公上》。

[19]《左传》："卫定公恶孙林父。冬，孙林父出奔晋。"杜予注："戚，林父邑，林父出奔，戚随之属晋。"见《春秋经传集解·成公上》。

[20]《春秋经传集解·成公下》。

[21]《春秋经传集解·哀公下》。

[22]《春秋经传集解·襄公五》。

[23]《荀子·儒效·荀子选注》。

[24]《春秋》："僖三十有一年，狄围卫。十有二月，卫迁于帝丘。"杜预注："帝丘，今东郡濮阳县。"

（原载于《中州今古》1985年第6期）

郑州马庄龙山文化遗址发掘简报

马庄遗址位于郑州市西郊约20华里处，北靠刘沟水库，东距贾鲁河约10华里（图一）。总面积约8万平方米。马庄遗址的发掘工作从1966年元月中旬开始，至三月底结束，历时两个半月。参加发掘工作的有河南省文物研究所赵世纲、冯天成和郑州市博物馆李昌韬等同志。这次发掘均在遗址东部，发掘两个探方，一条探沟，分别编号为T1、T2、T3。发掘面积230平方米。清理灰坑40个，灰沟一条，墓葬8座，圆形烧土面一处，出土各类完整或较完整的器物570余件。现简报于下。

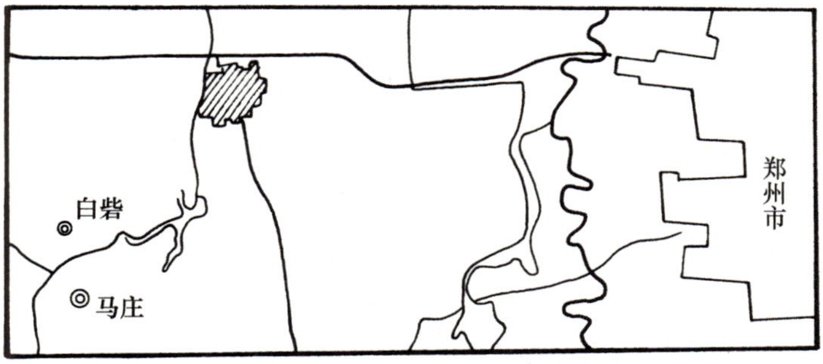

图一　马庄遗址位置示意图

一、地 层 堆 积

该遗址厚约0.24米的耕土层下即是文化层。遗址较高的西部，耕土层下为战国文化层，战国层以下为龙山文化层。在较低的东部，耕土层下即龙山文化层。文化层都比较薄，一般只有0.5～1.5米厚。但灰坑分布相当密集，灰坑的打破关系也比较复杂。现以T1东壁为例加以说明（图二）。表层即耕土层，土色黄褐，土质松软，包含物相当杂乱，除现代砖、瓦、瓷片外，也有不少战国和龙山文化遗物。

第1层：土色黄灰，土质较硬。包含物有大量的战国时期陶片，器形有釜、豆、盆、甑、鬲、盂、纺轮等，此外还有一些龙山文化遗物。

第2层：土色浅灰，土质较松软。中部被H26、H28、H29打破。包含物中仅见龙山文化遗物。其中以陶器为主，能看出器形的有罐、瓮、碗、盆、豆、杯、甑、纺轮和圆陶片等，石器有铲、斧、刀、凿等，骨器有镞、簪、锥等。

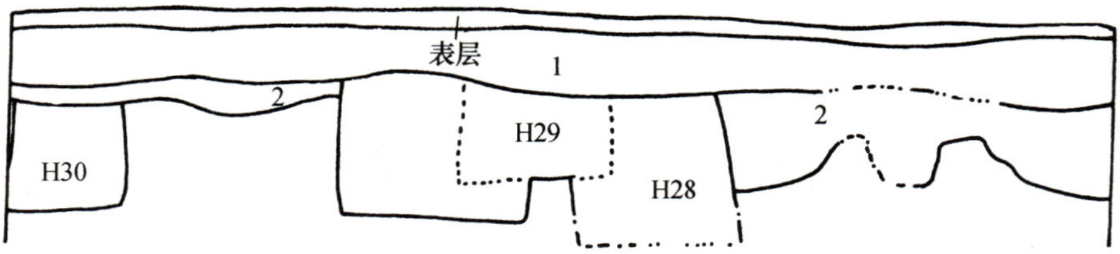

图二　T东壁剖面图

从该遗址文化层堆积情况看，除上部少量的战国文化层外，其余全系龙山文化的堆积。因之，本简报着重报道龙山文化遗存。又由于发掘面积较小，而且发掘资料拖延十余年未作整理，以致部分实物散失，给整理工作以及分期等带来不少困难。因此，我们暂不作分期，留待以后再次发掘时解决。

二、遗　　迹

灰坑：共清理灰坑40个。袋状坑31个，筒形坑5个、不规整的椭圆坑4个。袋状坑以H26为例；位于T1的中部偏北，它打破H29。坑口距地表1.05米，壁近直，底较平，口径2.4、底径2.6、坑深1.7米。坑内填土呈浅灰绿锈土，土质较硬。坐落在生土层内。包含物中陶器有瓮、罐、碗、盆、豆、盘、圆陶片等，石器有铲、刀、镰等，骨器有簪、针等。其他有烧土块、兽骨、蚌壳等。椭圆形坑以H9为例：位于T2西北部，分别打破H4和H5，其上部又被H3打破。坑口距地表0.2米。直壁，平底，短径1、长径1.5、深1.7米。填土深灰色，土质较松软。包含物有坑底西北部放置一堆陶器。其中瓮6件、鬶1件、罐1件，除2件完整的瓮以外，其他均可复原。

图三　马庄遗址M8骨架

灰沟G1：位于T3东北部，走向东北—西南。它的西南端分别打破H5和M3、M4。沟内填土深灰，松软。含有少量红烧土块，无层次。陶片可看出器形的有罐、碗、豆、折腹盆等。沟的大部分在探方外，沟口深0.5、底深1.75米，口宽2、底宽0.7米。清理的长度3.5米，总长不详。两壁斜直。

墓葬：共清理8座。其中M3在表土层以下即被发现，无法确定年代，其余均属于龙山时期。两座（M6、M8）直接坐落在龙山灰层下的生土上。五座坐落在龙山灰层中。如M8，位于T3的北部偏西，压在第二层下面。无墓坑，无随葬品。骨架除右手骨和右股骨失存外，其余骨骼均保存尚好。为仰身直肢葬，头南足北，方向为186°（图三）。M4位于T2的东北部，墓口压在耕土层下，打破第一层，为竖穴土坑墓。西宽东窄，呈梯形，宽0.4、残长1.3米。骨架除足骨和股骨被G1打破外，其余骨骼保存尚好。头西足东，为仰身直肢葬，面向北，方向为247°，无随葬品。

烧土面：位于T3西北部，压在第一层下面，坐落在生土上。距地表深0.85米。烧土面呈圆形，东北部被一乱土坑打破，西北部被一圆形柱洞打破。中间为圆形、凸面，直径为0.84米，厚8 ~ 10厘米，用草拌泥筑成后，上面再涂一层厚0.2 ~ 0.5厘米的沙质细泥。表面光滑坚硬，被烧成棕黑色，但有龟裂痕。凸面周围用白灰涂成厚0.4厘米圆圈。表面坚硬光滑，呈白色。外侧又用草拌泥筑成圆圈，呈环状。外径1.9、内径1、厚4厘米。表面光滑，被烧成坚硬的棕红色。

三、遗　　物

该遗址文化层内的包含物十分丰富，在所发掘的230平方米的范围内，出土完整或能复原的陶、石、骨、蚌、角器等，多达570余件。其中陶器最多，石器次之，骨器又次之，蚌、角器较少。

1. 陶器

灰层和灰坑中出土了大量的陶片，能辨识出器形的达数千件，其中完整或可复原的就有217件。陶系以泥质和沙质灰陶为主，另外，红陶、棕灰花陶、黑陶和白陶也均有出土。纹饰以篮纹、方格纹、绳纹较普遍，此外，还有素面磨光、指甲纹、凹弦纹和镂孔等。在一些器形较大的瓮、罐和双腹盆的腹部，两侧多有对称的拱形耳。在一些小陶器的（主要是陶杯）一侧，有鋬手的也占一定数量。

陶器种类繁多，有瓮、罐、盆、碗、豆、盘、杯、澄滤器、甑、鬶、斝、壶、甗、觚、箕、纺轮、环和圆陶片等。其中最多的是瓮、罐、盆、碗，约占整个陶器的三分之一。

瓮：瓮片出土最多，其中完整或能复原的23件，数量仅次于碗，均为泥质，以灰陶最多，黑色、棕色和棕灰花陶也有出土。瓮的颈部和肩部均为磨光，肩部多饰弦纹或指甲纹，腹部多饰篮纹，有的底部也饰篮纹，少数腹部饰凹弦纹。有的腹部附有对称两拱形耳。制法分轮制、模制两种，以模制较多。按器形的不同可分七式：

Ⅰ式，完整的7件。小口，扁圆唇，外凸不明显，直领，宽肩而较平，鼓腹、下部弧形收成小平底或略向内凹，领和肩部磨光，饰凹弦纹或指甲纹，腹和底部饰篮纹。陶胎厚薄均匀，泥质较细，火候较高，呈黑灰色，纹饰规整，深浅一致，均为模制。

如H9：1、H9：7。

Ⅱ式，复原2件，小口、圆尖唇，直领圆肩圆腹，小底内凹，颈部磨光饰凹弦纹，腹和底饰篮纹。多细泥灰陶，胎较薄，火候较高。均为模制。如H14：16。

Ⅲ式，完整和可复原的3件，小口微敛，直领、溜肩、圆腹小平底。均为轮制。纹饰，有篮纹、方格纹和凹弦纹，少数肩部饰指甲纹。如H15：25、H14：18。

Ⅳ式，4件，可复原的1件。圆唇，分直口和敞口两种，由于径大而肩部显得较窄，腹微鼓，近底处急内收成小平底，腹中部饰篮纹，两侧有对称的宽带状耳。均为泥质灰陶，一般器形较大。如H9：9。

Ⅴ式，3件，可复原的1件。如H14：14，小口、直领、圆肩、腹微鼓、近底处急收成小平底，饰篮纹和凹弦纹。胎较厚，泥质浅灰，轮制。

Ⅵ式，3件，均残。如H9：10，敞口，圆唇、圆肩、腹稍鼓，近底处急收成小平底。肩部磨光，腹部饰篮纹和凹弦纹。中腹部有对称双耳。轮制。

Ⅶ式，2件。均残。如H7：7，泥质，内外表均呈黑色，胎为棕色。敛口、短颈、肩宽而平，磨光后饰凹弦纹和指甲纹。肩部有对称两横耳（图四，3）。

罐：为出土陶器中较多的一种，完整或可复原的17件。陶系多为砂质灰陶，也有少数砂质棕陶、棕灰花陶和泥质黑陶。砂质陶多饰方格纹、绳纹或素面，泥质陶多饰篮纹和凹弦纹，有的腹中部两侧各有对称双耳。制法多为轮制，其次为模制，个别手制。可分七式：

Ⅰ式，完整的2件。均为泥质黑陶或灰陶。圆唇、折沿、沿面内凹，折处有凸棱，鼓腹，小平底内凹，沿下磨光，腹部饰篮纹和凹弦纹，腹中部两侧有对称双耳。

Ⅱ式，5件，均为砂质，陶色有灰、棕和棕灰花陶。纹饰有方格纹、绳纹和素面三种。

Ⅲ式，完整的3件，均为砂质灰陶，多施绳纹。折沿、方唇、鼓腹、小底内凹。

Ⅳ式，完整的1件。砂质灰陶，模制。尖唇，折沿，腹微鼓，小底内凹，腹底均饰绳纹。器形细高（图四，4）。

Ⅴ式，4件，完整的1件。如H14：9，泥质灰陶，胎内部呈棕色，口呈半圆形，双唇，束腰，鼓腹，小底内凹，颈部磨光，腹及底部饰篮纹。

Ⅵ式， 4件，其中完整的和可复原的各1件。均为砂质灰陶。轮制。大口、方唇、折沿，折处有一凸棱，鼓腹、平底、腹部饰凹弦纹和篮纹或绳纹和方格纹。多数器物表面抹一层厚约1厘米的草拌泥，并被烧成红色。

Ⅶ式，4件，均残，砂质灰陶、内羼白色料姜石粉。圆唇、折沿，腹部较直或微鼓，胎较厚，器表粗糙，有刮削痕（图四，2）。

盆：分双腹盆、深腹盆、浅腹盆和曲腹盆4种。

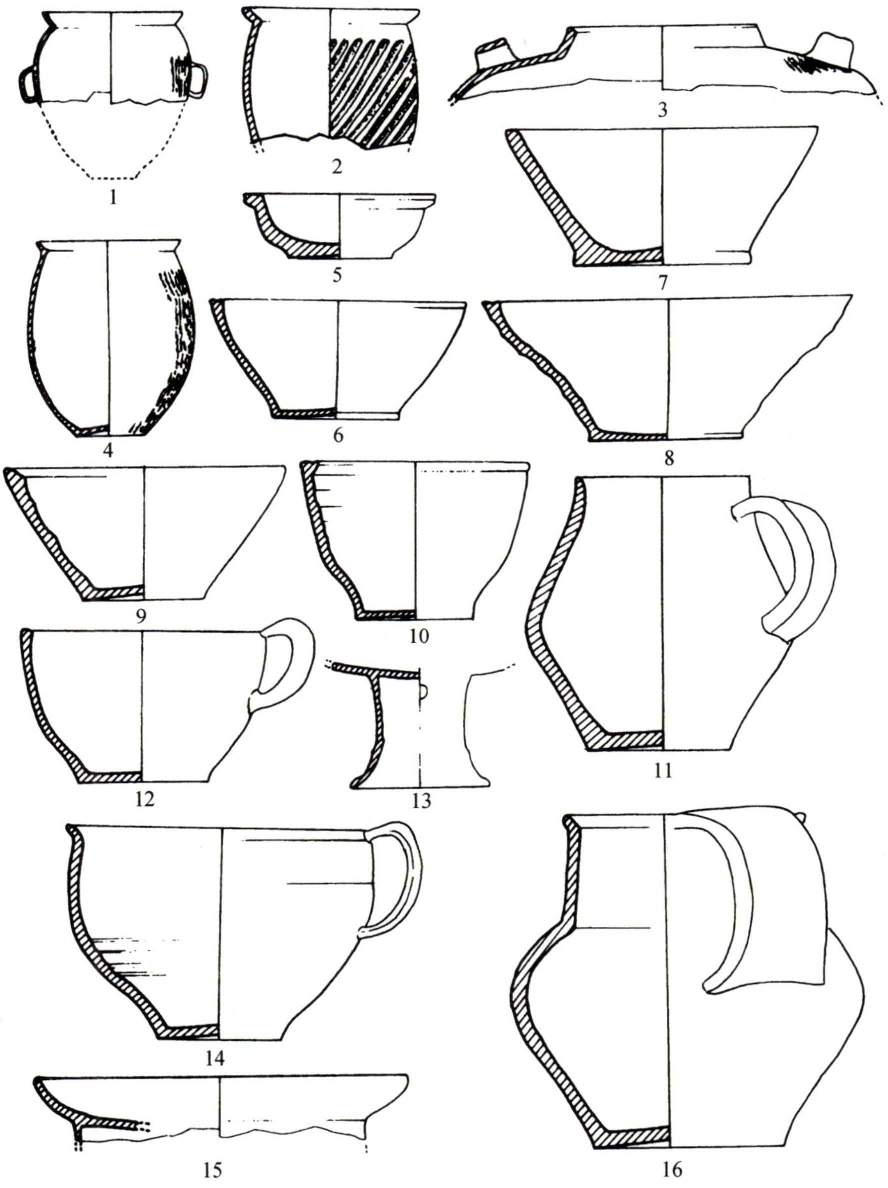

图四 马庄遗址出土陶器

1. Ⅵ式瓮 2. Ⅶ式罐 3. Ⅶ式瓮 4. Ⅳ式罐 5. 曲腹盆 6. Ⅰ式碗 7. Ⅱ式碗 8. Ⅲ式碗 9. Ⅳ式碗 10. Ⅴ式碗 11. Ⅳ式杯 12. Ⅲ式杯 13. Ⅰ式豆 14. Ⅱ式杯 15. Ⅰ式盘 16. Ⅰ式杯

双腹盆，12件，完整的1件，可复原的3件。均为泥质，陶色多灰，也有少数红陶和棕灰陶。敞口，折腹，小平底，多素面磨光，也有个别的饰方格纹和篮纹。有的腹部两侧有对称耳。

深腹盆，7件，均残，泥质灰陶。直口，直壁，圆尖唇，有的为方唇。腹部饰弦纹和篮纹。

浅腹盆，可复原者8件。敞口，浅腹，平底。有的腹部饰凹弦纹，有的腹部两侧有对称双耳。

曲腹盆，1件，完整。敞口，宽沿方唇，唇上有凹槽，曲腹，平底，素面。器体特小。口径8.2、高3.8厘米（图四，5）。

碗：在出土陶器中，完整和可复原的数量最多，达45件。多为灰陶，少数棕灰陶。泥质为主，少量为砂质。均为素面，轮制，个别为手制。器形变化较大，可分五式：Ⅰ式11件，如T3①：53（图四，6）。Ⅱ式2件，如H28：3（图四，7）。Ⅲ式4件，如T2①：63（图四，8）。Ⅳ式3件，如T3②：15（图四，9）。V式3件，如T2①：6（图四，10）。

杯：也是出土较多的一种器物，完整和可复原的12件。均为泥质，陶色有灰有棕。制作比较精细，多数为磨光后饰凹弦纹，一侧有单把。可分四式：Ⅰ式3件，如T2①：68（图四，16）。Ⅱ式4件，如H31：10（图四，14）。Ⅲ式2件，如H32：4（图四，12）。Ⅳ式2件，如H28：4（图四，11）。

豆：23件。均为泥质，多灰陶，也有少数棕灰和黑陶，多素面磨光，圈足多饰凹或凸弦纹，饰镂孔者极少。可分三式：I式4件。均残。圈足较粗矮。如H38：5，盘残，足上部饰对称圆形镂孔4个。下部饰凸弦纹二周。圈足高9厘米（图四，13）。Ⅱ式3件。完整者1件。如H5：15，泥质灰陶。大口，圆唇，沿以下壁较直，圈足较I式细而高。内外磨光，中部饰凹弦纹（图五，2）。Ⅲ式16件。均残。敞口、圆唇、浅盘、圈足细高（图五，1）。

盘：15件，均残。泥质，多灰陶，少数棕陶和黑陶。分三式：Ⅰ式2件，均泥质黑陶，足残，浅盘与Ⅰ式豆盘相同。如H15：29（图四，15）。Ⅱ式12件，均残，如H6：6，泥质米黄陶（图五，8）。Ⅲ式1件，采集：14，泥质灰陶、方唇、宽沿、盘壁浅而直，圜底饰刻划纹，下附圈足（图五，9）。

甑：5件。可复原的2件。均为泥质，陶色有黑有灰。饰篮纹和凹弦纹。折沿，深腹微鼓，小底内凹，呈罐形。如T2①：73，折沿，圆尖唇，腹部饰篮纹。底有四孔，腹下部一周有椭圆孔。

鼎：完整的1件，其余的均残。砂质，陶色有灰、棕灰和红三种。饰篮纹、方格纹和绳纹。如T3②：39，砂质灰陶，圆唇，折沿，鼓腹，圜底近平。饰条纹，扁三角形足（图五，4）。其余仅见足腹部残片，有长方形足、扁方形足、扁三角形足、乳形足、圆柱形足等多种。

澄滤器：除1件完整者外，其余均为残片。泥质灰陶。分二式：Ⅰ式，完整者1件。H28：18口微侈，一侧有半圆形流。圆唇，直壁，圜底，饰篮纹和凹弦纹。内壁有竖凹槽（图五，5）。Ⅱ式，口、腹、底均有残片，但不能复原。器形为敛口，圆唇，

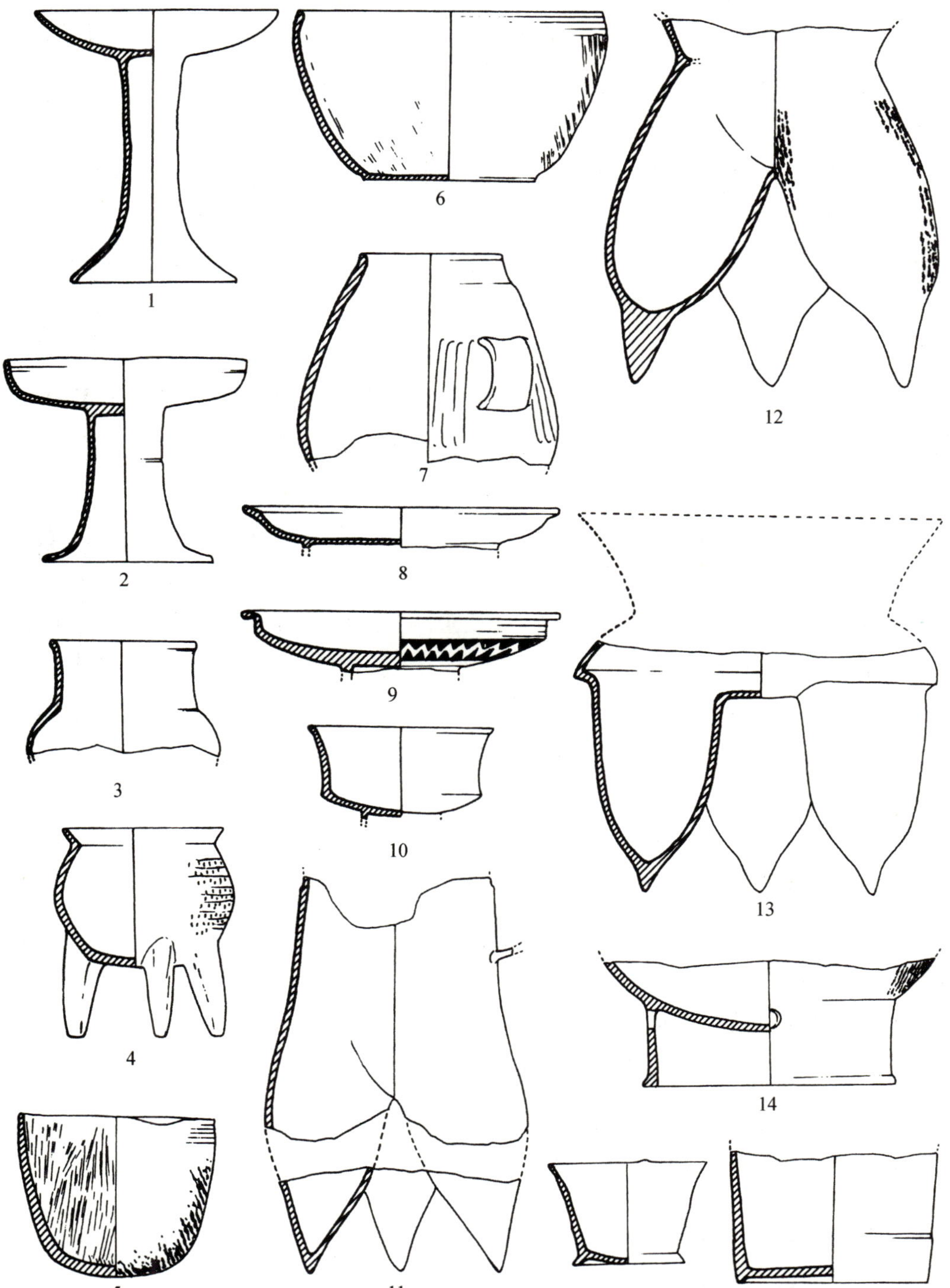

图五　马庄遗址出土陶器

1. Ⅲ式豆　2. Ⅱ式豆　3. Ⅱ式壶　4. 鼎　5. Ⅰ式澄滤器　6. Ⅱ式澄滤器　7. Ⅰ式壶　8. Ⅱ式盘　9. Ⅲ式盘　10. Ⅰ式簋　11. Ⅱ式鬶　12. 甗　13、14. Ⅱ式簋　15、16. 觚形器

直壁，平底。腹部饰篮纹，内壁和底均有凹槽（图五，6）。

壶：4件。底部均残。可分二式：Ⅰ式2件。如H5：10，泥质黑陶。腹部饰瓦棱纹和凹弦纹，两侧饰对称耳（图五，7）。Ⅱ式2件。小口，圆唇，高领，圆肩。如T3②：41，泥质黑陶，胎内呈棕红色（图五，3）。

鬶：5件。有砂质灰陶、泥质灰陶、红陶和白陶等。分二式：Ⅰ式如H9：6，敞口、扁圆唇、束腰，口沿一侧有半圆形流，流两侧各有菌状柱。流对侧有带状鋬，另一侧有圆形鋬。饰绳纹。器形精美罕见。口径21、高25.3厘米。Ⅱ式4件，均残。有泥质灰陶、红陶、白陶等。薄胎，制作精细。如H32：8，泥质细红陶，腹和袋足较瘦，一侧有鋬（图五，11）。

斝：有腹、底和袋足残片。有泥质黑陶和砂质灰陶两种。器形为折腹、平底、下附三个袋足。泥质的为黑陶素面，砂质的为灰陶饰绳纹。如T3②：44（图五，13）。

甗：仅见腰部和袋足残片，均为砂质灰陶，厚胎，腰部有明显的手制痕迹。器形为束腰、下附袋足较瘦。腰及袋足上部抹平。袋足下部饰绳纹。如T3②：43（图五，12）。

觚形器：可复原者1件。G1：17，泥质黑陶，敞口、圆唇，腹斜内收，圜底，短圈足，表面磨光，饰凸弦纹二周，底下部饰篮纹（图五，15）。另2件，残，泥质灰陶，素面磨光。如T3②：35，口残，腹较直，平底附矮圈足，腹下部饰凹弦纹一周（图五，16）。H37：1，口残，腹壁斜直，上大下小，平底下部附圈足。

簋：2件。残，均泥质灰陶。分二式：Ⅰ式如T3②：11，侈口，圆尖唇，腹内曲，腹底相交处有凸棱一周。圜底下附圈足（图五，10）。Ⅱ式如H31：16，圜底，圈足，腹与底部饰绳纹，圈足上部饰对称圆形镂孔四个（图五，14）。

陶抹子：2件，残。如H14：2，泥质棕灰陶。呈长方形板状，两头微翘。下面平而光滑，上面附带状半圆形把手。

纺轮：完整的21件。多为泥质灰陶，也有少数棕陶。器形基本相同。

环：25件，完整的1件。均为泥质灰陶。

圆陶片：30余件，均为砸磨而成，周边多凹凸不齐，并带有原来的篮纹、方格纹和绳纹、指甲纹等。

2. 石、骨、蚌、角器

石、骨、蚌、角器出土数量相当丰富，共计280余件。有铲、斧，锛、凿、刀、镰、矛、杵、网坠、敲砸器、弹丸、环、镞、簪、锥等。分述于下。

石器：219件。以农业生产工具为主，也有一部分渔猎工具和其他用具以及装饰品等。绝大多数为磨制，少数为琢磨兼制。

铲：69件，完整者12件。均为薄板状，呈梯形。中部有孔者皆管钻。分二式。Ⅰ式，完整者2件，上端抹角、中部一圆孔。有的在孔的上下留有槽形使用痕迹。一面刃，呈弧形。如H38：2（图六，2）。Ⅱ式，完整者4件，器形较Ⅰ式短而宽，中部有两圆孔，一面刃。如：H5：19（图六，1）。

斧：16件，完整者6件。均上窄下宽，两面刃，断面呈长方形或方形，四棱抹角，顶近圆（图六，3、4）。

锛：完整的5件。分二式。Ⅰ式2件。一面刃，上细下粗，如T3①：40，断面呈圆形（图六，5）。Ⅱ式1件，T3①：39，扁平近方形，一面平，一面有横凸棱（图六，6）。

凿：12件，完整者11件。器形有的是扁平体，上窄下宽，一面刃，有的为两面刃（图六，7、19）。

刀：30件，完整者5件。体扁平，长方形，一面直刃，背略弧，有的中部有二圆孔，有的中部为一圆孔（图六，8、9、11）。

镰：15件，完整者1件。体形窄长，前端稍尖，弧背，直刃。H21：4，一面刃，中部一圆孔（图六，10、14）。

矛：4件，完整者2件。扁平，前端呈三角形，侧刃锋利，后端为长挺。如T1②：94，长40.2、最宽处10.8、厚1.2厘米（图六，12）。H28：9，长19.2、宽7.5厘米（图六，13）。

锥：4件。有的上宽下窄呈三角形，有的为平顶，器体呈圆柱形，下端圆尖（图六，16、17、18）。

杵：2件，均残，琢制。H33：5上端为圆柱体，下端肥大呈菌状（图六，15）。

网坠：3件，完整的2件，均为采集品。

环：2件，均残。一件断面呈三角形，一件外方内圆。

镞：12件（图七，1～5）。

骨器：49件，器形有镞、簪、锥、凿、匕等。分述于下：

镞：18件（图七，8、11、13～15）。

簪：17件（图七，7、10）。

锥：6件（图七，9、16）。

凿：3件（图七，12）。

匕：1件。残。

骨针半成品：1件。

蚌器：4件。镰：2件。弧背、弧刃（图七，17）。镞：2件。器身扁平，呈三角形，侧刃锋利，后有扁铤（图七，6）。

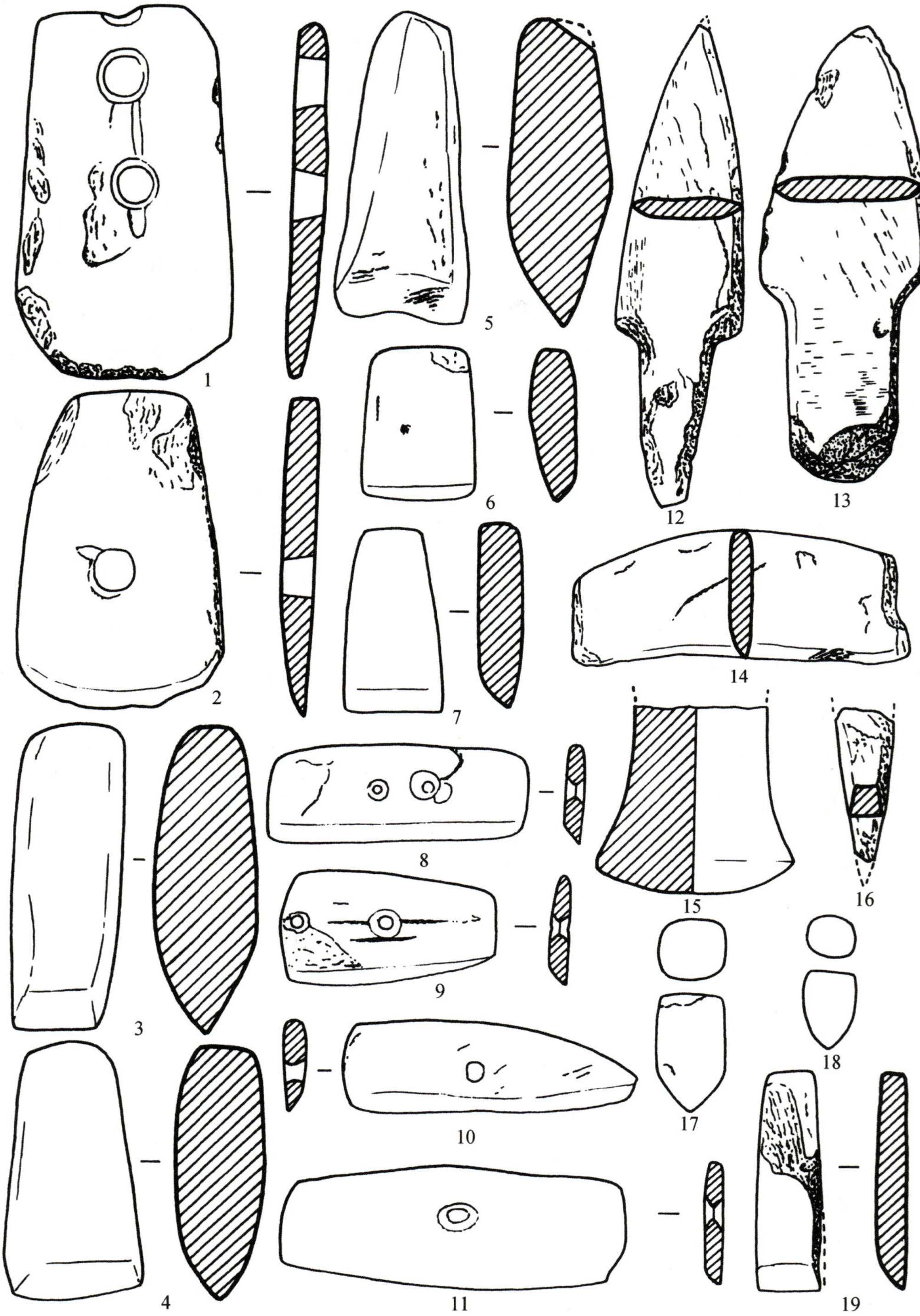

图六

1. Ⅱ式石铲　2. Ⅰ式石铲　3、4. 石斧　5. Ⅰ式石锛　6. Ⅱ式石锛　7、19. 石凿　8、9、11. 石刀　10、14. 石镰　12、13. 石矛　15. 石杵　16～18. 石锥　19. Ⅱ式石凿

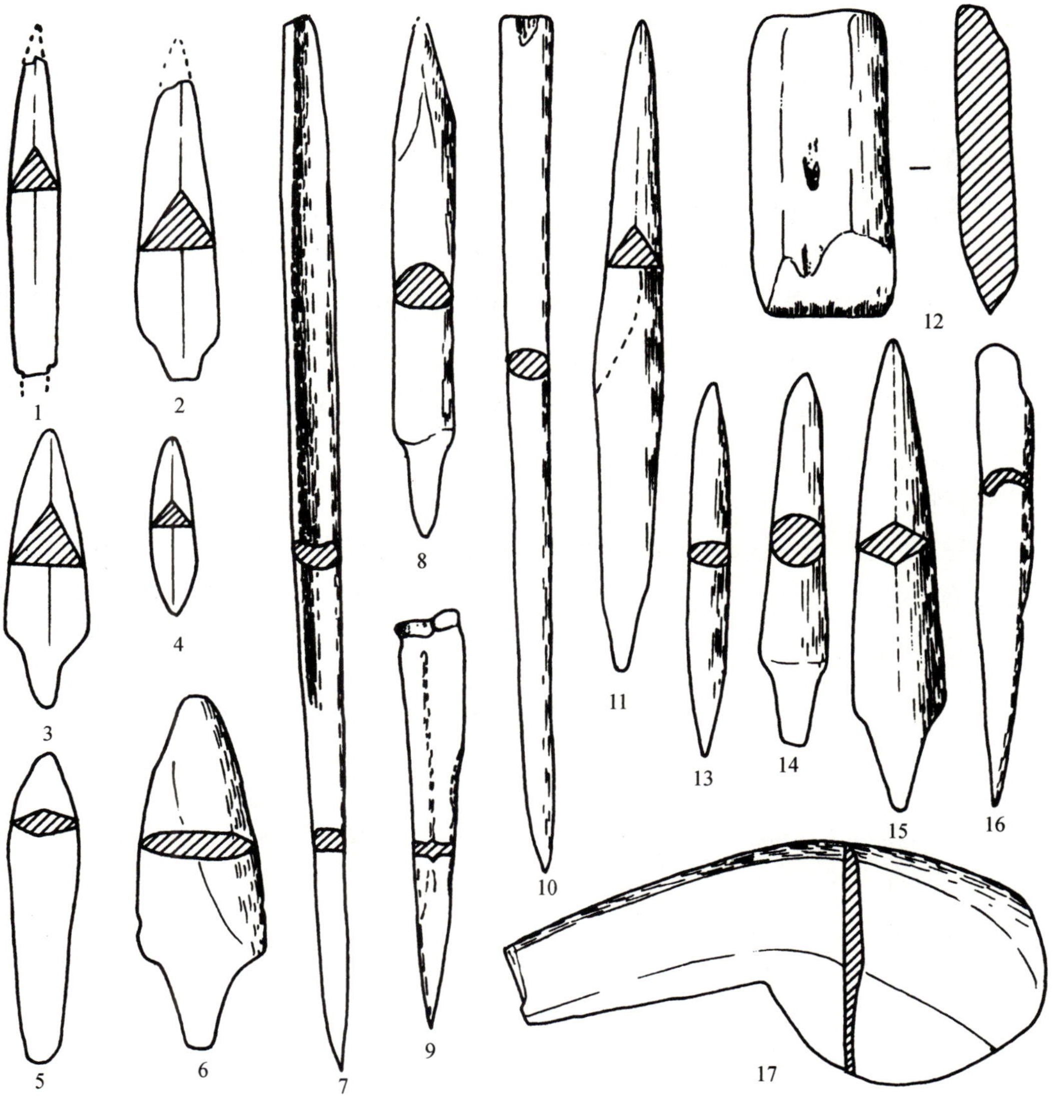

图七

1～5. 石镞　6. 蚌镞　7、10. 骨簪　8、11、13～15. 骨镞　9、16. 骨锥　12. 骨凿　17. 蚌镰

四、结　　语

马庄龙山文化遗址的发掘，使我们对该遗址的文化内涵有了初步了解，同时对郑州地区的龙山文化有了进一步认识。

马庄龙山文化遗址的遗物相当丰富，特别是陶器的种类尤为繁多。这批器物，多与郑州旮旮王村[1]和孟津小潘沟[2]龙山遗址出土的器物相同或相似。马庄的鼎、I式澄滤器、I式盘、深腹盆、浅腹平底盆等又与煤山类型的同类器物相同或相似[3]。

马庄遗址出土的高柄黑陶杯又具有山东龙山文化的风格。

马庄遗址除上述一些与其他同类遗址共同的因素外，还有它自身的一些特色。如Ⅲ式瓮、Ⅳ式罐、Ⅰ式壶、Ⅰ式鬶、觚形器等器形比较特殊，一般在已发表的河南龙山文化遗址材料中，不见或罕见。另外，马庄遗址出土的大型瓮或大型罐较多，而且外表多数抹有1厘米厚的草拌泥，均被烧成红色。这样大型陶器作炊具，估计可能与酿造业有关。再者，马庄遗址出土的这批陶器，在同一个器物上，往往是造型与纹饰不相符，从器形上看，其时代较早一些，而纹饰特征又偏晚。这一特殊现象在罐类上显示的更为突出。在生产工具上钻孔器较多，主要有石铲、石刀和石镰等。钻孔方法较齐全，石铲均为管钻法，石刀、石镰多为琢钻或磨钻，少数为琢磨兼钻，其中管钻技术最为先进，不仅工效高，而且孔眼规整，大小均匀。是研究原始工具加工工艺的重要实物资料。

马庄遗址的发掘，为研究郑州地区的河南龙山文化提供了较为重要的实物资料。从马庄遗址较晚的一些遗存中，还看到一些“二里头文化”[4]的因素，那么这批资料也应该是所探讨的夏文化的范畴。

注　释

[1]　河南省文化局文物工作队：《郑州旮旯王村遗址发掘报告》，《考古学报》1958年第3期。

[2]　洛阳博物馆：《孟津小潘沟遗址试掘简报》，《考古》1978年第4期。

[3]　方孝廉：《河南临汝煤山遗址调查与试掘》，《考古》1975年第5期。

[4]　方酉生：《河南偃师二里头遗址发掘简报》，《考古》1965年第5期。

（原载于《中原文物》1982年第4期）

略说西周虢国墓

一只略呈褐黄色的有叉独角鹿，睁大双目，长耳后抿，躬身曲体，作向前跳跃状，口部有一圆孔，以供系带，其独角与尾部稍残（图一）。这件距今三千多年的古代玉雕，形象颇为传神，刻工简练古朴，虽然与和璧隋珠相差甚远，但却令人感到趣味盎然，可知为古玉中的佳品。这只跳跃的玉鹿，造型上突出其体态、独角和头部的特征，因而显得形象鲜明且富有图案情趣，成为耐人寻味的精美作品。这件玉鹿选用了褐黄色的玉料，让人联想到现实中双角鹿的形象，使作品更富生趣，作品构思（独角鹿）出人意料地奇巧而成为具备较强欣赏力的玉雕工艺品。而且向世人揭示了早在西周时代，工匠师们就掌握了利用原来玉料的色泽，雕出动物肢体各部位的“俏色”工艺。引起不少古今艺术爱好者的注意，打开了西周艺术过去鲜为人知的窗口。

图一　玉鹿（西周，三门峡虢国墓出土）

这件玉雕作品并不全是表现权威、身份以及与鬼神相通的祭器，诸如琮、圭、戈、矛、钺、戚等。当人们看惯了被看做商周艺术当然代表的青铜礼器，特别是常见的那些繁缛的鼓目、巨口的饕餮纹而现实中不存在的狰狞怪物时，令人感到压抑、恐怖、不舒服的感觉，被美学家誉为“狞厉的美”，似乎这就是商周艺术的全部内涵，如果工匠师们只能按当时统治者所定标准题材进行艺术加工，只能用自己的血汗浇灌出狰狞的青铜艺术之花。然而在玉石雕刻方面却还有一块小天地成为工匠师们摆脱艺术上的沉闷、神秘氛围，抒发对大自然美好形象的激情而培养出周代艺术玉雕这种上乘佳作。

周代的小型动物玉雕，显示了当时对玉料的选用、开料和琢制技术等方面具有相当高的水平，表现在熟练地掌握了钻孔、琢磨、抛光等工艺。但如果与后世相比，周代琢玉工艺终究还处于中国琢玉工艺的较早阶段，因而又处处显示出颇为朴拙的特色。以这只跳跃的玉鹿为例，是一种扁体雕刻，先把玉坯切割成扁片，然后在扁片上雕刻出鹿的轮廓，再进一步雕修而成形，再精磨、抛光，使其莹润，然后以线条刻画鹿体的细部，如目和前后肢。当时还缺乏刻画动物纤细毛羽的手法，只得采用勾画图案线条以象征毛羽的粗拙手法。

工匠在玉料的选择、轮廓的雕琢上着实花费了极大的心血，以适应粗拙雕工的局限，才使作品成为生动传神的上乘之作。让我们获知早在3000多年之前，不知姓名的工匠师们，能够创作出如此精美的“俏色”玉雕精品。

（原载于《炎黄天地》2013年第2期）

巩义市孝南春秋与唐代墓葬清理简报

巩义市孝南村，位于市区西约1华里处。东部与市区相接，西北部距陇海铁路约100米。古代墓葬处于孝南与孝北两村之间的台地上。市印刷厂由站街迁此筹建新厂，1988年初，配合此项工程进行文物钻探，在约6000平方米范围内发现古墓葬10座。同年3月，由郑州市文物工作队和巩义市文管所联合进行清理。清理工作从2月29日开始，3月21日结束，历时23天，共清理古墓葬8座，其中春秋与唐代墓葬各4座，出土随葬品36件，简报如下。

一、春 秋 墓 葬

4座，分别编号为M5、M6、M7、M8。均为竖穴土坑墓，没有墓道。墓坑长2.1 ~ 2.3、宽1.3 ~ 2.6、深4 ~ 4.5米，墓口距地表0.8 ~ 1.5米。葬具为木棺，较大墓葬有椁痕，留有相当明显的灰白色棺、椁痕。棺、椁多经髹漆，坑底和坑壁上仍残存部分红色漆皮。随葬器物多置于壁龛内，均未发现腰坑。墓坑填土为较纯净的黄土，未经夯实。M6、M7均无随葬品，以M5、M8为例。

M5。长方形竖穴土坑墓，北偏东15°，墓口距地表1.5、长3、宽1.9、深4.5米。墓内人骨架一具，头向北，仰身屈肢，骨架保存较好。棺、椁朽痕呈灰白色粉状。随葬器物有陶豆2件（有盖）、陶鬲、陶壶各1件，均置于墓坑东壁北侧壁龛内。壁龛距墓底1米，龛顶呈拱形，宽1、高0.5、纵深0.5米。

M8。长方形竖穴墓，方向北偏西15°。墓口距地表1.3、长2.3、深3.4米。墓坑底部北壁有一壁龛，高0.3、宽1、纵深0.3米。龛内放置陶豆、鬲、盆、尊各1件，骨架头部左侧置蚌器一件。单人葬，头向北，仰身屈肢，骨架保存完好。有棺无椁。

随葬品共9件，计陶器8件，器形有豆、鬲、尊、壶，除2件陶鬲为夹砂红陶和灰陶外，余均为泥质灰陶。另有蚌器1件。

豆　3件，均泥质灰陶，分二式。Ⅰ式，M8：2，1件，浅盘，细柄，喇叭形圈足。口径15、高13.5厘米（图一，1）。Ⅱ式，2件，子母口，深盘，喇叭形圈足，盘腹部绕饰凸弦纹三周。有盖，盖上亦绕凸弦纹三周，盖顶有圆形把手。M5：1，口径19、高21厘米（图一，2）。

鬲　2件。一为夹砂灰陶，一为夹砂红陶。方唇，折沿，鼓腹，矮裆，胖空足，饰

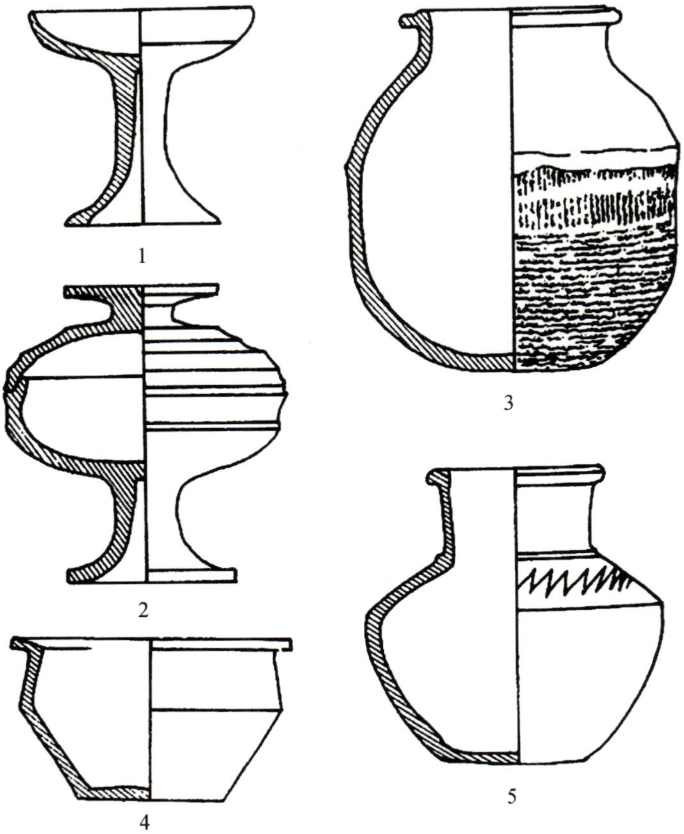

图一
1. 豆（M8：2）　2. 豆（M5：1）　3. 尊（M8：1）
4. 盆（M8：3）　5. 壶（M5：2）

粗绳纹，火候较低，出土时即成碎片。

尊　1件。M8：1，泥质灰陶，平口，折沿，折肩直壁，圜底，肩以下饰绳纹。口径14.5、高14厘米（图一，3）。

盆　1件。M8：3，泥质灰陶，平口，折沿，素面。口径18.5、高10厘米（图一，4）。

壶　1件。M5：6，泥质灰陶，厚折沿，高领，折肩，弧腹。口径19、高20厘米（图一，5）。

蚌器　1件。M8：5，有镂孔，边沿有磨痕。长7、宽5厘米。

二、唐代墓葬

4座，分别编号为M1、M2、M4、M10。均为洞室墓，形制一般较小。墓口距地面

2～3米。长方形墓室，南北方向。由墓室、墓道组成。一般墓室长3～3.3、宽1.5～2.6、深4.5米，斜坡形墓道均筑于墓室北端，稍窄于墓室，墓门用残砖或小瓦封堵。其中M1为双人葬外，余均为单人葬，头向南，仰身直肢，葬具均为木棺，棺痕呈灰白色粉状。

随葬器物以瓷器为主，也有陶器、铜器，共71件，主要有瓶、罐、砚、镜、钱币等。

陶罐　2件。M2：3，泥质灰陶，卷沿，直口，弧腹，腹部彩绘植物花纹。高22、口径10、腹径18厘米（图二，1）。M10：3，直口，卷沿，弧腹。高17、口径9、腹径16厘米。

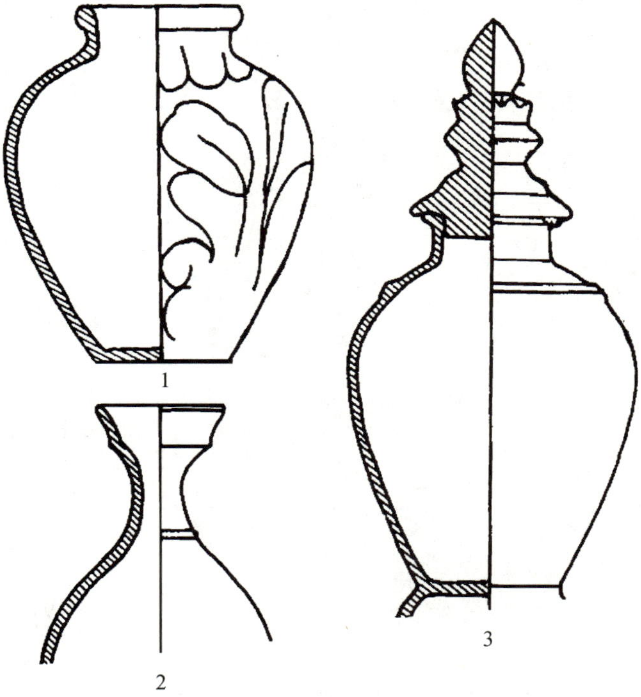

图二
1. 陶罐（M2：3）　2. 瓷瓶（M4：1）　3. 瓷罐（M1：4）

白釉瓷罐　1件。M1：4，通体呈宝塔形，有盖，覆盆圈足。高40、腹径17、足径17厘米（图二，3）。

绿釉壶　1件。M1：6，细颈，鼓腹，敞口，双系，绿釉。釉下阴线刻牡丹花纹，施釉不匀。粉胎。高19、腹径13厘米。

注子　1件。M1：5，喇叭口，假圈足，黄釉，瓷胎，有流，把手，下腹部露胎。高15、口径7厘米（图三，1）。

图三

1. 柱子　2. 白瓷粉盒　3. 泥串饰　4. 陶砚　5. 黑釉瓷瓶　6. 白釉瓷瓶

白瓷粉盒　2件。圆形，缺盖，胎质粗糙，施白釉。M1：2，高3.5、口径8厘米。M2：3，圆形，小底，施白釉。

黑釉瓷瓶　1件。M4：1，细颈，盘形口，弧腹，假圈足，肩部和下腹部饰三道凸弦纹。高25、口径8、腹径13厘米（图二，2）。

白釉瓷瓶　1件。M2：2，瓷胎，施白釉，圆形鼓腹，三足，有盖。高6.5、腹径

9.5、口径5厘米（图三，6）。

三彩器盖　1件。M1：6，圆形，有把手，粉胎，施褐、绿、白三彩釉。高3、直径4.5厘米。

黑瓷篮　2件。玩具。

陶砚　1件。M1：3，泥质灰陶，略呈箕形，前宽后窄，前高后低，前有乳头状双足，内存遗墨。前宽9、后宽6、长11.5厘米。

铜镜　1件。M2：1，方形，小纽，镀锌，背有花纹。长、宽各15厘米。

泥串饰　22件。M10：1，如算盘珠状，直径2～2.5、厚1厘米（图三，3）。

铜钱　15枚。其中“开元通宝”12枚，“开元重宝”2枚，五铢钱1枚。

铜帽饰　2件。锈蚀严重，看不出原来形状。

蚌壳　1件。上有彩绘符号。

镂孔瓦器　1件。泥质灰陶，为小孔残片，上有圆孔六个。

棺钉　13枚，均已锈蚀。

三、结　　语

墓葬清理现场，东部与县城连接，高出南、西、北三面2.5～3.5米，形成一片面积约10万平方米的台地。春秋时期的墓葬集中分布在台地西部，墓与墓之间相隔3～15米。唐代墓葬集中分布在台地东部，墓与墓之间相隔10～15米，由此可以认为，台地上分布着不同时期的两个墓葬群。

4座春秋墓葬，都是竖穴坑墓，规模较小。葬具皆腐朽无存，但从朽痕仍可以看出，两墓有棺有椁，两墓有棺无椁，死者头向基本一致；随葬品主要是陶器。都放在壁龛内。两座有随葬品的墓葬，陶器的组合形式一为鬲、豆、罐、盆；一为鬲、豆、蚌器。墓葬形制、陶器形制与随葬品的组合基本相同。可以认为，各墓应属同一时代，墓主的身份大概是一般平民。

4座唐墓，均为洞室墓。除M1规模较大外，其他墓都比较小。葬具均有棺无椁。随葬品有瓷器、陶器、铜器、铁器等，三彩器甚少，随葬品一般在死者头部北侧，基本保持埋葬时的摆放位置，未经扰乱盗掘。部分随葬品，如方形铜镜、塔刹形白瓷罐、陶砚等，都比较精致，属于文物珍品，它不仅反映了唐代的物质文化和历史风貌，也为研究唐代丧葬礼仪以及工艺制品提供了宝贵资料。

（原载于《中原文物》1992年第4期）

荥阳大海寺遗址出土的石刻造像

位于荥阳市内的大海寺遗址，出土了中晚唐石刻造像40余件。这些造像出土时都有残毁，经接对整理已大部复原。

造像中包括北魏与宋代各一件。这批造像都有题铭，并且多处提“大海寺”。据《荥阳县志》载：“大海寺在东郭外，唐高祖为郡守，因太宗患目疾重建。”又据《读史方舆纪要》载：“又县东北四十里有大海寺李密与隋将张陀战，伏兵于大海寺北林间，须陀战死处也。”造像出土处在2万平方米的范围内发现隋唐以来历代瓦片，瓷片以及枯井、脊兽等遗存。其地望与文献记载基本相符。但《读史方舆纪要》称“四十里”当为四里之误。

图一　菩萨头像

1　　2　　3　　4

图二

1. 十一面菩萨　2. 弥勒菩萨　3. 天王菩萨　4. 佚名菩萨

图三　刘绍安造石佛像

北宋天统二年（566年），通高28、身高18.5厘米

图四　韩克智造石佛像

北宋天保七年（556年），身高60厘米，1981年郑州磨盘街征集

图五　比丘宝进造石佛像

北宋天统三年（567年），通高80、身高64厘米

图六　辨积菩萨石造像

唐代（618～907年），通高230、身高187厘米

图七　弥勒菩萨石造像

唐元和十五年（820年），通高233、身高197厘米

图八　花严菩萨石造像

唐长庆年间（821～824年），通高185、身高145厘米

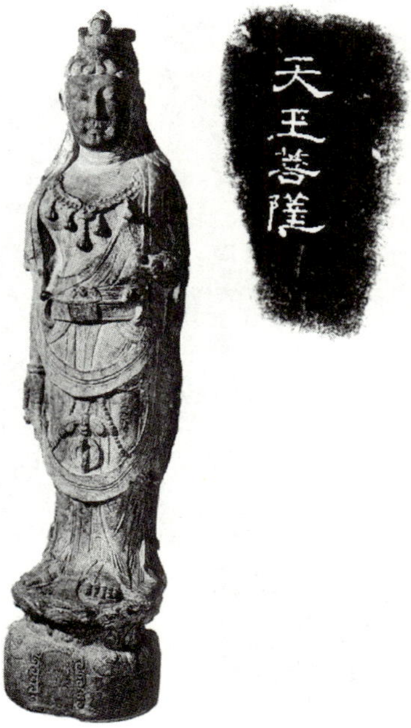

图九　天王菩萨石造像

唐代（618～907年），通高230、身高194厘米

图一〇　金髻菩萨石造像

唐代（618～907年），残高170厘米

图一一　菩萨石造像

唐代（618～907年），残高180厘米

图一二　菩萨石造像

唐代（618～907年），残高130厘米

图一三　光相菩萨石造像

唐代（821年），通高220、身高154厘米

图一四　十一面菩萨石造像
唐代（618～907年），残高171厘米

图一五　十一面菩萨石造像
唐代（618～907年），残高171厘米

从出土石刻造像和造像题铭、出土其他遗存、文献记载分析，大海寺的创建年代当在北魏孝昌元年以前，隋末经唐高祖重建。

大海寺的发现，特别是一大批佛教中密宗造像的出土对研究中原地区佛教的发展、演变以及唐代中晚期石雕艺术等提供了实物资料，具有重要价值。

关于造像出土时多已毁坏，或有头无身，或有身无头。特别是造像的残断处大多留有圆卯或腰卯，个别卯中还遗留石榫。我们分析认为：这批雕刻于唐穆宗长庆（821年）以前的造像多毁于唐武宗“会昌灭法”之时。宣宗即位后（847年）重振佛教。可能这批造像在这种情况下凿卯、接榫、修整。

这批石刻造像，在雕刻艺术上各有独特的风格。北魏造像碑采用平直刀法，造像清秀捷俊，龛中飞天更是婀娜多姿。唐代宗时期（762～779年）的坐佛则用圆刀雕法，衣纹流畅，比例均匀。特别是十八躯菩萨立像，造像优美，面部表情生动，栩栩如生。衣衫线条流畅，富有美感，刻画了菩萨们优美的体态、丰润的肌肤，显示了工匠师们雕刻技术的高超、纯熟。也反映了唐代中晚期雕刻艺术的一定水平。

大海寺这批佛教中密宗造像的出土同时也展示了北魏至隋唐石雕艺术的奇伟壮

观。当时佛教艺术的雕塑品显示出磅礴的气势，呈现出令人炫目的艺术光彩，表明北魏至隋唐时期在中国雕塑史上是一个重要时期。虽然不少佛像身首分离，残毁较甚，但这些残像所焕发的艺术光彩仍然令人赞叹。这批造型生动的石刻艺术品虽然多有残缺，但仍然不失为技术精湛的古代雕塑瑰宝，为我国古代雕刻艺术精品谱写了铿锵的新篇章。

（此文系廖永民于2008年的遗作）

巩义市大小黄冶唐代三彩器窑址调查

唐代三彩器窑址，位于巩义市东约6千米的大、小黄冶村的南部。附近属于较平缓的丘陵地带。北距黄河约4千米；西北距洛河约2.5千米。黄冶河（又名“西泗河”）从窑址中间穿过，注入洛河。黄冶河两岸长达500米的土岗与断崖上，可看到断断续续唐三彩器遗存的堆积层（图一）。

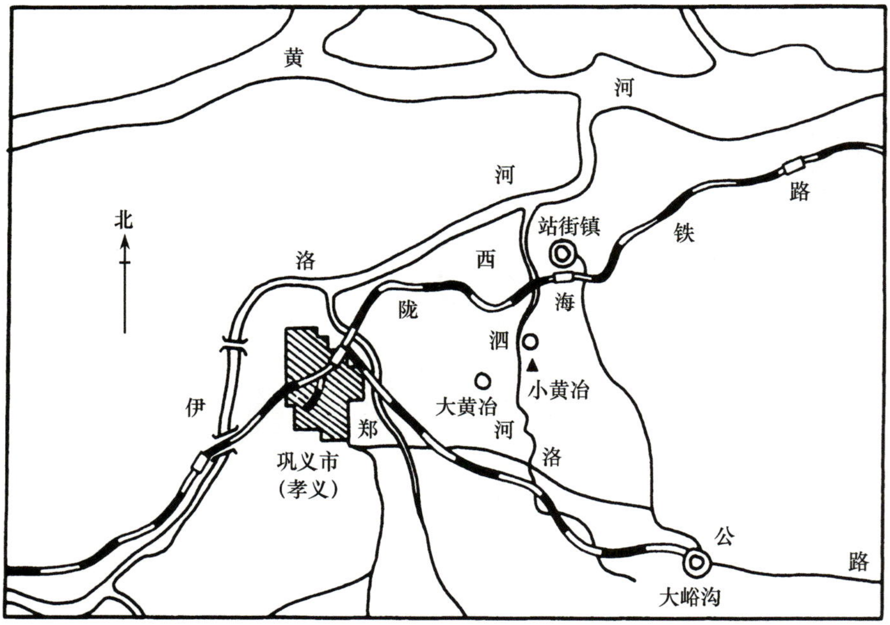

图一　唐三彩器窑址位置图

1984年3月3～7日，郑州市文物工作队与巩义市文管所的业务人员陈立信、靳振武等对大、小黄冶村唐代三彩器窑址作了调查。沿黄冶河两岸调查了唐三彩器遗存的分布与堆积情况，访问了当地干部群众，着重察看了多处新挖窑洞内暴露的遗存情况，采集了遗物标本。从采集的三彩器和素烧器残片以及数量众多的范、模、支烧等窑具看，显然是窑址作坊遗存。此时，这里正开辟一条公路，通过小黄冶村西部，即黄冶河西侧的山坡下。破土工程中发现的一处三彩器残片堆积层，面积约70平方米，出土遗物非常丰富。堆积层沿山坡由西向东倾斜，说明与之有关的三彩器窑址距此不会太远，并可初步判定在西部山坡上。堆积物大部分为残片。鉴于过去已有多篇调查和发掘简报发表，所以本文仅以这次调查的资料为主，结合过去发表的资料略加陈述。

一、出土遗物

采集的标本，主要器物有盘、盆、罐、壶、碗、豆、碟、盏、炉、盅、杯、水池、水盂、器盖、玩具和窑具等。从釉色看，有蓝、白、黑、黄、绿、青、褐等单色釉和各釉彩搭配的三彩釉。以三彩釉为大宗，约占70%。

1. 盘

十多件，均残。浅腹，直口，方唇，腹稍鼓，平底，腹与底无明显分界。口、腹及内底施彩釉，外侧腹下部及底露胎，内侧腹底之间多有一周凹弦纹。一般口径16～24、高4.5～6厘米。XE：15，白陶胎，口及腹部内外侧均施黄釉，内底饰花瓣状绿釉花团，花瓣中间饰泛铅釉，显得晶莹发亮，十分美观。口径20、高5.2厘米（图二，1）。XE：71，白陶胎，口与外腹部饰黄釉，内侧饰乳白釉，绘蓝条状彩，内底饰模印花团，花团亦饰蓝绿彩。口径20、高6厘米。XE：70，白陶胎，口腹外侧饰深黄釉，内侧饰绿釉点白彩，底部模印宝相花花团，分层饰绿、黄、白色和晶莹的泛铅彩釉，口径24、高6厘米（图三）。

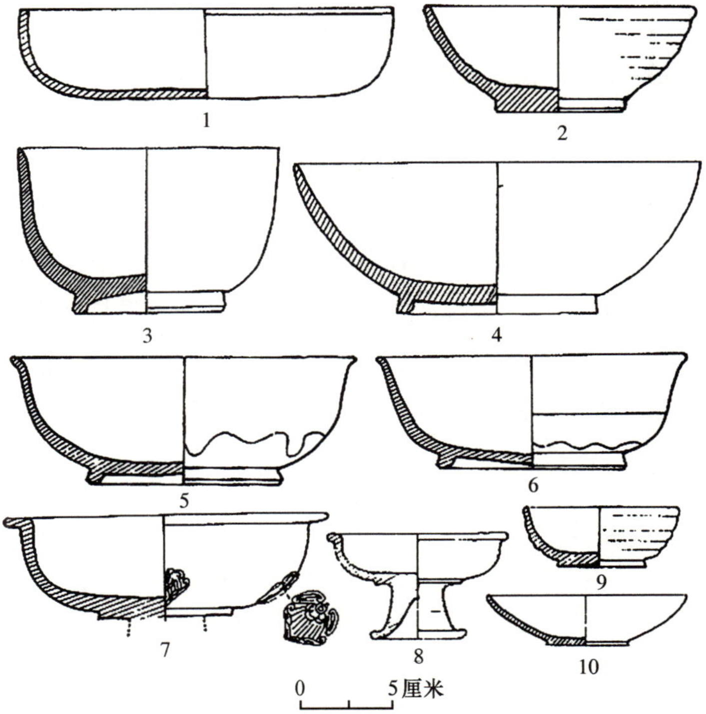

图二　唐三彩窑址遗物

1. 盘（XE：15）　2. Ⅱ式碗（XE：3）　3. Ⅳ式碗（XE：1）　4. Ⅰ式碗（XE：7）　5、6. Ⅲ式碗（XE：12、XE：13）　7、8. 豆（XE：89、XE：85）　9、10. 碟（XE：10、XE：8）

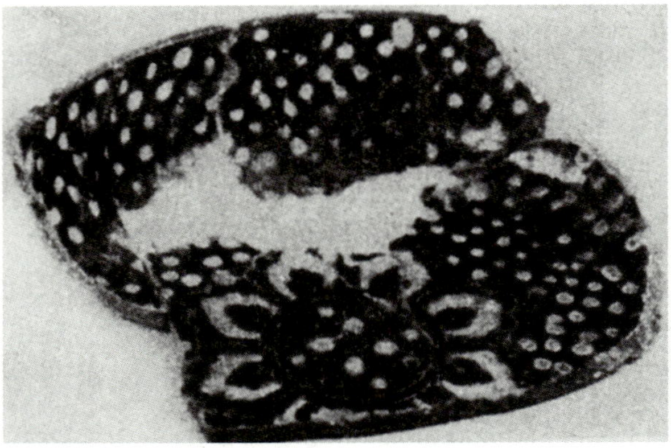
图三　三彩盘（XE：70）

2. 碗

可分四式。

Ⅰ式：大敞口，圆唇，腹略鼓，底附圈足。XE：7，内外两侧及圈足外侧均施深黄釉，口径22、足径11、高8厘米（图二，4）。

Ⅱ式：敞口，圆唇，腹较深。XE：3，内侧及口沿外侧施黄釉，饼形厚平底，外侧腹底露胎，内底留存三个支钉痕。口径13、足径7.5厘米（图二，2）。

Ⅲ式：口较直，沿外卷，圆唇，底附圈足。XE：12，口沿外侧至腹部施深黄釉。内侧饰乳黄釉，腹下部至圈足露胎。口径16、圈足径9、高6.8厘米（图二，5）；XE：13，腹外侧饰一周凸弦纹，内外两侧均饰深绿釉，唇较尖，近圈足处露胎。口径15、圈足径9.5、高6厘米（图二，6）。

Ⅳ式：直口，深腹，圆唇，底附圈足。XE：1，口与腹内外侧饰蓝、白、绿三彩釉，腹下部至圈足露胎，圈足圈内饰有两点蓝白釉，可能因此处有烧裂痕而有意点涂的。口径14、圈足径7.7、高8.7厘米（图二，3）。

3. 豆

数量较多，均残。一般为圆唇，平折沿，浅盘，底较平，细柄，足呈喇叭口状。釉均饰在口沿上部及腹底外侧，釉色光亮。盘内侧和柄部至圈足处均露胎。器形大小不一。口径在8～17厘米之间。XE：85，饰黄、白、绿三彩，以黄釉为主要基调，口径8、圈足径6、高5.7厘米（图二，8）。XE：89，素烧，腹外侧饰贴花4枚。口径17厘米（图二，7）。

4. 罐

数量甚多，可分五式。

Ⅰ式：敛口，鼓腹，厚平底，形若蒜臼，陶质坚硬。XE：16，白陶质，口及腹外侧上部饰黄釉，下腹部至底足及内侧露胎。在施釉后再烧时，因与涂蓝釉的器物接触，故染有蓝釉点及与其他器物的粘结痕。口径7、底径5、高9厘米（图四，1）。

Ⅱ式：圆唇，敛口，鼓腹、圈足，较Ⅰ式粗矮。XE：83，瓷质，内外侧均施黑釉，因火候过高，外侧釉多溶流，近底部留有匣钵的粘结痕迹。口径11、圈足径7、高8.7厘米（图四，2）。从火候与质地看，系烧制的粗瓷器，似非唐三彩窑烧制。

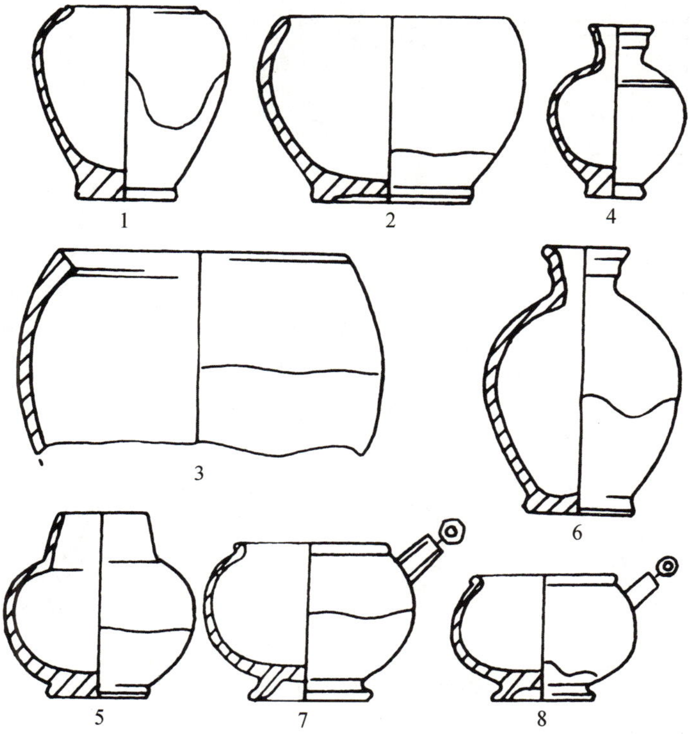

图四　唐三彩窑址遗物

1. Ⅰ式罐（XE：16）2. Ⅱ式罐（XE：83）　3. Ⅳ式罐（XE：142）　4. Ⅱ式壶（XE：106）　5. Ⅲ式壶（XE：63）　6. Ⅰ式壶（XE：107）　7、8. 水注（XE：144、XE：74）

Ⅲ式：圆唇，沿外卷，敛口，鼓腹，下腹内收，平底。XE：95，口沿上有对称的两个疤痕，应是双系的残迹。口沿及外腹上部饰黄绿釉彩，下腹至底及腹内侧露胎。口径4.2、底径2.8、高5.5厘米（图五，2；图六）。

Ⅳ式：敛口，方唇，口沿加厚，鼓腹，体形粗矮。XE：142，白陶质，残存口腹部。口及上腹部饰绿釉，其他露胎。口径13.4厘米（图四，3）。

Ⅴ式：厚方唇，敛口，鼓腹。XE：232，口沿外侧附雏形对称两穿，底残，唇部施深黄釉，腹部分别饰黄、白、蓝、绿釉条彩。口径18.4厘米。

5. 水盂

形体较小，状若鸟食罐。口部多下陷，圆鼓腹，广肩，小平底，口沿上侧多饰一周凹弦纹。XE：93，素烧，口部因挤压变成椭圆形。口径2 ~ 2.5、底径2、高2.8厘

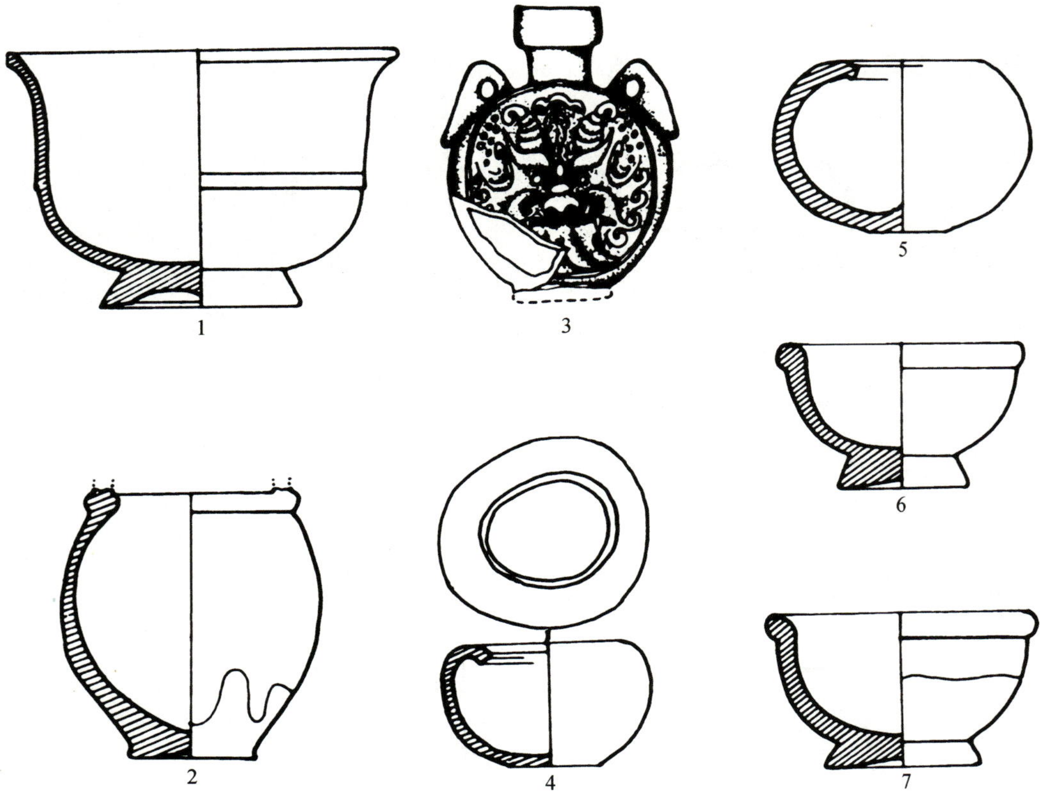

图五　唐三彩窑址遗物

1. 盏（XE：120）　2. Ⅲ式罐（XE：95）　3. Ⅳ式壶（XE：82）

4、5. 小水盂（XE：93、XE：94）　6、7. 盅（XE：117、XE：119）

米（图五，4）。XE：94，口上侧至肩、腹上部饰棕釉和乳黄釉点彩，器内侧及下腹部露胎。口径2、底径1.5、高3.5厘米（图五，5）。XE：92，制作精致，周体施黄、绿、白三彩釉和蓝地白点。口径2、底径1.5、高3.6厘米（图七）。

6. 水注

体形粗矮，圆唇，敛口鼓腹，呈小罐形，底附圈足，口下有筒状短流，少数流削成多棱形。一般口腹内外均饰釉，外侧饰绿、蓝、黄、乳黄釉单彩或乳黄釉地饰蓝彩，内侧多饰乳黄釉。XE：144，红陶质、口与上腹饰黄釉，下腹及圈足露胎，流削成六棱形，口径7.3、圈足径6、高7.2厘米（图四，7；图八）。XE：74，红陶质，通体饰蓝釉，腹内侧饰乳黄釉。口径7、圈足径4.7、高5.7厘米（图四，8）。

7. 壶

均为鼓腹，饼形厚平足。可分四式。

图六 Ⅲ式罐（XE：95）

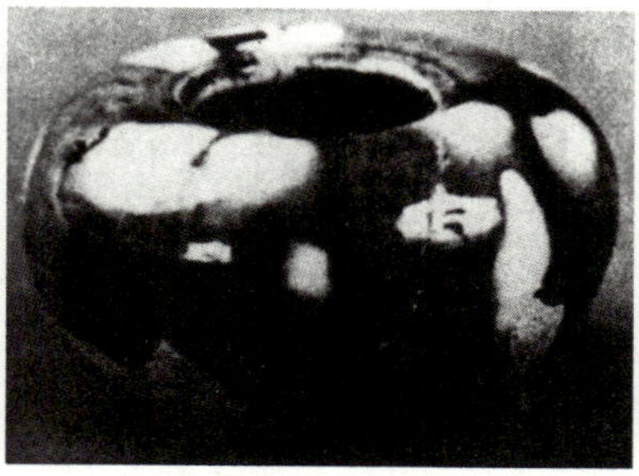

图七 水盂（XE：92）

图八 水注（XE：144）

Ⅰ式：盘形口，圆唇，束颈，溜肩，鼓腹，肩腹无明显界限。XE：107，瓷质，口内外及肩和腹上部饰赭色釉，腹下部与底露胎。口径4.5、腹径9、底径5.5、高12.5厘米（图四，6）。此器似不属于三彩窑烧制。

Ⅱ式：盘形口，圆唇，束颈，球形体，底部加厚。XE：106，白陶质，肩腹间饰两周凹弦纹，口与颈内外侧及肩部施绿釉，接近底部露胎。口径3、腹径6.5、底径3.2、高8厘米（图四，4）。

Ⅲ式：长颈稍弧，鼓腹，圆肩。XE：63，瓷质，口内外侧及肩、腹部饰棕釉，釉色明亮，腹下部与底露胎。口径4、底径5、高8.5厘米（图四，5）。从火候、胎质和釉色看也不属于三彩窑产品。

Ⅳ式：方唇，直口，扁平体，口沿加厚，肩部两侧有横穿，系模制。XE：82，白陶质，底部残，两侧腹壁饰龙头纹浮雕，周身施绿釉。口径1.7、残高6.5厘米（图五，3）。

8. 炉

可分二式。

Ⅰ式：罐形三足炉，圆唇、敛口，口沿外卷，广肩，圆腹，圜底，下附三蹄足。此类器多在口、足和肩腹外侧施彩釉和贴花，底部和器内侧露胎。XE：75，肩腹间有凸弦纹一周，肩腹外侧施黄、绿、白三彩釉，十分美观。口径12厘米（图九，1～3）。XE：81，饰乳白釉蓝条彩，肩部有缨花贴花三枚，其花心饰黄彩，花中区饰乳白彩，花外区饰蓝彩。这种动植物贴花在素烧器残片上发现很多（图一〇、图一一）。

Ⅱ式：盆形五腿环足炉。侈口，平折沿，底较平，底部周围平均分布五个兽形腿，立于断面呈方形的圆环上。XE：110，腹下部饰一周凸弦纹，在口沿上侧，腹部外侧，兽腿外侧及环足上侧，均饰黄、绿、白三彩釉。口径7、高11.3厘米（图九，8）。

9. 器盖

可分容器盖和熏炉盖两种。

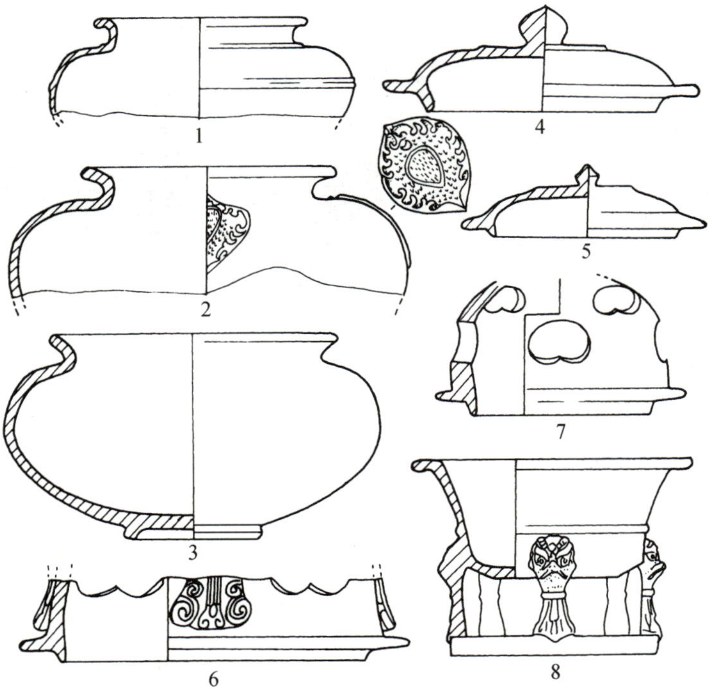

图九　唐三彩窑址遗物

1～3. Ⅰ式炉（XE：75、XE：81、XE：101）　4、5. 容器盖（XE：60、XE：62）
6、7. 熏炉盖（XE：148、XE：116）　8. Ⅱ式炉（XE：110）

图一〇　麒麟

图一一　象

容器盖。轮制，圆形，盖顶凸鼓，菌状握手，子母口，盖上部和握手饰单色釉或三彩釉，从残断面看，是在制成器盖后再安装菌状握手的。XE：60，稍残，饰黄釉，口径18、通高6厘米（图九，4）。XE：62，盖顶饰有黄、绿、白三彩，握手饰黄釉，盖内刻“李咳”二字（图一八，1）。直径14、通高4厘米（图九，5）。

熏炉盖。顶面凸鼓，周面有六个镂孔，半球体下部为子母口。XE：148，轮制，饰黄、绿釉，两镂孔之间有模印贴花。口径22厘米（图九，6）。XE：116，轮制，素烧后因残而未煅烧，口径14厘米（图九，7）。

10. 盏

圆唇，侈口，腹壁稍鼓，圈足。XE：120，稍残，素烧，腹部有一周突棱。口径8、高5.2厘米（图五，1）。

11. 盅

出土数量较多，形制相同，敞口，沿外卷，腹稍鼓，饼形厚足。一般器表饰黄、蓝、绿、乳白等多种单色釉，足与下腹部露胎。XE：117，饰黄釉，口径5.5、足径2.8、高3.2厘米（图五，6）。XE：119，沿内外饰绿釉，口径5.7、足径3.2、高3.2厘米（图五，7）。

12. 猴头埙

数量较多，采集40余件。有素烧与饰彩两种。其制作工艺，为前后两模合制；前面为面孔模，后面为半圆形平底模。前模面孔为长毛、凸眼、高鼻，分龇牙和闭口两种。两模合成一完整猴头后，即在头顶部和两面颊各穿一圆孔，头顶孔径0.8～1厘米，面颊孔径0.5厘米左右。待干燥后素烧，然后在面部涂饰黄、蓝、白、绿等釉彩，经煅烧即成（图一二）。

图一二　猴头埙

13. 小型陶俑

数量、种类较多，计采集人俑4件，兽俑9件，禽俑1件，龟俑1件。均为两范合制，当属于玩具之类。

长鼓乐俑：1件。XE：124，素烧，残，深目，高鼻，头戴幞头，身着道袍，腰系束带，坐状，右腿平屈，左腿下垂，双手执长鼓两端，斜置腿上，作演奏状，形态逼真。高7.5厘米（图一四，5）。

图一三　半身人俑

半身人俑：2件。头结双髻，身着裲裆，双手置胸前，腰系束带。XE：173，通体饰黄、绿、白釉彩，高6.5厘米（图一三），另一件通体饰绿釉。

坐俑：1件。XE：179，坐须弥座上，两腿下垂，饰黄、绿釉、残高4厘米。

人兽俑：1件。XE：188，兽残缺，人立在兽足右侧，膝微屈。挺胸，头上仰，两手托腮。人高7.8厘米（图一四，4）。

骆驼俑：2件。XE：170，昂首张口立于方座上。背有双峰，系利用两模合范时遗留的脊棱刻成的。驼背上有模制的垫子。通体高5厘米（图一四，6）。XE：180，仅残存躯体部分，背上有双峰和圆垫，饰黄、绿、白三彩，体长5.5厘米（图一五，1）。

马俑：4件。均残。XE：182，昂首，背有鞍鞯，饰黄、蓝、绿、白等釉彩。残长7.5厘米（图一五，2）。XE：176、XE：185，均头部残，素烧，背饰鞍鞯，立于断面呈四方形的圈环上，首尾长7、残高6.8厘米（图一四，3）。

鹿俑：2件，均残。XE：177，素烧，是用一块泥团精工雕塑而成，体态浑圆溜光，身下除雕出前后腿外，腿弯处还雕出阴纹鹿毛，脊背处并雕出勾向右侧的鹿毛。腹下部留部分泥块作支撑，并雕出长方形抹角托板，托板四周阴刻流线纹。这是一件精美的雕塑品。残长6、高4厘米（图一四，2）。XE：174，两模合制，残。饰黄、绿、白三彩釉（图一五，3）。

飞雀俑：1件。XE：271，嘴部、尾部残。作飞翔状，饰黄、绿、蓝、白等彩釉。残长4、宽3.5厘米（图一六，左）。

龟俑：1件。XE：272，头部残。背部印六角形回纹，饰绿釉，腹部露胎，腹两侧饰四个乳钉形足，残长4、宽3厘米（图一六，右）。

狮俑：1件。前足部残。XE：183，素烧，竖耳，卷毛，翘尾，头勾向左侧。长7、高6厘米（图一四，1）。

14. 范模

分牛范、猴头埙范两种，均为陶质。牛范1件，XE：213，仅存左半片，图形清晰，外侧刻一“元”字，上侧有两道阴纹合范定位的刻号，范的前后及嘴部亦有一道合范定位刻号。范通长9、宽6、厚0.7 ~ 1厘米（图一四，12、13）。猴头埙范1件，XE：125，仅存正面范的上半部。图纹清晰。残长4、宽5.5厘米（图一四，10）。

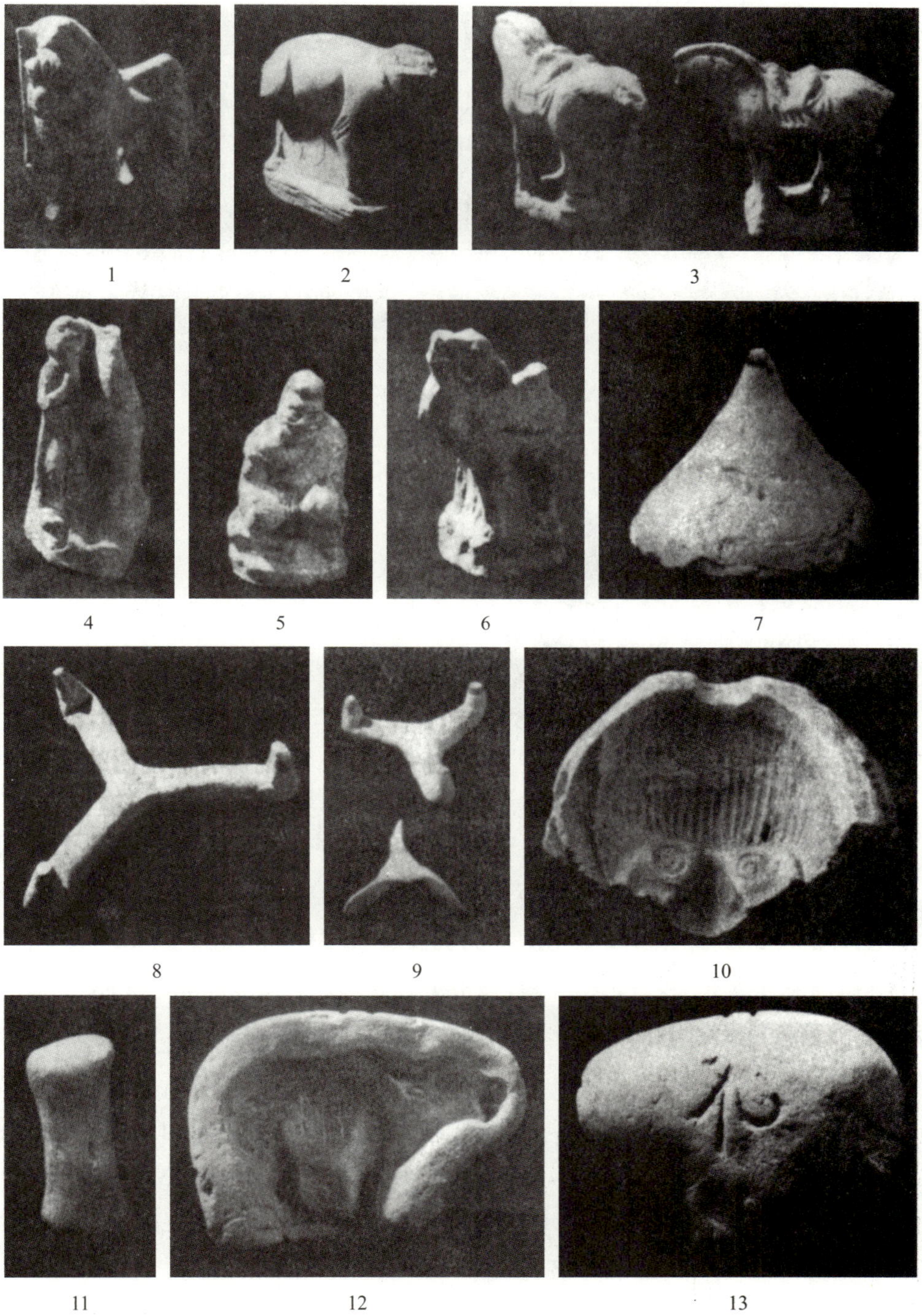

图一四

1. 狮俑（XE：183） 2. 鹿俑（XE：177） 3. 马俑（XE：176、XE：185） 4. 人兽俑（XE：188） 5. 乐俑（XE：124） 6. 骆驼俑（XE：170） 7. 锥形支烧（XE：195） 8、9上. Ⅱ式支烧（XE：214、XE：193） 9下. Ⅰ式支烧（XE：194） 10. 猴头埙陶范（XE：125） 11. 柱形支烧（XE：192） 12. 牛陶范（正面）（XE：213） 13. 牛陶范（背面）（XE：213）

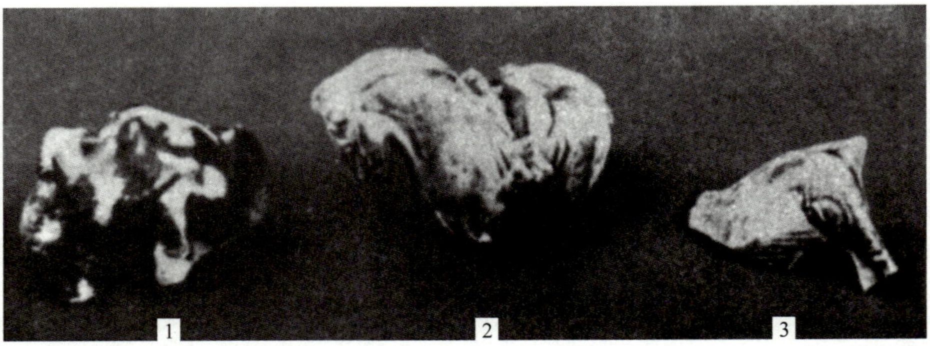

图一五
1. 骆驼俑（XE：180）　2. 马俑（XE：182）　3. 鹿俑（XE：174）

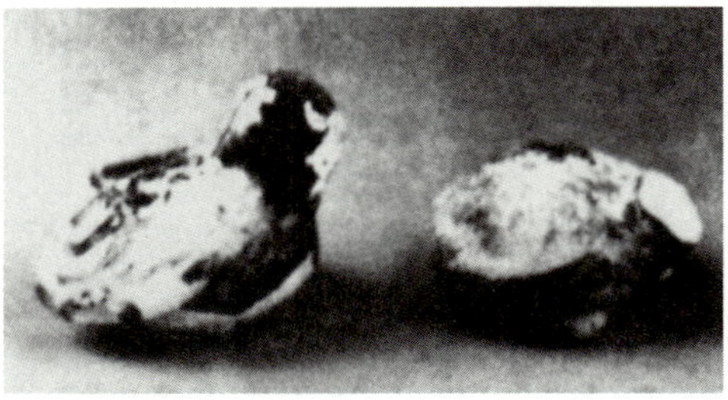

图一六
左：飞雀俑（XE：271）　右：龟俑（XE：272）

15. 窑具

数量与种类较多，总计70余件，多完整或可复原者。基本可分为长久性窑具和临时性窑具两类。

三支形支烧。即三支伸向等角的三个方向，根据用法不同，可分二式：Ⅰ式，刀形支烧。即三支上拱，支端着地，呈拱形，上侧呈刃状，其大小不一。一般支长2～8厘米，所烧器物放置支刃上以减少接触面。这种支烧，每件器物要坐在三个支烧的支刃上。由于器物釉彩的滴流，支烧多留有多种釉彩滴痕。XE：194，支长2.2、拱高1厘米（图一七，1；图一四，9下）。Ⅱ式，折尖形支烧，支体为圆柱形，三支平伸，支端上折呈尖形。尖端多留有所支烧器物滴流的釉彩痕。这种支烧每个承托1件器物，可根据器物大小选用。一般支长3～7厘米。XE：214，三支及其交接点各捺一小圈。支长6、折尖高3厘米（图一四，8）。XE：193，支长2.8、折尖高2厘米（图一四，9上）。

圆锥形支烧。6件，制作规整，多完整。底部呈圆形，顶端呈尖锥状，尖端多留有多色釉彩。XE：195，底径4.5、高3.5厘米（图一七，2；图一四，7）。

柱形支烧。手制，不太规整。两端稍粗，通体呈长鼓状。XE：192，长3.5、径2.5厘米（图一七，3；图一四，11）。

饼形支垫。7件，多完整。这种支垫的制作，应是向窑内放置器物时，为求其平稳，将球形泥团支垫其下，然后将器物轻轻压平，以至球形泥团变成一边厚，一边薄的圆饼状。这种支垫有的往往粘在器物上而不易取下。XE：205，径4、厚1.2～2厘米

（图一七，4）。XE：190，径3.9、厚1.5～2.3厘米（图一七，5）。

条形支烧。为求器物平稳，随时将泥搓成长条形支垫其下。这种临时性窑具的形状以及粗细大小各异。XE：199，长9.5、径2.8厘米。

16. 其他器物

陶环圈。1件，用途不详。XE：161，整体呈圆形，断面呈方形。素烧。径4.5、孔径2.5、厚1厘米。

杯状器。数量较多，均为轮制。一端平齐，另一端为孔腔。根据口形的不同，可分成直口和侈口两种。一般长5～9、径2.5～4.5厘米。器体往往有多处滴彩黏结。外壁常刻划“光”“典”“保”“共”等字样（图一八，2～7）。XE：204，侈口，长8、直径3厘米（图一九，9）。XE：230，直口，稍残，器体中部刻“光”字。长8.5、直径3.7厘米（图一九，8）。XE：205，侈口，周体施刻划纹，径5.5、长8厘米（图一九，7）。XE：203，直口。径3、长7厘米（图一九，6）。XE：221，形体粗矮，内腔宽大，直径8.5、高8厘米（图一九，5）。

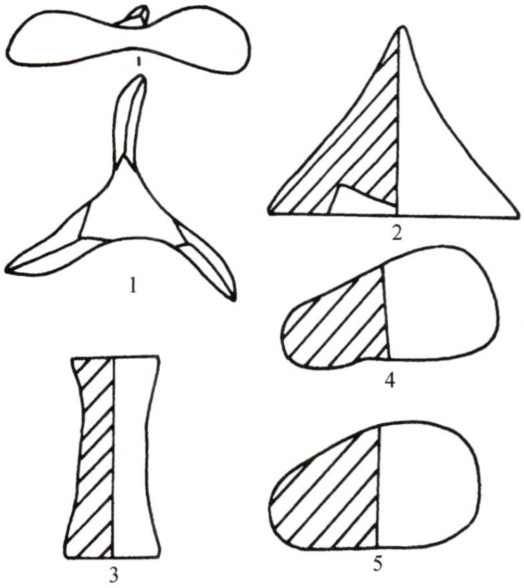

图一七

1. Ⅰ式三支形支烧（XE：194）

2. 圆锥形支烧（XE：195）

3. 柱形支烧（XE：192）

4、5. 饼形支垫（XE：205、XE：190）

图一八　器物铭文

1. 李咳（XE：226）　2. 保（XE：200）

3.（XE：201）　4.玉仙（XE：270）

5.（XE：225）　6. 光（XE：230）　7.（XE：196）

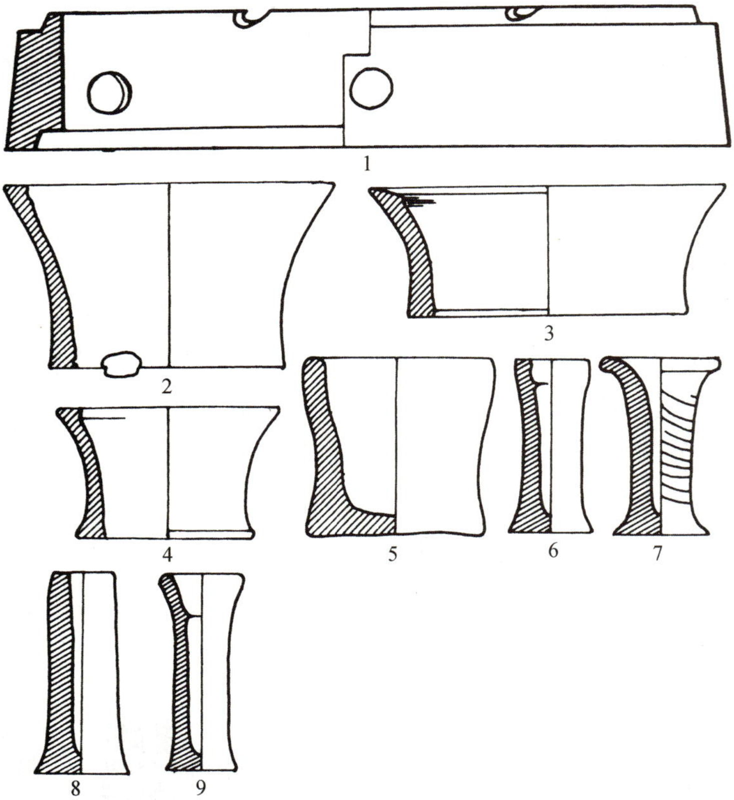

图一九
1.子母口圈形器（XE：224）　2～4. 束腰形器座（XE：186、XE：239、XE：222）
5～9. 杯状器（XE：221、XE：203、XE：205、XE：230、XE：204）

器座。7件，均素烧。束腰，通体呈圆筒状。形体大小不一，一般直径9～15厘米。口部边沿多留有不同颜色的釉彩痕。XE：186，下口有泥支垫黏结，上口及器身有其他器物彩釉的滴染痕。上口径14.7、下口径10、高8厘米（图一九，2）。XE：239，沿部及腰部沾染黄色彩釉。上口径15、下口径12、高5.2厘米（图一九，3）。XE：222，上口径9、下口径7.5厘米（图一九，4）。

圈形器。用途不详。4件，残，素烧。圆筒形，上口为子榫，下口为母榫，显然为多节扣接。有两件内外壁施黄色釉。XE：224，腰部与上口子榫处均有圆孔。壁厚2.5、上口径30、下口径32、高6厘米（图一九，1）。

二、结　　语

大小黄冶唐三彩器窑址，冯先铭先生曾于1959年作过调查，并发表了调查记要[1]。1972年以来，刘建洲、郭建邦、傅永魁等同志又曾进行调查与试掘，也发表了调查与试掘简报[2]。我们这次的调查又取得了较大收获，不仅为研究唐三彩补充了重要的实物资料，并且发现该遗址虽然以烧制唐三彩器为主，而从出土大量的瓷壶残次品和瓷片看，同时也烧制民用的粗瓷制品。仅依据调查所得资料作以下探讨。

1. 出土器物的质地

可分为红陶质、白陶质和瓷质三种。除白瓷、赭瓷和单彩器残片之外，三彩器残片计有红陶质91片，约占三彩器残片的62%。此外，还有鳝鱼黄三彩器残片，约占8%。此类当不属于标准的三彩器，应是三彩器火候烧过的窑变。红、白陶质三彩器，胎质松软、细腻，经压磨即成粉末状。经郑州大学穆斯保尔谱实验室采用定标物质2-Fe方法测定，红陶质三彩片温度为850℃±50℃，在氧化还原气氛下烧结，无玻璃相生成。白陶质三彩片，温度为1100℃±50℃，在氧化还原气氛下烧结，有玻璃相生成。这两种胎质均为含铁量较少的陶土。由此看来，标准的唐三彩器无论从胎质和温度看，都属于陶器类。

2. 釉彩

大致可分为单色釉、双色釉和复色釉三类：单色釉，出土有乳白、黄、绿、蓝、黄红、豆青等釉色；双色釉，有碗，外侧为黄红釉，内侧为乳黄釉；水池，外侧为蓝釉，内侧为浅黄釉等；复色釉，即我们平时所看到的色彩鲜艳的蓝、黄、绿、白、乳黄、泛铅等釉色的搭配，釉色显得气氛热烈喧嚣，丰富多彩。

3. 制作工艺

可分轮制和模制两种。圆形器物均为轮制，而椭圆形器和动物塑造，多为双模合制。发现的一件精致的雕塑品——鹿，这是很少见的。

4. 花式

这处遗址三彩器的花式十分丰富，大致可分为以下几种。

压印花。这种花多饰在平底盘内。是在泥土坯未干之前，将阳纹花模压印在盘中央，待干燥、素烧后，在花朵的不同部位分别施以黄、乳黄、蓝、绿、白、泛铅等釉色，再经低温煅烧，即呈现鲜艳的花团。此类花团常见的有宝相花、菊花、山茶花等（图二〇）。

贴花。这类花多出现在三足炉的肩部和豆的腹部。是在器胎干燥后，用印模压印成突起的薄泥片花型，然后粘贴在器物表面，即入窑素烧。根据贴花的不同种类，饰不同的釉彩，再入窑煅烧，即成各种形色不同的贴花。主要花式有植物、花朵、昆虫、乌龟爬花心、奔狮、奔羊、奔马以及人骑狮、人骑羊、人抱羊等。动物造型多属于高浮雕造型，形象生动，栩栩如生（图二一，1～7）。

图二〇　盘底花团

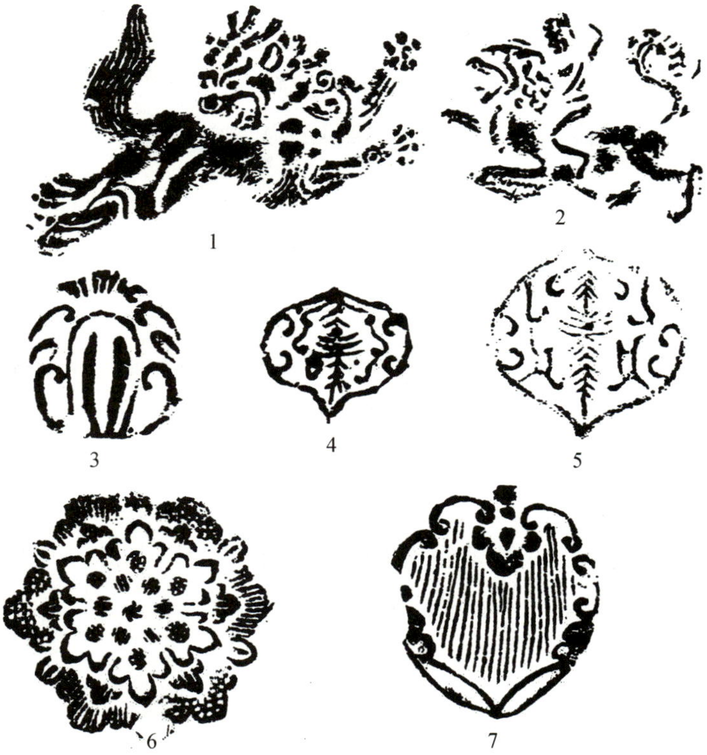

图二一　炉肩贴花

1、2. 动物　3～5. 昆虫　6. 花　7. 桃形图案

模具花。即模具本身就带有各种不同的花式，如小型玩具等。

彩绘。即用不同的彩釉，在器物表面点绘出不同的色彩。可分为流彩、渗彩和绘彩等。如器物表面的多种彩釉，但每种彩釉的边沿并不清楚，互相渗透浸润，形成两种釉彩的混合色，甚至使彩釉自然下流，造成独特的效果（图二二）。这种方法在唐三彩器当中使用相当普遍。绘彩是另一种方法，釉色边沿清楚，没有渗透混合现象。这种效果是由釉药的不同调配方法造成的。

以上所述各种釉彩，除泛铅釉是专饰花芯者外，其他釉色都是根据不同的器物，单独或搭配使用的，如罐形三足炉、盆形环足炉、小壶、豆等，常常饰以色彩鲜艳的釉彩；平底盆内多满饰大花团，并点饰泛铅花芯，形成晶莹闪光的效果，使气氛更加热烈；而短流水池，因系文具用品，则多用黄、绿、蓝等单色。也有乳白釉水池，在口沿外侧饰一周清秀简单的天蓝色点彩，或腹部饰流云状渗彩，不见复杂、繁缛的釉色。这里须特别提出的，是标准三彩器的白釉彩，它不是器物的底釉，从300余件三彩器残片的实地观察，白釉彩是与其他彩釉同时绘上的，根本不是底釉，没有施化妆土的现象。现在黄村还继续烧制仿古三彩器，除涮制某些坯件外，其工艺也是这样做的，从各种釉色原料看，都是糊状，根本不需要涂化妆土。因为唐三彩是多种釉彩的搭配，不施化妆土也不会影响它的本色。

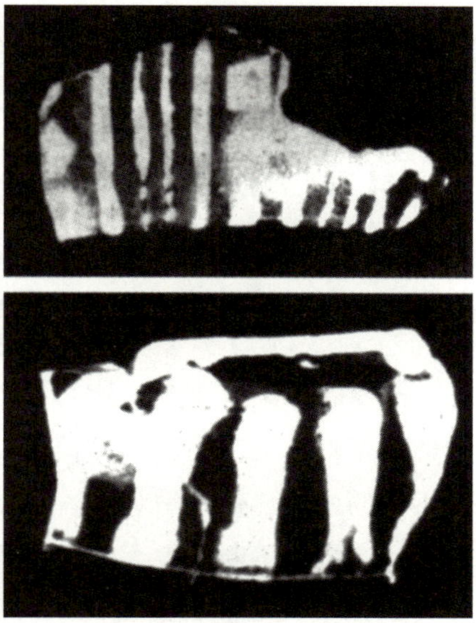

图二二　彩绘

注　　释

[1] 冯先铭：《河南巩县古窑址调查记要》，《文物》1959年第3期。

[2] 郭建邦、刘建洲：《巩县黄冶唐三彩窑址的试掘》，《中原文物》1977年第1期；刘建洲：《巩县唐三彩窑址调查》，《中原文物》1981年第3期；傅永魁：《巩县大小黄冶村唐三彩窑址的调查简报》，《文物与考古》1984年第1期。

（原载于《中原文物》1992年第4期）

黄冶窑唐三彩制品的模具与模制成型工艺

一、黄冶窑的概况

河南省巩义市（原巩县）东北部的大、小黄冶村附近，是唐代烧造三彩制品的窑址。该窑址沿黄冶河两岸，长约3千米，宽约0.5千米。南北朝时期，此窑场便与黄冶河上游的白河、铁匠炉等窑场连成一片，主要烧制青瓷、白瓷。唐初开始烧造三彩制品，生产规模不断扩大，三彩制品很快成为黄冶窑的主要产品，在造型、装饰、釉彩以及烧造工艺方面日臻成熟。盛唐时期，三彩制品的生产规模与工艺水平达顶峰阶段，产品种类繁多，并形成独具特色的艺术风格。其他窑口争相模仿。五代以后逐渐趋于衰落，延续到宋金时期即行停烧。黄冶窑烧造的三彩制品主要是器皿和俑类，其次是玩具和小型陶塑品、建筑构件等。由于当时厚葬风、饮茶风的兴起等社会因素，又因三彩制品以其优美的造型、新颖的装饰和鲜艳的釉彩首先受到唐王朝上层人士的青睐，并逐步得到了社会各阶层的欢迎，其产品很快风靡京城长安和东都洛阳，形成了非常广阔的需求市场。随着国内外经济贸易的发展、中外文化的交流不断扩大，黄冶窑的三彩制品被输送到亚洲各国与非洲、欧洲等地。

二、模制成型与模具分类

黄冶窑三彩制品的成型方法基本上有三种：一是转盘拉坯成型，即所谓“轮制”，适用于制作圆形器皿；二是捏塑成型，适用于制作形体不太规则的小型制品；三是模具成型，其应用范围相当广泛，一般说，适用于大型制品以及扁体、椭圆体、不规则体或比较特殊的制品。模具均以高岭土为原料制作、烧成，有一定的吸水率。所谓模制成型，即是把坯泥置于模内压印出制品的轮廓，再把对应部分粘合起来。根据制品造型的不同要求，模具的数量和形状亦各不相同，大体可分为以下四种。

1. 单模

为最简单、最常见和应用最广泛的一种模具，用于制作器体不同部位的附件，包括各种形状的流、鼻、纽、柄、足等，也用于制作整体成型的匍匐俑、猪、狗、羊、人面、兽面以及井、磨、臼、杵等冥器。

器足模　标本1066，为五足炉器足模，粉红胎，模内器足上部为兽面形，下部稍外撇，饰卷曲纹，形同兽足。模高6、宽4、厚1.5厘米（图一，1）。黄冶窑址出土的五足炉，器足与此模所制器足形制相同或基本相同（图一，2）。标本7913，三足炉器足模，粉红胎，模内器足上部呈半球形，有数道沟槽，下部外撇，形成兽爪形器足。模高7、宽5.5厘米（图一，3）。模内器足与黄冶窑所产三彩三足炉的器足完全一致（图一，4）。标本1074，为三足炉器足模，粉红胎，模内器足上部为半球形，素面无纹，下部为骨朵形兽蹄足，模高7、宽5、厚3.4厘米。标本0483，为三足炉器足模，灰白胎，胎质细腻，形制与标本1074基本相同，唯器足中部多一突棱，模高7.5、宽5、厚3.8厘米（图一，5）。标本1074与标本0483显然不同于标本7913。在1995年黄冶窑试掘当中，下层曾发现隋代烧制的白瓷三足炉，器足通体不见纹饰，呈兽蹄形，与标本1074、标本0483器足相似[1]，由此可见这种器足的时代较早。

贴花模　黄冶窑址出土的模具中数量最多的当属贴花模，其纹样题材多种多样，分为植物、动物、人物以及几何图形等。标本1067，为桃形贴花模，胎呈红褐色，陶质较硬，模内图案为左右对称的桃形，中心为桃形花蕊，周围饰以卷须纹，下部配以

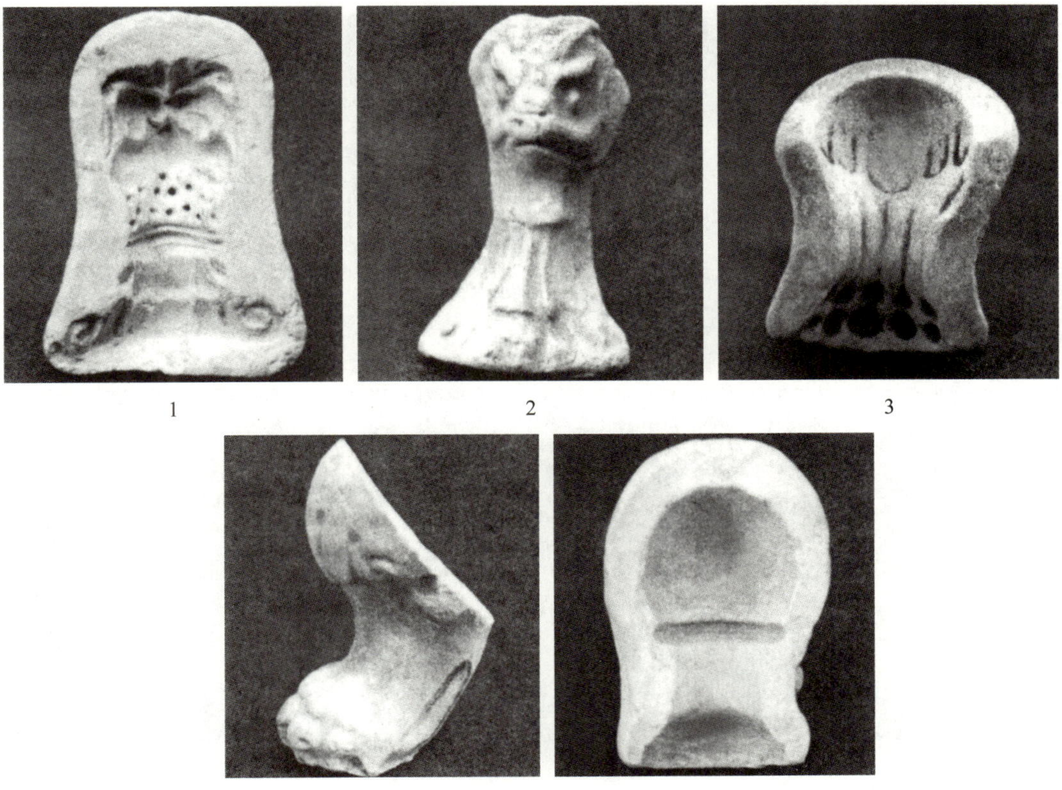

1　2　3　4　5

图一　黄冶窑新出器足模与器足

1. 五足炉器足模（1066）　2. 五足炉器足　3. 三足炉器足模（7913）　4. 三足炉器足　5. 三足炉器足模（0483）

倒“八”字形花托，整体显得丰满、和谐。模径6.5、厚1.5厘米。标本7942，桃形贴花模，粉红胎，模内桃形图案与标本1067形状相同，模径6、厚1.5厘米（图二，4）。这种桃形贴花多装饰在三彩三足炉或三彩罐的肩、腹部。标本0986，系葵花图案贴花模的制模模具，胎呈粉红色，模的整体呈桃形，模面由葵花和叶梗构成一幅左右对称的图案，其布局显得疏密适度，紧凑和谐。模高9、宽9、厚1.8厘米。标本7943，为雀衔卷草贴花模，模中的雀儿，口衔卷草，展翅飞翔（图二，1）。这种贴花图案多装饰在三彩三足炉的肩、腹部。标本0857，为制模模具，胎呈粉红色，整体作桃形，模内为樱花题材构成的左右对称的桃形图案，上部有团簇状花蕊，两侧有卷曲的花絮，中间满布竖线形纹饰，下部饰以花托。模高7、宽7、厚2.2厘米（图二，6）。这种题材的贴花多装饰在三彩三足炉、罐、豆的肩、腹部，亦见装饰在三彩马鞍鞯的革带上。标本1075，稍残，制模模具，粉红胎，模的整体略呈椭圆形，贴花为一左右对称的垂带状花蕾图案。模高9.5、宽4.5、厚2厘米（图二，3）。这种贴花与装饰在三彩薰炉盖上的带状贴花极为相似。标本1065，系龙面贴花模，粉红胎，整体呈半球形，龙面形象与标本1071相近，但形体较大。模径10、厚3.5厘米（图二，5）。“这种以龙面为题

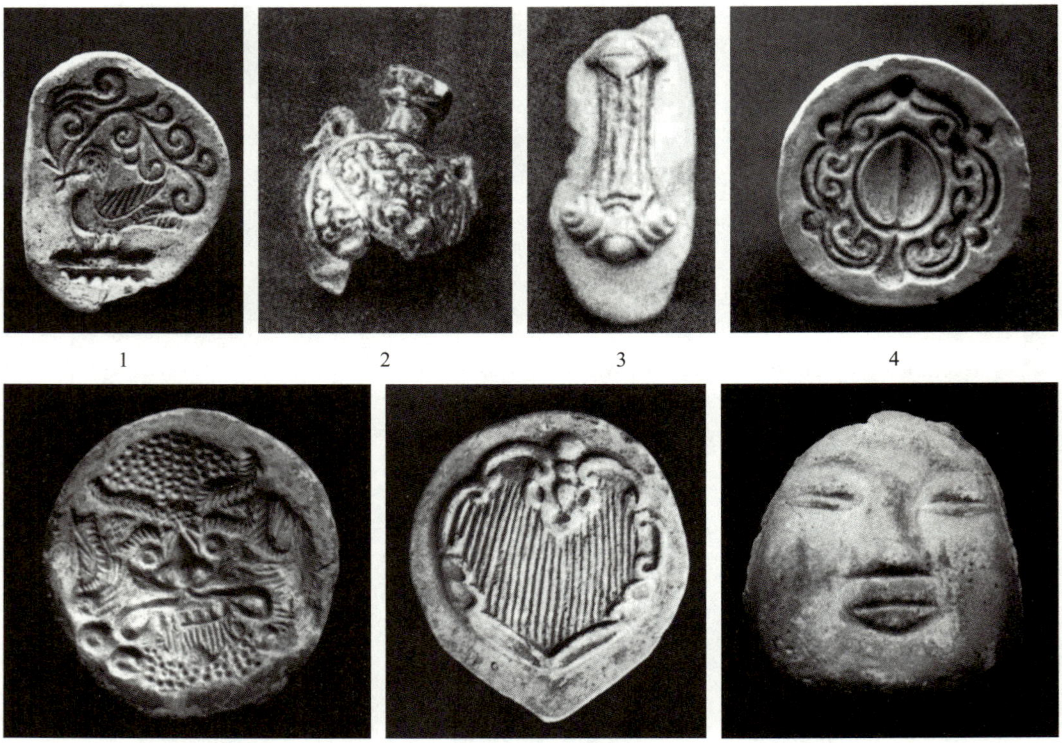

图二　黄冶窑所出贴花与人面模

1. 雀衔卷草贴花模（7943）　2. 龙面纹扁壶　3. 带状花蕾形贴花模（1075）　4. 花蕾形贴花模（7942）

5. 龙面纹贴花模（1065）　6. 樱花纹贴花模（0857）　7. 女俑面模（1076）

材的贴花，多饰在三彩或单彩的壶及白瓷壶的上腹部，也见饰于小型扁壶腹部。”[2]（图二，2）标本1071，为制模模具，系龙面贴花模模具，粉红胎，整体呈圆饼形，正面刻龙面浮雕，露齿衔环，瞠目，双角向下卷曲，头顶有花形饰，形象生动（图三，1）。模背面中央刻“鲁□□作丁”字样，两侧各刻“上下”二字，以便于制模时不致错位，模径6～6.5、厚3厘米（图三，2）。标本0984，制模模具，虎面贴花模，整体基本呈圆形，粉红胎，虎面突眉暴目，阔口高鼻，两道排牙，形象威严可怖。模径4、厚1.2厘米（图三，4）。这种虎面贴花一般装饰在三彩三足炉或三彩罐的腹部（图三，3）。标本0480，为骑狮贴花模，粉红胎，模体基本呈长方形，线条清晰，骑者身着紧身衣裤，一手拍打狮背，狮子仰身翘尾，作飞奔状，显得雄健有力，给人一种动态较强的美感。模高7、宽10、厚1.5厘米。这种骑狮贴花仅见装饰在三彩三足炉的上腹部（图三，6）。标本0481，系婴戏纹贴花模，粉红胎，模体略呈椭圆形，图案中的婴儿作跪状，上身赤裸，一手持花，神态活泼可爱。模高5.5、宽5、厚15厘米（图三，5）。以婴孩为素材的贴花多装饰在三彩三足炉或三彩瓶的上腹部。标本0482，为塔形纹贴花模，粉红胎，模体略呈长方形，上部形似花蕾，中部为由花瓣衬托，底部外突似叶

图三　黄冶窑所出贴花模

1. 龙面纹贴花模（1071）　2. 龙面纹贴花模背面（1071）　3. 器腹上的虎面贴花纹　4. 虎面纹贴花模（0984）　5. 婴戏纹贴花模（0481）　6. 三足炉腹部的骑狮贴花纹（0480）

片，构成一幅对称的塔形图案。模高6、宽3.5、厚2.8厘米（图四，1）。标本7939，为半圆形贴花模，残，粉红胎。模高7.5、残宽5.6厘米（图四，3）。

人面模　标本1076，为制模模具，胎呈灰白色，为一妇女面部形象，上窄下宽，面庞丰腴，长目细眉，容貌清秀，笑容可掬，模高7、宽6.5、厚1.5厘米，为形体较大的女俑面部印模（图二，7）。

器鼻模　标本1990，为器鼻模，灰白胎，模体呈椭圆形，器鼻上部作乳状突起，下部呈垂胆形，素面。模高5.5、宽4.5、厚2厘米（图四，2）。这种器鼻仅见粘接在一种浑圆形敛口钵的肩部。器鼻脱模后，多在乳突处穿孔（图四，4）。

图四　黄冶窑所出贴花模与支烧模

1. 塔形纹贴花模（0482）　2. 器鼻模（1990）　3. 半圆形贴花模（7939）　4. 三彩残钵片　5. 井模（1072）　6. 支烧模（1070）　7. 三叉形支烧

井模　标本1072，系井模形模具，粉红胎，陶质坚硬，模体呈方形，正面刻“井”字形构架，其中为圆坑形井体，一侧有倾倒井水的半圆形水池和水流通道，“井”字形构架四周刻纵横沟槽，象征方砖铺地，模背面内凹，有明显手捏痕，模边长11、厚3.5厘米（图四，5）。此模所制的陶井模型，作为冥器，常见出土于各地唐墓中。支烧模标本1070，系三叉形支烧模，灰白胎，模体呈三角形，模内支烧为三叉形，顶端各有一尖状支钉，横长6、宽6.2、厚2.5厘米（图四，6）。这种三叉形支烧是黄冶窑址常见的一种窑具，出土数量甚多（图四，7）。

2. 合模

黄冶窑合模模具的应用相当广泛，适用于制作小型人俑、动物俑、禽俑、多棱形器皿、乐器、窑具等。合模的接合部位往往刻有吻合符号，使合模时不至于错位。合模模具的形状和用法是根据制品造型的要求而定的。部分模具背面刻字，内容一般是工匠姓名或写某人自造的，也有个别反映制作年代的，为我们对三彩制品的分期断代提供了确切依据。

（1）左右合模

骑马俑模　标本1007为左模，标本1008为右模，系骑马俑模，灰红色胎，模内为一男子，着长袍，稳坐马鞍上，马昂头直立，膘肥体壮，人与马的轮廓清晰，但线条刻划相当粗率，可能系脱模后需进一步雕刻细部，模上相应部位刻有沟槽作为合模定位符号，模高15、宽10厘米，两模相合后厚9厘米（图五，1）。

兽俑模　标本0485，兽俑模，残，粉红胎，模内兽俑体态似水牛，昂首，直立，瞠目，张口，头顶有一束长毛，耳后有弯角，模高6、残宽5、厚1.5厘米（图五，3）。

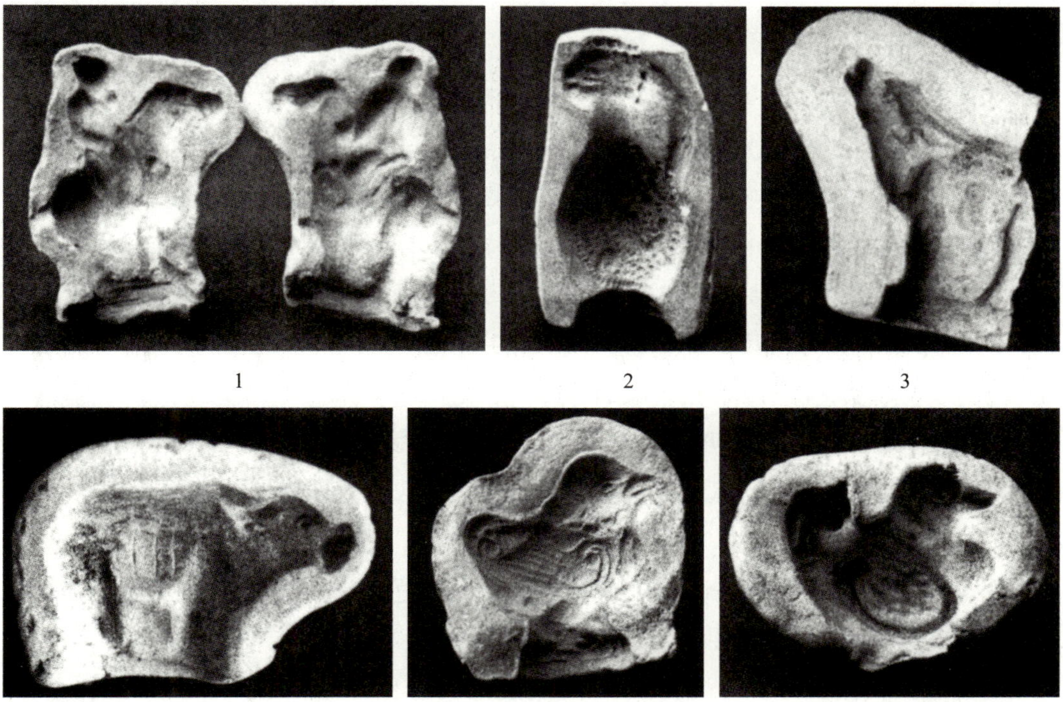

1　2　3　4　5　6

图五　黄冶窑所出动物俑模

1. 骑马俑模（1007、1008）　2. 凤头壶模（7970）　3. 兽俑模（0485）　4. 水牛俑模（1009）　5、6. 鸳鸯俑模（0982、0979）

水牛俑模　标本1009，系左侧模，胎呈灰白色，模正面水牛俑线条清晰，模背面刻一“元”字，上部刻并排两道沟槽，作为合模定位符号，模高6、宽9、厚1.7厘米（图五，4）。

鸳鸯俑模　标本0982，鸳鸯俑模，胎呈粉红色，模的体形较小，轮廓清晰，线条流畅，模内鸳鸯伏卧于圆形台座上，羽毛丰满，姿态优美，形象生动逼真。模高5.6、宽5.5、厚2.2厘米（图五，5）。标本0979，为鸳鸯俑模，胎呈灰白色，模体呈椭圆形，模内鸳鸯线条疏朗，粗犷，无台座，伏卧状。模高4、宽5.6、厚2.5厘米（图五，6）。标本0479，为鸳鸯俑模，粉红胎，模的形体较大，形象与标本0982基本相同，模高7.5、宽8、厚3.5厘米。

凤头壶模　标本7970，白胎。高12.8、宽7.4、厚4厘米（图五，2）。

象俑模　标本7969，粉红胎，尾部残。高7.3、长6.5厘米（图六，1）。

坐俑模　标本0485，上部残失，残存部分为下体，为女俑，其裙褶清晰可辨。模残高10、宽6.5、厚5厘米（图六，3）。

鸟俑模　标本0783，为鸟俑上模，胎呈灰白色，模内飞鸟作昂首展翅自由飞翔状。模长6、宽4.2、厚2.5厘米（图六，4）。洛阳、巩义等地唐墓出土的文吏俑，其冠上的鸟饰与此模印鸟的形态、大小相一致，表明这种鸟纹可能即文吏俑的冠饰，同时亦表明黄冶窑也产文吏俑。标本0475，亦为鸟俑上模，模内飞鸟呈展翅飞翔状。模长5、宽4、厚2厘米（图六，2）。标本0983，鸟俑上模，胎呈粉红色，模内飞鸟背部羽毛卷曲，翅与尾的羽毛作平行直线形，展翅飞翔。模长6、宽4.2、厚2.5厘米（图六，6）。标本0977，为鸟俑上模，体形较小，模内鸟的形态与标本0983相同。模长4.5、宽4、厚2厘米（图六，7）。标本7914，为鸟俑上模，粉红胎，模内鸟背部羽毛卷曲，翅与尾的羽毛作平行直线形，呈飞翔状。模长6.5、宽4.5厘米（图六，5）。标本0981，系鸟俑下模，胎呈灰白色，模内只做出鸟的腹部和颈部。模长6.5、宽3.7、厚2厘米（图六，9）。标本8120，为鸟俑下模，粉红胎，模内为鸟的下腹部。长6.5、宽4.2厘米（图六，8）。

龟俑模　标本1110，系印模模具，为龟俑模下模，胎呈灰白色，俑头部残失，模体形较小，略呈片状，龟腹部隆起，四足作内缩状。模长4、宽3.5、厚1厘米（图六，10）。

（2）前后合模

人俑模　标本0477，为小型伎乐俑前模，胎呈粉红色，模内伎乐俑作盘坐状，体态丰满，头绾双髻，面带笑容，手抱乐器，似在弹奏。模高7、宽5.5、厚3厘米（图七，1）。黄冶窑出土的小型三彩伎乐俑，形状各异，洛阳与巩义地区唐墓中多有出土。标本1069，系伎乐俑前模，粉红胎，伎乐俑盘坐在圆形台座上，满面带笑，手抱雕花筒形物，似在演唱，模高10、宽6、厚2.5厘米。标本0478，伎乐俑前模，胎呈粉红色，模内伎乐俑面部丰满，手持乐器，坐在圆形台座上，模高7.5、宽4.5、厚3厘米（图七，2）。标本0254，为

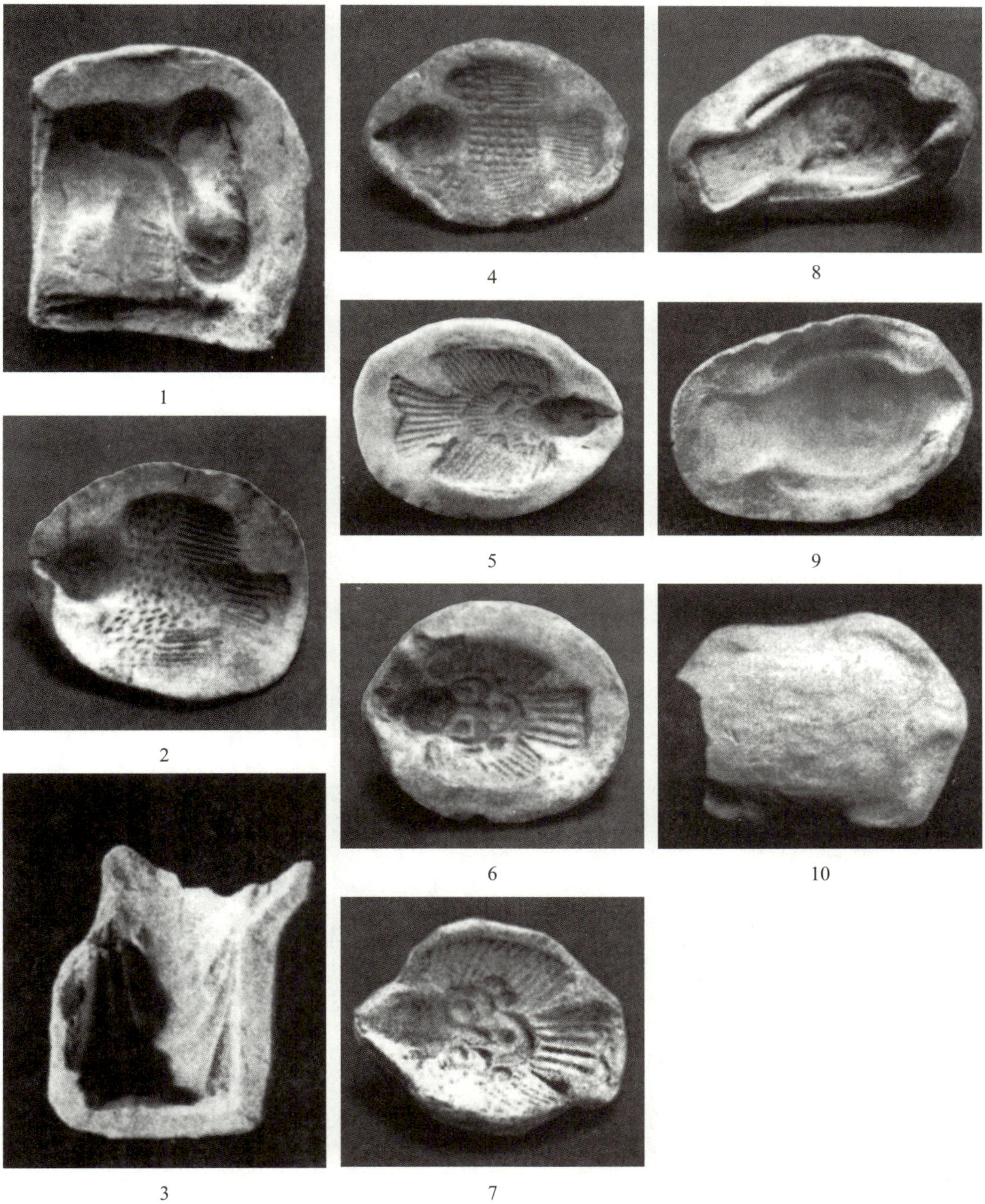

图六　黄冶窑所出动物模及模具

1. 象俑模（7969）　2. 飞鸟俑上模（0475）　3. 坐俑模（0485）

4～7. 鸟俑上模（0783、7914、0983、0977）

8、9. 鸟俑下模（8120、0981）　10. 龟俑下模（1110）

大型人俑后模，粉红胎，模内人俑作端坐状，轮廓清晰，头部两侧为耳轮，模高38、宽28、厚13厘米。此模是黄冶窑址目前出土的形体最大的一件人俑模（图七，6）。标本7941，人俑前模，粉红胎，模内为一男俑，头戴幞头，身着前襟长袍，盘坐在圆形台座上，八字胡，满面笑容。模高9、宽6.5厘米（图七，3）。标本8001，为人俑后模，粉红胎，模内仅做出俑的背部。模高9、宽6.5厘米（图七，4）。标本8110，系女俑模，双手合于胸前，为女性舞伎，散发扬起，衣裙飘动，翩翩起舞，极富动感（图七，5）。

动物俑模　标本7915，系子母猴俑前模，灰白胎。高8、宽7.5厘米。标本1111，系猴头埙前模，粉红胎，仅残存上半部，猴头眉、眼、鼻、发线条清晰，小眼睛，高鼻梁，满头长发，顶端有一圆孔，以供所制埙穿戳吹孔之用。模残高4、宽5.5、厚3.5厘米。标本0978，为猴头埙前模，半球形，胎呈粉红色，猴头埙头顶与面部两侧均长满长发，小眼，高鼻，阔口，顶部有一圆孔，两颊各有一按音孔。模径5.5、厚3.4厘米，猴头埙在黄冶窑址出土数量甚多，分为素烧和施釉两种，形象与模内猴头埙基本相同。此外，还有几种与此形象不同的猴头埙。标本0689，为埙模后模，灰白胎，整体呈半球形，背面部刻一“翟”字，模上部有一圆孔，供穿吹气孔

1　　2　　3

4　　5　　6

图七　黄冶窑所出人俑前后模

1、2. 伎乐俑前模（0477、0478）　3. 人俑前模（7941）　4、6. 人俑后模（8001、0254）　5. 女俑模（8110）

之用，下部有两刻槽，为合模定位符号，模径5.5、厚2.5厘米（图八，3、4）。标本0947，为制模模具，灰白胎，为人面埙模，造型呈圆形，人面浓眉，宽鼻，抿嘴，面目滑稽可笑，犹如古代以戏谑取笑于人的俳优，其头顶部有一吹气孔，两面颊各有一按音孔。模径4、厚4厘米（图八，2）。标本7916，为猴头埙前模，半球形，胎呈灰白色，模内猴头顶部满布长发，圆眼，高鼻，阔口，头顶有圆形吹孔，两颊各有一圆形按音孔。直径5厘米，厚2厘米（图八，1）。标本1068，系兽俑前模，灰白胎，整体呈椭圆形，模内动物形象似虎。模长10、宽5、厚2厘米。标本0476，为虎俑模前模，胎呈粉红色，模内虎的形体较小，扬尾直立，侧首，两目圆睁，牙齿外露，形象雄武威严，项下似带一颗小铃铛。模高8.5、宽7.5、厚3.7厘米（图八，5）。标本7971，为虎模前模，白胎，与标本0476基本相同。长12.8、宽7.5、厚3.5厘米（图八，6）。

图八　黄冶窑所出埙模及虎俑模

1. 猴头埙前模（7916）　2. 人面埙模（0947）　3. 埙模后模（0689）　4. 埙后模背面（0689）　5、6. 虎俑前模（0476、7971）

3. 印花模模具

印花洗模模具　标本0188，胎呈粉红色，模体呈圆饼形，周边多残损，模内刻宝相花，花中央刻飞雁纹，构图严谨，明快而饱满，富有装饰效果。模径22、厚0.6厘米。这种印花图案常见装饰在三彩盘内壁底部。

印花碗模具　标本0407，系制模模具，为五棱形碗外模模具，模体呈圆形，模背面中间有提梁，以便于起模，所饰鱼纹鳞鳍俱全，似在水中游动，富有装饰趣味。模高4、径11厘米（图九，1、2）。在我国陶瓷史上，历代多有以鱼纹为装饰题材的。“鱼”与“余”同音，可能含有“年年有余”之意。

4. 组合套模

用于制作形体比较大，或器形比较复杂的三彩制品。如马、驼等动物俑。这些动物的头、四肢、腹胸、尾等，是采用多组成套模具分别制成，然后粘接在一起。高大的人物俑，多是头部和躯体分别制作，在颈部粘接，或头部颈下设插柱，直接插入体腔部预留的孔中。

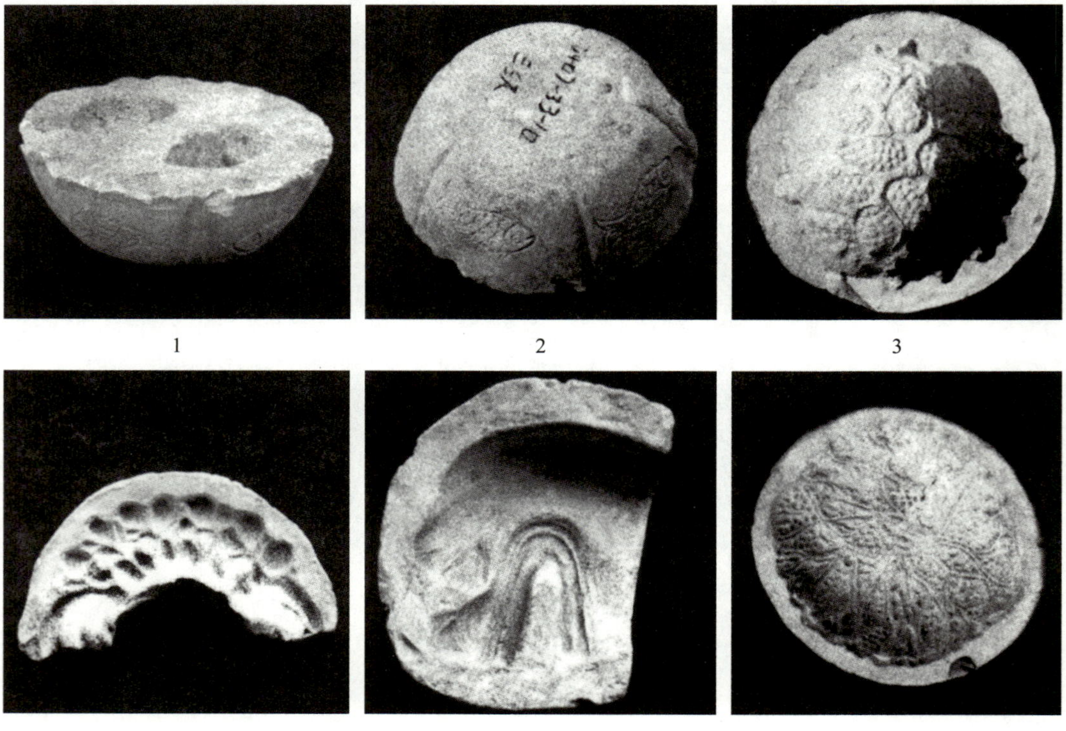

1　2　3　4　5　6

图九　黄冶窑所出器物模与动物模

1. 印花碗外模具（0407）　2. 印花碗外模具底部（0407）　3、6. 圜底杯分模（0733、0737）　4. 圜底杯侧边雕花模（0735）　5. 动物俑分模（1073）

动物俑模　标本1073，为组合套模的分模，胎呈灰白色，看不出模中是何种动物。模高12、宽10、厚5厘米（图九，5）。

杯模　标本0733，为圜底杯分模，胎呈粉红色，形制与标本0737相同，只是装饰花纹更密集一些。模径14.5、厚7厘米（图九，3）。标本0737，圜底杯分模，胎呈粉红色，模内为杯体部，周体布满球形花纹装饰，模体呈半圆球形。模径11、厚4.7厘米（图九，6）。标本0735，为圆形圆底杯侧边雕花模，胎呈粉红色，模整体呈弧形，系与杯体模组合配套的分模，制坯时，将对称两雕花模分别置于杯体模之上，模长12.5、宽4.5、厚2.8厘米（图九，4）。这种圜底杯制作工艺十分复杂。巩义市芝田镇一唐墓出土的这种三彩杯，被列为国家一级文物。

三、模制成型工艺

一件三彩制品的制作，需经过陶土的揉练、模印、粘接、贴敷、刮削、修整、干燥、焙烧、挂彩、施釉、彩绘等数道工序才能完成。

用于成型的模具，是首先经过制品造型的巧妙构思、设计，在泥坯上雕塑制成的，而且合模部位严若一体，体现了黄冶窑匠师们高超的雕塑水平。三彩制品的模具成型，有着严格的造型要求。最重要的是强调造型的整体性和规范化。如要求体形规整，颜面清晰，纹饰细致，粘接处附着性强等。所以，每一件制品脱模后，其细部特别是接缝处，都需经手塑和刮削加工。制作难度最大的是造型复杂和形体较大的制品，这类制品在脱模、粘接、钻孔、修削、焙烧过程中，往往因出现断裂、变形现象而成为废品。

在模制成型的坯体上，采用不同的釉料和呈色剂，运用点彩、描彩、涂绘、自由流淌等技法施釉，经过适当温度进行焙烧，即成为造型优美、色彩鲜艳的三彩制品。这一制作过程充分显示了唐代黄冶窑的工匠在长期艰苦实践中不断积累和总结经验，并在此基础上创造出来的一套行之有效的三彩制品制作工艺。

注　释

［1］　刘建洲：《巩县黄冶窑唐三彩玩具的艺术特点》，《中原文物》1984年第4期。

［2］　陈立信、廖永民：《巩义市大小黄冶唐代三彩器窑址调查》，《中原文物》1992年第4期。

（原载于《华夏考古》2001年第1期）

黄冶窑唐三彩的绞胎器

黄冶窑址位于河南省巩义市（原巩县）东北约6千米的黄冶村附近。黄冶窑是目前发现的唐代烧造三彩制品和绞胎制品规模最大、持续时间最长的一处窑场，它在中国陶瓷史上占有相当高的地位。初唐开始创烧三彩制品，盛唐已发展成熟，逐步达到鼎盛阶段，并开始烧造绞胎和搅釉制品。中晚唐仍继续发展，并且三彩制品与绞胎制品又出现一些新品种。五代时期，烧造规模逐渐缩小，到宋、金时期停烧。烧造历史长达500余年。

一、制作工艺

绞胎是盛唐晚期陶瓷业始创的一种全新的成型工艺。绞胎器以其特有的华美、高雅的艺术风格，很快成为名贵陶瓷器品种，为陶瓷利用胎体进行装饰的技法开辟了一条新途径。

绞胎器的制作工艺相当复杂，难度大，技术性强。熟练地操作，科学地处理好每道工序，才能够成功地烧制出合格的绞胎产品。

黄冶窑绞胎器的制作，有一套成熟的、要求严格的工艺流程。一件绞胎器的制作，须经过陶土的过滤，胎泥的揉练、拉坯、切片、贴敷、粘接、拼镶、刮削、修整、干燥、磨光、施釉、入窑焙烧等数道工序才能完成。有的还须模压成型。成型制品，不仅要经过巧妙的构思设计，合乎用度与欣赏要求，而且特别强调制品的整体性和形体的规范化，如粘接处附着性强，形体规整，器面光润洁净等。纹理装饰，即所谓绞胎技法，是利用两种不同色调的泥料，分别制成坯泥，并把不同色调的坯泥擀成板块，相间叠合，然后进行特定的绞揉、切片、拼镶、贴合、模压，器胎上便呈现出不同色调相间、变化多端的纹理；入窑焙烧，首先要熟练地掌握与调整好两种泥料的收缩率与耐火度，以适应同一的烧成气氛和烧成温度，从而避免焙烧过程中发生开裂、剥落或夹生等现象。

绞胎枕是黄冶窑绞胎制品中的主要产品。从残片断面可以看出，绞胎工艺大致有两种技法。

（1）全绞技法。即按绞胎工艺要求，将胎体全部加以绞制，器胎内外壁绞花由表及里内外相连，因而内外壁呈现的绞花纹理相同，故俗称“透花器”（图一，1；

1

5

2

6

3

7

4

8

图一

1. 全绞胎器残片　2. 半绞团花纹枕残片　3. 搅釉碗残片　4～6. 菱形纹绞胎枕残片

7. 五瓣花朵纹绞胎枕残片　8. 三瓣三角形团花纹绞胎纹枕残片

图四，2）。

（2）半绞贴片技法。即将事先绞好的带有花纹的绞胎泥片，敷贴或镶嵌在坯体表面，坯胎内层则为素胎。绞花层一般约占器胎厚度的三分之一，三分之二的内层为白色或粉红色素胎（图一，2）。

素烧绞胎器残片的存在，表明制作成型的坯胎先经过素烧，烧成正品之后，在器表施一层高度透明釉，再次入窑焙烧始为成品。透明釉有白、黄、淡黄、浅绿等色，或白、黄、绿三色合用。

黄冶窑还生产为数不多的搅釉器，与绞胎器一样，都是唐代早中期创烧的一种名贵陶瓷品种。其制作技法是以两种不同颜色的釉汁搅和一起，用笔蘸釉汁在坯体上描绘、涂抹而成（图三，3）。

二、黄冶窑址出土的绞胎器

绞胎器是黄冶窑的重要产品之一。中华人民共和国成立前后，在黄冶窑址考古调查、发掘以及一些不法分子盗掘当中，出土一百多块绞胎器残片和未施釉的素烧器残片。由于绞胎器制作工艺繁杂不易掌握而成品率相当低（无釉坯胎残片之多即是证明），因而产量和品类都远比不上此窑场所产的三彩制品。品类主要是枕，约占所产绞胎器总数的90%以上，此外有盘、杯、碗、盏等。

1. 枕

出土完整和可复原的绞胎枕5件，另有百余块残片。基本上可分为三种形式。

箱形枕。近正方形，枕面平直，边棱呈直角，或枕面稍凹。形体较小，一般长10.5～14、宽5.5～9.5、高5～7.6厘米。标本8980，完整，枕面稍凹，器胎为白色与褐色相绞，周身饰绞胎木理纹，绞花内外壁相连，器表施淡褐色透明釉。长12.5、宽7.5、高6.5厘米（图四，1）。标本0176，可复原，器胎为白色与棕色相绞，器表施淡黄色透明釉。枕面稍凹，边棱分明，周身饰绞胎木理纹，器壁绞花内外相连，似木纹盘转，胎壁较薄。长10.5、宽6.5、高5.5厘米（图四，2）。

长方形枕。完整者2件，此外出土残片可看出器形者甚多，长方形枕是黄冶窑所产绞胎枕中的主要品种。一边稍长，角棱经修圆或抹平，枕面稍内凹，枕的侧壁均留一圆孔。枕面往往饰圆形花朵图案或菱形图案。标本0371，完整，粉红胎，枕面饰分布均匀的圆形朵花纹。长12.5、宽5.5厘米（图四，6）。标本0372，完整，粉红胎，枕面饰菱形图案。长14.7、宽10.5、高8厘米（图四，5）。以上2件完整器均现存郑州博物馆。标本0110，仅存枕面，器胎为粉红色与褐色相绞，器表施黄色透明釉。枕面稍内

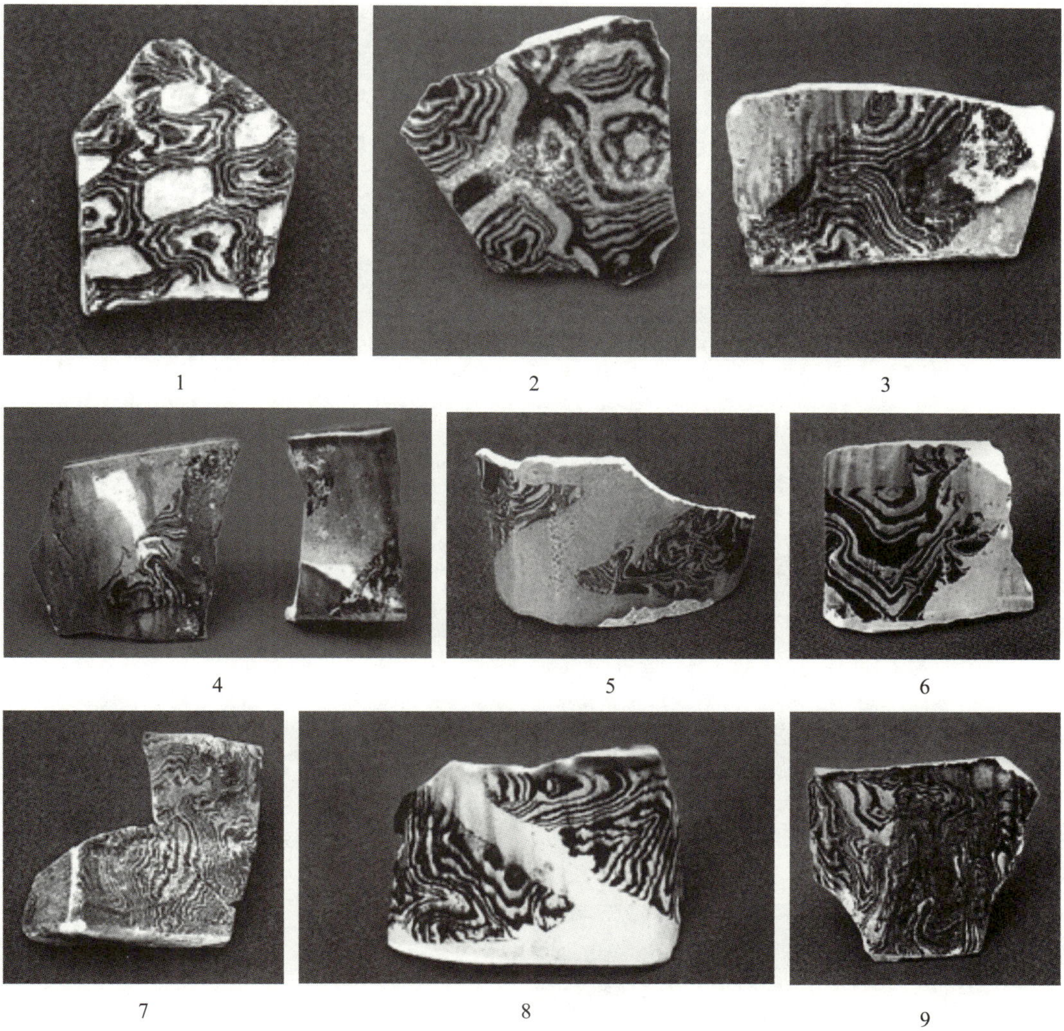

图二

1、2. 琥珀纹绞胎枕残片　3～9. 木理纹绞胎枕残片

凹，饰绞胎菱形纹。长11、宽7厘米（图一，4）。标本0111，仅存枕面，器胎为浅灰色与深褐色相绞，器表施一层灰白色透明釉，有细开片，显得色彩暗淡。枕面饰五角形花朵绞胎图案。长11、宽7厘米（图一，7）。

扇形枕。仅见残片，枕两侧上下边平直，前后上下边均为弧形，一长一短，枕平面呈扇面形，前壁上部有一圆孔。枕面镶嵌绞胎圆形图案，枕面其他部分与枕的四壁满饰太阳纹印花。枕表面施绿色或褐色透明釉。1999年5月，郑州市一北宋墓出土一件完整扇形枕（图四，3），当系黄冶窑所产，为北宋初年产品。

如意形枕。完整。器胎为白色细陶，仅枕面镶嵌绞胎图案。一侧器壁平直，其他各面作弧形弯曲，枕面呈如意头形。枕面以太阳纹印花为地，中部镶嵌圆形绞胎图

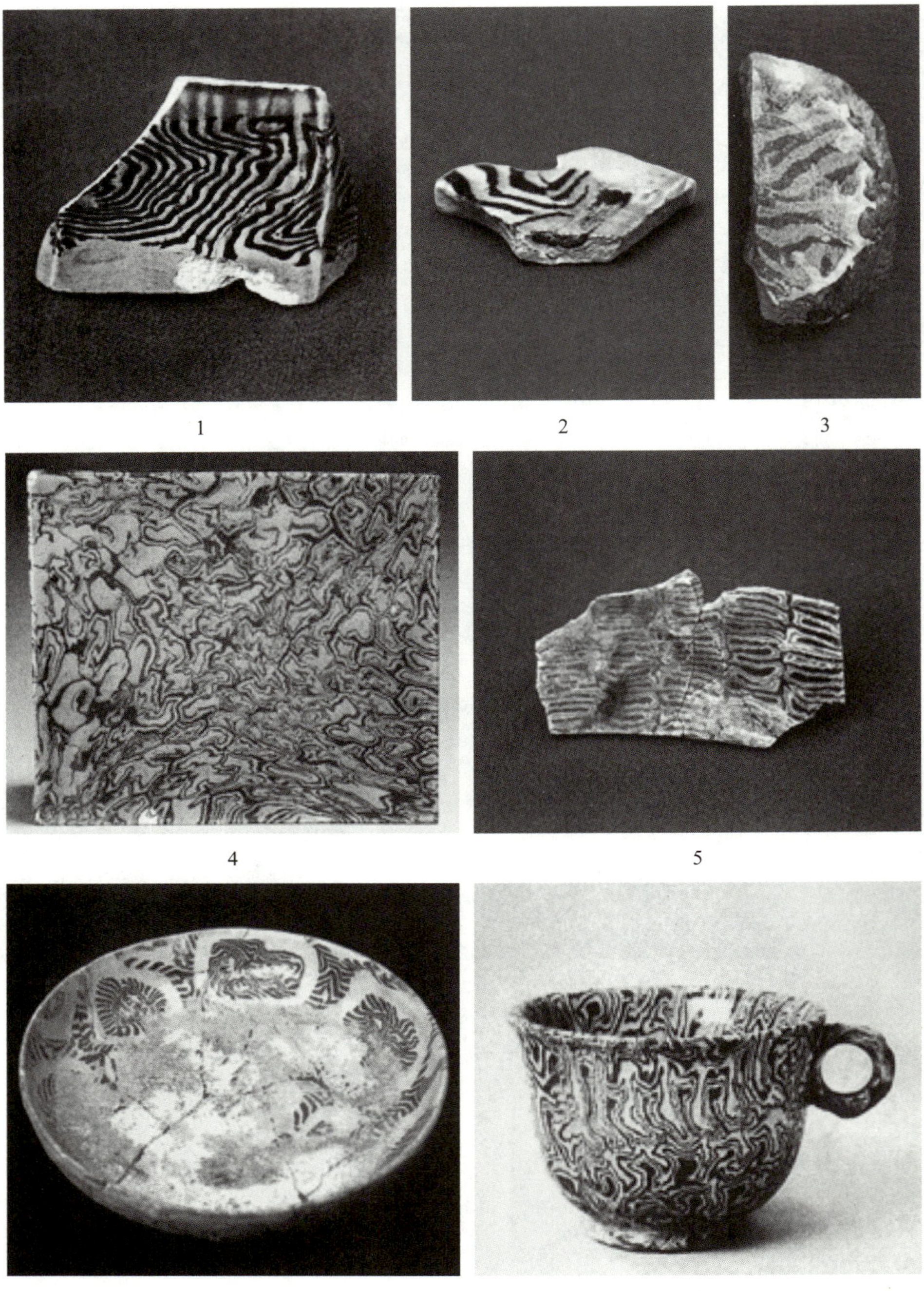

图三

1、2. 虎皮纹绞胎枕残片　3. 虎皮纹绞胎碗底部残片　4. 木瘿纹带纹绞胎枕
5. 回形条带纹绞胎枕残片　6. 团花纹绞胎盘　7. 木瘿纹绞胎杯

1

4

2

5

3

6

图四

1、2. 箱形木理纹绞胎枕　3. 扇形绞胎团花枕　4. 如意形绞胎团花枕
5. 菱形纹长方枕　6. 圆形花朵纹长方枕

案，两侧镶嵌桃形绞胎图案，周壁满饰太阳纹印花。枕面与周壁靠边沿处各饰两道平行弦纹。长21、宽13、高11厘米（图四，4）。为北宋初年产品。

2. 盘

仅见残片。浅式，直口，平底，通体绞胎。巩义市芝田镇唐墓中出土一件此窑所产完整器，口径12.8、高2.8厘米（图三，6）。

3. 杯

仅见口部残片。圆唇，沿稍卷。流散国外的一件绞胎杯（图三，7），与此窑烧制的褐釉杯和素烧杯形制与纹样完全相同，显然为黄冶窑所产。

4. 碗

仅见底部残片。胎较厚，平底，饰绞胎虎皮斑纹（图三，3）。另一件为搅釉碗残片，平底圈足，搅釉呈棕红色（图一，3）。

三、各地出土与流传的黄冶窑绞胎器

绞胎器和搅釉器多出土于唐代都城长安和东都洛阳部分上层人物墓葬中。此外，宋代钜鹿故城址发掘中发现了少量绞胎器[1]。这种情况说明两点：一是绞胎器作为一种新兴的名贵陶瓷，一经问世便很快得到宫廷、权贵、豪富之家的专宠；一是绞胎器的兴起，可能与唐代厚葬风气有密切关系。

陕、豫两省出土的绞胎器多数为国内各地文博部门收藏，少量流入个人收藏家手中，并且有一部分精品流散国外。从器类看，数量最多的是枕，其次有杯、盘、碗、罐、钵、执壶等。不难看出，这些绞胎器与黄冶窑烧制的绞胎器，在品类、形制、纹理以及艺术风格等方面基本相一致，因之可以断言，其中大部分应是黄冶窑所产。上海博物馆所藏的一件绞胎枕，枕面有三组圆形团花，底部刻“杜家花枕”四字。苏州博物馆所藏的一件绞胎枕，枕面有一组圆形团花和两组花蕾状纹样，枕底刻“裴家花枕”四字。由此可知，这种绞胎枕当时被称为“花枕”。“杜家”“裴家”字样显然含有“广告”“商标”的性质。

中国历史博物馆收藏的1件绞胎枕[2]，长方形，器胎为粉红色与深褐色坯泥相绞。枕面中部稍凹，周壁平直，四边修圆，底部平坦。枕面为相连的两组近方形五瓣绞胎团花，周边与四壁为间隔不规则绞胎纹。枕面施黄色透明釉。前壁中部有一圆孔。长14.8、高7.5厘米。香港著名收藏家杨永德先生伉俪捐赠的唐代绞胎枕4件、宋初绞胎枕2件，都属黄冶窑产品[3]。唐代绞胎枕有箱形枕1件，略近方形，枕面平坦。器胎为灰白色与黑褐色相绞。枕面与四壁饰绞胎仿木瘿纹。器表施褐黄色透明釉。有细开片，施釉到器底。器底亦绞胎，有“品”字形三个小支钉痕。长边左侧有两个小圆孔。长10.8、宽9.3、高5厘米。另3件为长方形枕，形制相同。枕面平直，四角抹平。器胎为灰白色与褐色相绞。器表施黄色透明釉。枕面中央为菱形绞胎团花纹、圆形五瓣绞胎团花纹，四壁为绞胎虎斑纹。前侧中部有一圆孔。器底大部露胎，有两处支烧痕。长11.6～15.6、宽8.4～11、高5.9～8.1厘米。宋初绞胎印花枕2件均为如意形枕。器胎通体为灰黄色细陶，仅枕面镶嵌绞胎纹样。一侧器壁平直，其他各面作对称起伏弧形弯曲。其中一件底部刻“裴家花枕”四字，器壁背侧中上部均有一圆孔。枕面以圆花为地，镶嵌两圆形五瓣绞胎团花和两桃形绞胎图案，枕周壁满饰圆形太阳纹印花，枕面周边与周壁边沿各饰两道平行线纹。器表施淡黄色透明釉至器底，有细开片。器底有篦划纹，施深绿釉。体形较大，长21.1～22.4、宽14.4～14.6、高10.1～11.7厘米。

已流散国外的一件绞胎三足盘[4]，口径13.5厘米。与巩义市芝田镇唐墓所出绞胎盘的形制、纹理、尺寸基本相同。

四、绞胎器的纹理

绞胎器的胎质，一般比较坚硬，也有一部分胎质较松，特别是五代宋金时期的绞胎器，因胎质疏松而形成器表彩釉脱落、露胎现象。胎泥的颜色以白色与褐色、深褐色为主，其次为粉红色、棕色。

纹理，由于采取的绞揉、拼接方式不同而变化多端，以致绝无纹样完全相同的图案。大致可分为以下几种。

菱形图案。仅饰于枕面，多以两个或四个小菱形纹组成一个大菱形图案。最常见的是由四瓣方形团花组成，周壁饰以虎皮斑纹或木理纹（图一，4～6；图四，5）。

圆形花朵图案。仅饰于枕面，往往以多组团花布满整个枕面，装饰效果很强（图一，2；图四，6）。

三瓣三角形团花图案。仅见装饰于枕面，往往遍布整个枕面。团花之间以条带相连，组成一个整体（图一，8）。

琥珀纹图案。多饰于枕面，以条带组成网络形图案（图二，1、2）。

木理纹图案。应用最广泛，常见饰于枕的四壁以及盘、碗、杯等器的腹底部。木理纹的特点是富于变化。枕的四壁往往以宽带与素胎间隔分布而别具特色（图二，3～9）。

虎皮斑纹图案。多饰于枕的四壁，作条带形弯曲，表面施一层黄色透明釉，看上去酷似虎皮，富有装饰性（图三，1～3）。

木瘿纹图案。多见饰于枕的周身或杯的上壁。乍看似无一定规则，任意勾勒，实则有着严格的构图要求，即整体上格调均匀、一致，具有灿若云锦的装饰效果（图三，4、7）。

回形带纹图案。数量较少，仅见用于箱形枕枕面。器面多施浅绿或黄、绿色透明釉（图三，5）。这种纹饰的格调迂回盘曲，别具一格。

五瓣花朵图案。仅用于长方形枕的枕面上。花朵外围呈五角形，中央有点状花蕊，周围为数道环形花瓣。多组花朵布满枕面，相当别致（图一，7）。

五、结　语

1. 绞胎枕的演变与制作工艺

绞胎枕是黄冶窑绞胎器中的主要产品，从其发展演变情况看，盛唐时期多为近正方形的箱形枕，形体较小，边棱平直，或枕面中部稍凹，绞胎纹样主要是木理纹和木瘿纹，往往器底亦为绞胎；中唐时期，工艺水平达到顶峰阶段。绞胎枕的造型新颖，出现长方形枕，一侧壁较长，不仅体形有所增大增高，而且角棱普遍处理得浑圆或抹平，更适宜于作卧枕之用；纹理亦渐趋繁复多样。五代至北宋初期持续发展，出现如意形枕和扇形枕，体形进一步增大增高，但只是在枕面上镶嵌圆形或桃形绞胎图案，枕体其他部位则是白色或粉红色胎，器表饰以印花太阳纹。这种现象可能表明绞胎器的制作工艺已经退化，渐趋消失。

从黄冶窑绞胎枕的制作工艺来看，由于较早的绞胎枕多采用全绞技法，纹样单纯，主要是木瘿纹和木理纹。盛唐晚期开始，逐渐被半绞技法所取代，绞胎纹样日趋复杂多样。前者与后者相比较，可以明显看出，半绞工艺既取得了全绞工艺的装饰效果，又减少了全绞工艺的制坯难度，而且可使多种纹样任意组合、拼镶，从而制作出花样翻新、层出不穷的图案。从中晚唐时期枕面上的花朵纹样、菱形纹样、琥珀纹样等，到宋金时期枕面上组合镶嵌多种形状的团花图案，都充分显示了半绞工艺的先进性和优越性，具有制作方便、构图灵活、省工省料、图案多样化等特点，装饰效果更为突出。上述情况表明，半绞工艺是在全绞工艺基础上进一步发展、创新的必然结果。从此可以看到黄冶窑绞胎器制作工艺流程发展演变的轨迹。

2. 绞胎器纹理的艺术特色

冶窑绞胎器的造型与纹理装饰紧密结合，显得和谐、统一，并且器形规整，造型完美，釉色光泽度高，可谓工艺独特、制作精良，充分体现了我国古代陶瓷工艺美术的民族气息和独特的艺术风格。它的艺术价值很高，尤以独树一帜的绞胎纹理之美而占据优势。可以说，每一件绞胎器都是高贵的艺术珍品，甚至几块残片也是可贵的，这一点是其他陶瓷制品所比不上的。但是，绞胎器作为一种低温釉陶，其实用价值却有逊于其他陶瓷制品。

初看起来，绞胎器的纹理随意蟠屈而不拘常法，其实仔细观察，将会发现不同品类绞胎器纹理的格调、形式大体相近，显然有着一定的构图规则，遵循着一定的规律，而且工艺操作有着相当严格的要求。这种独特纹理的构思设计，究竟是怎样产生的，迄今学术界尚无定论。西方学者称为“大理石纹陶瓷器”（marbledware），“然而这只是借用的名称，其纹理显然并非模仿大理石”[5]。也有一些学者认为是模仿漆器的犀毗工艺[6]。犀毗，亦称“犀皮”，古代一种暗色漆器。明人黄成在《髹饰录》中说：“犀皮或作西皮或犀毗，文有片云、圆花、松鳞诸般，近有红面者，以光滑为美。”也有的研究者根据绞胎枕的纹理很像木纹，认为“很可能与一类特殊的木器——瘿器有关……其造型正仿自瘿木枕”[7]。还有人根据西方早在公元前15世纪在埃及、罗马和地中海东岸等地出现的饰鱼鳞形弧形纹的玻璃器，认为绞胎器即取法于这种玻璃器[8]。

总的来说，黄冶窑的绞胎器以优美新颖的造型，自然巧妙的装饰，晶莹华丽的色釉，合乎用度的体量，使之在形、纹、质、色与功用上达到高度的完美与和谐。有的观赏性大于实用性，这是日用器皿艺术化的具体体现。以上所述，都是唐代以前陶瓷制品所没有的特征。因此，绞胎器的烧制成功与黄冶窑所产唐三彩制品一样，成为唐代陶瓷制品在造型艺术和装饰艺术上取得杰出成就的一个显著标志。

还须提出：黄冶窑的绞胎器，大约从中唐开始一直到宋金时期，即755～1227年前后，曾远涉重洋输送到东亚、东南亚、南亚与欧洲、非洲等地，作为高雅华贵的商品在国际市场上流通，深受异邦各阶层人士的喜爱，被称为稀世珍宝予以收藏；还曾作为贵重礼品馈赠给友好交往国家的上层人士[9]。这种情况标志着当时中国的文化艺术在海外的广泛传播和产生的深刻影响。

注　释

［1］［5］［7］［8］ 孙机、杨泓：《绞胎器与瘿器》，载《文物丛谈》，文物出版社，1987年，188页。

［2］ 崔延芳：《汉唐陶瓷大全》，台湾艺术家出版社，2002年，413页。

［3］ 广州西汉南越王墓博物馆：《杨永德伉俪捐赠藏枕》，宝法德企业有限公司出版，1993年。

［4］ 同注［2］，293页。

［6］ 冯先铭等：《中国陶瓷史》，文物出版社，1987年，271页。

［9］ 〔日〕楢琦彰一：《日本的三彩与绿釉》，爱知县陶瓷资料馆编，1999年。

（原载于《中原文物》2003年第4期）

河南黄冶窑唐三彩的中子活化分析与产地研究

一、引　　言

唐三彩是盛行于唐代的铅釉陶器的总称，它因器物上光亮的黄、绿、蓝等多种釉彩而得名。在造型、装饰、釉色和烧制工艺等方面，唐三彩都是我国唐代鼎盛时期陶瓷手工业发展水平的一个标志。出土唐三彩的遗址和墓葬大部分集中在陕西和河南地区，这些出土唐三彩器物的产地和窑址归属是考古研究的重要内容。河南巩义市黄冶窑址是发现最早和面积最大[1]的唐三彩窑址。以前主要采用传统考古学和常量元素分析方法研究巩义黄冶窑唐三彩的器形、釉色、装烧工艺和胎质等特点，但是，缺乏与其他窑址所用原料的相关性研究，判定遗址和墓葬中出土的唐三彩器物是黄冶窑的产品也缺乏充分的科学依据，尤其缺少能反映产地属性的微量元素分析。

我们采用中子活化分析技术（INAA）对巩义黄冶窑址出土的唐三彩胎料的微量元素组成和部分主成分进行了分析，并通过数据的多元统计处理，研究了它与陕西黄堡窑[2]、西安西郊老机场窑址[3]出土的唐三彩胎料成分差别，为遗址和墓葬中出土的唐三彩产地认定提供了科学依据，也为这些窑址的原料配方和烧制工艺内在联系的研究提供了参考数据。

二、实　　验

选取36片河南黄冶窑出土的唐三彩残片（如表一），分别切割下15毫米×15毫米小块，去除表面受污染部分和釉层，用去离子水和超净水清洗，烘干后研磨成过200目筛的粉末样品。

表一　黄冶唐三彩样品表

样品编号	胎色	釉色	器物类型
1～9	白	绿	器皿
10～12	白	蓝	器皿
13、14	白	蓝、黄褐	器皿
15～21	白	黄褐	器皿
22～35	白	绿、黄褐	器皿
36	白	五釉	器皿

称30毫克左右的样品，用高纯铝箔包裹，在200℃下烘干约4个小时，然后将样品与化学标准和标准参考物（GBW07103）一起送入反应堆中进行中子辐照，照射时间为8h，中子注量率为5.0×1013n/cm^2·S。样品经冷却7～9天进行第一轮测量，18～19天开始第二轮测量。实验采用ORTEC公司生产的由高纯Ge探测器（GEM-20180-T型）组成的γ谱仪系统进行能谱测量，用SPA解谱程序对能谱进行拟合，实验给出样品中Na、K、Fe、Ba、La、Sm、U、Ce、Nd、Eu、Yb、Lu、Hf、Ta、Th、Se、Sc、Cr、Co、Rb、Cs共21种元素，分析数据如表二所示。标准参考物质中这些元素的测量结果和参考值十分接近，表明实验数据是可靠的。

表二　河南黄冶窑出土唐三彩的元素组成分析数据

样品编号	Fe	Na	K	Ce	Nd	Eu	Tb	Yb	Lu	Hf	Ta	Th	Sc	Cr	Co	Rb	Cs	Ba	La	Sm	U
	%			μg/g																	
1	0.90	0.33	1.35	157.0	52.8	1.08	0.86	4.15	0.49	13.40	1.83	26.4	18.1	68.0	3.90	73.3	4.69	443	104.0	7.16	5.82
2	0.34	0.27	1.75	159.0	51.5	0.82	0.62	3.50	0.44	14.50	1.73	23.3	18.9	74.1	1.17	59.8	3.51	389	107.0	5.44	4.79
3	0.43	0.24	1.56	157.0	47.1	0.81	0.58	3.16	0.43	16.00	1.63	21.8	18.5	75.0	1.37	61.9	4.41	351	111.0	4.68	4.69
4	0.94	0.36	2.20	146.0	62.4	1.56	1.04	3.74	0.41	12.20	1.65	27.1	20.1	79.1	2.78	86.2	5.95	530	93.5	9.37	5.24
5	0.52	0.25	1.89	150.0	54.6	0.92	0.75	3.76	0.44	12.50	1.73	22.4	18.3	74.1	1.63	71.2	4.82	410	97.3	6.28	5.05
6	0.69	0.25	1.51	165.0	57.3	1.19	0.87	3.89	0.46	12.50	1.76	22.4	18.9	75.4	2.02	76.2	4.88	420	109.0	7.45	5.09
7	0.58	0.24	1.54	153.0	52.1	0.99	0.74	3.67	0.45	11.90	1.89	23.9	18.5	72.8	1.39	77.6	4.92	434	104.0	6.47	5.05
8	0.86	0.31	1.93	133.0	57.3	1.42	1.23	4.03	0.48	13.10	1.75	27.8	18.2	71.8	3.58	82.6	5.42	502	90.1	8.55	5.58
9	0.70	0.25	2.01	173.0	58.9	1.26	0.92	3.86	0.49	12.10	1.80	21.9	18.9	74.9	2.39	81.1	5.00	462	115.0	7.57	4.93
10	1.13	0.40	2.05	204.0	94.0	1.77	1.35	4.75	0.60	11.40	1.87	27.7	24.4	83.4	14.40	93.6	6.34	601	127.0	13.10	7.67
11	0.92	0.28	1.47	160.0	61.6	1.53	0.99	4.17	0.49	15.10	1.95	28.0	19.4	74.9	4.90	77.9	4.87	474	105.0	9.10	6.11
12	0.51	0.25	1.35	149.0	52.8	0.98	0.82	4.05	0.55	14.30	1.70	24.9	18.7	72.9	1.95	73.6	4.95	444	96.3	6.68	4.56
13	0.91	0.29	1.85	140.0	61.1	1.71	0.99	3.79	0.44	12.60	1.68	27.4	19.1	72.9	11.80	82.9	5.44	466	90.3	10.10	5.33
14	1.25	0.31	2.14	140.0	58.6	1.60	1.11	3.83	0.42	11.70	1.77	28.4	19.1	74.7	4.72	81.9	5.81	483	91.3	9.42	5.52
15	0.45	0.28	1.89	164.0	53.4	0.76	0.54	3.46	0.47	14.60	1.69	25.0	19.5	74.0	1.60	61.4	4.02	392	108.0	5.85	4.54
16	1.17	0.33	1.95	146.0	58.8	1.34	1.00	3.89	0.48	12.10	1.73	26.5	18.4	76.4	3.08	74.7	5.21	464	95.0	8.30	5.12
17	2.41	0.35	2.29	143.0	60.2	1.68	0.92	4.16	0.60	9.72	1.74	21.1	20.5	84.3	2.92	109.0	8.99	583	87.3	9.35	5.93
18	0.98	0.36	2.16	153.0	61.1	1.22	0.87	3.54	0.44	13.50	1.60	28.7	19.1	77.5	3.29	80.0	5.57	550	103.0	8.23	5.32
19	1.00	0.43	2.33	144.0	64.7	1.62	0.89	3.38	0.44	10.80	1.74	29.7	19.0	80.6	1.83	110.0	8.11	608	97.3	9.49	5.11
20	0.98	0.34	2.13	150.0	63.2	1.58	1.10	3.78	0.47	12.70	1.69	27.3	19.6	77.9	2.81	87.7	5.33	492	98.0	9.37	5.19
21	0.99	0.32	2.04	153.0	59.6	1.33	0.72	4.05	0.51	11.80	1.66	25.3	18.9	76.2	3.29	75.4	5.01	448	97.7	8.01	5.05
22	1.11	0.33	1.89	151.0	58.0	1.17	0.74	3.75	0.52	13.20	1.68	26.8	19.2	71.9	5.53	82.8	5.52	507	97.7	7.80	5.76
23	0.88	0.31	2.17	158.0	59.7	1.10	0.80	3.72	0.49	12.50	1.59	24.4	18.3	71.1	4.51	84.1	6.52	536	104.0	7.50	5.57
24	0.90	0.42	1.67	161.0	61.3	1.12	0.82	3.80	0.50	12.80	1.63	24.9	18.8	72.7	4.61	86.1	6.67	548	95.2	5.93	5.56

续表

样品编号	Fe	Na	K	Ce	Nd	Eu	Tb	Yb	Lu	Hf	Ta	Th	Sc	Cr	Co	Rb	Cs	Ba	La	Sm	U
	%			μg/g																	
25	0.79	0.44	2.26	144.0	53.4	1.13	0.84	3.45	0.47	14.30	1.76	26.6	18.4	74.6	1.88	83.0	5.74	559	95.5	7.40	5.69
26	1.04	0.28	1.95	159.0	65.2	1.39	0.85	4.15	0.49	11.10	1.63	25.5	18.4	77.3	7.26	80.5	5.32	536	103.0	9.49	5.60
27	0.73	0.30	1.75	143.0	54.0	1.12	0.63	3.34	0.40	12.30	1.69	24.4	18.4	71.8	3.13	79.8	5.34	417	97.3	7.31	5.06
28	0.78	0.30	1.78	166.0	62.9	1.24	0.84	3.85	0.50	11.90	1.76	24.8	19.4	77.4	4.66	82.6	5.67	484	107.0	8.48	5.04
29	0.66	0.34	1.63	150.0	50.8	0.93	0.83	3.61	0.46	13.20	2.07	28.5	17.8	64.4	1.53	69.7	4.60	501	100.0	6.46	5.96
30	0.93	0.30	2.63	141.0	62.9	1.66	1.11	4.03	0.47	11.40	2.05	29.4	18.9	72.6	9.89	89.8	5.41	539	89.3	11.20	6.44
31	0.74	0.32	1.87	152.0	57.7	1.09	0.78	3.76	0.50	13.00	1.84	24.7	18.1	75.5	2.12	87.9	5.17	527	102.0	7.98	5.59
32	0.75	0.36	2.43	173.0	59.9	1.00	0.80	4.04	0.51	14.00	2.01	26.7	19.9	74.0	1.80	96.9	6.05	598	117.0	7.60	5.96
33	0.98	0.31	1.58	137.0	63.0	1.69	1.36	4.40	0.48	13.00	1.92	29.7	19.2	77.4	14.90	87.4	5.61	509	89.2	11.60	6.38
34	0.67	0.36	2.00	145.0	51.5	1.03	0.70	3.56	0.45	16.90	2.09	27.4	18.2	69.0	1.27	86.6	5.62	592	103.0	7.51	6.51
35	0.87	0.33	2.28	137.0	55.7	1.23	0.80	3.52	0.43	10.40	1.89	26.3	18.5	69.9	3.20	93.0	5.96	497	91.6	8.53	5.45
36	0.34	0.39	1.82	157.0	67.6	1.81	1.26	4.61	0.55	12.10	1.62	26.4	19.4	74.3	8.62	74.4	5.24	489	95.4	10.60	6.32

三、实验数据的统计学处理与分析

表三　河南黄冶窑唐三彩胎料元素组成的平均值

元素名称	Fe	Na	K	Ce	Nd	Eu	Tb	Yb	Lu	Hf	Ta
	%			μg/g							
分析数据	0.88 ± 0.35	0.32 ± 0.05	1.92 ± 0.31	153 ± 13	59.1 ± 7.6	1.27 ± 0.30	0.89 ± 0.20	3.84 ± 0.34	0.48 ± 0.05	12.8 ± 1.5	1.77 ± 0.14

元素名称	Th	Sc	Cr	Co	Rb	Cs	Ba	La	Sm	U
	μg/g									
分析数据	25.9 ± 2.3	19.0 ± 1.1	74.6 ± 3.9	4.21 ± 3.55	81.7 ± 10.9	5.49 ± 0.99	494 ± 65	100 ± 9	8.20 ± 1.79	5.52 ± 0.64

将分析数据与陕西西安西郊老机场窑和铜川黄堡窑唐三彩胎料的元素组成进行对比研究，不同窑址唐三彩胎料中Fe、Na、Ba、Hf、Th和U含量特征如图所示（参见图一至图三），图一表明河南黄冶窑唐三彩胎料中Na的含量平均值在三个窑中最低，Fe的含量高于黄堡窑，与西安机场窑相比，除了灰白胎外，都明显低于其他4种胎色的Fe含量。图二中清晰显示陕西境内两个窑的唐三彩胎料中Ba的含量都高于黄

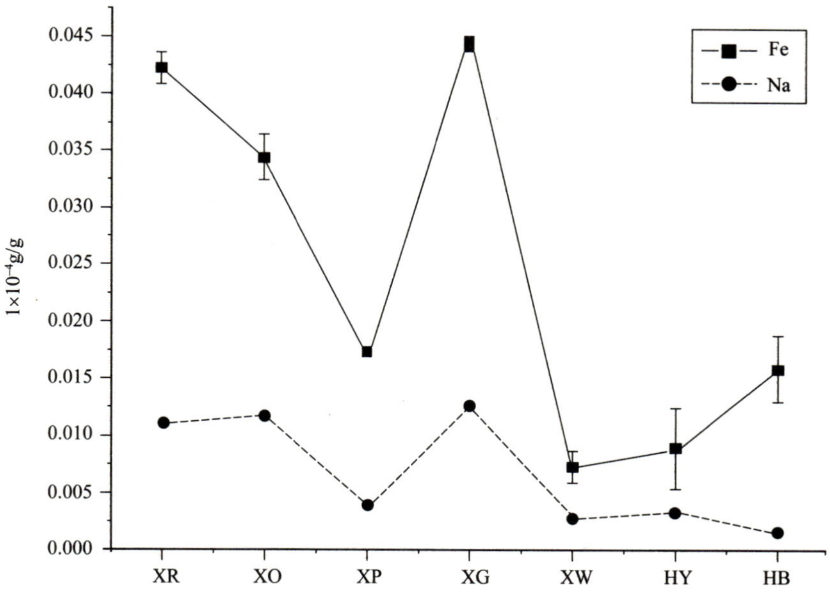

图一　不同窑址唐三彩胎的Fe，Na含量对比图

HY黄冶窑，HB黄堡窑，西安西郊老机场窑址：XR红胎，XO米黄胎，XP粉红胎，XG灰黑胎，XW白胎

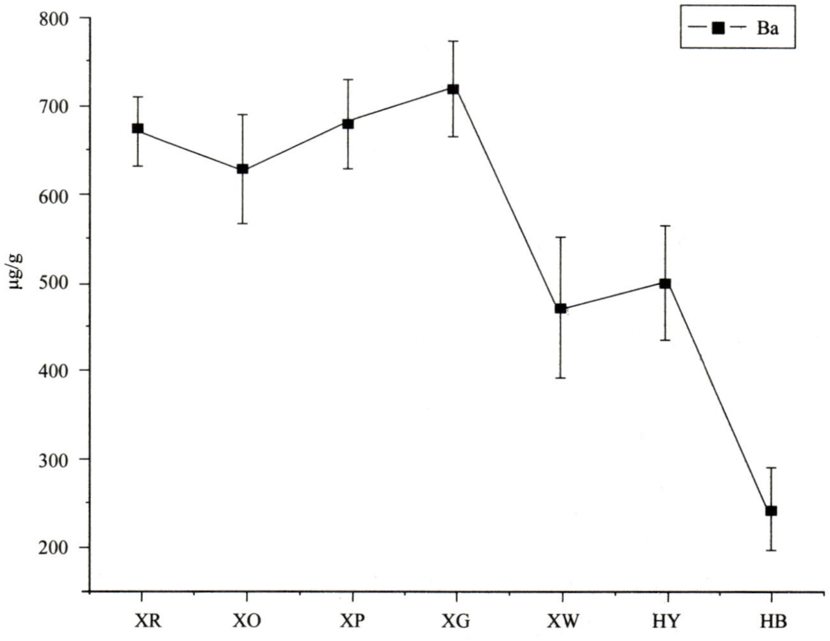

图二　不同窑址唐三彩胎的Ba含量对比图

HY黄冶窑，HB黄堡窑，西安西郊老机场窑址：XR红胎，XO米黄胎，XP粉红胎，XG灰黑胎，XW白胎

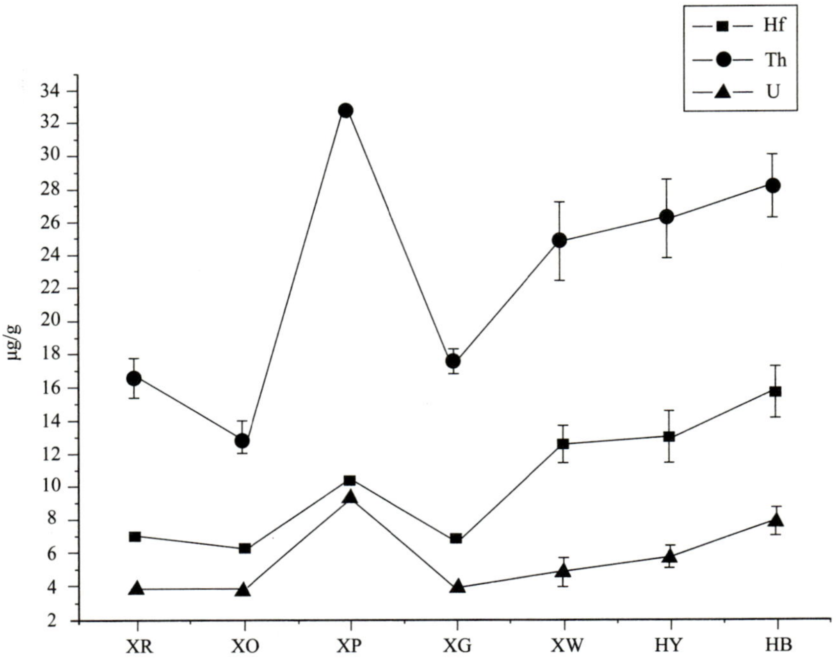

图三　不同窑址唐三彩胎的Hf、Th、U含量对比图

HY黄冶窑，HB黄堡窑，西安西郊老机场窑址：XR红胎，XO米黄胎，XP粉红胎，XG灰黑胎，XW白胎

冶窑，含量的数值有2 ~ 3倍的差别。在图三中除了西安机场窑的粉红胎唐三彩外，河南黄冶窑样品中Hf，Th和U的含量最高。综合分析含量存在明显区别的元素，得出黄冶窑唐三彩中Na和Ba含量最低，而Hf，Th和U含量最高，这是区别其他窑址唐三彩的科学依据。

由于中子活化分析的元素种类多，适合用数据多元统计处理中的因子分析来降低数据研究的难度，便于直观地表示不同窑址出土唐三彩间化学成分构成的差别与联系。从分析的元素中选择化学性质比较稳定、受外界环境和烧制温度影响小的Ce、Cs、Nd、Eu、Tb、Lu、Hf、Ta、Th、Sc、La、Sm、U共13种元素进行因子分析，因子1和2涵盖了80%的信息，即表示这两个因子涵盖了这13个元素中80%的信息。主因子分析结果如图二所示，图中的点与样品一一对应，样品点主要分布在散点图中的A、B、C三个不同区域，黄冶窑的样品点全部分布在A区，陕西铜川黄堡窑的样品点集中在B区，西安机场窑的大部分样品点分布在C区，说明这三个窑址出土的大多数唐三彩的胎料元素组成差别比较明显。A和B区域中的样品点没有C区域集中，表明西安西郊老机场窑的多数唐三彩样品元素组成相对集中，而黄冶窑和黄堡窑出土唐三彩胎料的元素组成比较离散。

在A区中，西安西郊老机场窑址出土的部分白胎唐三彩样品点与黄冶窑交叉，表明它们可能选用了化学成分相近的制胎原料。在B区中3个西安西郊老机场的白胎唐三

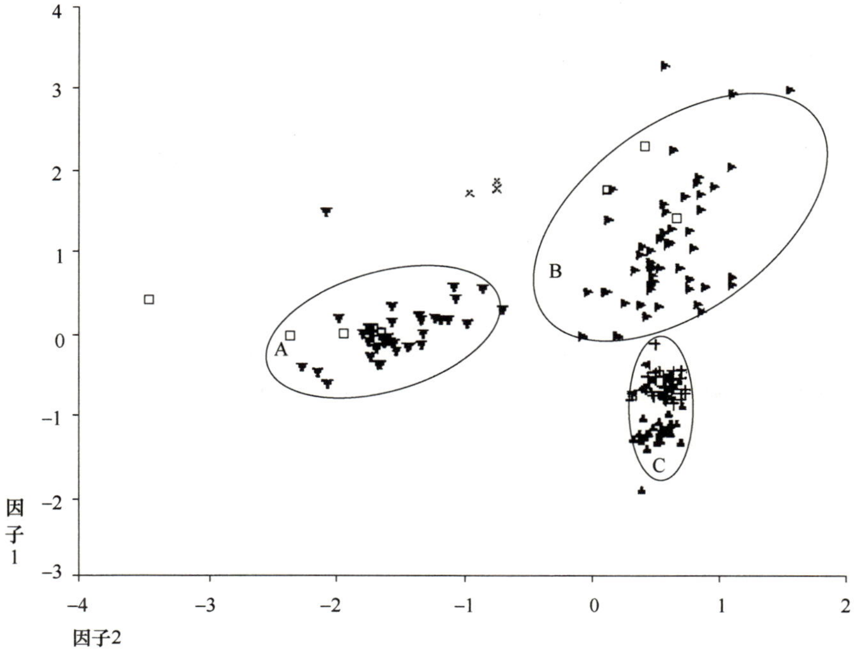

图四　不同窑址出土唐三彩的元素组成的因子分析图

西安西郊老机场窑址出土唐三彩（◀铁红胎色样品；▲米黄胎色样品；×浅红胎色样品；+灰黑胎色样品；□白胎样品）；▼河南黄冶窑遗址出土唐三彩；▶铜川黄堡窑遗址出土唐三彩

彩样品与黄堡窑标本交叉。通过分析图中样品点的分布，西安西郊老机场窑的唐三彩制胎原料复杂，可能既使用了与黄冶窑相似的原料，又使用了与黄堡窑相似的制胎原料，黄堡窑和黄冶窑唐三彩的制胎原料单一，各自来源相同的产地。

四、结果与讨论

陕西黄堡窑和河南黄冶窑都依水而建，窑址附近有丰富的高岭土矿床可供开采和使用，受古代交通运输条件限制，应该是采用当地的高岭土作为唐三彩的制胎原料，因此，两个窑址的胎料化学成分存在明显差别是合理的。西安西郊老机场窑址附近没有制作白胎唐三彩的高岭土矿床，烧制的白胎唐三彩器物少，这与窑址附近出土白胎唐三彩较少是相吻合的。历史上在长安附近没有大规模开采高岭土的记录，但是，分析结果表明西安西郊老机场窑址出土的少数白胎唐三彩样品的元素组成分别与黄冶窑和黄堡窑的制胎原料接近，按考古发掘分析，窑址出土的这些唐三彩应该是就地烧制的，这说明唐代可能同时从黄堡和黄冶附近向长安运输过制作唐三彩的高岭土原料，这个结果将为三个窑址间的生产技术和烧制工艺交流以及承继关系的研究提供了新的线索。

河南黄冶窑和陕西黄堡窑烧制的唐三彩与西安西郊老机场窑址出土的大多数样品间的化学成分差别较大，通过分析这三个窑址出土的唐三彩的元素组成和进行数据处理，可以较精确的区分产地或窑址，可为遗址和墓葬中出土唐三彩的产地研究提供了较为准确的依据。

注　释

[1] 河南省巩义市文物保护管理所：《黄冶唐三彩窑》，科学出版社，2000年。
[2] 陕西省考古研究所：《唐代黄堡窑址》，文物出版社，1992年。
[3] 张国柱、李力：《西安发现唐三彩窑址》，《文博》1999年第3期。

（此文系廖永民的遗作，写于2002年）

唐代青花瓷探析

一、唐代青花瓷的出土流传情况

1975年，南京博物院等单位对扬州唐城遗址的发掘，出土一件唐代白釉蓝彩枕面的残片[1]。这件唐代青花枕残片的出土，被看做中国陶瓷研究的重要发现，在中外学术界影响很大，从此开启了唐代青花瓷研究的大门。当时冯先铭先生作了认真观察，就其造型、胎、釉与制作工艺等特征，初步断定为河南巩县窑的产品。他进一步指出："巩县窑又是唐代烧制唐三彩的著名瓷窑，而唐三彩中的蓝彩正是用钴料呈色的。"[2]1983年前后，在扬州几处唐代遗址中又陆续发现了二十余块胎釉洁净、色彩鲜明、图案清晰的唐代青花瓷残片，其中有碗、盘、壶等[3]。

1993年前后，巩县窑[4]的黄冶窑场窑址范围内，遭到一些不法分子的盗掘。巩义市文物保护管理所在收缴的盗掘出土文物中，也发现了一些唐代白釉蓝彩器，其中有小型完整执壶、碗各一件。周身点洒蓝彩，另有青花碗、水注等器的残片[5]。特别是2002年8月至12月，河南省文物考古研究所等单位配合焦（作）许（昌）公路建设工程中，在黄冶窑址进行考古发掘，揭露面积2000多平方米，除出土大量唐三彩制品的完整或可复原的器物以及残片外，在唐代晚期文化层中也出土了一部分胎质纯净、器形规整、火候较高、更成熟的青花器残片。器形有碗、盏、罐等[6]。黄冶窑址出土的这部分青花瓷残片，为陶瓷研究界多年来对扬州等地出土的青花瓷系巩县窑产品的推断给予了准确无误的验证。这次发掘不仅对探讨我国青花瓷的起源、发展、分期等方面提供了可靠资料，而且对判定国内外收藏、流传的唐代青花瓷的窑口提供了更充分的依据。

此外，一些唐代青花瓷的传世品和采集品也不断被发现。冯先铭先生曾介绍过的香港冯平山博物馆收藏的三足炉（鍑），从其造型、烧成温度、纹饰布局及胎、釉特征推断为河南巩县窑产品。据说此器于1948年在河南洛阳出土[7]。另一件是美国波士顿泛美美术馆收藏的白釉蓝彩厚胎碗，内壁中心绘蓝彩折枝花草、叶片纹，内壁口沿部绘不规则蓝彩条斑与斑点纹[8]。还有一件是丹麦哥本哈根博物馆收藏的白釉蓝彩鱼藻纹罐，口沿绘弦纹，腹部点绘五条鱼形图案，中间点绘梅花纹[9]。冯先生都明确指出上述青花器是巩县窑黄冶窑场产品。

国内发现唐代青花瓷数量最多的是河南郑州地区。据了解，大部分是从巩县窑的黄冶窑址内盗掘出土而流入社会的。郑州市古玩城也不时可以看到兜售者。河南省文物考古研究所的赵青云先生曾出示某私人收藏的完整白釉蓝彩三足炉（鍑）与盖罐各一件。其中三足炉陶质，胎呈灰白色，侈口，圆唇，短颈，鼓腹，圜底，下腹部有三个兽爪形足。在烧过的素胎上施一层化妆土，再施透明釉，足底部露胎。肩、腹部饰蓝彩斑块纹，蓝彩呈深蓝色，有流淌痕，腹部饰上下两周凹弦纹。高8、口径6.5厘米（图一，1）。两件器物的造型与黄冶窑址所产唐三彩同类器物相同，唯形体较小。荥阳市陈氏古瓷标本陈列馆的陈景顺先生在巩义市黄冶村购得唐代白釉蓝彩碗，完整者3件，残者多件[10]。巩义博物馆收藏的唐代青花瓷有完整小型执壶、碗各一件，另有碗、水注残片30余件[11]。洛阳市文物工作队收藏洛阳东北郊唐墓出土的完整白釉蓝彩瓷盒1件[12]。盒仅存盒体，高3厘米。子母口，圆唇，直壁，平底。胎白中泛

1　2　3　4

图一

1. 三足炉（郑州市私人收藏）　2. 盒（洛阳市文物工作队收藏）　3. 四系罐（鹤煤集团古典艺术博物馆收藏）　4. 盖罐（鹤煤集团古典艺术博物馆收藏）

灰。周壁施白色透明釉。点施蓝色较疏朗的斑点纹，蓝彩浓艳（图一，2）。中国社会科学院考古研究所洛阳工作站收藏唐代遗址出土完整小型执壶一件。鹤壁市鹤煤集团古典艺术博物馆购得两件完整唐代青花瓷罐，属黄冶窑场较早的产品。其中四系罐高18厘米，直口，圆唇，弧腹，下腹内收，饼形足，颈肩部有对称四个双条拱形系。陶质，胎质较硬，呈米黄色。外壁与口内外施一层化妆土，罩白色透明釉，釉白中泛黄，有细开片，下腹与口部露胎，露胎处可见化妆土。系、肩与腹部点饰蓝彩斑点纹，分布均匀，有流淌痕和晕散现象。蓝彩浓艳，可见黑色结晶斑点。此器形制与黄冶窑唐代初期至盛唐早期唐三彩器皿中的同类器形制完全一致（图一，3）。盖罐，高3.4、口径3.5、足径3.2厘米。敛口，厚沿，圆唇，圜底，饼形足，足下部外撇，斜削一周。陶质，胎呈灰白色。内外壁均施白色透明釉，外壁施釉至上腹部，下腹与底、足部露胎。釉色稍泛青。釉下施一层化妆土。沿与上腹部饰蓝彩斑点纹，排列有序。蓝彩呈深蓝色，有晕散现象（图一，4）。南京博物院收藏一件唐代白釉蓝彩梅花纹器盖，盖面与盖纽上点绘五个梅花形花朵。1998年前后由德国“海底探险”公司在印尼海域“黑石号”沉船打捞出来的三件唐代青花瓷盘，同时发现载有唐“宝历二年”题铭的长沙窑瓷器，直接为扬州出土相同类型的青花瓷盘提供了断代依据。

国内外先后发现越来越多的唐代完整青花瓷和残件，而且器类较多，其造型、胎、釉、装饰纹样等都与黄冶窑址所产同类器相同，证明均为黄冶窑址的产品，也表明当时黄冶窑址唐代青花瓷的生产已具备一定规模，烧造工艺和装饰艺术也已具有较高的水平。

二、唐代青花瓷的发展演变以及发展进程中的阶段性与连续性

入唐以后，随着巩县窑各个窑场生产规模不断扩大，制作技术、产品质量也在不断提高。一方面，三个窑场各自的产品都在同步发展，相互借鉴，相互影响；另一方面，各自的产品又都逐渐越来越清楚地显现出各自的特色和发展的阶段性与连续性。这种情况充分体现在各自产品的器类、造型、装饰与制作技法上。

各类产品彼此间表现的共同因素和各自的不同风格特点，对我们认识、确定唐代青花瓷自身所处的发展阶段以及与相邻窑场各类产品之间的关系等有着重要的参考价值。尤为重要的是使我们从中观察到“我国青花瓷器是沿着自身发展规律逐步前进的”[13]。这就是说，我国青花瓷器经历了一个不断积累经验，渐趋成熟且形成自身独特风格的过程。

1. 发展演变

黄冶窑场唐代青花瓷从早到晚的发展轨迹大致可以归纳为以下三个阶段。

（1）孕育阶段即创烧时期

就目前所见，器型有罐、碗、球体执壶、三足炉（鍑）、水注、盂、樽、盒、珠等。器体造型多与初唐至盛唐早期黄冶窑场所产三彩器皿中的同类器相同，如罐、碗、执壶、水注等。多为饼形足，器形显得稳重、敦厚、古朴，烧成温度一般较低，约在900～1000℃之间，只有个别器皿瓷化程度较高，可达1100℃以上。胎质比较疏松，胎体断面呈米黄色或白中泛灰。在烧过的素胎上均施一层化妆土，然后施釉绘彩，再次入窑焙烧。因胎釉结合欠佳，往往器面出现面积不等的脱釉现象。器表所罩透明釉，稍呈淡青色或淡黄色，一般施釉到腹部，底、足部露胎，露胎处可见釉下所施的一层化妆土。彩料均为氧化钴，有闪光晶体，蓝彩呈暗蓝色，深浅不一，有晕散现象。纹饰仅见以点或洒的技法形成的斑点纹、斑块纹或条斑纹，多饰于口沿、腹部、柄部或流部（图一；图二，1、2）。

1　2　3　4

图二

1. 水注（郑州市文物考古研究所收藏）　2. 壶（私人收藏）　3、4. 碗（河南荥阳陈氏古瓷标本陈列馆收藏）

（2）生长阶段即成长发展时期

具有明显的由初级阶段向高级阶段过渡的性质。常见器型主要是碗，其次是盘、罐、三足炉（鍑）、杯等。器物造型规整，沉稳大方。碗多为侈口，卷沿，弧壁，圜底，环形圈足或璧形圈足。盘为宽斜沿平底，多有柱形短足。烧成温度一般在1100℃左右，有的达1200℃以上，瓷化程度普遍较高，也有个别器物因胎釉结合欠佳而出现面积或大或小的脱釉现象，胎质较粗而坚硬，敲击时声音清脆，胎体断面多呈米黄色或白中泛灰，有的含黄色或灰色细砂粒，并形成小气孔。从制作工艺看，首先在素胎表面施一层化妆土，入窑焙烧后，再罩透明釉，施彩，二次入窑烧成。还发现有的是在未经素烧的坯体上施化妆土，绘彩，罩透明釉然后入窑一次烧成。钴蓝彩料在釉上渗于釉中，因之，被称为釉中彩。所罩白色透明釉略呈淡黄色或淡青色，釉层厚薄不一，往往碗内壁底部积釉较厚，手触有凹凸感，其他部位釉面光洁明亮，多有细碎开片。蓝彩呈深蓝色，较鲜丽，在高倍放大镜下可看到黑色晶体，有晕散现象。纹饰多在碗内壁底部点绘六个梅花形花朵，作为主体花纹，布局为中间一个，周围五至八个，有的梅花形花朵以黄彩点芯，显得格外醒目，口沿下内壁往往绘一周蓝彩竖平行直线纹作为辅助纹饰，另有部分碗类器内外壁饰蓝彩竖线纹或梅花纹。有的平底三足盘，内壁底部饰印花缠枝莲花、莲籽图案，其上点绘钴蓝彩斑点纹，纹饰布列有序，色调浓艳秀丽，独具一格（图二，3、4）。

（3）成熟阶段即唐代青花瓷标准化时期

器型有盘、碗、执壶、枕等。胎质一般较细，胎体断面呈灰白色或米黄色，有的呈乳白色，内含极细灰、黄色砂粒，并形成小气孔。经测试，烧成温度在1200℃以上，已经完全瓷化。器体造型丰满、素雅、庄重、大方。盘、碗类器物，一般为侈口，弧壁，口沿略外撇作四瓣形，内壁突起四条凸棱，环形圈足或璧形圈足。胎釉之间仍施一层化妆土，釉色白中稍泛灰或泛黄，一部分呈乳白色，釉层表面多见细碎开片，器物内外壁均施釉，而碗类底、足部无釉。个别器物有脱釉现象，脱釉处可见化妆土。蓝彩大多发色浓艳，个别器物发色较浅淡，绝大多数为釉下彩，蓝彩中可见黑色结晶点，有的手触有明显的凹凸感。蓝彩花纹图案除执壶、枕绘于器体外壁外，盘、碗类均绘于器体内壁，常见作为主体纹的有菱形纹、花卉纹等，作为辅助纹的有卷云纹、散叶纹、蔓藤纹等，施彩技法全部采用毛笔绘画而成，显然是书画技法的移植，具有浓郁的写意或写实韵味（图三）。

2. 发展进程中的阶段性与连续性

黄冶窑的唐代青花瓷在品类、胎质、釉色、蓝彩纹样以及使用效果上，都反映出青花瓷随着生产的发展，其产品质量与烧造水平在不断提高。在发展演变过程

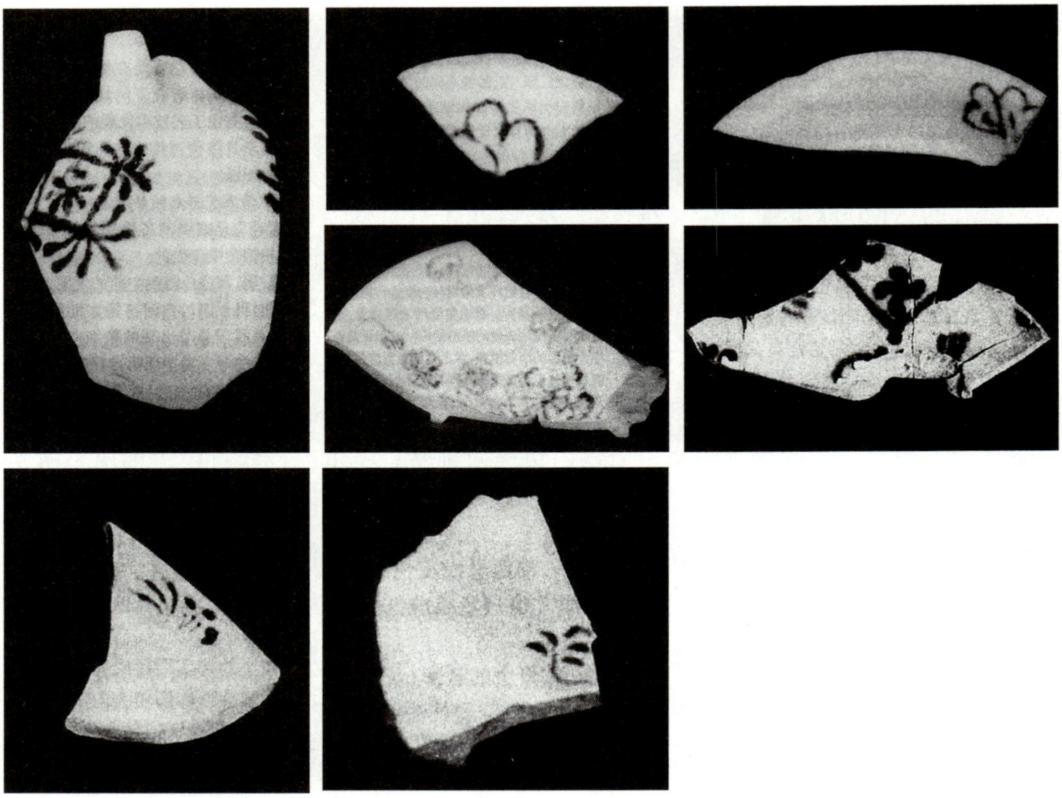

图三

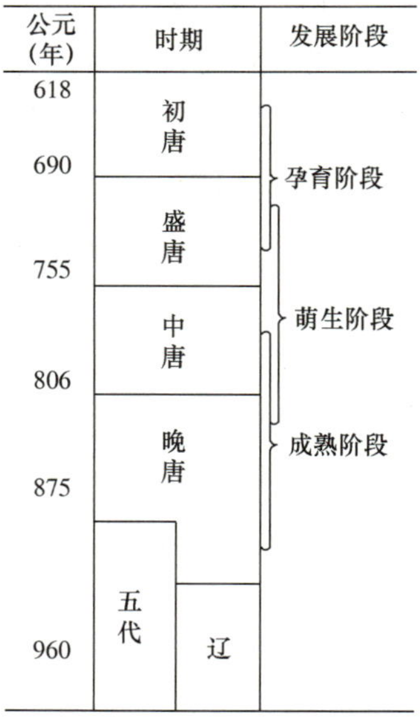

图四　唐青花发展阶段示意图

中，逐渐形成了自身鲜明的个性特征和时代风格。可以看出，三个不同发展阶段的产品，除彼此有着不少共有特征外，又都有着各自独具的特征。一个发展阶段向另一个发展阶段的过渡，不是突变，而是渐变，两个发展阶段的产品之间，有个交错并存时间（图四）。中晚唐时期，黄冶窑场三彩制品的生产已经衰落，而青花瓷的生产已经成为一个相对独立的生产部门，仍沿着自己的道路持续发展，并达到相当高的生产水平。

黄冶窑场唐代青花瓷的烧成，是在一定条件下，博采众长，融合借鉴多种陶瓷烧造技艺的结果，经历了一个从量变到质变，逐渐发展成熟的过程。在产品的器类、造型、釉彩装饰、工艺技法等方面，清楚地显示了在发展进程中从早到晚的阶段性和连续性。

根据上述情况，可以看出，黄冶窑场唐代青花瓷的发展演变，经历了一个不断积累经验，提高质量，由粗到精，逐渐摆脱唐三彩窠臼，进而形成自身独特风格特点的过程。具体表现出以下特点。

（1）体形

以体形较小的非实用器或实用性较差的器物为主逐渐发展成为以体形较大的实用器为主；罐、碗、执壶等器足部是由饼形足变化到璧形圈足，再到环形圈足。

（2）胎质

由粗糙到精细，由较疏松的陶质品到较坚硬的半陶半瓷品再到坚实的瓷质品。烧成温度由900℃左右到1100℃左右，再到1200℃左右。

（3）釉层

由厚薄不一、釉面呈浅黄色或淡青色到釉层均匀、纯正，釉面呈乳白色或白色。

（4）饰彩技法

由较随意、较自由的洒彩、点彩技法到更为排列有序的点彩技法与绘彩技法并用，再到借鉴书画艺术移植而来的描绘技法。

（5）纹样

由简单而疏密有度、分布均匀的斑带纹，到布局更为合理严谨、图案化的鱼纹、梅花纹、平行竖线纹，再到用笔细致，轮廓清晰，富有水墨画韵味的花卉纹、散叶纹、菱形纹、灵芝形卷云纹、宝相花纹、棕榈叶纹等，并出现带有异国情调的装饰图案内容。

三、唐代青花瓷兴起与凋落的主要因素

黄冶窑的青花瓷是在保持传统性、连续性的基础上生产的。青花瓷的烧制成功，可以说是文化艺术与陶瓷工艺技术发展的产物。我们应从这个角度来具体探讨黄冶窑场青花瓷的起源、兴起与凋落的问题。

1. 唐代青花瓷兴起的物质基础

（1）青花瓷是在烧制高质量白瓷与唐三彩的工艺技术相结合中产生的。

隋唐时期，陶瓷业得到空前的发展，在这个大背景下，当时巩县窑的白河窑场大批量烧造的白瓷，被认为是我国最早出现的精细白瓷之一。最近，黄冶窑场的考古发掘证明，初唐一直到晚唐时期，黄冶窑场也在烧造这种精细白瓷[14]。两个窑场白瓷的生产，显然为青花瓷的生产打下了瓷胎基础。尤其是黄冶窑场的唐三彩制品，以其雍容华贵的造型、斑驳灿烂的釉彩和显现的独特艺术风格而享誉海内外。黄冶窑场的工匠师们通过对各种彩釉的呈色机理、彩料和釉料的化学组成以及焙烧技法的熟练掌握和运用，成功地配制出白、黄、绿、赭、红、黑、棕、酱等不同的色釉。特别是对青

花釉料——氧化钴性能的掌握和大量应用[15]。在工艺技术上为青花瓷生产准备了色料的必要条件。

（2）丰富的陶瓷原材料资源、优越的地理环境与交通条件为青花瓷的生产与外销奠定了物质基础。

黄冶窑址附近，属丘陵浅山地带，地表是一层深厚的黄土，地面草木繁茂，地下蕴含着极为丰富的瓷土、高岭土。当时黄冶河（洛水的支流）水清流急。这种自然环境为当时陶瓷生产提供了一个非常理想的场所。黄冶窑场的地理位置，正处于洛水与黄河汇流处的洛汭地带。这里正是沟通大半个中国的漕运枢纽，水上运输极为方便：溯洛水向西可达东都洛阳和京师长安；顺黄河东去，可抵郑州、开封，转入大运河，直通华北大平原和江南各地；或转入大运河，直达当时重要港埠、国际商贸城市扬州，这里可以进行贸易，也可直航海外。扬州是黄冶窑场陶瓷产品进行贸易和水上销往东亚、南亚与中东地区的重要港口；从黄冶窑场向西，经轩辕关即达唐代大都会东都洛阳，洛阳是当时“丝绸之路”的东端，是黄冶窑场陶瓷产品陆上输往西域与欧洲的一条重要通道。

（3）扩展产品海外销路，适应国际市场需求是青花瓷的催生剂

入唐以后，特别是盛唐时期，巩县窑白河窑场的白瓷和黄冶窑场的三彩制品，大量输出国外。输入的主要地区除东亚的日本、朝鲜外，还有中东地区的埃及、伊拉克、叙利亚、波斯等伊斯兰国家。在文化、贸易交往中，发现埃及、波斯等地不仅盛产钴料，而且当地人们有着崇尚蓝色的习俗，认为蓝色象征着纯洁和高尚。因受唐三彩制品雍容华贵的造型与鲜艳绚丽色彩的影响，当地开始创烧并很快受到当地公众青睐的施蓝、绿、黄釉的陶器。其中尤以蓝彩纹饰为主要特色的釉陶器最受欢迎。受到这种启发，黄冶窑场的工匠师们用中东地区输入的钴料进一步烧制出瓷化程度较高的白釉蓝彩器，以迎合中东地区消费市场的需求。这种洁白、质坚、釉彩鲜美的青花器，较之当地当时流行的那种蓝彩纹饰而胎质疏松的釉陶器，显然更胜一筹，理所当然被作为高贵的新陶瓷品种受到公众的青睐和赞颂而销量大增。由此可以认为，青花瓷的产生在很大程度上是唐王朝对外通商贸易的扩大与国际之间产品生产竞争的必然结果。

2. 唐代青花瓷的凋落

市场竞争、商业运作与外销渠道的畅通，成就了黄冶窑场唐代青花瓷这一富有特色的名贵产品。进入中唐时期，当黄冶窑场精美艳丽的唐三彩制品已从巅峰迈过，跌入低谷，趋于消失之际，而青花瓷的生产却成为一个相对独立的生产单位，沿着自己的道路持续发展，销售市场仍在扩大。但是，还要看到另一方面，那就是唐代青花瓷

始终未能呈现蓬勃发展之势，没有像唐三彩制品那样形成宏大的生产规模，产品的种类与数量也和唐三彩制品相差甚远。

晚唐末期，即大约公元9世纪末到公元10世纪初，黄冶窑场青花瓷的生产开始萎缩，随之凋落。原因是多方面的。

（1）社会动荡，战乱不止。“安史之乱”之后，藩镇割据，兵燹不断，经济与社会生产遭到严重破坏，陶瓷业也不例外，窑工逃亡，煊赫一时的黄冶窑场已是烟消窑冷，逐渐失去了昔日的辉煌。

（2）通往海外的交通受阻，钴料匮乏，失去了对外贸易的刺激，生产不得不停顿下来。

（3）唐代青花瓷没有像唐三彩制品那样受到国内各阶层的青睐。就是说，青花瓷既未能迎合上层人们的审美情趣，也未能获得社会中下层人们的喜爱。唐代京都西安、东都洛阳，是帝后大臣、皇亲国戚陵墓最集中的地方，陵墓中普遍随葬唐三彩制品或彩绘制品，却少见青花瓷的踪迹。只是东都洛阳极个别的中小型唐墓中发现随葬青花瓷制品。在唐代遗址中出土青花瓷的只有唐代国内最大的商品集散地和对外贸易港口城市扬州。主要集中出土于当时扬州城内市（官）河两侧的唐代文化层。这种情况充分说明唐代青花瓷是一种为了扩大对外贸易而生产的外销品，一旦断绝了外销之路，青花瓷的生产基础也就随之丧失了。

晚唐末期，已经有了二百多年烧造历史，并且进入成熟阶段的唐代青花瓷，主要遭受不可抵挡的连年战争，导致的外销之路中断，钴蓝彩料匮乏以及窑工逃亡等因素而陷于绝境，停止生产。

注 释

[1] 南京博物院、扬州博物馆、扬州师范学院发掘工作组：《扬州唐城遗址1975年考古工作简报》，《文物》1977年第9期。

[2] 冯先铭主编：《中国陶瓷》，上海古籍出版社，1994年，454页。

[3] 文化部文物局扬州培训中心：《扬州新发现的唐代青花瓷片概述》，《文物》1985年第10期。

[4][11] 唐代巩县窑，由白河窑场、铁匠炉窑场、黄冶窑场组合而成。三个窑场的产品各有不同，如白河窑场以烧白瓷为主，铁匠炉窑场以烧酱釉、棕釉瓷为主，黄冶窑场以烧唐三彩与唐青花瓷为主。

[5] 河南省巩义市文物保护管理所：《黄冶唐三彩窑》，科学出版社，2000年，彩版一六：2、3、5，彩版五七：3。

[6] 郭木森、郝红星、王振杰：《巩义黄冶窑发现唐代青花瓷产地找到烧制唐三彩窑炉》，《中国文物报》2003年2月26日。

[7] [8] [9]　冯先铭：《古陶瓷鉴真》，北京燕山出版社，1996年，338页。

[10]　陈芳芳、陈景顺：《试论唐代青花瓷的兴起》（待发稿）。

[12]　程永建：《唐代青花瓷盒》，《中国文物报》2000年5月7日第3版。

[13] [15]　张浦生：《青花瓷器鉴定》，北京图书馆出版社，2002年，14、18页。

[14]　国家文物局编：《2002 · 中国重要考古发现》，文物出版社，2003年。

（原载于《中原文物》2005年第3期）

河南唐代白釉彩瓷的产生、发展与取得的成就

唐代是我国封建社会发展的鼎盛时期，政治、经济以及对外贸易等各行各业都出现了前所未有的新局面。陶瓷制造业也不例外，同样呈现出快速发展的势头。在继承汉、晋、南北朝和隋代施釉挂彩陶瓷器制作工艺的基础上，不少施釉挂彩陶瓷新品种，包括各类白釉彩瓷、黑釉花斑瓷以及唐三彩、绞胎器、绞釉器等，都以独树一帜的崭新面貌在我国北方相继问世。标志着我国陶瓷发展史上，继青瓷、白瓷之后，彩瓷生产进入了一个大发展的新阶段。

1

2

图一　白釉蓝彩碗、盘

1. 唐・碗，美国波士顿泛美艺术馆藏。

侈口，卷沿，圆唇，弧壁，环形圈足；陶质，胎呈土黄色。器表罩白色透明釉。内壁口沿部饰不规则蓝彩条斑纹，内壁底部饰折枝草叶纹；此碗的造型与黄冶窑址大量出土的白釉蓝彩碗相同，不同的只是不见前者内壁底部的折枝草叶纹而已。可知此器系黄冶窑的产品。

2. 唐・盘，江苏省扬州市唐代建筑基址出土，江苏省扬州博物馆藏。

敞口，浅斜壁稍弧，环形圈足，内壁有四条直棱。瓷化程度较高。罩白色透明釉，内壁满釉，外壁底、足部露胎，釉下有一层白色化妆土。内壁满布蓝彩梅花纹。每个梅花由五至七瓣组成。

唐代各类白釉彩瓷率先在河南省境内发展起来，窑场与烧造白釉彩瓷的品类都是最多的，产品质量之高，数量之大亦为全国之冠。各个窑场在白釉彩瓷器物的造型设计、装饰技法、烧造工艺以及对胎料、釉料、彩料性能机理的掌握与运用等方面，都大大提高了一步。

处于彩瓷初始阶段的唐代各类白釉彩瓷，在制造工艺、造型、装饰等方面具有鲜明的时代特征。如胎质洁白度较差，多呈米黄色或灰白色，有的烧成温度相对偏低；

胎釉之间普遍施一层化妆土；器表所罩白色透明釉不那么纯正，尤其早期阶段釉面多白中泛青或泛黄，有的存在釉层剥落现象；部分器物的造型基本上仍保持着南北朝与隋代的传统形式；釉上或釉下所绘彩色花纹，存在晕散现象，手触多有凸凹感，等等。这些情况表明唐代白釉彩瓷是在一个特定时期和特定历史条件下的产物。

唐代各类白釉彩瓷也各有自己的独到之处，呈现出各不相同的风格特点，可谓争奇斗艳，令人耳目一新。如巩义市黄冶窑独家生产的白釉蓝彩瓷器（图一～图五），造型规整，制作精细，追求典雅、大方，显得雍容华贵，大有超凡脱俗之势。它最突出的造型特点是模仿当时流行的金银器；器表装饰方面开始以水墨画的技法装饰瓷器，流行由花朵、枝蔓、叶片组成的团花纹、卷云纹以及由串点组成的各种几何图案（图二、图五），显得优雅别致，情趣盎然。装饰上另一突出特点是吸收、融合海外文化因素而出现具有异域情调的棕榈叶纹、菱形纹、丛叶纹等（图三，2；图四）。鹤

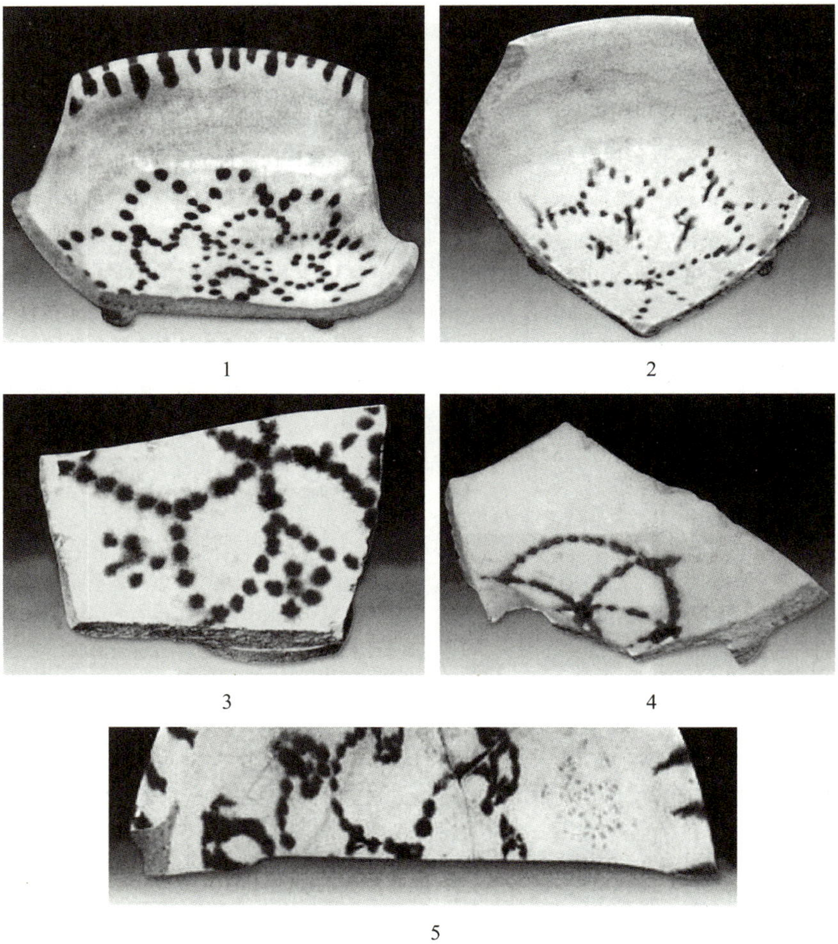

图二　以串点组成的几何图案

1. 花朵形图案　2. 菱形、梅花组成的图案　3. 五角星、梅花组成的图案　4. 环形、弧形组成的图案
5. 月牙形、弧形组成的图案

1

2

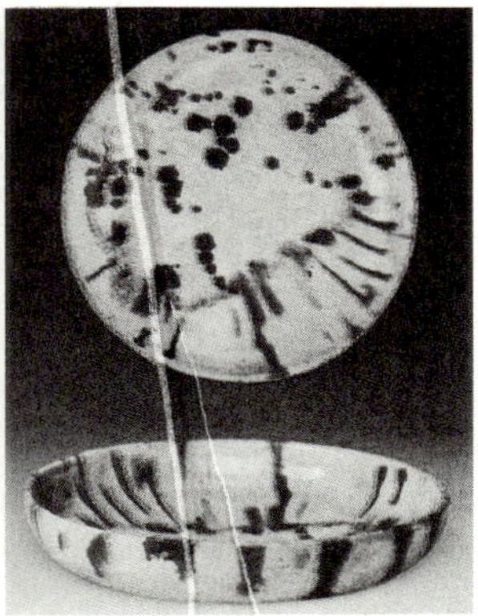

3

图三　白釉蓝彩罐、执壶、盘

1. 罐，丹麦哥本哈根装饰艺术博物馆藏。

圆唇，卷沿，直口，短颈，广肩，弧腹，平底。沿部饰蓝彩圆点纹一周，器体饰梅花纹，并绘五条鱼纹。罩透明釉，底部与足部露胎。高20.8厘米。

2. 晚唐·执壶，2003年江苏省扬州市老城区唐代遗址出土，江苏省扬州市文管会藏。

稍残。敞口，卷沿，圆唇，束颈，弧腹，平底，肩部与口部连接双条形柄，另一侧有短柱形流。瓷质，胎呈乳白色，器表罩白色透明釉。腹部绘蓝彩菱形纹、草叶纹组成的图案。蓝彩呈色浓艳，色深处有黑色结晶斑点。

3. 唐·盘，故宫博物院藏。

直口，方唇，浅壁，平底，下原有三足，现缺失。陶质，瓷化程度较高，通体施白色透明釉，点洒蓝彩条带及斑点纹。高3.1、口径15、底径13厘米。

壁市的鹤壁集窑、寺湾窑以及安阳县的善应窑、天喜镇窑生产的白釉酱彩、褐彩瓷器（图八、图九），制作比较粗放，造型方面器形显得厚重、质朴、适用，具有明显的大众化倾向；装饰方面，流行大小不一、排列成行的圆点纹或由圆点组成各种形式的朵花纹、三角纹等，比较复杂的是串叶纹、叶片纹和富有动感的旋形朵花和散乱的菊花纹等。上述鹤壁集窑、寺湾窑、善应窑、天喜镇窑还生产白釉灰蓝彩瓷器（图六、图七），造型古朴、庄重，实用性强，装饰花纹常见的有新颖别致的葡萄纹、垂叶纹、串叶纹和旋形芍药花纹等。绘画的笔法非常少见，似用毛笔

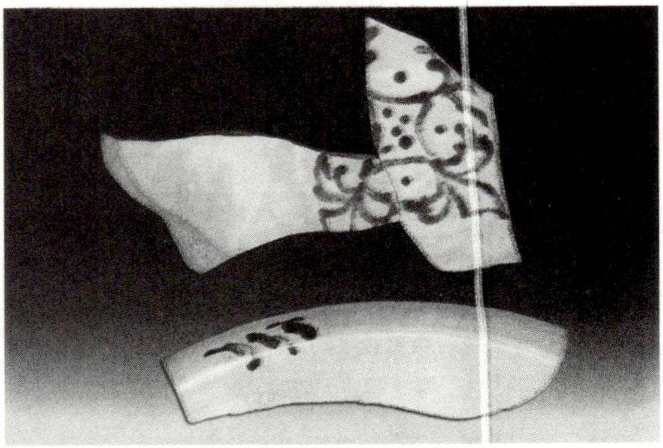

图四　白釉蓝彩盆残片

晚唐·盆残片，新乡市拱宝斋主人藏。

残存底、足、口沿的一部分。宽平沿，圆唇，斜直壁稍弧，底近平，饼形足。瓷质，胎呈白色稍灰，胎质坚硬，有大小不等的气孔，胎厚0.9～1.2厘米。器表罩白色透明釉，釉层均匀，光泽度较强，有细开片，施釉以下腹部。釉下蓝彩呈深蓝色，浅淡处可见黑色结晶体。内壁底部饰菱形纹、叶片纹、点纹组成的图案。沿部饰条形叶片纹，口径约38、足径20.3、高13～15厘米。

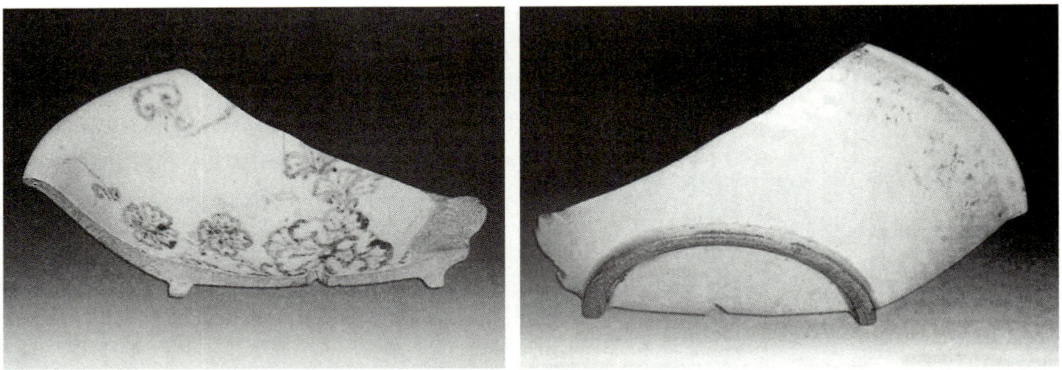

图五　白釉蓝彩碗残片

晚唐・碗残片，江苏省扬州市老城区唐代遗址出土，江苏省扬州博物馆藏。

敞口，圆唇，沿稍卷，应为四出花瓣形口，内壁有凸棱，弧壁，底近平，环形圈足，足端外撇。胎呈淡青色，胎质偏粗，有小气孔。内壁底部绘蓝彩重瓣大团花，由大团花四个方向伸出四枝蔓藤，每枝蔓藤上各有四朵单瓣团花，藤茎靠尖端有翻转的叶片，靠近口沿处饰灵芝形有尾卷云纹，应为二或四朵。内外壁罩白色透明釉，釉色白中泛黄，有细开片。釉下施化妆土。复原后高约5.9、口径约24、足径11.7厘米。

图六　白釉灰蓝彩碗

唐・碗，安阳市收藏协会王云女士藏。

敞口，圆唇，斜弧壁，饼形足。胎呈灰白色。器表罩白色透明釉，内壁满釉，口沿无釉，外壁施釉不到底，底、足部露胎，露胎处可见化妆土。内饰灰蓝彩梅花纹五朵，每朵由五点组成。高7.5、口径18、底径11.5厘米。

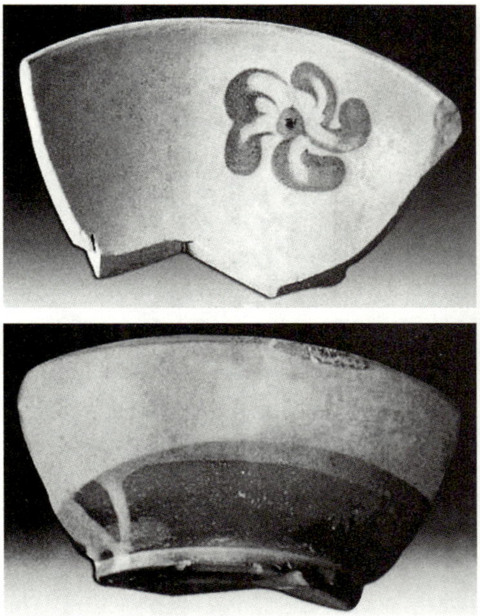

1

2

3

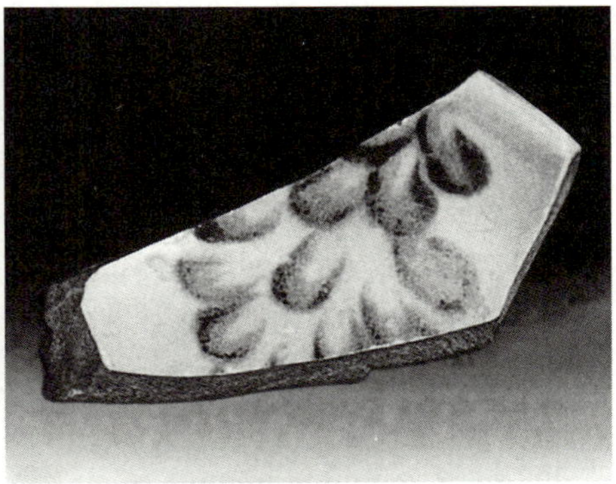

4

图七　白釉灰蓝彩碗、执壶

1. 唐·碗残片，鹤壁市鹤壁集窑窑址出土，鹤壁市博物馆藏。

敞口，圆唇，弧壁，饼形足。胎呈灰白色。器表罩白中泛黄透明釉。内壁满釉，外壁施釉不到底，底、足部露胎，露胎处可见化妆土。内壁及内底饰灰蓝彩旋形团花纹：高7.2、口径11厘米。

2. 唐·执壶，郑州大河古陶瓷艺术馆李慧明藏。

直口，圆唇，长颈，溜肩，弧腹，下腹陡直，饼形足。肩部一侧有短流，另一侧有双条形柄。胎呈黄灰色，有小气泡。器表施乳白色透明釉，釉呈孔白色。施釉不到底，底、足部露胎，露胎处可见化妆土。腹部两侧饰褐彩与灰蓝彩丛叶纹。倒置似葡萄纹，手触有凹凸感。高18.5、口径6、底径6.5厘米。

3. 唐·碗残片，新乡市拱宝斋主人辛清洲藏。

敞口，圆唇，弧壁，饼形足。胎呈浅灰色。器表罩白色透明釉，内壁满釉，外壁施釉下到底。底、足部露胎，露胎处可见化妆土。内壁饰灰蓝彩丛叶纹。

4. 唐·碗残片，新乡市拱宝斋主人辛清洲藏。

敞口，圆唇，弧壁，饼形足。胎呈浅灰色。器表罩白色透明釉，内壁满釉，外壁施釉下到底。底、足部露胎，露胎处可见化妆土。内壁饰灰蓝彩丛叶纹。

1

2

图八　白釉酱褐彩瓶、水注

1. 隋、初唐·盘口瓶，巩义市夹津口镇出土，巩义市博物馆收藏。

盘口，卷沿，细颈，溜肩，扁圆腹，饼形足。上承以盖，盖平沿，盖面下凹，正中置一桃形纽，与壶口相扣合。通体施白釉，釉色白中泛青。口沿下及腹部点饰黑彩斑点纹。壶底与盖底未施釉，露胎处可见化妆土。高14、口径9、底径8.2、盖高2.5厘米。

2. 唐·鸭形水注，故宫博物院收藏。

缩颈合翅呈伏卧状，鸭嘴为流，直颈，双眼圆睁，背开海棠花式口，两侧刻饰双翅，小尾，双足俯卧。内底部伏一小龟，身下小孔与流相通。通体施白釉，釉色白中泛青，双眼点饰褐彩。高7.3、长13.2、口径5.6～7.4厘米。

勾画成，每个花瓣或叶片的颜色均为中间浅淡，边沿浓重，成为装饰花纹的一大特色（图三）。安阳县的北齐村窑以及登封市的曲河窑、荥阳市的翟沟窑、新密市的密县窑等生产的白釉绿彩瓷器（图一〇、图一二），是数量最多的，一般制作比较精致、造型规整、端庄、圆润、饱满，但装饰花纹比较简约，仅见饰于器腹或器盖上的条斑纹和条带纹，显得素雅、单调，有较大的随意性。但巩义黄冶窑所产白釉绿彩枕的枕面所饰菱形纹、罐腹所饰梅花纹等却显得格外醒目，格外精彩，特别是碗内壁底部以语言文字为装饰更为罕见，从白釉彩瓷装饰题材方面看，应是史无前例的（图一一）。

河南唐代各类白釉彩瓷烧造业的发展，不仅满足了国内不同阶层人群对瓷器日益增长的需求，扩展了国内市场，更重要的是也促进了对外贸易的发展。处于南北大运河与长江水陆交通咽喉之地的扬州，隋唐时期是一个著名的商业都会和对外出口贸易的重要港口。扬州唐代城址的考古发掘，出土了近百（片）件黄冶窑所产的白釉蓝彩瓷和白釉绿彩瓷。此外，1998年，德国海底探险公司在印尼海域打捞的“黑石号”沉船中发现了3件完整的白釉蓝彩瓷盘。据日本白凤、天平时代（相当中唐时期）的历史文献记载，以及现代日本学者三上次男等在世界各地的调查，都表

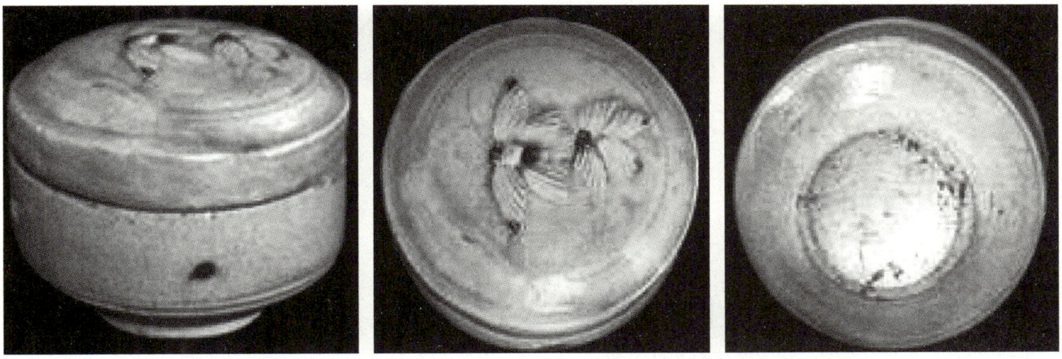

1

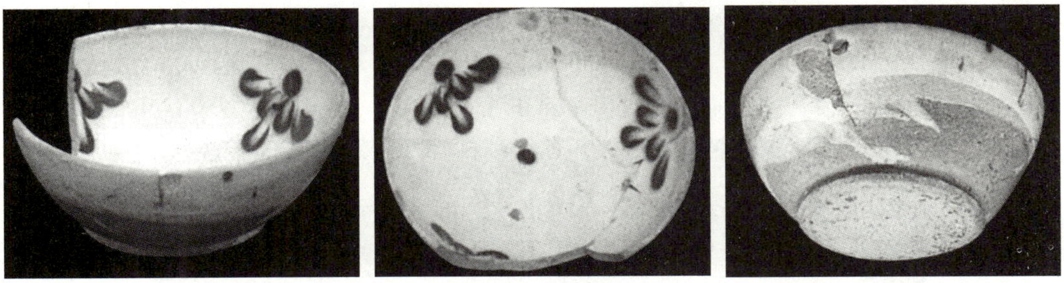

2

图九　白釉酱褐彩盒、碗

1. 唐 · 白釉盒，鹤壁煤业集团古典艺术博物馆收藏。

子母口，直壁，底部内折，饰一周凹弦纹，圆底，环形圈足。盖面隆起，顶部压印双蝶，长须，振翅，翩翩起舞，双蝶外围饰一周凸弦纹。胎呈米黄色。器表罩白色透明釉，器盖釉色淡黄，器体釉色呈乳白色。内壁满釉，外壁施釉不到底，底足部露胎，露胎处可见化妆土。盒壁和盒盖顶部飞蝶处釉下点饰褐彩斑点纹。通高7.8、口径8、底径5厘米。

2. 唐 · 白釉碗，新乡市拱宝斋主人李清洲先生收藏。

直口，圆唇，弧壁，平底，饼形足，足下端削边一周。胎呈灰白色。器表白色透明釉稍泛黄，有细开片。内壁满釉，外壁施釉不到底，底、足部露胎，露胎处可见化妆土。釉下饰灰蓝彩葡萄纹。内壁底部有三个支钉痕。高6.7、口径16.3、足径9.5厘米。

明巩义市唐代黄冶窑生产的唐三彩制品与白釉蓝彩瓷器、白釉绿彩瓷器等，在8世纪中期至9世纪末，作为重要商品或珍贵礼品在东亚、南亚、西亚以及整个中东地区的伊斯兰国家广泛流行，受到当地公众的青睐。并且以其先进的陶瓷制作工艺，在所到之地陶瓷制造业中产生重大影响，兴起仿制之风，促进了当地陶瓷业的发展，同时也有力地促进了中外文化、科技的交流与友好往来。今天，国外出土和收藏的各类白釉彩瓷也和其他陶瓷制品一样，成为我们探讨唐代对外文化交流、外交活动与贸易往来的珍贵史料和见证。

河南唐代各类白釉彩瓷的成就是多方面的，是不可低估的。可以归纳为以下几点：

（1）最早把氧化钴作为呈色剂成功地应用到瓷器的装饰上。

1

2

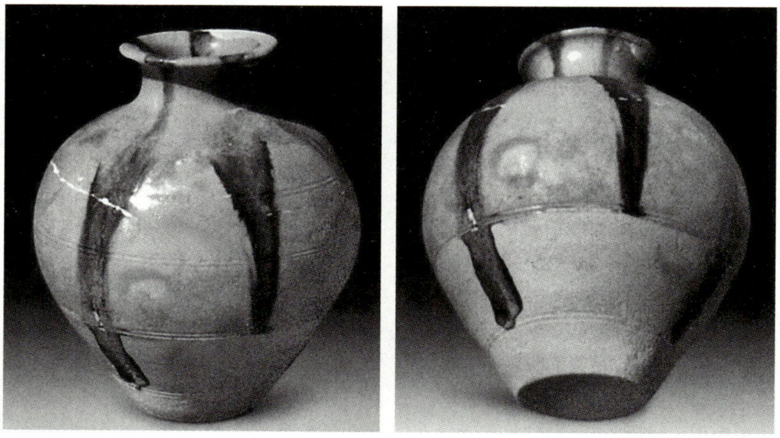

3

图一〇　白釉绿彩罐

1. 唐 · 罐，洛阳市白马寺唐墓出土，洛阳博物馆收藏。

侈口，卷沿，圆唇，短颈，广肩，鼓腹，饼形足。陶质，白胎。周体罩淡黄色透明釉，底、足部露胎，沿部点饰一周绿彩条带纹，腹部点绘绿彩梅花纹，有流淌现象，高19厘米。

2. 唐 · 盖罐，河南省收藏协会陶瓷分会收藏。

盖中部稍隆起，有圆形纽。罐卷沿，圆唇，束颈，弧腹，平底。腹部以上罩白色透明釉，釉稍泛绿，下腹部有一层白色化妆土。盖、罐口、肩部饰绿彩，向下流淌呈叶状。高30.8、口径9.5、底径9厘米。

3. 隋、初唐 · 罐，安阳市收藏协会董文军先生收藏。

侈口，圆唇，卷沿，束颈，广肩，鼓腹，平底。腹部饰平行凹弦纹三周。瓷化程度稍低，胎呈粉红色。器表罩淡黄色透明釉，施釉不到底，底、足部露胎，周体饰绿彩竖斑带纹六条，有淌釉现象。高17、口径7.4、底径6厘米。

（2）一些纹饰具有水墨画的特点，成为运用毛笔描绘技法装饰瓷器的开端。同时，用语言文字装饰白釉陶瓷器，在装饰题材方面显然是一个突破性进展。

（3）瓷器的装饰内容开始吸收、融合外来文化因素，出现了异域情调的花纹。

图一一　白釉绿彩碗

唐·题字碗，巩义市黄冶窑址出土，郑州市大河古陶瓷艺术馆李慧明先生收藏。

大口，卷沿，圆唇，弧壁，平底，环形圈足。陶质，胎呈米黄色。内外壁罩白色透明釉，下腹与足、底部露胎。胎釉之间有一层化妆土。内壁底部书写绿彩竖行“家中藏之，何日忘之，言不文口”十二字，字体大小不一。沿部饰绿彩竖平行线纹一周。外壁饰绿彩条斑纹，有流淌现象。高6.8、口径17.3、足径9.5厘米。

图一二　白釉绿彩枕

唐·枕，故宫博物院收藏。

长方形，抹角，底有一圆孔。周体施白中泛黄透明釉。枕面以绿彩绘四个小菱形纹组成的大菱形纹，四角各点半圆形花朵，四壁正中各饰斑点纹。底部无釉。高9.5、长16.5、宽10厘米。

（4）制作与烧造工艺的改革与创新，提高了瓷器的质量，增加了产量，进一步满足了国内因生活水平的提高而对瓷器日益增长的需求。同时沟通了国内瓷器的销售渠道，扩大了市场。

（5）创制了多种品格优良的白釉彩瓷，并以其敦厚、朴实的造型与新颖、别致的装饰成为独领风骚的瓷器新品种。代表着当时制瓷工艺达到的最高水平和最新成就。

（6）不少灵巧秀美作品的艺术风格显现出浓厚的时代气息和浓郁的地域特色，成为当时人们最喜爱的表现形式，因而有着广阔的社会基础。

（7）这种质朴中见高雅的艺术风格并寄情于物的瓷器，真实地反映了生活在我国北方黄土地上的人民憨厚、朴实的民族气质和品性。

（8）唐代白釉彩瓷承上启下、继往开来的作用是显而易见的。其胎质、胎色较之隋代以前的釉彩瓷器更为纯正，烧成温度普遍升高，釉、彩的呈色更加稳定。为后世白釉彩瓷的发展开了先导，为质量更高、更精美的白釉彩瓷的产生在工艺技术上奠定了基础，打开了广阔的发展道路，特别是对北方宋代一些名窑的蓬勃兴起，直接起了促进与推动作用。

（9）以重要商品和珍贵礼品行销海外，使世界各地认识中国，促进了中外交往和贸易、文化、艺术交流，显示了我国在陶瓷生产上的领先地位。

河南唐代白釉彩瓷取得的成就，是人们不断追求物质生活和精神生活的必然结果，是当时工匠师们在长期实践中积累经验，不断提高制瓷工艺技术的必然结果，其中包含着工匠师们的汗水和智慧与开拓创新的进取精神。

（原载于《收藏界》2007年第1期、第2期）

河南唐代白釉彩瓷探析

我国古代釉陶挂彩始于西汉时期。而加彩瓷的出现可以追溯到三国时期。1983年江苏省南京市雨花台长岗村出土的一件青釉褐彩壶，应是我国时代最早的一件釉下绘彩瓷器[1]。西晋晚期至东晋时期多在青瓷上加饰褐彩斑点。南北朝时期我国北方开始了白瓷生产，并出现青釉、黄釉、白釉饰彩的瓷器。如河南安阳北齐范粹墓出土的白釉绿彩瓷瓶，胎质比较细密，釉呈乳白色或微泛青色，釉色不太稳定。这个时期为了增强器表的洁白度和填补疵点，常在器坯上先施一层白色化妆土，然后罩釉饰彩入窑烧制，有效地提高了白瓷的呈色效果[2]。河南濮阳北齐武平七年（576年）李云墓出土的淡黄釉加六条绿色彩带的莲瓣四系罐，可称为当时瓷器加彩的代表作[3]。这些器物标志着加彩瓷生产在中国陶瓷史上的一个突破，为河南唐代白釉彩瓷的产生与发展提供了工艺技术基础。

隋代白釉彩瓷的烧造又有了进一步提高。安阳张盛墓出土了近20件以高岭土为胎，施白中泛青透明釉的白瓷器与瓷俑。其中人俑与镇墓兽的头顶、眉、眼球、膝盖处均饰黑彩或褐彩。这批瓷器釉色稳定，虽然还有若干白中泛青的特征，但白瓷质地精细，胎薄质硬，胎与釉中含铁量减少，烧成温度也有所提高。巩义市夹津口镇隋墓出土的一件盘口瓶（图一），沿下与腹部饰酱色斑纹，胎质坚硬，造型优美、精致，釉面莹润，光洁纯净，是隋代河南白釉彩瓷中的佳作。隋代以前白瓷器皿与俑类在突出部位饰黑彩和褐彩斑块或涂抹成片状，不见以点、线组成的纹样，由此表明当时釉下施彩技术虽已熟练地掌握和应用，但只是简单的点饰，具有明显的初创性。

图一　盘口瓶

入唐以后，随着经济的飞速发展，社会上增加了对瓷器的需求量，各地窑业兴旺昌盛，制瓷工艺技术不断提高。唐代各类白釉彩瓷率先在河南省境内发展起来，不仅窑场与烧造的白釉彩瓷的品类都是最多的，而且产品质量之高、数量之多亦为全国之冠。各个窑场在白釉彩瓷器物的造型设计、装饰技法、烧造工艺以及对胎料、釉料、彩料性能机理的掌握与运用等方面，都大大提高了一步。

河南省境内较早的白釉彩瓷，是在黄河两岸几个首先以烧制白瓷为主的窑场开始生产的。这里自然条件良好，水源与燃料充足，瓷土资源丰富，交通比较便利，因而成为南北朝、隋、唐直至宋、金时期我国北方瓷器生产的中心之一。其中生产规模较大的鹤壁集窑、善应窑和北齐村窑，在生产白釉彩瓷方面都拥有一定的优势。此外，黄河以南一些窑口也先后开始烧造白釉彩瓷，如巩义市的黄冶窑、荥阳市的翟沟窑、新密市的西关窑、登封市的曲河窑以及鲁山县的段店窑、郏县的黄道窑等。白釉褐彩与白釉酱彩瓷器的发源地应是豫北鹤壁市西南的鹤壁集窑、寺湾窑以及安阳市西部的天喜镇窑和善应窑，大约创烧于初唐至盛唐时期。大概由于豫北各个窑口在工艺技术方面的启蒙与示范作用，中晚唐时期，紧靠黄河南岸的巩义市黄冶窑开始生产白釉蓝彩瓷器，并在海外崭露头角。与之同时，登封市的曲河窑、新密市的密县窑、郏县的黄道窑、荥阳市的翟沟窑等也都开始生产白釉绿彩与白釉褐彩瓷器。

一、白釉彩瓷制作工艺与造型、装饰特点

1. 制作工艺

唐代白釉彩瓷的制作工艺，一般说比较简单、粗放，产品光泽度差，较精致者甚少。这种情况可能表明此类产品的销售对象主要是面对普通的老百姓。常见器物是碗、罐、执壶、盘、瓶、灯等，多为拉坯成型，小型瓷器则直接用手捏制。烧成工艺方面，采用叠装支烧技法。碗类内外壁都有3个支烧痕，支钉较粗大而呈三角形或饼形。胎质呈深灰色者约占1/3，呈灰白色者约占2/3，一般胎质粗糙，含砂较多，有细小气孔。胎质坚硬，烧成温度一般在1250℃以上。器表施釉前普遍施一层白色化妆土，以使胎面光洁、平整，增强光泽度，并直接在化妆土上绘纹饰。但有的器表胎釉之间的化妆土结合不那么紧密，往往出现脱釉现象。早期，釉色一般不太纯正，纯白者甚少，多白中泛青或泛黄。这种现象的形成，除了工艺技术、窑炉结构以及所用燃料的因素外，还与胎料、釉料成分中含铁量的高低有直接关系。釉层一般说比较均匀，洁净，但口部或上部较薄，内壁底部与外壁下部较厚，积釉较厚处往往闪现青绿色。大部分器物有细小开片。一般器物的内外壁均施釉，内壁满釉，外壁施釉到下腹部，底、足部露胎。唐代早期阶段，釉色纯白者较少；唐代中晚期，釉面纯白，釉色透明度强的精品加彩瓷增多。较之早期，釉、彩的色泽显得更为鲜亮、美观。

唐代白釉彩瓷所用黑、酱、褐以及灰蓝彩料，主要是一种贫铁矿矿石。这种彩料的呈色原理是由于含铁量的多少或含其他化学成分以及烧成气氛的不同，烧制出黑、

酱、褐、灰蓝等不同的颜色，如果彩料中所含三氧化二铁较高，则烧成后的颜色即呈现较灰暗的浅蓝色。这种彩料，在高温煅烧时具有不流动的特点，色泽稳定，一般没有晕散现象。绿彩的原料是氧化铜，蓝彩的原料是氧化钴，这两种彩料在还原气氛中高温烧成多有明显的流淌和晕散现象。

2. 造型与装饰

河南唐代白釉彩瓷中除白釉蓝彩瓷是一种外销瓷外，均为日常生活用瓷。器物的造型与装饰可以分为传承与创新两个方面。就是说一方面一些器物仍保持着南北朝与隋代以来传统的形制特征，另一方面也体现出不少时代的新特点与新风格，并且具有明显的嬗变轨迹。

（1）造型

总的看来，白釉彩瓷的造型多为圆形器，体态敦厚圆润，端庄而不呆板，质朴而不失典雅，具有强烈的民族与地域特点，不见新奇的外来造型。早期，碗仍保持着隋与初唐时期的形制，胎体厚重，丰满，直口，腹部较深，以后腹部变浅，直口向卷沿发展，器胎从口部到底部胎壁逐渐加厚，饼形足，足下部外侧斜削一周，绕足根有一周沟槽等。执壶多形体粗重敦厚，弧腹，平底或饼形足，肩部一侧有圆形短流，另一侧有双条形柄。体形逐渐向瘦高发展。唐代晚期的部分白釉彩瓷器皿的造型显然受当时盛行的金银器影响创造而成。这方面尤以成熟期的白釉蓝彩瓷最为突出，如碗、盘造型采用葵口、起棱等做法。这类瓷器制作精细，外形优美，胎质细腻，瓷化程度较高。

（2）装饰

唐代各个生产白釉彩瓷的窑场，多是以烧造白瓷为主要品种，但白瓷表面挂彩的甚少，大约不到5%，此外，还采用刻花、划花、印花、贴花等多种装饰技法。这些装饰技法与花纹题材的多种多样，显示出唐代白瓷的装饰是丰富多彩而又富于变化的，取得了各不相同的艺术效果和新鲜、自然的艺术特色。

从总体上看，唐代白釉彩瓷常见的装饰技法是用点彩和绘彩相结合的技法，但更多的是单独运用点彩或绘彩技法。一般说，早期阶段运用点彩者居多，晚期阶段则广泛单独运用绘彩技法或点彩、绘彩相结合的技法。

唐代白釉彩瓷的纹饰，内容丰富，灵活多变而不拘一格。早期，纹样比较简单、疏朗、质朴，多为洒、点而成的斑块纹、成组的圆点纹或蝌蚪形纹，进而由四至七个圆点构成的梅花纹、平行竖线纹和以串点纹组合而成的各种几何图案等。花纹多凸起于器表。晚期白釉彩瓷纹饰趋于复杂化、多样化、形象化，而且各类彩瓷纹饰之间的差异更为明显。纹饰题材主要是植物，有枝叶纹、串叶纹、兰草纹、旋形芍药纹、朵花纹、卷草纹、棕榈叶纹、梅花纹以及现实中并不存在的花草纹等。可以看出，唐代彩瓷装饰已经确定了以植物为主体纹饰的地位。除植物纹外，还有卷云纹、菱形纹、三角纹等辅助性纹饰。各种花纹运笔自如，线条流畅，构图严谨、新颖，成为一种完全程式化了的图案花纹，开创了用绘画技法装饰瓷器的先例。其中尤以白釉蓝彩瓷最为出色。晚期纹饰的表现形式，主要是单独花纹，基本上不见二方连续、四方连续花纹等形式。在绘画技巧上，对变化与统一，简略与复杂，参差与平衡等都掌握得恰到好处。这种情况，充分表明绘画者对所绘对象的细微观察和深刻认识，同时也反映了当时民间绘画水平。

二、唐代白釉彩瓷的分类

1. 白釉蓝彩瓷

简称“唐青花”，为河南巩义市黄冶窑的产品，黄冶窑址位于巩义市东北大小黄冶村一带，分布在黄冶河两岸。隋代开始烧造白瓷，入唐以后开始烧造唐三彩制品。唐代中晚期在烧制高质量白瓷与三彩制品基础上开始烧制白釉蓝彩瓷器，并与白瓷、唐三彩制品一起大量销往海外。这是我国最早以绘画艺术与制瓷工艺相结合制造出的一种富有笔情画趣的白釉蓝彩瓷器。瓷器采用高质量的坯料与釉料，因而胎薄釉润，器表光洁纯净。装饰工艺是在成型的器胎上敷一层洁白细腻的化妆土，再用笔蘸以氧化钴为呈色剂的色料绘画纹饰，然后器表施一层薄而透明的玻璃釉，入窑一次烧成。主要器物有盆、樽、三足炉、盒、罐、碗、盘、执壶、盆残片、碗残片等。三足炉，1948年洛阳出土，香港大学美术博物馆收藏。器高6.5厘米（图二）。

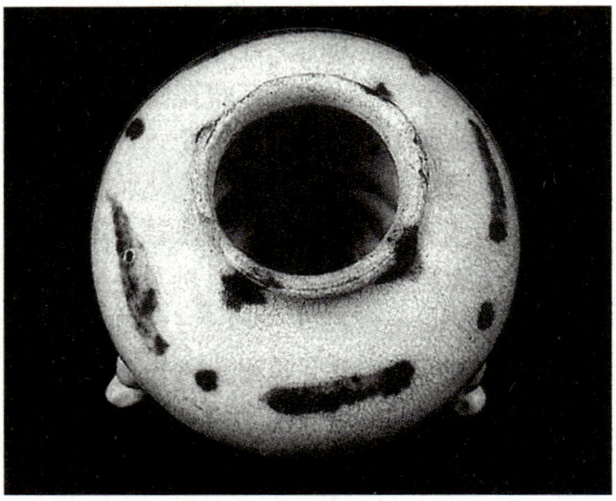

图二　三足炉

执壶，2003年江苏省扬州市老城区唐代遗址出土，江苏省扬州市文物管理委员会收藏。稍残。敞口，卷沿，圆唇，束颈，弧腹，平底，肩部与口部连接双条形柄，另一侧有短柱形流。瓷质，胎呈乳白色，器表罩白色透明釉。腹部绘蓝彩菱形纹、草叶纹组成的图案。蓝彩呈色浓艳，色深处有黑色结晶斑点（图七，1）。

盆残片，新乡市拱宝斋主人收藏。残存底、足、口沿的一部分。宽平沿，圆唇，斜直壁稍弧，底近平，饼形足。瓷质，胎呈白色稍灰，胎质坚硬，有大小不等的气孔，胎厚0.9 ~ 1.2厘米。器表罩白色透明釉，釉层均匀，光泽度较强，有细开片，施釉到下腹部。釉下蓝彩呈深蓝色，浅淡处可见黑色结晶体。内壁底部饰菱形纹、叶片纹、点纹组成的图案，沿部饰条形叶片纹。口径约38、足径20.3、高13 ~ 15厘米（图三）。

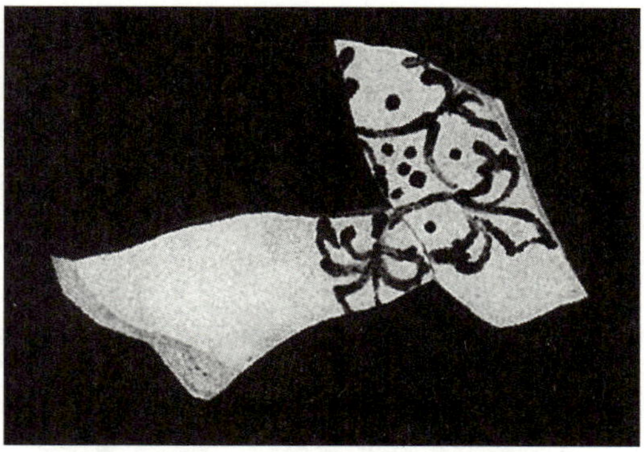

图三　盆残片

碗残片，江苏省扬州市文昌阁附近三元路北基建工地发掘出土，扬州博物馆收藏。残存一部分口沿与近二分之一的器底，残存口沿弧长12.6厘米，内壁有直棱，可知为四瓣形口。复原后器高5.9、口径24、足径11.7厘米。圆唇，敞口，圜底，环形圈足。胎骨厚重。器身满施白色透明釉，足部露胎，釉层均匀，泛淡黄色，有细碎开片。釉下施化妆土。蓝彩厚处有黑色结晶斑点。据残存部分推测，所绘蓝彩花纹主体花纹应是“十”字形，器底中心绘一朵重瓣大团花，团花四方各向外延伸一根葛藤，葛藤上各有四朵单瓣团花，两朵正开，另两朵侧开，葛藤尖端处有两片翻卷叶片。两组花纹之间的上方，描绘灵芝形卷云纹，应为两朵或四朵。此器造型饱满、规整、端正。花纹图案布局合理，构图疏朗、简洁明快，线条流畅，具有水墨画的韵味，堪称成熟期唐青花中的佳品（图四）。

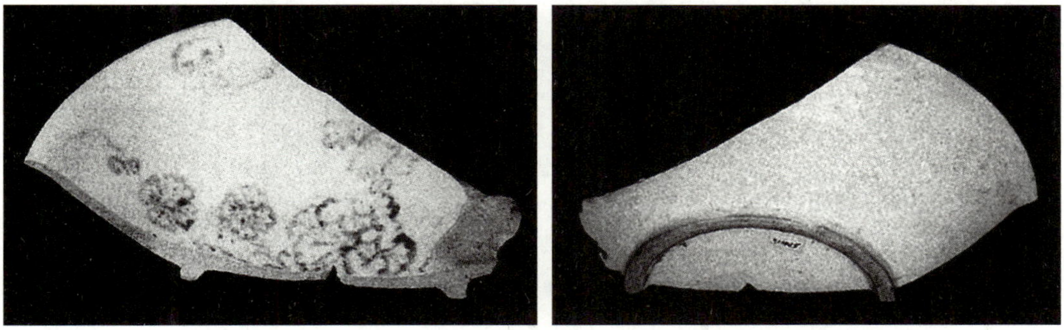

图四　碗残片

白釉蓝彩瓷造型一般规整、大方、典雅。多为釉下绘彩，一部分为釉上绘彩。透明釉一般稍泛青或泛黄，有细碎开片，个别有脱釉现象。蓝彩呈色鲜丽，有晕散现象。常见纹饰有梅花纹、串点纹、叶片纹、平行直线纹、卷云纹、菱形纹、散叶纹、棕榈叶纹、卷草纹等，最具特色的是以串点纹组成的各种图案，其中棕榈叶纹、菱形纹、散叶纹等具有外域色彩（图五）。烧成的白釉蓝彩瓷器，色泽鲜亮，蓝白两色形成强烈对比。纹饰淡雅、清新，绘在白地上显得更加美丽。黄冶窑这种瓷器，主要是作为外销产品，远销东南亚、波斯、非洲等地。白釉蓝彩瓷装饰纹样也影响到我国南

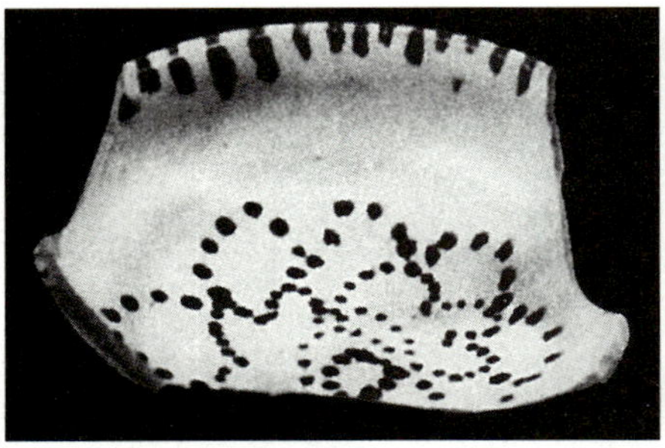

1

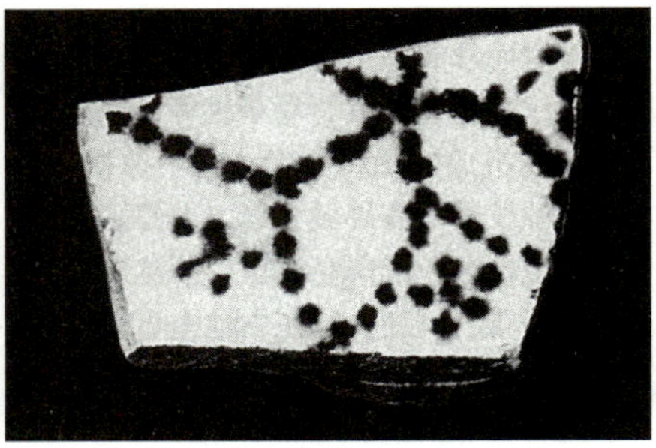

4

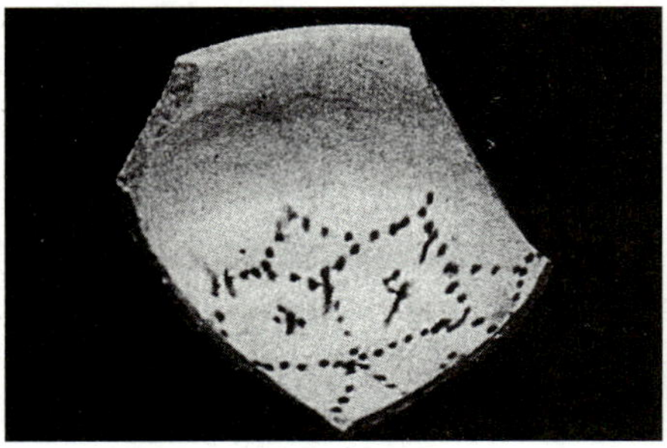

2

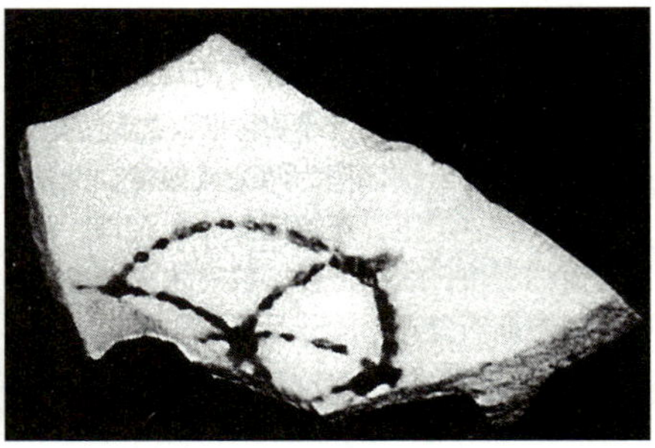

5

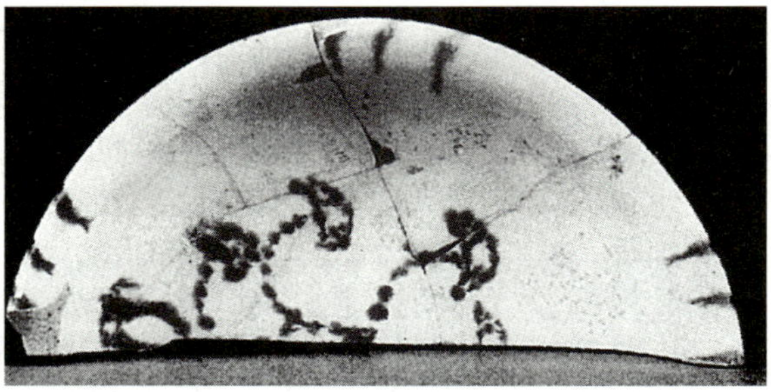

3

图五　以串点组成的几何图案

1. 花朵形图案　2. 菱形、梅花组成的图案　3. 月牙形、弧形组成的图案

4. 环形、弧形组成的图案　5. 五角星、梅花组成的图案

方的窑业。如蓝彩纹饰中常见的丛叶与菱形纹组成的图案，出现在唐代长沙窑的白釉彩瓷壶上[4]。唐代青花瓷的烧制成功，被学术界称为“是我国陶瓷史上一件具有划时代意义的大事，是彩瓷大发展的前奏”。唐代晚期白釉蓝彩瓷[5]由于战乱导致外销渠道不畅、钴料匮缺等因素而停烧。

2. 白釉酱、褐彩瓷

此类彩瓷在唐代白釉彩瓷中居数量之首。鹤壁市鹤壁集窑、安阳市天喜镇窑、善应窑、巩义市黄冶窑等都烧制这种瓷器，主要器物有碗、钵、盆、罐、双鱼瓶、丛叶纹碗、执壶、盒、高足碗等。

双鱼瓶，鹤壁煤业集团古典艺术博物馆收藏。小口，圆唇，溜肩，圆腹，喇叭形圈足。肩部饰凹弦纹二周，腹部贴饰鱼鳍纹，下部收腹处模印联珠纹二周，腹部有对称四个拱形横系。肩、腹部模印白中泛青色，施釉不到底，下腹部、底、足露胎，有流釉现象。口、肩部相间饰黄、绿彩竖斑带纹。高18.5、口径5.5、底径9厘米（图七，2）。

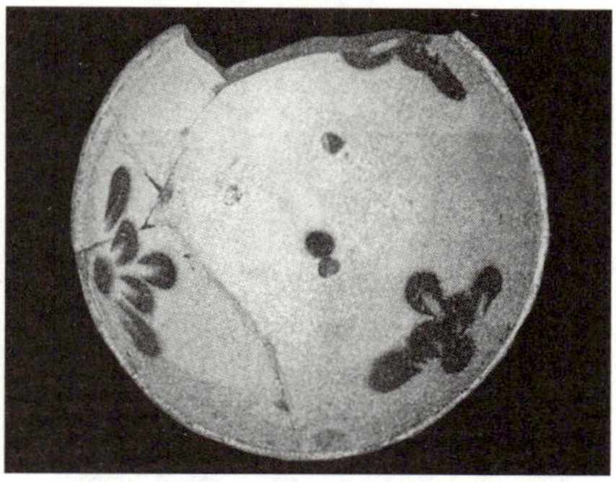

图六　丛叶纹碗

1

3

2

4

图七　河南唐代白釉彩瓷

1. 执壶　2. 双鱼瓶　3. 褐彩散叶纹高足碗　4. 丛叶纹执壶

丛叶纹碗，新乡市拱宝斋主人李清洲先生收藏。直口，圆唇，弧壁，平底，饼形足。胎呈深灰色，胎质较粗，有小气孔。器表罩白色透明釉，釉色白中泛青，釉层均匀，内壁满釉，外壁施釉至上腹部，下腹与足部露胎。胎釉之间有一层化妆土。内壁一侧饰褐彩丛叶纹有结晶体。高7、口径17.5、足径10厘米（图六）。

图八　执壶

执壶，郑州大河古陶瓷艺术馆李慧明先生收藏。喇叭口，长颈，广肩，弧腹，饼形足。肩部一侧有短流，另一侧双条形柄残失。胎呈米黄色，有小气孔。周体施白色透明釉，有光泽，底部露胎，有细碎开片，肩部饰凹弦纹二周。流下饰褐彩丛叶纹，另一侧饰褐彩斑块纹，手触有凹凸感。高19、口径7.2、底径6.7厘米（图八）。

盒，安阳市收藏协会董文军先生收藏。子母口，直壁，平底。盖面隆起，顶部压印单蝶，长须振翅，似翩翩飞舞。外饰一周凸弦纹。胎呈灰白色。器表罩白色泛青透明釉，内壁满釉，外壁施釉不到底，底、足部露胎，露胎处可见化妆土。盒壁、盒盖顶部飞蝶处饰褐彩斑点纹。通高3.9、口径5.7、底径3.4厘米（图一一，2）。

高足碗，鹤壁市煤业集团古典艺术博物馆收藏。圆唇，卷沿，直壁，高足中空。胎呈米黄色，内壁与外壁腹部以上施白色透明釉，釉色泛黄。外壁腹部饰褐彩散叶纹和圆点纹。高13.3、口径14.7、足径5厘米（图七，3）。

白釉酱、褐彩瓷装饰技法是在敷上化妆土的器胎上，用氧化铁为呈色剂的色料绘画纹饰，罩透明釉，高温一次烧成。酱色与褐色彩料的配方区别不大，只是由于彩料中含铁量和烧成气氛的不同，而呈色出现浓淡深浅的变化，从而形成酱色或褐色。主要纹饰是由多个圆点纹或水滴纹有序组成的直线形或三角形图案，最具特色的是串叶纹、草叶纹等。纹样比较简单、原始，但又表现出自由、奔放的风格，同时这种釉下酱、褐彩却代表着一种不可忽视的新的瓷器装饰艺术，处于我国瓷器绘彩艺术发展史上的初期阶段，对后世瓷器装饰艺术的影响相当深远。

3. 白釉灰蓝彩瓷

为安阳市西部的天喜镇窑、善应窑以及鹤壁市鹤壁集窑、寺湾窑的产品。常见器物有碗、执壶、钵、罐等。

丛叶纹执壶，郑州大河古陶瓷艺术馆李慧明先生收藏。口、流、柄均残失。喇叭形口，长颈，广肩，弧腹，下腹斜直，饼形足。腹部留有圆流和扁形柄痕。胎呈灰白色，胎质细腻，不见气孔。器表罩白色透明釉，釉层厚而均匀，有大面积脱釉现象，光泽度甚差，施釉不到底，底、足部露胎，露胎处可见化妆土。肩部饰凹弦纹两周。流下与腹部两侧均饰灰蓝彩叶片纹，手触有凹凸感。残高20、底径6.8厘米（图七，4）。

丛叶纹执壶，郑州大河古陶瓷艺术馆李慧明先生收藏。直口，圆唇，长颈，溜肩，弧腹，下腹斜直，饼形足。肩部一侧有短流，另一侧有双条形柄。胎呈黄灰色，有小气泡。器表施乳白色透明釉。施釉不到底，底、足部露胎，露胎处可见化妆土。腹部两侧饰灰蓝彩丛叶纹，倒置似葡萄纹，手触有凹凸感。高18.5、口径6、底径6.5厘米（图一一，1）。

旋形芍药纹碗，鹤壁市鹤壁集窑址出土，鹤壁市博物馆收藏。敞口，圆唇，弧壁，饼形足。胎呈灰白色。器表罩白中泛黄透明釉，内壁满釉，外壁施釉不到底，底、足部露胎，露胎处可见化妆土。内壁及内底饰灰蓝彩旋形团花纹。高7.2、口径11厘米（图九，1）。

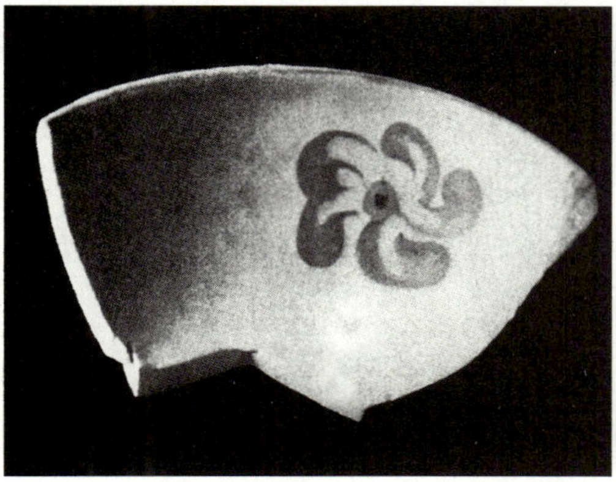
1

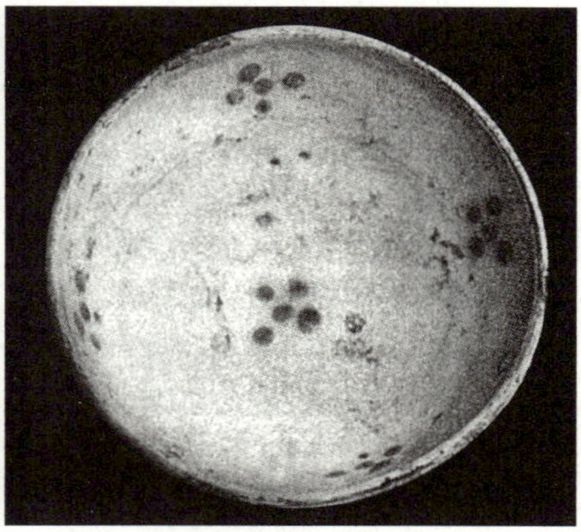
2

图九　碗

1. 芍药纹碗　2. 梅花纹碗

梅花纹碗，安阳市善应窑址出土，安阳市收藏协会王云女士收藏。敞口，圆唇，斜弧壁，饼形足。胎呈灰白色。器表罩白色透明釉，内壁满釉，口沿无釉，外壁施釉不到底，底、足部露胎，露胎处可见化妆土。内饰灰蓝彩梅花纹五朵，每朵由五点组成。高7.5、口径1.8、底径11.5厘米（图九，2）。

白釉灰蓝彩瓷胎多呈深灰色，有的呈米黄色，胎质较粗，有小气孔，胎体厚重，器形浑圆，外观显得比较粗糙，采用釉下绘彩的装饰工艺。器表所施化妆土相当重要，用于掩盖与改变胎体原来的深灰色或米黄色以增强洁白度。以氧化铁为彩料，彩料磨得很细，料汁有浓有淡，浓者高高凸起，淡者薄薄一层，因浓淡不同而呈现出不同颜色，纹饰周边呈灰褐色，向内逐渐变成淡蓝色，形成深浅不一、富有立体感的效果，不见晕散现象。纹样主要绘在碗、盘内壁的底心和周壁，罐、执壶等集中绘在肩、腹部。纹样颇为丰富，较简单的纹样有圆点纹、水滴纹以及由五至六个圆点组成的梅花纹，最具特色的是葡萄纹、串叶纹和富有动感的旋形芍药纹。各种纹样运笔自如，构图新颖，反映出当时绘画者十分娴熟的技巧和绘画功底。所罩透明釉一般比较均匀，但光泽度差，呈米黄色或灰白色，有的有细碎开片。脱釉处化妆土与纹饰仍附着在器体上。碗、盘等内壁满釉，外壁施釉至腹部，底、足部无釉。

这种釉下绘彩瓷器因为以前被发现的数量较少并没有引起众多古陶瓷研究者的注意。我们从器物造型上可以看出它应是盛唐至中唐时期的产品。白釉灰蓝彩瓷用釉下绘彩的技法，以富有立体感的纹饰装饰器表，显然是一种大胆的尝试，表现出强烈的创新精神，在我国陶瓷史上应是一个突破性进展，对研究唐代白釉彩瓷的发展无疑是一批极为珍贵的实物资料。

4. 白釉绿彩瓷

唐代“点彩”工艺之一。先在成型的器胎上敷一层洁白的化妆土，罩透明釉后点饰含铜色料一次烧成。常见器物有壶、罐、豆、碗等。

图一〇　盘口瓶

盘口瓶，鹤壁煤业集团古典艺术博物馆收藏。盘口，细颈，溜肩，扁圆腹，饼形足。肩部相间饰叶片纹和菊花纹贴花四个。胎呈米黄色。器表罩透明釉，釉呈米黄色。施釉不到底，底、足部露胎。周体点饰绿彩斑点纹。高19.8、口径9.5、底径10.5厘米（图一〇）。

盖罐，河南省收藏协会陶瓷分会收藏。盖中部稍隆起、有圆形纽。罐卷沿、圆唇、束颈、弧腹、平底。腹部以上罩白色釉，釉稍泛绿，下腹部白色化妆土。盖、罐口、肩部饰绿彩。向下流淌呈叶状。高30.8、口径9.5、底径9厘米（图一一，3）。

三系壶，鹤壁煤业集团古典艺术博物馆收藏。盘口，长颈，丰肩，弧腹，平底略内凹。颈部饰两周凹弦纹，肩部有三个三角形系。白胎。通体施白中泛青透明釉，外底部分露胎。器壁相间饰黄、绿彩竖斑带纹六条。高15.8、口径4.9、底径5.3厘米（图一一，4）。

贴花豆，鹤壁煤业集团古典艺术博物馆收藏。侈口，尖唇，卷沿，弧壁，细长柄，喇叭形圈足。外壁相间饰模印坐佛与莲叶贴花各三组。白胎，器表罩白色透明釉。豆盘

图一一　河南唐代白釉彩瓷

1. 丛叶纹执壶　2. 褐彩瓷蝶纹盒　3. 绿彩瓷盖罐　4. 绿彩瓷三系壶

5、6. 题字碗

1

2

图一二　绿彩瓷器

1. 贴花豆　2. 侈口罐

内底无釉，外饰绿彩竖斑带纹六条。高10.8、口径12.4、底径9.2厘米（图一二，1）。

侈口罐，鹤壁煤业集团古典艺术博物馆收藏。侈口，圆唇，卷沿，直颈，广肩，鼓腹，平底。灰白胎。器表罩透明釉，釉色白中泛黄，施釉不到底，底、足部露胎，有流釉现象。肩、腹部饰凹弦纹四周。肩部饰绿彩叶片纹。高20、口径8.5、底径8厘米（图一二，2）。

题字碗，巩义市黄冶窑址出土。大口，卷沿，圆唇，弧壁，平底，环形圈足。胎呈米黄色。内外壁罩白色透明釉，下腹与足、底部露胎。胎釉之间有一层化妆土。内壁底部与绿彩竖行书写“家中藏之，何日忘之，言不文”11字，字体大小不一。沿部饰绿彩竖平行线纹一周。外壁饰绿彩条斑纹，有流淌现象。高6.8、口径17.3、足径9.5厘米（图一一，5、6）。

图一三　长方形枕

唐代白釉绿彩瓷纹饰主要为条状或片状绿色斑块。多装饰在灯、执壶、瓶等器的腹部以及口、颈、流、柄等部位。瓷器上的绿斑装饰始于北朝时期，唐代更为盛行，河北的邢窑、定窑以及河南的鹤壁集窑、安阳的北齐村窑、荥阳的翟沟窑、登封的曲河窑、新密的西关窑等地均有生产。其特点是这种纹饰多无一定规则，有较大的随意性。如北齐村窑的执壶，多呈块状或条形斑纹。但巩义市黄冶窑生产的白釉绿彩瓷枕（图一三）和罐所饰的菱形纹、梅花纹等显得格外醒目，格外精彩。特别是以语言文字为装饰更为罕见，从白釉陶瓷器装饰题材方面看，应是史无前例的，开启了宋元时期瓷器用诗句或语言文字作装饰之先河。作为绿彩呈色剂的氧化铜，在还原气氛中高温烧成后鲜艳明晰，多有明显的流动性和晕散现象。

三、艺术风格与成就

唐代白釉彩瓷的装饰艺术可谓多姿多彩。其中的精品是实用器与艺术品的完美结合。各类白釉彩瓷都曾经历了一个不断积累经验，革新工艺，产品由粗到精，逐渐形成自身鲜明个性特点与艺术风格的过程。

可以看出，唐代各类白釉彩瓷之间，在品类、形制、纹饰题材与表现手法等方面，多有相似或相同之处，如釉的底色白中稍泛青或泛黄；褐彩色调晦暗沉滞，灰蓝彩纹饰褐中又有暗蓝色；纹饰呈图案化、程式化倾向；工艺相一致以及艺术表现形式都具有简朴、厚重、粗犷的风格特点等。这种情况反映了各类白釉彩瓷之间有着直接的联系，同时也表明它们均具有早期白釉彩瓷的特征，属于初始阶段的白釉彩瓷。此外，这些瓷器不仅真实地反映了当时制瓷的工艺水平，也生动地反映了当时人们的审美观。

河南唐代各类白釉彩瓷除了共有的时代、艺术特征之外，彼此之间也各具特点，存在不少差异，从而形成各自的个性特征，并取得各不相同的艺术效果，同时也充分显现出各个民窑的特色。最明显的是白釉蓝彩瓷与白釉酱彩、褐彩、灰蓝彩瓷器之间的差异。首先由于销路的不同，导致它们在造型与装饰上的差异。如白釉蓝彩瓷作为一种外销产品，为了在海外扩展销路而追求器形规整、精美，质地纯净，造型上模仿当时流行的金银器，装饰上追求鲜丽、典雅，并吸取中东地区伊斯兰国家流行的花草纹样，出现了异域情趣；白釉酱彩、褐彩、灰蓝彩瓷器则是一种博得国内公众喜好的日用瓷，产品主要销售于民间，相比之下，胎质显得相当粗糙，造型上追求丰满、敦厚、质朴，但器表光泽度较差，装饰上显得自由、奔放。

河南唐代各类白釉彩瓷的成就是多方面的，可以归纳为以下几点。

（1）最早把氧化钴作为呈色剂成功地应用到瓷器的装饰上。如河南巩义市黄冶窑的白釉蓝彩器。

（2）一些纹饰具有水墨画的特点，成为运用毛笔描绘技法装饰瓷器的开端。

（3）瓷器的装饰内容开始吸收、融合外来文化因素，出现了外域情调的花纹。

（4）制作与烧造工艺的改革与创新，提高了瓷器的质量，增加了产量，进一步满足了国内对瓷器日益增长的需求，同时沟通了国内瓷器的销售渠道，扩大了市场。

（5）创制了多种品格优良的白釉彩瓷，并以其敦厚、朴实的造型与新颖、别致的装饰成为独领风骚的瓷器新品种。

（6）不少灵巧秀美作品的艺术风格显现出浓厚的时代气息和浓郁的地域特色，成为当时人们最喜爱的表现形式，因而有着广阔的社会基础。

（7）唐代白釉彩瓷承上启下、继往开来的作用是显而易见的。其胎质、胎色较之隋代以前的釉彩瓷器更为纯正，烧成温度普遍升高，釉、彩的呈色更加稳定，为后世白釉彩瓷的发展开了先导，为质量更高、更精美的白釉彩瓷的产生在工艺技术上奠定了基础，打开了广阔的发展道路，特别是对宋代北方一些名窑的蓬勃兴起，直接起了促进与推动作用。

唐代白地釉下彩瓷器的出现，打破了以前单一色的白瓷，丰富了瓷器的装饰艺术，奠定了以后釉下彩瓷器的工艺基础。它把毛笔绘画艺术成功地运用到瓷器装饰艺术上，是我国陶瓷装饰艺术史上的一个突破性进展，为以后多色彩瓷的产生奠定了基础。

注　释

[1] 李知宴、程雯：《中国陶瓷简史》图47，外文出版社，1996年。

[2] 河南省博物馆：《河南安阳北齐范粹墓发掘简报》，《文物》1972年第1期。

[3] 周到：《河南濮阳北齐李云墓出土的瓷器和墓志》，《考古》1964年第9期。

[4] 周世荣：《长沙窑瓷绘艺术》图90、图101，上海人民美术出版社，1994年。

[5] 张柏、刘兰华：《中国古代陶瓷纹饰》，哈尔滨出版社，1994年，121页。

（原载于《中原文物》2007年第2期）

郑州市上街区唐墓出土青花罐初探

郑州市上街区峡窝镇西距巩县窑约19千米，2006年10月，该镇以西4千米的7号唐墓出土了两件青花瓷罐（图一）。这两件青花瓷罐是目前国内外所见工艺最复杂、最精湛，器形最大的完整唐代青花瓷精品。器表装饰的蓝彩纹样有多种为新面世品种。这一重大发现于2007年11月在昆明召开的中国古陶瓷学术年会上发布，立刻引起与会国内外古陶瓷专家的注意，大家为之振奋。会后不久，耿宝昌会长及王莉英、袁南征、孙新民等副会长先后到郑州市文物考古研究院对实物进行观摩、研究（图二、图三），都给予很高评价，认为这两件青花瓷完全符合学术界公认的青花瓷标准。即：必须是白瓷；以氧化钴为蓝彩呈色剂；釉下绘彩在高温下一次烧成。他们一致认为，这是中国古陶瓷史上一个激动人心的重大发现，借此足以对我国制瓷史的认知体系进行调整和重新认识。

图一　出土唐青花罐

这里，有必要回顾一下以往有关问题：

（1）对青花瓷的起源问题学术界存在着分歧。一部分学者不承认唐青花的存在。还有人提出元代说，认为“唐代青花瓷都是唐三彩中珍贵的纯蓝彩器，属于陶器，青花瓷应始于元代”。另有一部分人依据1957年和1970年浙江两处宋代塔基下分别发现的两只青花碗与10多块青花瓷残片，持青花瓷起源于宋代说。还有一种观点，虽然承

图二　中国古陶瓷学会会长耿宝昌、常务副会长王莉英对唐青花罐进行考查

图三　河南省古陶瓷学者孙新民、张松林、廖永民等对郑州出土唐青花罐进行探讨

认唐青花的存在，但把巩县窑初唐晚期开始烧造的唐青花的前身——白釉蓝彩器归为唐青花。这种白釉蓝彩器的烧成温度一般在1000～1200℃，只是一种低温瓷。除上述不同观点外，还有青花瓷中国起源说和外来技术影响说的争论。

（2）唐青花的几次重要发现。1998年，印尼海域一艘被称为"黑石号"的9世纪初阿拉伯沉船中发现了3件唐青花瓷盘，船中还发现了长沙窑生产的带有唐"宝历二年"（826年）题铭的瓷器；1975～1983年间，江苏扬州市中唐时期的文化遗址中出土唐青花瓷残片以及完整或可修复的白釉蓝彩器。以上两次重要考古发现，解决了唐青花的相对生产年代、贸易市场及出口到海外的航线、外销地区等问题；2002～2007年巩县窑址的考古发掘，找到了包含唐青花执壶、碗、盘、盒、枕等器物残片的文化层，解决了唐青花的产地与层位关系问题。以上每一次重要发现，都曾在海内外学术界引起轰动，同时将唐青花的研究工作向前推进了一大步。这次郑州7号唐墓出土的两件青花罐，不仅是目前国内首次发现的有明确出土地点、时间和出土单位的完整器，并且是一种新器型，装饰纹样也有多种前所未见的。这次发现在唐青花的研究方面为我们拓宽了视野，扩展了新的思路。当前，海内外有关学者和唐青花爱好者都抱有一个愿望，就是由中国古陶瓷学会与有关单位学者召开一个"唐青花专题研讨会"。

一、7号墓的形制、随葬品与墓主身份问题

7号墓为一竖穴土坑墓，南北向，由墓道、甬道、墓室三部分组成。墓道较宽，甬道塌陷，长方形墓室。此墓平面基本呈梯形，总长7.8米，墓道窄处约1米，最宽处

约2米，墓底距地面6.1米。人骨与葬具均朽为粉状，已看不出葬式。随葬品散置于墓室底后部的东西两侧。除两件精美的青花塔式罐外，另有三件大小不一的白釉素面瓷罐（图四）。据负责该墓清理工作的郑州市文物考古研究院汪旭先生介绍，两件塔式罐出土时器体与托座已分离，但未损毁，分布在墓室东侧。

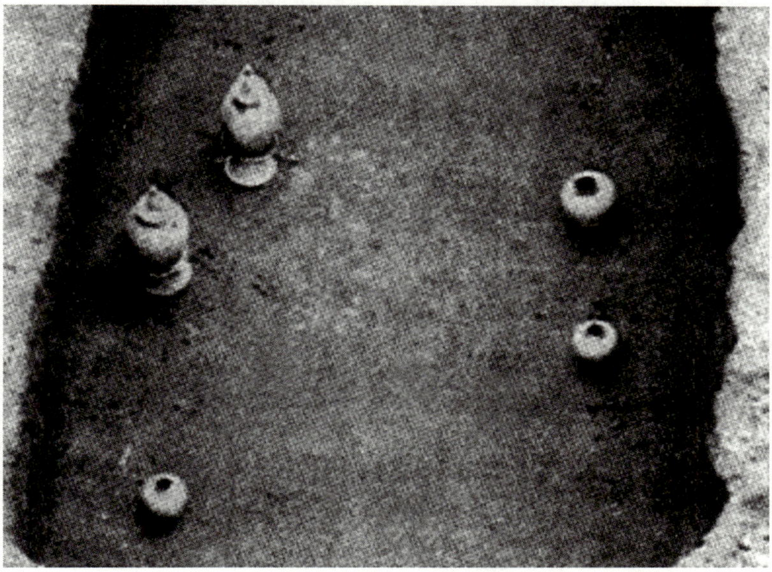

图四 郑州市上街区7号唐墓随葬品分布

从此墓的规模与形制看，属于小型墓葬，是豫中、豫西地区唐代常见的墓葬形制。墓主一般为社会地位较低下的平民。但从此墓随葬品的组合、品类看，显然不合乎当时的一般风尚习俗。如当时随葬品中常见的牛车、男女俑、猪、狗、鸡、鸭等动物俑或井、杵臼等模型在该墓中都未见，也不见唐三彩制品，却随葬一般被认为是佛教珍贵用品的塔式瓷罐。此外，还随葬三件日常实用的白釉素面瓷罐。由此特殊现象，我们有理由认为墓主并非一般平民，有可能是一位佛教信奉者，或从事佛教事务活动者。还应考虑到，唐代青花瓷是销往中东地区伊斯兰国家的一种外销瓷，因此也不排除墓主是从事外贸活动，往来于中东伊斯兰国家的经商人员。当时，唐王朝尽管大力倡导对外开放政策，国内经济迅速发展，对外贸易繁荣昌盛，但从事贸易经营的商人身份和社会地位并不高，按当时的丧葬制度，这类人死后葬以小型墓亦属情理。

关于7号墓的埋葬年代，单从该墓形制看不出比较具体的埋葬年代，只能从随葬5件器物的时代特征加以判断。塔式罐作为一种佛教用品，最早出现于我国南北朝时期的北方，正是佛教盛行之时。隋末唐初的塔式罐，形体粗矮，多以模制兽面贴花为装饰（图五）。盛唐至中唐早期，流行低温釉陶三彩塔式罐，罐体变得瘦长，不见模制贴花装饰，但整器结构更复杂化（图六）。这件三彩塔式罐出土于巩义市北窑湾村一

图五　巩义市食品厂1号唐墓出土
白瓷兽面贴花罐

图六　巩义市北窑湾18号唐墓
出土三彩罐

座有纪年的唐墓，墓主薛华，葬于元和十年（815年）十月十七日，单就此器整体造型看，跟郑州上街区7号墓出土的2件青花塔式罐基本相同，仅托座不同，三彩罐托座为莲瓣形，青花罐托座为碗形。由此可以认为二者大体应是同时期的产品。就是说，这两件青花罐的生产时间可定在8世纪末至9世纪初。另从郑州上街区7号墓出土的三件白瓷罐的造型特征看，体形较粗矮、小平底，具有盛唐时期同类器的特征。这样，7号墓的埋葬时期也就大体上定下来了。

二、青花瓷罐的制作工艺、造型与装饰

从制作工艺看，这两件青花瓷罐是当时工艺复杂、制作难度较大的产品，器盖、器体、托座与圈足都是分别制作，然后黏结为一个整体。这种组合体产品一般器形较大，要求每个部件都大小适宜、尺寸严密、粘接牢固，保证整体的协调一致和器形端正。这两件青花瓷罐都已达到合格水准，无可挑剔。

两件青花瓷罐的造型基本相同。器盖呈覆碟形，盖纽呈宝塔形。器体为敞口、圆唇、直颈、圆肩、弧腹、平底。下为碗形托座，托座下为喇叭形圈足。只是其中一个

的肩部有两道凸弦纹，而另一个的肩部只有一道凸弦纹，圈足上部又有一道凸弦纹，似形成一周折棱（图一）。均为瓷质，烧成温度较高，胎呈乳白色，胎质细腻。周体罩白色透明釉至圈足下部，釉层均匀，釉色洁白而有光泽，无脱釉现象，但部分器面稍泛黄。器盖、器体肩腹部均釉下绘蓝彩纹饰，蓝彩浓淡不一，浓处呈深蓝色，可见细小黑色斑点，淡处呈浅蓝色，不见晕散现象。两器的尺寸与所绘蓝彩纹饰各有不同：图一盖纽顶部绘“卍”纹，纽的周边绘对称草叶纹。器体肩部绘蔓草纹，腹部绘束花纹、牡丹纹、草叶纹和童戏纹，幼童手拿弯钩状长物，下有一圆球，作击球状。器通高44厘米。M7：4，盖纽顶部绘草叶纹，纽周围亦绘对称四个草叶纹。器体、肩部绘牡丹纹、蔓草纹、草叶纹，另绘对称两只飞虫，虫体枣核形，双须双翅，看上去似蜂似蝶。通高44.2厘米。

三、艺术风格

两器造型浑圆丰满，端庄朴实，加之制作规整精细，釉色光洁莹润，蓝彩鲜丽朴素充分显示了清秀雅致、雍容华贵的特色。装饰纹样新颖别致，简洁明快，格调自由舒展形成自身独具的艺术风格，成为实用与美观高度结合的典范。

巩义市以东约8千米的巩县窑是唐代生产白釉蓝彩器和唯一烧造唐青花的窑场，毫无疑问，这两件青花塔式罐即巩县窑所产。唐青花与唐三彩都是巩县窑在国内外享有盛誉的产品，犹如异军突起的两朵并蒂莲花，二者相互借鉴，相互促进，并驾齐驱，各显风光。这种复杂造型的塔式罐也见于此窑生产的三彩器。二者不仅造型结构与制作工艺基本相同，而且都强调整体美和形体的规范化，富于个性，富于变化，但器表装饰的艺术风格差异非常明显，各有自身鲜明的个性特征：青花罐器表洁白、莹润，纹饰用彩只有蓝色一种，装饰手法只用绘画技法，花纹简约、清秀、明快，用笔细致，轮廓清晰，整体给人以超凡脱俗之感；三彩罐则器表色彩鲜艳，斑驳陆离，蓝、白、绿、红、黄、青、赭等杂色并陈于一器，饰彩手法则不用描绘，而是采用点、抹、洒、涂，还巧妙运用彩料流动和呈色深浅不一的特性，创造出色彩复杂多变、自由搭配的不同纹样。另有不同的是：青花罐为瓷质，胎质坚固耐用，不渗水；三彩罐为低温釉陶，胎质疏松，有渗水性，易损毁，因而实用性较低。两者相比，青花罐在实用性和艺术性相结合上明显更胜一筹。

四、继承与创新

巩县窑成功烧制的唐青花，作为我国第一代青花瓷，应该说它是一种时代产物，或者说它是文化艺术与陶瓷工艺技术持续发展的产物。首先，唐青花是在烧制高质量白瓷和釉陶传统工艺技法的基础上产生的。隋唐时期，陶瓷业得到空前的发展。当时巩县窑烧造的白瓷被认为是我国北方最早出现的精细白瓷之一。近年来巩县窑的考古发掘也进一步证明，从北魏时期到晚唐时期，此窑场一直在烧造白瓷，白瓷的生产显然为唐青花瓷胎的生产工艺打下了基础。工匠们在长期烧制低温釉陶唐三彩制品当中，对各种材料、釉料的化学组成与调配，特别是各种彩料的呈色机理以及焙烧技法加以熟练掌握和运用，从而成功烧制出蓝、黄、绿、白、赤、酱等不同的色彩。其中特别是对蓝彩色料——氧化钴性能的熟练掌握和应用，为制作唐三彩制品与唐青花制品，在彩料和釉料的选择、加工方面准备了必要条件。

据初步研究，郑州7号唐墓出土的这两件青花罐，从胎料、釉料、彩料的选择、加工、调配到制坯、器形设计、粘接，再到绘彩施釉、晾干至入窑焙烧、火候掌握等整个工艺流程都非常规范、精细，不仅显示了工匠们娴熟的技艺，也显示了当时制瓷业已达到的最高水平。两件青花瓷罐生动地表明了唐代制瓷业的革新技术与大胆创新得益于工匠们敏锐的市场意识，显示出他们能够根据市场需求进行新产品的开发。正是这种勇于创新的精神为巩县窑在中国陶瓷史上争得了重要地位。

此两罐的主体纹样是花卉纹、童戏纹和水藻纹、束花纹等，辅助纹是蜂（蝶）纹、散叶纹等，这些纹饰都是工匠师笔下创新、升华描绘出来的新款。如此新颖别致的纹样在当时其他陶瓷器上少见或不见，却往往见于五代与宋代的瓷器上，足见其对后世的影响。饰彩技法全部采用毛笔绘画而成，显然是由纸帛绘画艺术移植而来，具有浓郁的写实或写意韵味。隋唐以来瓷器装饰艺术的这项重大革新，为以后瓷器上出现的各种趣味浓郁、十分生动的花鸟画、人物画打下了基础，为后来釉下彩的繁荣与发展开辟了道路。

（原载于《收藏》2008年第5期）

越窑与巩县窑的熏炉以及其他陶瓷制品的异同

笔者对我国北方，特别是河南省境内不同时代的窑址及其生产的陶瓷制品还比较了解。甚至一部分窑场如巩县窑、登封窑、鹤壁窑、禹县钧窑、修武张公巷窑等，笔者都曾亲临现场进行调查，采集标本，写过不少文章。而对南方的窑场，如著名的景德镇窑、长沙窑、宜兴窑等，只进行过参观考察。

所幸在古陶瓷研究方面的文章中，包括笔者的旧友牟永抗先生在其《牟永抗考古文集》中所写的《越窑瓷器学习琐记》一文以及郑松考才先生在《中国古陶瓷研究》第九辑中所写《浙江象山发现越窑绿釉器》一文等有关文章，笔者又在网上下载了一部分越窑的陶瓷制品，始对越窑的情况有了进一步了解。

这里，就笔者所知关于越窑的一些情况，谈一点看法，谬误之处，敬请方家指正。

隋唐时期为越州所管辖，所以当时这一带称越州窑或越窑。隋唐时期，越州境内的制瓷业已相当发达并有着悠久历史。东汉中晚期到南北朝时期，越州地带已经形成瓷业中心。在萧山的进化地带还发现了先秦时期的原始瓷窑群。

隋唐时期，越窑的瓷业已取得了明显的进步并成为当时制瓷业的杰出代表。

匣钵的使用越窑和巩县窑一样，是一个突出的进步。匣钵的使用大约始于隋唐时期。匣钵的使用，可以有利于控制烧成气氛，缩小了烧成空间，即有效地控制明火直接烧烤造成的污染，也可以防止落渣对釉面造成的危害。达到提高釉面的色泽明净光润之目的。

以下，我们就越窑与巩县窑生产的熏炉及其他陶瓷器制品的问题加以具体探讨。

一、越窑的熏炉及其他制品

（1）唐代的褐彩如意纹熏炉。此炉由炉盖、炉体、圈形底座三部分组成。盖上有桃形镂孔纽。盖周围饰如意纹和云纹；炉体为宽平沿、斜壁、平底。炉体周围饰云纹两层，中间有平行弦纹相隔，下有五个兽面足，炉底座中部内凹，有长方形镂孔一周，炉座饰如意纹上下两周，通高66厘米。此熏炉系1980年浙江省临安县吴越王水邱氏墓中出土，临安县文物馆收藏（图一）。

（2）唐代的绿釉如意纹、草叶纹熏炉。此炉的造型除釉色不同外，其他与图一完全相同（图二）。

（3）唐代的绿釉如意纹熏炉。此炉与图一、图二的造型基本一致，只是炉体较低。也是由盖、炉体、底座三部组成（图三）。

（4）唐代青釉熏炉。这个熏炉为半球形镂空炉盖，盖上有陀形纽，粉盒形炉体，下有喇叭形圈足，同样是由盖、炉体、圈足三部分组成（图四）。

图一　浙江越窑所产褐彩如意云纹熏炉（唐代）

图二　绿釉如意纹、草叶纹熏炉
唐代，通高66厘米

图三　绿釉如意纹熏炉（唐代）

图四　青釉熏炉（唐代）

（5）唐代青釉周身镂空三足熏炉。此炉顶部中间有山形纽，周围有蝌蚪形镂孔。炉体周身上部为核形镂孔，下部为圆形镂孔。炉顶部与炉体上部有一周较高圆棱，炉体下部有绳纹一周，下有三个兽蹄三足（图五）。

（6）唐代青白釉球形圈足熏炉。炉体呈球形，由半球形盖与顶部的碗形炉体两部分组成。盖上有缠枝状镂孔。高圈足（图六）。

图五　青釉周身镂空三足熏炉（唐代）

图六　青白釉球形圈足熏炉（唐代）

（7）唐代青釉仰俯莲瓣熏炉。上面有六层镂孔（镂孔可分为椭圆形与方形两种）形成的球形体与承托球形体的覆碟组成炉盖，仰俯莲瓣部分为炉体，下部由三个兔形足承托炉身。此熏炉造型奇特，堪称熏炉中之佳品（图七）。

（8）唐代青黄釉博山炉。此炉由多层山形和圆点纹盖、扁沿碗、高圈足、盘形底四部分组成。盖部稍残缺，但不影响炉美观的造型（图八）。

（9）唐代黄釉博山炉。此炉帽形盖顶部有一卧鸟，盖下为豆形底座，由帽形盖与豆形底座两部分组成，造型虽然简单，但不影响炉本身的美（图九）。

图七　青釉仰俯莲瓣熏炉（唐代）

图八　青黄釉博山炉（唐代）

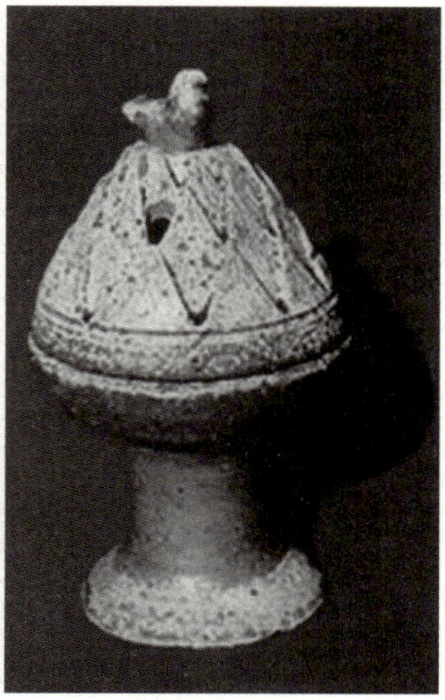

图九　黄釉博山炉（唐代）

图一〇　红绿釉深腹五足炉（五代）

（10）五代时期红绿釉深腹炉。炉为宽平沿稍下撇，深腹，斜壁，平底，下有环形底板，上承五个兽形足。周体施红绿釉，沿与腹部绿点与白点相间（图一〇）。

（11）宋代青釉五足炉。此炉为平沿，斜壁，平底，腹部有多条平行弦纹，腹下部有五个兽形足。周体施青釉（图一一）。

（12）宋代青釉鬲形三足炉。此炉为平沿，短颈，颈下有凸弦纹一周，腹、足部有两道竖平行凸弦纹，中间有隔离带。三矮足，周身施青釉（图一二）。

图一一　青釉五足炉（宋代）

图一二　青釉三足炉（宋代）

（13）宋代绿釉茶托。托上有一深腹杯，杯下为碗，碗壁有莲瓣纹。碗下有宽平沿平底盆。由杯、碗、盆三部分组成。周体施绿釉（图一三）。

（14）宋代黄釉茶托。此器釉色不纯，周身有绿色斑点。托上有一碗，碗下为厚底（也可能是圈足）敞口盆。由碗与盆两部分组成（图一四）。

（15）宋代绿釉葫芦瓶。小口，圆唇，凹腰，小平底。口沿下有凸弦纹一周，凸弦纹以下直至瓶底，周体有纵行凸弦纹数道。两纵凸弦纹之间，似有不太明显的纹饰（图一五）。

（16）宋代绿釉粉盒。直壁，子母口，盒下部有圈足，盒盖上为花卉纹。盖的沿部有凹弦纹一周（图一六）。

（17）宋代红、黄二色胎泥相搅的绞胎罐。此罐卷沿，矮颈，折肩，鼓腹，平底，下腹部露胎（图一七）。

图一三　绿釉茶托（宋代）

图一四　黄釉茶托（宋代）

图一五　绿釉葫芦瓶（宋代）

图一六　绿釉粉盒（宋代）

图一七　红、黄两色胎泥相搅的绞胎罐（宋代）

（18）宋代黄白两色釉相搅的绞釉瓶。两绞釉瓶造型相同。卷沿，束颈，溜肩，壁稍弧，平底（图一八）。

（19）北魏黄釉盘口鸡头壶。盘口，长颈，折肩，弧腹，平底。肩腹部一侧有一龙形柄，连接口沿与肩部；另一侧为鸡头形流；壶肩部另两侧，各有两个横拱形系。壶肩腹部有细开片（图一九）。

（20）宋代黄白二色胎泥相搅的绞胎青蛙。蛙身后腿下部与臀部露胎。蛙脊两侧有多行装饰性圆圈（图二〇）。

（21）宋代灰白釉双鱼联体壶。双鱼共一口，鱼的目、腮、鳞、脊都相当明显，平底。双鱼两侧相对有一桥形系（图二一）。

（22）宋代黄釉缠枝花纹碟。圆唇，敞口，碟内壁沿下有数条弦纹（图二二）。

（23）宋代瓜棱体白釉执壶。平沿，喇叭口，长颈，饼足，弧腹。肩部一侧置圆流，另一侧为扁条形柄连接肩、颈部。通体罩白釉，有光泽。高21厘米（图二三）。

图一八　淡黄釉搅釉瓶（宋代）

图一九　黄釉盘口鸡头壶（北魏）

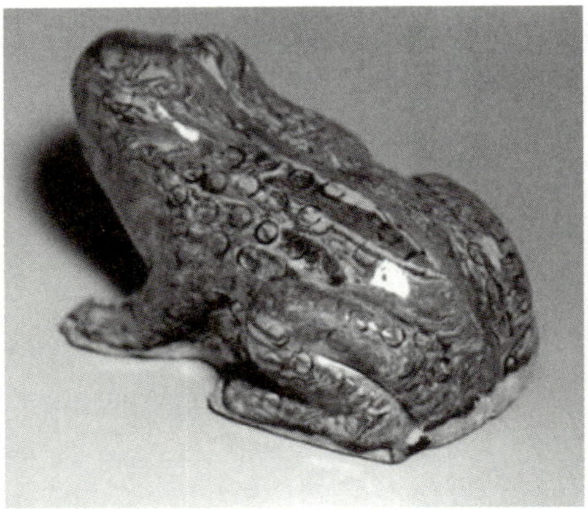

图二〇　黄、白二色胎泥相搅的绞胎青蛙（宋代）

图二一　灰白釉双鱼联体壶（宋代）

图二二　黄釉缠枝花草纹蝶（宋代）

图二三　瓜棱白釉执壶（宋代）

二、巩县窑的熏炉及其他陶瓷制品

（1）唐代三彩熏炉。日本国在大安寺遗址文化层中出土一件可复原的唐三彩熏炉残片。残片中有熏炉的盖、足、底部的残片。复原后成为整体的唐三彩熏炉。此炉由炉盖、炉体、豆形底座三部分组成。盖上有桃形纽，炉体有五个象头形足（图二四）。

（2）唐代的三彩五足炉。宽平沿，直壁，平底，底部有凸弦纹一周，靠近底部有五个兽面形足，足下为垫圈。炉周体饰以绿、蓝、白、黄等色釉（图二五）。

（3）唐代三彩熏炉残片。熏炉盖的一部分，大约有二到三层圆形镂孔，为白胎，扁平沿。可以看出，此熏炉盖与炉身都应是圆形的，器表施红、白、黑釉（图二六）。

图二四　日本考古工作者复原的黄冶窑三彩熏炉

图二五　三彩五足炉（唐代）

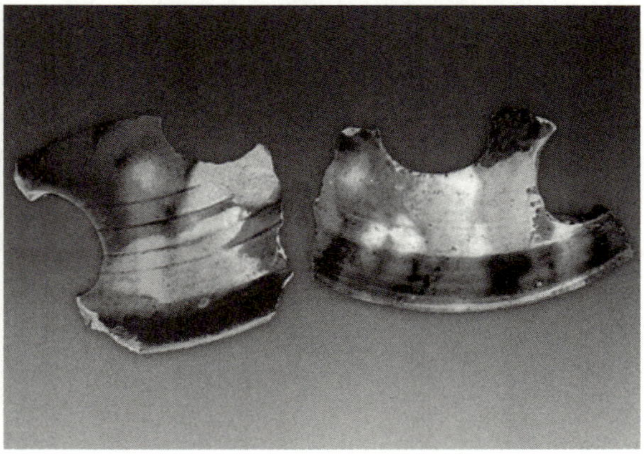

图二六　唐代三彩熏炉残片

（4）唐代三彩熏炉残片。熏炉盖的一部分。厚平沿，炉盖的顶部残失，但仍可看出，盖上有至少两周桃形镂孔。内壁未施釉，灰白胎，外壁施淡黄釉，饰点红彩（图二七）。

（5）唐代黄釉鸟笼形熏炉。敛口，圆肩，直壁，环形圈足。上腹部相间三个竖条形镂孔与一个圆形镂孔。周体施黄釉。高15厘米（图二八）。

（6）唐代三彩熏炉的盖和底座，应是一件熏炉。盖和底座都有桃形镂孔。器表都饰黑、黄、红釉。底座下面似有饼形足（图二九）。

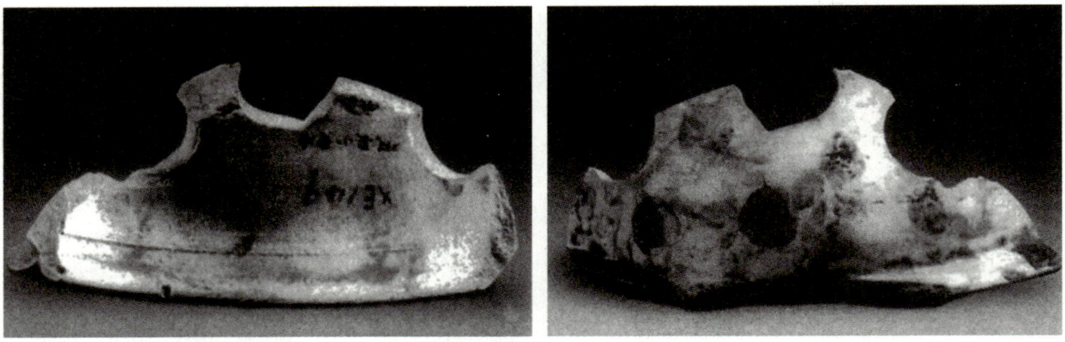

图二七　熏炉盖残片（唐代）

图二八　黄釉鸟笼形熏炉（唐代）

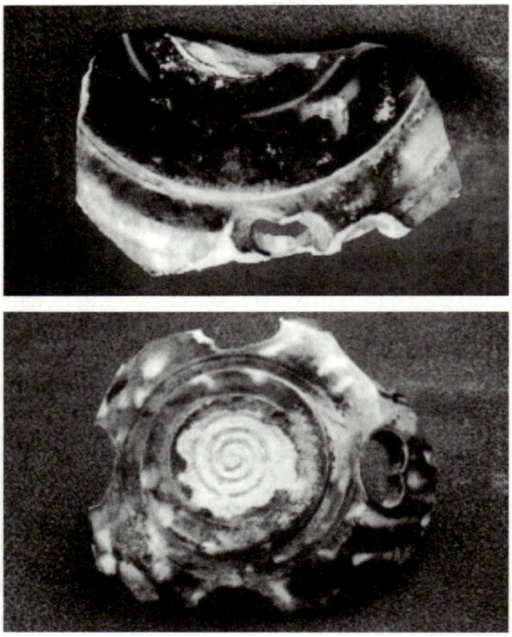

图二九

上：熏炉盖残片（唐代）　下：熏炉底座残片（唐代）

（7）唐代熏炉盖残片。宽平沿，上部有一大的圆镂孔，盖的中间有桃形镂孔。周身饰黑、黄、白釉（图三〇）。

（8）唐代熏炉圆盖残片。宽平沿，周身有数个被折断的向内逐渐弯曲的条带。条带之间形成椭圆形缝隙。器表饰黄、绿釉（图三一）。

（9）唐代贴花熏炉盖残片。子母口，有一贴花，周身有逐渐向内弯曲的已折断的条带。条带之间形成椭圆形缝隙。器表饰黄、绿釉（图三二）。

（10）唐代贴花熏炉盖残片。宽平沿，有一贴花，周身似有一周桃形镂孔。饰黑、红釉（图三三）。

（11）唐代黄釉折腹绞碗。侈口，卷沿，斜弧壁，折腹，环形圈足。碗体用黄白两种胎泥绞饰木理纹，通体罩黄色透明釉，下腹露胎。高4.3厘米（图三四）。

（12）唐代红釉卷沿绞胎碗。侈口，卷沿，斜弧壁，环形圈足。碗体用褐、白两种胎泥绞饰行云流水纹。通体罩红色透明釉。高4.2厘米（图三五）。

图三〇 熏炉盖残片（唐代）

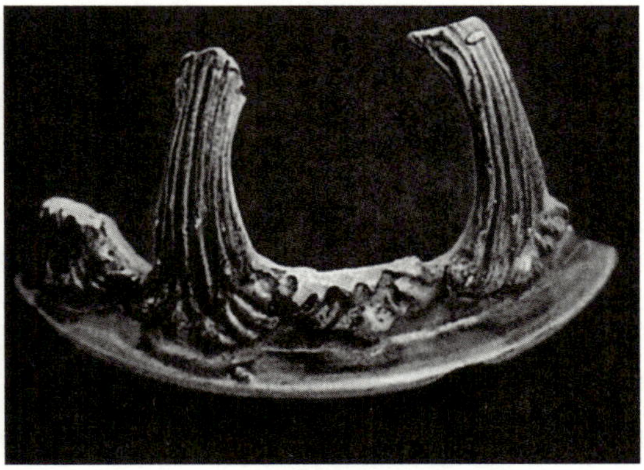
图三一 熏炉盖残片（唐代）

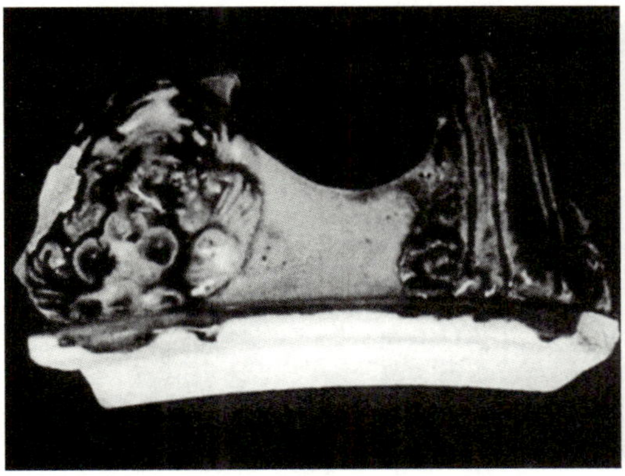
图三二 贴花熏炉盖残片（唐代）

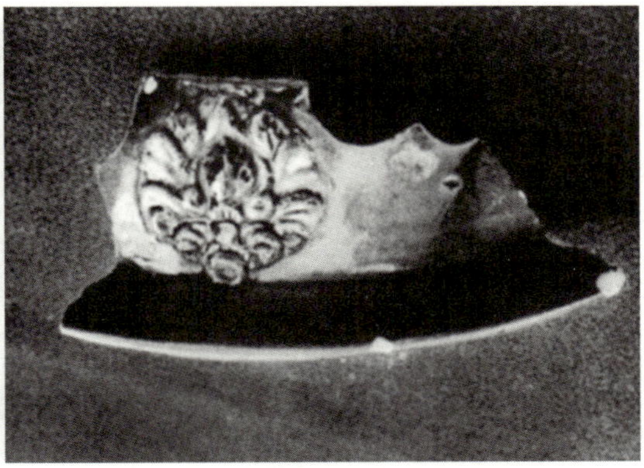
图三三 贴花熏炉残片（唐代）

图三四 黄釉绞胎折腹碗（唐代）

图三五 红釉卷沿绞胎碗（唐代）

（13）唐代黄釉绞胎碗。侈口，卷沿，圆唇，弧壁，环形圈足。灰白胎，碗体用褐、白两种胎泥相绞成虎皮纹，通体罩黄色透明釉、足底部露胎。高4.5厘米（图三六）。

（14）唐代褐釉绞胎盘。敞口，浅弧壁，平底，全绞，盘体用褐、白两种胎泥相绞成团花纹与条带纹。通体罩白色透明釉。高1.8、口径12.8厘米（图三七）。

图三六　虎皮纹绞胎碗（唐代）

图三七　褐釉绞胎盘（唐代）

（15）宋代绿釉绞胎罐。斜沿，厚唇，束颈，鼓腹，小平底。通体用黑、白两种胎泥相绞成流水纹。通体罩深绿透明釉。高18、口径11.5、底径14.5厘米（图三八）。

（16）宋代红釉绞胎豆。直沿，圆唇，弧壁，高圈足，内外壁罩深红色透明釉，腹部以下露胎（图三九）。

（17）宋代灰蓝釉绞胎球。用蓝、白两种胎泥绞成木理纹，周体罩灰白色透明釉。直径分别为5厘米、6厘米（图四〇）。

（18）宋代海螺形绞胎乐器。共分三个台阶。用褐、白两种胎泥绞成流水形纹，三个台阶配白点纹一周。此器造型奇特、尚不多见（图四一）。

图三八　绿釉绞胎罐（宋代）

图三九　红釉绞胎豆（宋代）

图四〇　灰蓝釉绞胎球（宋代）

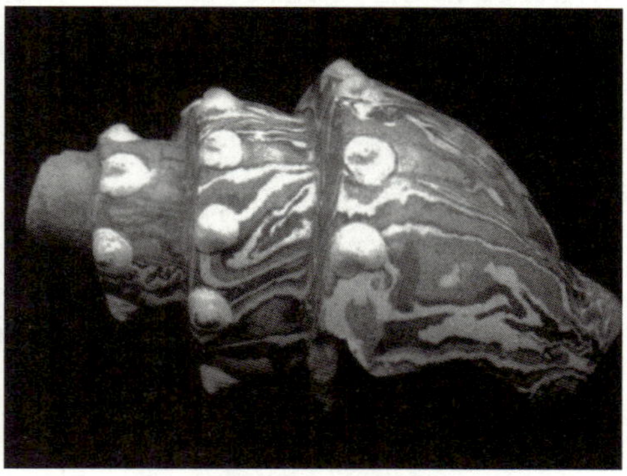

图四一　海螺形绞胎乐器（宋代）

（19）唐代搅釉器残片。2件，分别用黑、黄二色浸成条带纹，用深红色与黄色浸成行云流水纹（图四二）。

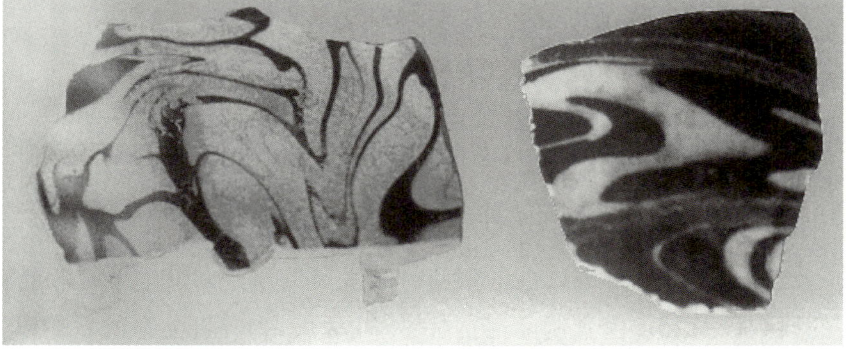

图四二　流云纹搅釉器残片（唐代）

（20）唐代搅釉器残片。用褐、白二色浸成花朵纹（图四三）。

（21）唐代红绿彩粉盒。子母口，整体呈扁圆形、直壁、盖部稍内斜、平底。盖平面稍上弧。周壁施黄、白釉，盖面施黄、绿、白釉点纹。高3.5厘米（图四四）。

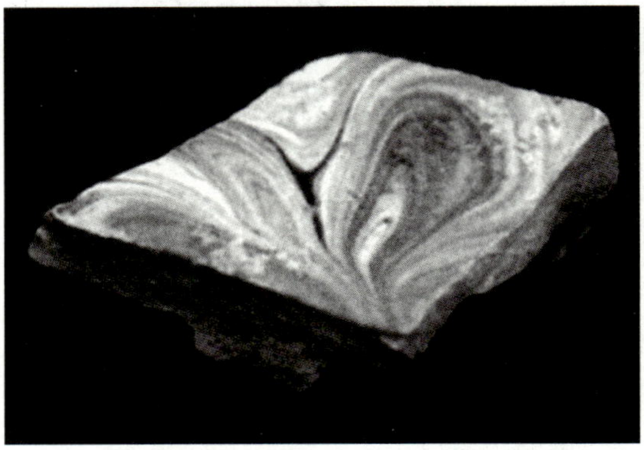

图四三　搅釉器残片（唐代）

图四四　红绿釉彩粉盒（唐代）

图四五　三彩执壶（唐代）

（22）唐代短流圆柄执壶。灰白胎，喇叭口、厚卷沿、圆唇、束颈、弧腹、饼形足。口沿与肩部连接有双条拱形柄，另一侧为柱型短流。施棕、绿釉，有流釉现象，下部露胎。高8厘米（图四五）。

（23）唐代葫芦瓶。小口、方唇、束腰、圆腹、饼足。通体施棕、黄、绿、釉，下腹部露胎。高9.7厘米（图四六）。

（24）唐代兔系罐。卷沿、厚圆唇、短颈、广肩、彭腹、饼足。肩部有对称兔形双系，兔伏卧、腹部有穿。口沿与颈部施棕釉。壁表施黄、绿、白釉。下腹与足部露胎。高17厘米（图四七）。

如果把越窑和巩县窑各自生产的熏炉以及其他陶瓷制品相比较的话，显然有着不少异同之处。

相同之处：①同样从一个侧面体现了唐代人民的审美兴趣和时代精神。②同样是一定时代精神文化的一个组成部分。③突出了唐代陶瓷器物的审美特征。④越窑和巩县窑都是南方和北方具有代表性的窑口。⑤器体都少见开片和流釉现象。⑥用途相同，都是用来驱赶蚊虫或改善室内气味，犹如现在的蚊香。

不同之处：①各自有着地域性的陶瓷持续发展的轨迹。②艺术风格特点不同。南方越窑的熏炉以及其他陶瓷制品简洁朴素、淳厚；北方巩县窑的熏炉以及其他陶瓷制品，灿若云锦，斑驳陆丽，变化万千。③瓷化程度不同。越窑的熏炉纯是瓷

图四六　三彩葫芦瓶（唐代）

图四七　三彩兔系罐（唐代）

质，而巩县窑的熏炉纯是陶质。④釉色与装饰不同。越窑的熏炉以及其他陶瓷制品仅施青釉褐彩和如意云纹，显得简洁朴实；而巩县窑的熏炉以及其他陶瓷制品是施以多种色釉加以装饰，如蓝、白、黄、绿等彩釉，纹饰是多种多样的，如各种贴花纹、花草纹等等，显得复杂多变。⑤瓷与陶的烧制工艺不同。瓷器烧造火候高，陶器烧造火候低。

总之，全国各地各窑所产的熏炉以及其他陶瓷制品，都有各自的造型、色釉、质料以及持续发展的轨迹。

（此文系廖永民于2008年的遗作）

隋唐时期的镇墓神物

隋唐时期是国家达到空前强大、政治稳定、经济繁荣昌盛、文化高度发展的重要历史时期。隋王朝国祚短暂，因而未形成新的丧葬制度，基本上仍沿袭北朝旧制。入唐以后，随着社会生产力和社会经济的空前发展，社会日益呈现出蓬勃向上的气势，各阶层人民生活的安定，物质生活水平的提高，也带动了文化艺术的发展与繁荣，出现大量具有新的时代风貌的开创性作品。与此同时，兴起厚葬之风。唐王朝在融合前朝丧葬制度的基础上，开始创立更严密的新的丧葬制度。一些大中型墓葬中随葬品形成了新的规模，随葬俑群更为庞大。

隋唐墓葬的随葬品，按性质仍可分为四组：第一组为守护墓主的镇墓神兽和镇墓俑（武士俑、天王俑）；第二组是表现墓主出行的以牛车为主体的仪仗俑群（入唐以后逐渐被以骑马、骑骆驼为主体的仪仗俑群所替代）；第三组是表现墓主家居生活的男女僮仆、侍吏、乐舞、劳作俑以及假山、房舍、厕所、院宅、庙宇等各种建筑模型；第四组是家养畜禽如羊、猪、狗、马、牛、鸡、鸭、鹅以及日常生活用的各种器具器皿等模型。随葬品在墓中的分布有一定的规律：用于震慑鬼魅、守护亡魂的镇墓神兽、武士俑或天王俑放置墓室前部，迎门列布，镇墓神兽在最前面，其后才是武士俑。天王及其他俑类、器皿及各种模型放置在靠近墓室后壁的地方。镇墓神兽、镇墓武士俑、天王俑（盛唐时期武士俑逐渐被天王俑所取代）一般各2件，部分夫妇合葬墓的镇墓神兽、镇墓武士俑或天王俑为4件。唐代随葬镇墓神兽成为相当普遍的现象，它在整个俑群中的地位也更为突出，与镇墓武士俑、天王俑一起成为随葬俑群中的主体部分。这种迹象显示了唐代礼仪制度与丧仪制度更加完备，更趋于规范化，同时也标志着墓中随葬镇墓神物已发展到第二个高峰期。

一、隋唐镇墓神物的出土与分布情况

隋唐陵墓比较集中地分布在陕西和河南两省，其他省份如河北、四川、山西相对较少，这是因为陕、豫两省是都城长安与东都洛阳所在地，又是全国政治、经济、文化中心。据不完全统计，中华人民共和国成立以来，陕西境内先后发掘与发现隋唐墓葬2200余座，主要分布在西安及其附近各市县。河南境内先后发掘、发现隋唐墓葬1200余座，主要分布在洛阳及其附近的洛宁、宜阳、偃师、巩义、郑州地带。陕、豫两地隋唐墓300多座是纪年墓，这为我们对隋唐墓葬的分期、分区研究和整个俑类的组合、丧葬习俗以及镇墓神物演变等方面的探讨、研究工作提供了非常有利的条件。

二、隋唐镇墓神物的发展演变

隋唐时期，镇墓神物外貌形象的嬗变，主要表现在躯体形态、面部表情、体形大小、各部位装饰的繁简、足下底板和台座的形状等方面。其在逐步形成自身独特的风格特征的过程中从早期到晚期有着明显的持续性，演化轨迹以及纵横关系相当清晰，大致可以归纳为以下几点：

镇墓神物形体由小变大，再由大变小；

镇墓神物躯体与头部的装饰由简略到繁缛，再到简略；

镇墓神物面部表情由呆滞、冷酷逐渐趋向活跃、传神；

镇墓神物的肩部双翼由刻画变为捏塑，由扇形翼变为上面加饰弯刀形翼；

镇墓神物头上弯角由短变长，由独角为主转变为以双角为主；

镇墓神物足下由较薄的长方形底板变为镂孔方台座。

1. 隋代镇墓神物（581～618年）

镇墓神兽同一墓中成对出现，均兽身，一人面，一兽面，可分为陶质、瓷质两种。陶质者一般为泥质灰陶，镇墓神兽头顶部、面部、腹部、胸部多绘褐、红彩；瓷质者均以高岭土烧成，胎色灰白，通体施白釉，或在眉、目、头发、前肢关节处釉下点褐彩。由于隋王朝过于短命而未来得及创建自己新的礼仪制度和丧葬制度，基本上仍沿袭南北朝的遗风。这种情况也自然反映在各地出土镇墓神兽的外貌形象方面。总的看来，人面和兽面镇墓神兽面部表情显得呆板、缺乏活力，兽面者面部仍处于由虎形向狮形转变之中，且多与身着明光铠、胸前扎纵横甲绊的镇墓武士俑同出。兽面镇墓神兽由虎面向狮面的转化，可能是接受佛教的影响所致。佛教徒认为，狮子是佛的保护神。狮面镇墓神兽应有神通广大、法力无边的含义。

北方各地隋代的镇墓神兽，外貌形象上明显继承了北朝镇墓神兽的造型特征，陕西与豫西部分地区主要源于北周，而河南大部分地区与山西、河北地区主要沿袭北魏、北齐遗风。如豫西陕县刘家渠1956年发掘的刘伟墓[1]，葬于隋开皇三年（583年），出土的一对镇墓神兽均四肢着地，头稍上昂，背无鬃毛；出土的一对镇墓武士俑，所戴兜鍪一为尖顶，一为漫圆顶，都表现出浓郁的北周同类俑的风格特征。山西太原沙沟村1980年发掘的斛律彻墓[2]，葬于隋开皇十七年（597年），出土的一对镇墓神兽，人面者与狮面者均前肢直立稍向前伸，后肢弯曲作蹲踞姿态，脑后有冲天戟，脊背有鬃毛；伴出的一对镇墓武士俑身着甲胄，手按长盾，都和太原地区北齐墓出土的同类俑近似。河南省安阳市北郊1959年发掘的张盛夫妇墓[3]，葬于隋开皇十五年（595年），出土的一对镇墓神兽，均作蹲坐姿态，身躯上挺，脸稍上扬，双耳垂肩，独角，肩部刻印双翼，脊背有成簇鬃毛，脑后插冲天戟，下有长方形托板。其与洛阳邙山1965年发掘的北魏元邵墓[4]出土的一对镇墓神兽有着明显的承袭关系。

2. 初唐镇墓神物（618～683年）

初唐镇墓神兽的形象，上承南北朝与隋代的风格，同时也初步显露自己特有的艺术特征。成对的镇墓神兽多与身披铠甲、神态庄重的镇墓武士俑伴出。人面兽身与狮面兽身的镇墓神兽头上仍都保留着或长或短的独角或弯曲双角，有的脑后饰冲天戟，胸部挺起，肩部均有捏塑的扇形翼，脊背多有两到三簇鬃毛，前肢直立或稍前伸，足趾作兽爪形或偶蹄形，翘尾贴附在臀部，蹲坐在较薄的方形托板上。大部分镇墓神兽以黑色粉彩描绘眉、眼、鼻、嘴和胸毛，或周身绘红色粉彩。人面镇墓神兽有的头上戴盔、面部丰满，有的头部稍上仰，有的平视前方，一般为大耳、瞠目、阔口。有的面部表情严肃，有的表情温和，也有的獠牙外露、怒目圆睁。此期人面神兽开始出现深目高鼻、络腮胡须的胡人形象。此外，个别镇墓神兽为一身双面。兽面镇墓神兽的肩、颈部两侧有条带状长毛装饰，两肩生扇形双翼，脊背部有二至四束竖鬃毛，翘尾贴附臀部。头上生独角或双角。面部富于变化，特征不太稳定，多为狮面，有的似虎面，或嘴部似猪、似狗（图一）。

图一　唐显庆三年史道洛墓镇墓神兽

3. 盛唐镇墓神物（684～756年）

随着厚葬之风的盛行，上层人物的墓葬中出现大量躯体高大、制作精美、装饰华丽、釉彩鲜艳、形象狰狞可怖的三彩镇墓神物，成为此时随葬俑群中一个引人注目的特点。这标志着墓中随葬镇墓神物的第二个高峰的到来。初唐时期通常与镇墓神兽伴出的镇墓武士俑基本消失，替代它的是成对的身躯高大，形象威武，足踏牛、羊或小鬼的镇墓天王俑，并成为随葬俑群组合之中的重要角色。天王形象属于佛教雕塑之一，如洛阳唐代奉天洞石窟即有与墓中天王俑形象完全相同的天王雕像。在佛教艺术中，天王显示着威武、勇猛、强悍形象。墓中出现天王俑，显然是接受佛教影响的结果。

人面兽身、兽面兽身两种镇墓神兽的形象威武、凶猛，形成了自身全新的风格特征。人面镇墓神兽，胸部挺起，头上有两支向前弯曲的长角，脑后插多叉冲天戟，颈下有三束须毛，肩部双翼变大，翼的尖部向上弯曲如尖刀，头两侧的双耳似肥大的猪耳，瞪目，阔口，表情冷酷威严，面容狞狰凶猛。人面镇墓神兽此期出现较多的耸鼻深目，八字胡须，络腮虬髯的胡人形象。兽面镇墓神兽仍多为狮面，颈、肩部加饰的成排火焰状竖毛又多又长，肩上双翼边沿作弯刀形。眼、耳、口、鼻等细部刻画得更为形象逼真。前肢直立，后肢蹲踞，足作偶蹄形。躯体往往绘红、黑或金色粉彩斑点（图二）。

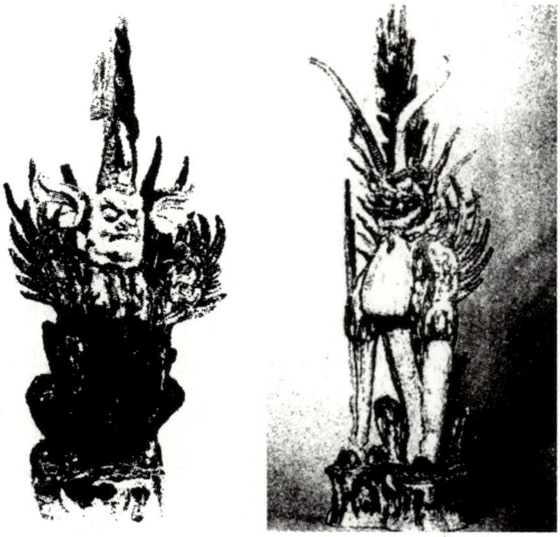

图二　盛唐人面、兽面镇墓神兽

盛唐时期，陕西与河南地区出土的镇墓神兽显现一定差异。陕地的镇墓神兽较之豫地显得更为华丽、高大，面部恣意夸张而更富于变化。开元时神兽多作蹲踞状，台座加高，有的前肢竖直似要站立。开元末神兽开始出现伸臂露爪、鬃毛伸张、挺身直立、一爪高举、一爪叉腰、后爪踩鬼怪的镇墓神兽，更显得狰狞可怖。以后这种新型镇墓神兽逐渐替代了蹲踞式镇墓神兽。至天宝时期，直立式神兽成为主流，并且人面者与兽面者均龇牙咧嘴，十分狰狞，以至人面、兽面难以区分。天宝末，镇墓神兽周身鬃毛减少，甚至赤身露体。有的上身挺直，下肢作蹲坐状，一前爪高举、一前爪下垂握蛇，或一前爪高举、另一前爪缠绕一蛇，下肢一肢弯曲踩怪兽或“夜叉”，另一下肢直伸踩于高台座上。所踩怪兽或“夜叉”均作挣扎状。

用于镇墓的天王俑，唐代为“四神”之一。初唐时期的墓葬中只有镇墓神兽和镇墓武士俑。至高宗时开始出现镇墓天王俑，并逐渐代替了武士俑的地位。较早时期，镇墓天王俑通常为脚踏卧兽的式样，武则天至中宗时期，除脚踏卧兽者外，又出现一种脚踏俯卧形鬼怪的式样。玄宗时期，又流行脚踏蹲坐状鬼怪的式样。德宗以后，镇墓天王俑的数量减少，制作趋于草率简陋，远不如以前的精致了。

4. 中唐镇墓神物（757～805年）

镇墓神兽的外貌形象虽然仍保持着传统的造型特征，但明显呈现出衰落退化迹象，与整个俑群制作一样，已从巅峰迈过，跌落到粗俗简陋的低谷，不见盛唐时期镇墓神兽的风貌。高大而造型生动、雕饰精美的三彩镇墓神兽和伴出的威猛严肃的三彩镇墓天王俑不复存在了。镇墓神兽不仅出土数量大减，而且制作粗糙，躯体矮小，形貌呆板，缺乏生动气韵。神兽仍分人面、兽面两种，均两耳如扇或如猪耳，头顶有短独角或双角，蹲踞在方形台座上，台座变矮。周身鬃毛减少，脊背部与尾部无毛，肩部双翼向外伸张。兽面者面部仍为狮形，但肩、颈部带状鬃毛短小。人面者与兽面者多数已不施彩，只是个别周身涂绘红色粉彩。

5. 晚唐镇墓神兽及其他镇墓、压胜神物（806～907年）

宪宗元和以后，唐王朝国势日衰，但上层统治阶层的厚葬之风反而愈演愈烈，随之丧葬习俗也发生了重大变化，如墓中随葬贵重华丽的金银器以及锦绣为饰的木俑、胸俑（半身俑）、金属俑日益盛行，各种陶俑的数量急剧减少。两晋以来延至中唐时期墓中随葬品盛行的“四大组”之制宣告结束，河南地区的镇墓神兽、镇墓天王俑等全部消失，仅陕西地区元和初尚见出土少量造型简陋的镇墓神兽。如葬于元和三年（808年）的朱庭墓出土的一件人面镇墓神兽，头上无角，双耳如扇状，向外伸张，两前爪握一条蛇，后肢一直一弯，所踩动物形态不清，周身不长竖毛，赤身露体[5]。西安郊区第554号唐墓出土一件兽面镇墓神兽，面部似狮，头上独角退化成尖形头顶，一前肢残失，另一前肢下垂，后肢一直一弯，所踩之物形象不清，躯体不见竖毛而赤身露体[6]。晚唐时期取代镇墓神物作为守护死亡者亡魂的是铁牛、铁猪。这种铁牛、铁猪在一般墓葬中较普遍的出现，多放置在靠近墓门处或墓室北侧。它被认为是为死者镇伏邪魅的压胜之物，并能防御土龙和水龙的侵害。

作为死者驱魅辟邪之物，还有一种面目丑恶、狰狞可怖的陶制圆形面具，古人称谓“魌头”。其状貌呈虎面形象而头生双角，突眉、瞠目、耸耳、阔口，脸颊或颔下饰多簇牛角状须毛，有的鼻、口部绘红彩。面具上下左右各留穿孔，用于细绳以备披挂或戴于面部。其实，以魌头作为驱魅辟邪的灵物，汉、晋时期已经流行。《周礼·夏官·方相氏》：“方相氏，掌蒙熊皮……”汉郑玄注云：“蒙，冒也。冒熊皮者，以惊殴疫疠之鬼，如今之魌头也。”又汉应劭《风俗通》云：“俗说亡人魂气浮扬，故作魌头以存之，言头体魌然盛大也。”洛阳汉魏古城遗址出土的雕像砖上[7]，可以看到唐代头面具形象基本相同的虎面浮雕像，当属镇宅之灵物，与晚唐有着密切联系（图三）。晚唐时期的魌头除了用于驱邪镇魅之外，还以之作乐舞以慰死者亡魂。唐段成式《酉阳杂俎·三·尸穸》：“世人死者作伎乐，名为‘乐丧魌头’，所以存亡者之魂气也。”

初唐时期，墓葬中开始出现形象神奇怪异的镇墓压胜俑。首先是在湖南省长沙地区和山西省长治地区流行，两地的压胜俑各具有浓郁的地域色彩。盛唐以后又扩展到浙江两广以及河南、河北、陕西等地。南唐时期，苏皖地区的帝后陵墓中随葬压胜俑的习俗尤为普遍，一直延续到宋明时期。

图三 洛阳汉魏古城址出土的兽面雕塑砖

唐代压胜俑的外貌形象大体可分为五种。

（1）人首鱼身俑。如山西省长治市1958年王琛墓出土的一件[8]，人首、鱼身、无颈，面部稍上仰，头顶部有独角贴于鱼脊上，鱼体下有四肢，作俯卧状。泥质皮灰陶，模制，周身残留朱彩、白彩遗痕。长26、高16.5厘米（图四）。

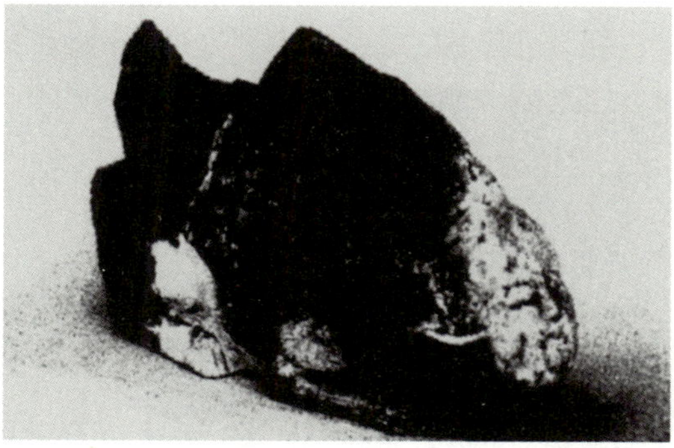

图四 山西省长治市唐王琛墓出土的人首鱼身俑

（2）人首兽身俑。如山西省太原市金胜村一座盛唐墓中出土的一件[9]，面部昂起，头顶有尖状独角，双耳斜伸，粗颈，四肢粗短、与腹尾平齐，呈俯卧状，腹部圆鼓，脊背部有一道锯齿状鬃毛，尾偏向左方，上刻羽毛。长18、高14.8厘米。另一件为1971年湖南省湘阴城北桐子山唐墓出土[10]，昂首、长颈，人首顶部有发髻形独角，兽身呈俯卧状，挺胸翘尾，两侧有双翼，高36厘米。

（3）人首禽身俑。如河北省定州南关唐墓出土的一件，腰以上为人形，腰以下为鸟形，头顶梳发髻，长须垂胸，穿宽袖衣，双手拱于胸前，合双翼，尾高翘，腿短粗，直立于台板上。

（4）两人首龙（蛇）身俑。1958年山西省长治市唐代王琛墓出土[11]，两人首共一龙（蛇）身，躯体中部拱起，两人首形象相同，均为头顶生独角，双目前视，尖耳向外伸张，各有双足伏于地。高20.8、长43.2厘米（图五）。

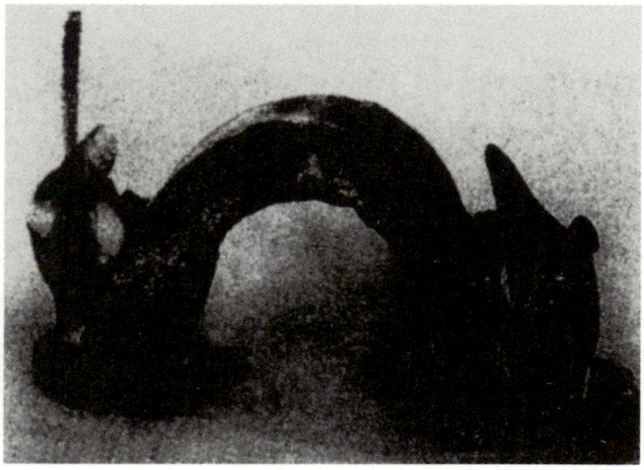

图五 山西长治市初唐王琛墓出土的两人首龙（蛇）身镇墓神物

（5）两兽首龙（蛇）身俑。1986

年湖南省长沙市北郊烈士公园内一唐墓出土[12]。两兽首共一龙（蛇）身，腰部拱起，兽首稍上昂，顶部有双角，高鼻，叶形双耳，圆目，鸟喙形大嘴，颈下双足匍匐在方形台板上，足作犬爪状。周身刻划阴线羽毛纹饰。胎略呈青黄色。高15、长20厘米。

我国学者根据成书于金元时期的《大汉原陵秘葬经》中的有关记载，认为上述镇墓压胜俑的两人首龙（蛇）身俑和两兽首龙（蛇）身俑即该书所说的“墓龙”，而人首鱼身俑和人首兽身俑即该书所说的“仪鱼”[13]。

汉代在石上刻绘镇墓文的习俗，唐代仍然流行。但汉代镇墓石上刻绘的五方五帝之辞所表达的意义，与唐代刻绘的五方五帝之辞并不完全相同。现存陕西咸阳县博物馆唐景龙元年（707年）下葬的武三思墓出土的镇墓石，原有5块，此石为“南方三炁丹天文”。其样式如同墓志，有盖，正方形，边长56厘米。镇墓石的上半部为符篆，刻字11行，下半部为楷书18行，行8字[14]（图六）。

图六　唐武三思镇墓石的镇墓文

此外，西安南郊庞留村出土唐至德三年（758年）下葬的寿王第六女清源县主墓的5合镇墓石[15]。这5合镇墓石各以青、白、赤、黑、黄代表东、西、南、北、中五方五帝。石上镇墓文的内容与武三思墓发现的镇墓文基本相同。由此可见，唐代镇墓石在文字内容方面有着固定的格式，差别甚小。据徐苹芳先生查证得知，唐代的这种镇墓文皆出自当时道家的《太上灵宝洞玄灭度五练生尸经》中的"安灵镇神天文"[16]。敦煌发现的《太上灵宝洞玄灭度五练生尸经》残卷中，还存有"灵宝赤帝练度五仙安灵镇神三炁天文""灵宝黄帝练度五仙安灵镇神中元天文""灵宝白帝练度五仙安灵镇神七炁天文""灵宝黑帝练度五仙安灵镇神五炁天文"等，其辞文与武三思墓和清源县主墓中发现的镇墓石辞文完全相同[17]。

三、几个相关的问题

1. 隋唐镇墓神物的艺术特征

从总体上看，人面、兽面两种镇墓神兽的艺术形象，一改隋唐以前的纯朴、古拙、呆板的形象，逐步变成神情逼真、表情外露、气势稳健、凶猛可怖或和善可亲的格调，洋溢着丰富的想象力与浪漫色彩。特别是盛唐时期那些形体高大、色彩鲜艳、形象强劲雄壮的三彩镇墓神兽，堪称开创一代新风的成功佳作，从一个侧面反映了唐代文化艺术的杰出成就。值得一提的是新疆维吾尔自治区吐鲁番阿斯塔那盛唐墓中出土的一件手工泥塑彩绘狮面镇墓神兽，表现出与中原地带唐代镇墓神兽不同的艺术风格，具有鲜明的地域性特点。工匠师以自己丰富的想象力，运用写实与夸张相结合的手法，在泥胎上精雕细刻，施以黄、绿、蓝、橘黄等鲜艳夺目的色彩，取得了很强的艺术效果，是一件很难得的艺术杰作。其表现手法和新疆各地千佛洞泥塑佛像的手法完全一致[18]。

镇墓天王俑的艺术形象，是依据现实生活中武士的形象加以艺术夸张创作而成。一般为方面阔额，浓眉瞠目，高鼻大口，头戴兜鍪，身着铠甲，一手叉腰，一手高举握拳，显现出面容威猛、神态严峻、力大无穷的姿态。它通常放置在镇墓神兽之后，面向墓门。镇墓神物形象的塑造，着意追求整体造型的生动性、多变性以增强其艺术效果和感染力。其特别注意细部的刻画，如面部的耳、目、口、鼻等部位，成为着意加工塑造的重点。

2. 唐代镇墓神物的命名与题名习俗

历史文献和考古资料都证实唐代流行为镇墓俑和镇墓神兽命名和题名的习俗。

《大唐六典》卷二三记载，唐王朝针对王公百官愈演愈烈的厚葬之风，为了维护礼制、扼制厚葬而下达的诏令中就随葬俑类的数量、大小、质量等按等级加以明确规定：“三品以上九十事，五品以上六十事，九品以上四十事。当圹、当野、祖明、地轴、蜒马、偶人，其高各一尺；其余声音队与僮仆之属、威仪、服玩，各视生之品秩所有，以瓦、木为之，其长率七寸。”这种明文规定能否扼制厚葬之风是另一回事，值得注意的是文中提到的“当圹”“当野”“祖明”“地轴”等，显然指的是镇墓天王俑、武士俑或镇墓神兽。王去非先生著文认为“前二者可能是指天王俑或武士俑，后二者是镇墓神兽”[19]。

1986年4月，河南省巩义市康店镇砖厂唐墓中，出土两件镇墓神兽，均白胎、素烧，一人面，一兽面，作蹲踞状，高30.5厘米。兽面者背部墨书“祖明”二字，字迹清晰（图七）。1991年，巩义市黄冶村南岭唐墓中，出土一件镇墓神兽，白胎，周身绘红彩，多已脱落，高67厘米。背部墨书“祖明”二字，字迹模糊不清，细辨尚可认出。这两件镇墓神兽的出土，充分证明了王去非先生的论断是正确的。

1998年在河南巩义市第二造纸厂基建工地发掘的1号唐墓中，出土一件彩绘镇墓神物，俯卧状，体形似鼠，面部似狮，突眉，瞠目，耸鼻，颔下刻划须毛，头顶部刻划长鬃毛，前肢粗短，两肋刻划双翼，下有椭圆形底座，相貌凶悍狰狞。体内中空处墨书“地吞”二字，应是其题名。此俑出土时位于墓门内正中处，同墓还出土有双面蛇身俑、器皿等。从这件题名兽俑的形象与放置看，显然是驱魅辟邪的镇墓神兽。

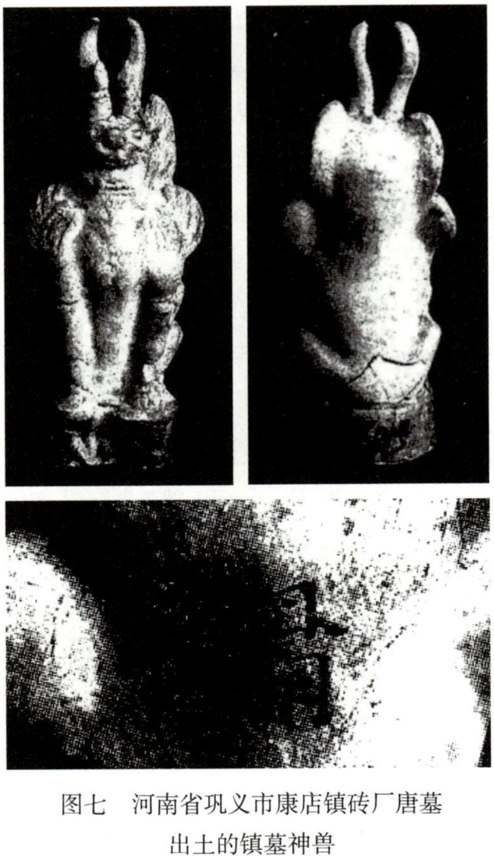

图七　河南省巩义市康店镇砖厂唐墓出土的镇墓神兽

3. 晚唐成对镇墓神兽、镇墓天王俑消失的社会因素与堪舆术的盛行

晚唐时期，丧葬习俗发生了重大变化。随葬品的组合中，体现初唐、盛唐丧葬制度的“四大组”陶俑已很少看到；用于守护死者亡魂的镇墓神兽、镇墓天王俑被铁牛、铁猪所取代；以往不见的以金银、锦绣、美玉制作的华贵物品以及铅制人俑、陶制半身人俑等频繁出土……这些都生动地反映了丧葬习俗的急剧变化，这种变化与当时的社会状况密切相关。藩镇割据，战乱频仍，上层统治者生活的骄奢腐化，经济的萎缩，人民百姓处于惶惶不可终日的环境之中。人们的精神寄托自然转向于乞求生活安宁，企望福瑞方面。人们这种精神状态为堪舆家（风水师、葬师等）迷信之道的泛滥提供了广阔的社会基础。原来的丧葬制度、丧葬习俗已不为人们所重视，举凡墓地的选择、墓区地面建筑、地下墓室形制、丧葬方式、随葬冥器的种类与组合、安放位置等，无不依据风水师、葬师按堪舆术所规定的制度来安排，并与死者后代子孙的吉凶祸福甚至生死兴衰联系在一起。

“世俗信葬师之说，既择年月日时，又择山水形势，以为子孙贫富贵贱，贤愚寿夭尽系于此。”[20]

“凡墓内安长生灯者，主子孙聪明安定，主子孙不患也；墓内安金石者，子孙无风疾之患。”[21]

“墓欲深而狭。深者取其幽，狭者取其固。平地之下一丈二尺为土界；土龙六年而一暴，水龙十二年而一暴。当其隧者，神道不安，故深二丈四尺之下可设窀穸……铸铁为牛豕之状像，可以御二龙；玉润而洁，能和百神。置之墓内，以助神道。”[22]

以上所引文献资料，足可见晚唐时期堪舆术盛行之一斑。考古发掘出土的这一时期的各种随葬品起着印证作用。需要提出的是，晚唐墓中的铁牛、铁猪，跟被其替代的镇墓神兽性质并非完全相同。以往的镇墓神兽是以神通广大、威力外溢的气势，凶猛可怖的姿态震慑驱除鬼魅，起着“守护”死者亡魂的作用。而铁牛、铁猪则完全没有威力外溢、凶猛可怖的气势，仅可防御土龙、水龙对死者施暴，起着“保佑”的作用。这种镇墓神物性质与外貌形象的变化，意味着原始动物神话的成分和影响已经淡化、减弱，而宗教迷信之道的成分和影响在增长，并且这一变化，对后世在丧葬制度、丧葬习俗方面产生着深刻影响。

注 释

［1］ 俞伟超：《一九五六年河南陕县刘家渠汉唐墓葬发掘简报》，《考古通讯》1957年第4期。

［2］ 朱华、畅红霞：《太原隋斛律徹墓清理简报》，《文物》1992年第10期。

［3］ 中国社会科学院考古研究所安阳发掘队：《安阳隋张盛墓发掘记》，《考古》1959年第10期。

［4］ 黄明兰：《洛阳北魏元邵墓》，《考古》1973年第4期。

［5］ 王仁波：《西安地区北周隋唐墓葬陶俑的组合与分期》，《中国考古学研究论集——纪念夏鼐先生考古五十周年》，三秦出版社，1987年，429页。

［6］ 秦浩：《隋唐考古》，南京大学出版社，1996年，176页。

[7]　中国科学院考古研究所洛阳工作队：《汉魏洛阳城一号房址和出土的瓦文》，《考古》1973年第4期。

[8] [11]　山西省长治王琛墓1958年出土。

[9]　山西省太原市金胜村3号墓出土。

[10]　湖南省博物馆：《湖南湘阴唐墓清理简报》，《考古》1972年第11期。

[12]　罗敦静：《湖南长沙唐墓清理记》，《考古》1956年第6期。

[13] [16] [17]　徐苹芳：《唐宋墓葬中的“明器神煞”与“墓仪”制度》，《考古》1963年第2期。

[14]　李子春：《唐武三思之镇墓石》，《人文杂志》1958年第2期。

[15]　王玉清：《西安南郊庞留村唐墓》，《文物参考资料》1958年第10期。

[18]　曹者祉、孙秉根：《中国古代俑》第281页，上海文化出版社，1998年。

[19]　王去非：《四神、巾子、高髻》，《考古通讯》1956年第5期。

[20]　司马光：《司马氏书仪》卷七，《学津讨原》本。

[21]　《大汉原陵秘葬经》，《永乐大典》第91册，中华书局，1959年。

[22]　（唐）刘肃：《大唐新语·卷十三·记异》第二十八，记张说引僧泓之言对黎坚论“兆域”之说。

（原载于《中原文物》2003年第6期）

我国古代镇墓神物的含义与意义

古代，我国以某种“灵物”作为“神佑”，置于死者墓前或墓室内的习俗非常普遍。这是镇墓神物得以发生、发展的社会基础。镇墓神物作为特定历史条件下的一种文化现象，世界各文明古国如埃及、希腊、印度等历史上也都曾较普遍地出现过。我国最早可以追溯到公元前3世纪前叶即春秋战国之交。首先出现在南方的荆楚地区，为楚文化所特有，以后又出现于北方的中原地区，乃至遍及各地。

镇墓神物的出现，反映了古人深信死后地下亡魂确会受到鬼魅的侵害、滋挠。从历代丧葬礼仪和丧葬习俗看，死者亡魂对地下生活的追求，一是升天成仙，二是继续享乐，三是保持亡魂的安宁。三者始终是死者地下生活的主要内容。我们从镇墓神物在墓中的安放位置、外貌形象及其形体较其他俑类高大等情况，可以看出镇墓神物在随葬俑群组合中突出的主体地位。在古人的心目中，镇墓神物具有超越凡人、超越自然的灵性和力量，是保证死者亡魂生活安宁的理想的保护神。

对镇墓神物多角度的探讨与研究有着现实的和历史的重要意义。大致可以归纳为以下几点。

1. 既是不同历史阶段意识形态的生动反映，又是衡量人类思维能力发展水平的尺度

镇墓神物是人类社会物质文明、精神文明发展到一定阶段时，由人创造出来的。而且人的这种创造物随着社会文明和思想文化的发展而发展，所以它不仅成为我国古代文明的一个组成部分，同时也成为不同时期人类意识形态和思维活动的一种独特的忠实记录，并真切地体现和流露着人类的心理状态。最明显的是对死后亡魂的归宿与安危问题的担心，其实质却在于曲折地反映出活人日常对鬼神恐惧感的社会心态。这不是某个人或某种人思想上的问题，而是一种传统性的习尚，古代帝王卿相乃至贤哲之士也未能或完全能摆脱鬼神迷信的桎梏。这里有一个根本问题，或者说中心问题，即“信仰”问题。形成这种信仰的社会基础是当时古人面临的生活环境和心理环境，尤其是后者。在现代人看来，这种信仰是很难理解的，简直是荒唐可笑的，但在古代，镇墓神物却真真实实的代表着一种不容置疑的精神寄托，能够满足人心理上的需要，是一种内在的思想活动。从这个意义上说镇墓神物在很大程度上是一种自觉的精神活动的产物。

镇墓神物的演变轨迹表明，其本质上和表现形式上，都始终带有明显的理想化的，超现实的倾向，给人以浓郁的神秘感。最早出现的纯粹兽形镇墓神物，明显表现出原始动物崇拜和万物有灵观念；继之出现的人兽同体形镇墓神物则表现了人性因素和人类自我意识的产生，这是一个突破性进展；至于后出的神人同形镇墓神物则是向文明化、人性化方面的又一次飞跃，其性质已完全不同于兽形镇墓神物赖以起源、发展的原始意识和原始思维，成为进入高度发达的文明时代的一种文明意识和人类自我意识占居首位的人性意识，彻底摆脱了原始神形。这种洋溢着人间浓厚气息的神物，应是社会人类诸神系即将形成的先声。兽形与人兽同体形镇墓神物的继续流行，表明原始的动物崇拜和万物有灵信仰在意识形态领域并未完全消失，动物因素仍保留着较深的印象，但它的性质和形式已不是主流部分，只不过是动物遗性和遗形因素而已。表明旧的信仰、民族心理一经形成，便表现为文化的惰性，由这种惰性构成稳定的“传统”，使之改变是很不容易的，即使改变之后传统的影响依然长期会留存下来而无孔不入。这一点，镇墓神物表现得非常明显。

2. 研究古代神话发展演变的重要实物资料

镇墓神物与古代神话的密切联系是显而易见的。首先，不同时期的镇墓神物，给我们传递了史籍中不那么明显的，古老、朴素的神话信息，使我们看到了更直观、更生动的神物形象及其演化规律。镇墓神物的形象，或者说其外貌造型，始终是在古代神话，特别是在动物神话影响之下形成、发展、演变的。在这里宗教中巫筮的驱魔活动以及以后的术士、堪舆家等起着关键性作用。还由于镇墓神物分布地域广阔，遍及我国各个省区，并且各有自身的地域特点，这就为神话研究提供了丰富的比较对象。

镇墓神物与古代动物神话中的其他神物一样，早期阶段均采取“拟人格”的兽形外貌，继之，便隐约出现人形、兽形两条线的发展态势，以后，两条线的发展更为清晰。随着人类自我意识的日益增强，镇墓神物的人格化、理性化倾向更加明朗。需要说明的是，继纯粹兽形镇墓神物之后产生的人兽同体形镇墓神物，并没有完全取代纯粹兽形镇墓神物，而是长期并行发展，就是说人兽糅合一起的现象一直持续到镇墓神物彻底消失之时为止。所说人形、兽形两条线的发展态势，只是针对人兽同体镇墓神物外貌形态上人形、兽形各自所占比例的多少而言。例如人形者虽然头面、躯体皆为人形，却头部生角，或口吐长舌，或肋生双翼等；兽形者，周身皆为兽（禽）形，而头面却为人形等。镇墓神物的晚期阶段，开始出现纯粹人形的镇墓神物。即现实中武士形象的镇墓神物。

同样，这种新型的神人同形镇墓神物并没有完全取代兽形和人兽同体形镇墓神物。多种镇墓神物的共存发展，只是镇墓神物队伍中又增加了一员。但从神话学的角度讲，神人同形镇墓神物的出现，意味着原始动物神话向着文明化、社会化、人性化方面发展的一个历史转折点，其性质已不同于远古时代原始的动物神话，而成为具有文明意识的体系性神话。

随着历史前进的步伐，人类意识形态的发展，整体镇墓神物的衰落、消失成为历史的必然，为地下幽冥世界诸神系列的兴起及其历史让开了道路。

3. 文化传统的稳定性、因循性以及早期民族精神的生动体现

古代的镇墓神物外貌特征形成的诸因素中，除接受宗教信仰、丧葬习俗、志怪小说、外来文化的融入等影响之外，主要是文化传统与民族精神给予的深刻影响。历史表明，各民族的早期阶段，往往是形成“传统”的时刻，而传统一经形成，即产生一种不易变动的定型化趋势。镇墓神物在这一点上表现得非常明显。首先表现在不同时期镇墓神物演变中一脉相通的迹象上，就是说，它是在继承的基础上发展的。历代镇墓神物，由工匠师根据当时社会上流行的已经被人们认同的形象概念，加以艺术概括而使之定型，以后的发展，往往是在原来形象的基础上作局部加工改进。例如早期作伏卧状，以后渐趋蹲踞状，后期趋向直立状，而头顶生角、背长成束的鬃毛、肋生双翼、裸体、阔口、怒目等细部仅小有改变。由此可以看到，文化传统的稳定性与因循性驱使镇墓神物的特征演变缓慢地沿着既定的轨迹进行，始终未能摆脱几千年的文化心理、宗教影响，社会习俗综合定势发展的桎梏。总之，由于镇墓神物深深植根于民族的集体意识和文化心理之中，因而，其演变表现出明显的一贯性和风格上的相近似，反映着它的文化传承性。

民族精神是原始时代人类对自然事物的敬畏感、神秘感、兴趣感和随之而来的探究、期望和幻想开始的。原始时代，由于人类生产力、控制自然的能力和思维能力的低下而在大自然面前处于软弱地位。民族精神最初表现在借助于神力、神威战胜邪魔。这种不愿做软弱可怜生灵的意识透露了人类朦胧的理性思维、理性认识和抗争精神。当然这种带有强烈幻想成分的民族精神是凝练在宗教信仰的形式之中的。原始时代的民族精神从早期兽形镇墓神物中可以得到变形的“折射”和朦胧的暗示，洋溢着初始时代的民族精神。如果从镇墓神物整个转变进程看，即由兽形经人兽同形到神人同形的历程，实际反映了镇墓神物的人格化、人性化的过程。这是人类从崇拜动物的意识形态趋向崇拜具有神力的人的意识上来。反映了人类自我尊崇意识，企望通过神人而不是神兽来控制自己无力控制的自然力量。由此可以认为，民族精神的形成是文化积累与文化综合作用的结果。在一定程度上说，民族精神是由文化传统的向心力构成的。镇墓神物形象的塑造是至关重要的，世代相传的工匠师们对镇墓神物外貌形象的构思必须把握以下三项原则：

一是人们心目中最理想的艺术偶像；

二是最大限度地显示其作为，即担负着克制、震慑、驱除邪魔以保护死者亡魂安宁的使命；

三是以什么样子的外貌形象表现出赋予它的超乎常人，超乎自然的神力而成为表达“信仰”的最佳方式。

以上三个原则总的精神是符合民族的文化传统、文化心理和民族精神的要求。一种被人们认可的，成功的镇墓神物的艺术形象，也正是这种镇墓神物所以能广泛流行、经久不衰的重要因素。

今天，镇墓神物作为中华民族一种历史的载体和古代一种神奇、怪谲形象的雕塑工艺品展现在我们面前，其中不乏工艺精湛、神态生动的精美优秀之作。它不仅凝结着古代工匠师们的汗水和智慧，也体现着不同时期雕塑艺术所达到的艺术水平和艺术成就，从而构成我国古代富有民族风格的雕塑艺术的重要组成部分。

（此文系廖永民于2004年的遗作）

河南省境内首次发现成熟时期的唐代青花瓷

2004年12月初，河南省新乡市古陶瓷爱好者、收藏者李清洲先生向笔者出示他收藏的唐青花残片5件。李先生说，1993年，新乡老城内十字路口东南角一个建筑工地，距地表约6米处挖出唐代青花盆残片3件。此外，数年前在郑州古玩城购得唐青花碗残片2件。其中值得注意的是新乡出土盆的残片，分别是同一个盆的底、足、口沿的一部分，其中两片可拼接一起。可以看出，此盆为宽平沿，圆唇，斜直壁稍弧，底近平，饼形足。口径约38、足径20.3、高约14厘米。瓷质，胎呈米黄色，有大小不等的气孔，胎厚9 ~ 1.2厘米。器表罩白色透明釉，釉层均匀，洁净，有细开片，施釉至下腹部，底足部露胎，露胎处可见釉下有一层化妆土。釉下蓝彩呈深蓝色，浅淡处可见黑色结晶点。内壁底部饰由菱形纹、叶片纹、点纹组成的图案，沿部饰条形叶片纹。这种以氧化钴为呈色剂，釉下描绘的蓝彩图案，见于江苏扬州唐代遗址出土青花执壶的腹部和青花枕的枕面上，也见于德国从印尼海域打捞的“黑石号”沉船中发现的唐青花盘的内壁底部。这种蓝彩图案彼此虽小有变化，但风格、技法完全相同，含有中东地区伊斯兰世界的艺术情调。学术界一般认为上述执壶、枕、盘等器都属于成熟时期的唐青花。李清洲先生收藏的另两件青花碗残片，均残存底、足的一部分。其一，圜底，环形圈足。陶质、瓷化程度较高，胎细腻、坚硬，呈灰白色，胎厚0.8、足径9厘米。器表罩白色透明釉，釉色白中泛绿，釉层均匀，有细碎开片，无脱釉现象，下腹与底部无釉。釉下蓝彩呈色鲜艳，内壁底部饰蓝彩串珠纹组成的五角星纹图案，五角星纹两角相接处各饰一朵梅花纹，每朵梅花为周围五点，中心以黄彩点芯。五角星图案靠中心处串珠纹上也各点黄彩，中心一点。其二，平底，环形圈足。陶质，胎厚0.8厘米，呈粉红色。器表所罩白色透明釉稍泛绿，有细小开片，底、足部无釉，无釉处可见釉下有一层化妆土。釉上蓝彩呈暗蓝色，光泽度较低，内壁底部饰蓝彩斑块纹，与这两件青花碗残片形制、纹饰、施釉技法相同的器物，黄冶窑址多有出土。学术界一般认为这类器物是唐青花的前身，即初始阶段的唐青花，称之为“白釉蓝彩器”。

1983年前后，在江苏省扬州市几处唐代遗址中，先后发现了三十多块胎釉洁净、色彩鲜亮、图案清晰的唐青花残片。从其中碗、盘、执壶等器残片的胎质、造型、釉、彩以及装饰技法等方面的观察、测试来看，均为河南省巩义市黄冶窑所产。2002 ~ 2003年，河南省文物考古研究所等单位对黄冶窑大面积的考古发掘，在唐代文化层中出土了少量与扬州唐青花相近的青花瓷残片，并且出土了许多被认为是唐青花前身的白釉蓝彩器残片或完整器。黄冶窑址的发掘，重要成果之一，是确定了唐青花的产地，也为唐青花的研究提供了可靠的地层依据。

值得注意的，是黄冶窑址大面积的考古发掘，揭露面积达两千多平方米，唐代遗迹、遗物非常丰富，但毋庸讳言，成熟时期的唐青花却很少出土，更不见扬州、新乡出土的饰菱形纹、叶片纹、点纹组成花纹图案的器物，仅仅出土很小一块饰蓝彩“S”纹的青花瓷片（可能是碗的残片）。这种现象应该是暂时的。黄冶窑址的考古发掘现在仍在进行，很有可能将来有所突破。就当前而言，新乡出土的青花盆残片应是河南省境内首次发现的成熟时期的唐青花。从其胎、釉、彩料以及制作工艺、装饰图案的内容、形式和技法等方面看，与扬州出土成熟时期的唐青花相同，都应该是黄冶窑的产品。成熟时期的唐青花，色调幽菁明快，素雅大方，朴实爽朗，“以釉下彩的工艺优势和瓷画的美学艺术价值，受到世人的珍视”。成为中国瓷器中富有民族特色的优秀品种，其烧制成功，标志着中国第一代青花瓷的诞生，这是个了不起的发明创造。新乡出土的唐青花，为我们有关方面的研究工作提供了宝贵的实物资料。

（原载于《中国文物报》2005年6月1日第5版）

巩县西村宋代石棺墓清理简报

巩县西村宋墓，位于县城以南16千米西村乡西作村南约0.5千米。北距永安永昌陵约3千米。

1986年12月初，河南省陆浑灌区郑州市工程指挥部在巩县境内南金牛山与锦屏山两山阙之间施工，于圣水河东岸的高鼓台下发现此墓。12月24日由郑州文物工作队与巩县文管所共同清理，12月28日结束。现将清理情况简报于下。

一、墓 葬 形 制

墓室顶部距地表4.5米，系长方形单室土洞墓，墓室东西向，南侧有墓道。拱形墓顶，墓室长2.8、宽1.95、高1.85米。墓道长4.5、宽0.7米。墓室中央置石棺；墓道近墓室处靠东侧叠置5块封门砖，均系长方形半截汉代空心砖。墓室东壁和石棺后档之间发现两具殉葬幼儿（10～12岁）的骨骼（图一）。从残存的骨骼看，均躯体斜歪，西肢收拢，一为头部朝东北，半身似躺靠在墓室东壁上，一为头部朝西，似枕在棺的后壁

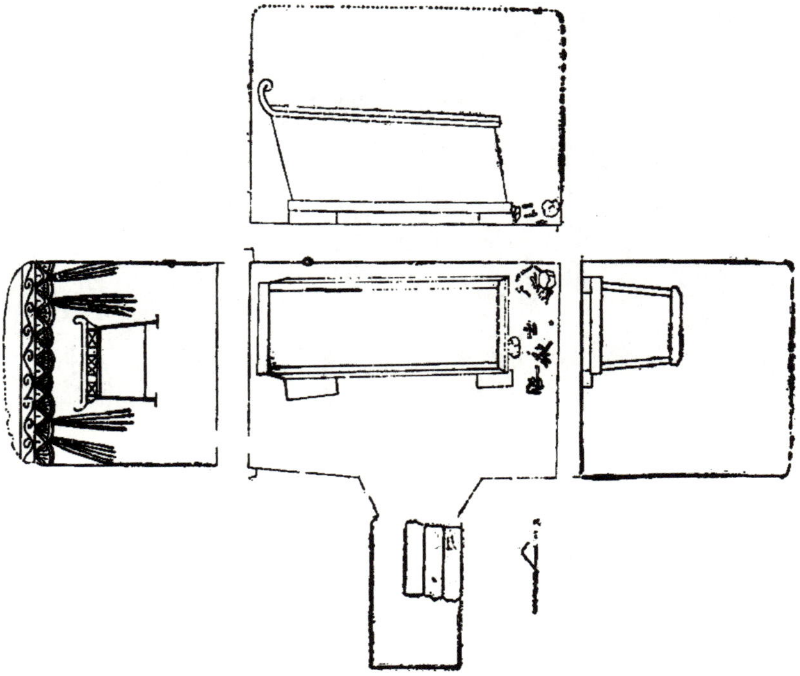

图一　石棺墓示意图

上，可能系被捆绑或杀死后置墓中。墓室西壁阴刻一副壁画，高1.8、宽1.9米。画面上部横列二方连续卷须纹，其下似重叠帐幔，幔下有四条窄长飘带；壁画中部为卷头式供案。

二、石　　棺

石棺呈紫红色，质地细腻，松软而易于雕刻。整个石棺是六块石板（盖、左右侧板、前后档底）扣合而成，榫卯扣接严密。棺下无棺床，四角各用一长方形石块支垫。棺体呈长方棱形，长2.13米，前端高0.9、宽0.85米，后端高0.85、宽0.7米。棺体上部前倾。盖前部有卷轴式棺头，棺盖左右两侧抹角棱构成斜面。此棺严谨，比例适中，美观大方。棺体除底部外均雕饰花纹，刀法可分为浮雕、减地、线刻等。内容有缠枝宝相海石榴花、缠枝牡丹、蕙草、行云、双鹤、二十四孝人物，三角几何纹饰等图案。棺盖前端的棺头正面两侧棱边上均有线刻蕙草边饰，上平面正中是减地平雕三朵硕大的宝相海石榴花图案。左右两边是二方连续三角形内似太阳放光芒图案，每边刻24个三角形，每个三角形内有一个太阳放光图（图二）。棺盖抹角斜面与地平雕二方连续缠枝牡丹图案，每边八朵，花蕊均朝着太阳。棺盖四周棱边上全部是二方连续蕙草边饰图案。

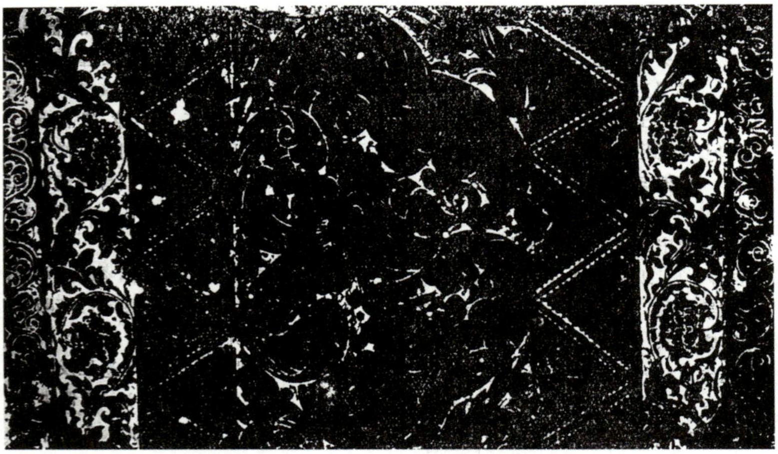

图二　石棺两侧图案拓片

石棺左右两侧板四周边为0.1米宽减地平雕的缠枝牡丹饰带。左右侧板中间分十二格，格内线刻二十四孝图，每幅均有题名。左侧刻有“丁兰刻木”“董永卖身”“舜子事父”“郭巨埋儿”“郯子悲前”“鲍山起熟”“刘殷泣江”“子骞谏父”“伯榆泣杖”“曾参母啮指”“武妻事家”“陆绩怀桔”。右侧刻有“诗妻奉姑”“元觉迴箐”“田真”“曹娥泣江”“孟宗哭竹”“莱老奉亲”“王祥卧冰”“蔡母怕雷”“杨香跨虎”“赵孝宗”“鲁义姑”“刘明达”。左右侧前后板头均有线刻蕙草带饰。棺盖前横头上刻有引云对鹤纹。卷头前面刻行云纹饰。前档刻方形乳钉，半掩门，门缝站一穿长裙、梳长发髻的女子探身向外张望。门楣上有四方柱头，门上头有神龛式左右撩起的垂幔。门两侧雕刻有金钱花榲窗图案。后档刻有题记，楷书8行共78字。全文：

西京河南府永安军奉基乡邓封村左村

居住税户王二翁三子同行大孝

打造石棺壹所宣和七年十一月

初五日大葬 乙巳年

孝男王三伯

孝男王十伯

孝男王十四

宣和七年乙巳岁 造石棺 蔡博士

三、骨架与随葬品

清理时，棺内已填满淤土，骨架大部腐朽，但仍可看出葬式为仰身直肢葬。

在棺内仅发现钱币28枚。其中唐代钱2枚，北宋钱26枚。可分为18种，计有唐“开元通宝”，宋真宗“景德元宝”“祥符元宝”“天僖通宝”（残），宋仁宗“天圣元宝”“皇宋通宝”“嘉祐通宝”，宋英宗“治平元宝”，宋神宗“熙宁元宝”“熙宁重宝”，宋哲宗“元祐通宝”“绍圣元宝”，宋徽宗“圣宋元宝”“崇宁通宝”“崇宁重宝”“政和通宝”（图三）。

图三　部分出土的钱币拓片

四、结　　语

此墓有明确的纪年，可以肯定墓主居本地。据明嘉靖《巩县志》可知，铭记中的邓封村即今之常封村，左村即今之西作村，当地群众又称西村。所谓“税户”，其确切含义尚不能肯定，可能是指墓主的身份。

墓内殉葬幼儿是一个非常特殊的现象，北宋时期不应有“人殉”，这点是值得研究的。

石棺装饰图案及墓室西壁的土雕图案，雕刻精细，刀法娴熟。其纹样，如缠枝牡丹、宝相花、海石榴、蕙草行云、对鹤等，风格与巩县宋陵石刻的纹样大都相同，这是北宋时期官方和民间普通流行的装饰纹样。这件石棺为研究宋代石刻艺术和图案设计提供了宝贵资料。

石棺两侧所刻二十四孝图，每幅图有题记，与近世流传的二十四孝内容略有出入。

其中田真是巩县孝义人。今孝义尚存有三田（弟兄三人哭活紫荆树）遗址及碑刻。

（原载于《中原文物》1988年第1期）

中国画的鼻祖——“鹳鱼石斧图”赏析

以洛汭为核心的伊洛河流域，是东部的郑州仰韶文化大河村类型（亦称“秦王寨类型”），与西部伊洛河上游的庙底沟类型交融、共存于相互影响的地带。所以，伊洛河流域仰韶文化的彩绘陶器，不仅数量多，而且内容异常丰富。其中，仰韶文化早期阶段，施白衣彩绘的彩陶最多。绘彩以红色和棕色兼用为主。纹样有弧线三角纹、圆点纹、圆圈纹、平行线纹、星座纹、月亮纹、日晕纹和太阳纹等；中晚期，素地彩陶和施红衣的增多。彩陶以黑彩和红彩单用者居多，也有一部分两色兼用的彩陶。装饰纹样主要有S形纹、X形纹、网状纹、水波纹、旋卷纹、垂帐纹、睫毛纹、锯齿纹、窗棂纹、古钱纹、篦纹、昆虫纹、鹿纹、兰草纹、重圆纹等。1978年，河南省博物馆的汤文兴先生与伊洛河流域南部的汝州市文化馆的张久一先生，在河南省汝州市阎村仰韶文化遗址中，大约30多平方米的范围内，发现了11座以泥质红陶缸为葬具的瓮棺葬。其中1件彩陶缸腹部所绘“鹳鱼石斧图”特别引人注目，与其他彩陶相较竟然卓尔不群，成为仰韶文化彩陶中出类拔萃的彩绘陶画作品（图一）。

图一　陶缸上的“鹳鱼石斧图”

这件彩陶缸形体较大，敞口，厚沿，深直腹，平底，口沿下有4个对称的鸟喙形鼻纽。高47、口径32.7、底径19.5厘米。腹部一侧素面上绘黑、白彩陶画一幅，画面约占缸体的二分之一，高37、宽44厘米，面积达1628平方厘米。左侧绘一鹳叼鱼图像，右侧绘一直立装柄石斧。鹳身躯近椭圆形，尖尾，圆眸，喙长而直，喙下叼一条大鱼，鱼尾下部黑彩浅淡而线条有些模糊，似龟尾摇摆不定以显示鱼在作挣扎状。石斧捆绑在竖立的木棒上，木棒上有四个圆孔，用来穿绳以固定斧，木棒中部绘“X”形符号，握柄处刻画网形绳索花纹，木棒下端有稍粗方形物。这幅彩陶绘画形象完整，形态逼真，古朴优美。

这一重要发现，首先由汤文兴先生在《中原文物》1981年第1期发表，很快引起学术界特别是艺术界与考古界的极大关注。有人认为：“鹳鱼石斧图的绘画艺术，标志着中

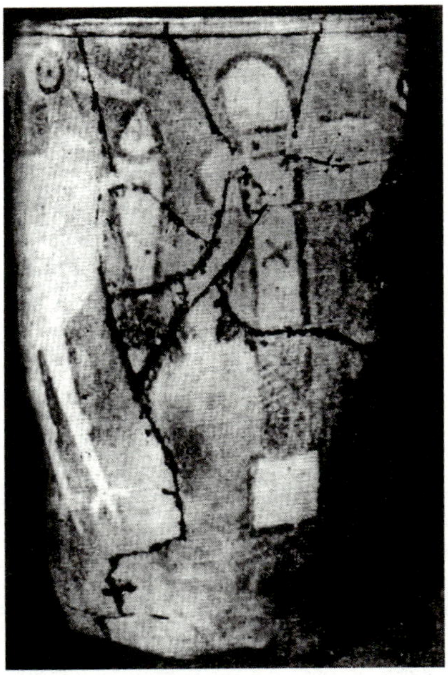

图二　1980年首次修复的陶缸

国史前绘画艺术由纹饰图案向物像绘画的发展，拉开了中国传统绘画的序幕。”这幅陶画主题思想明确，不仅具有表现自然现象的作用，也透露出当时社会形态、思想意识等深层次的内容。其真实的艺术形象与优美的构图设计有机地结合起来，成为艺术家对当时农耕和渔猎经济形态的真实写照。只有一鸟一鱼一斧，就会把人带进五千多年前的生活中去，这就是意境的魅力所在[1]。

现代美术家们不把这幅陶画称为图案，主要原因是它已经具备了中国画最基本的要求。就是说，这幅陶画中的鹳、鱼和捆绑在棍棒上的石斧，就好像画家落款的年号一样，不仅标示出其绘画年代，而且生动地反映出原始社会人们生活和生产的情景。使人联想到在那广袤的原野上，人们操着石斧在紧张地开垦土地和耕作。旁边碧波荡漾的沼泽河流上，飞翔着成群的鹳鸟。有的在水中或岸边游弋。河岸上，一只老鹳昂首挺立叼起一条大鱼，鱼在摇动尾巴挣扎着。画家抓住这一瞬间生动的场景，挥笔画了下来。并把这一陶画的主题思想明确表现出来。这既是一幅与原始宗教信仰有关的绘画，又是一幅现实主义的艺术作品，充满了浓郁的生活气息。

由此可以认为，这幅陶画已经具备了中国画最基本的条件。有人撰文指出，其特点主要有四：

其一，作为独立内容的一幅画，其画面之人，绘画技法之成熟，就目前来说，在中原仰韶文化的陶画中可以说是独一无二的。

其二，在选择题材、应物写形、艺术传神、构图布局、骨法用笔、色彩使用上以及蕴含的意境，都符合中国国画“六法”的原则。国画的基本技法，如勾线法、没骨法、填色法，在此陶画中都具备了。

其三，此陶画有着较明确的故事情节，并具有深层次的含义。可能是反映以鹳为图腾的氏族与以鱼为图腾的氏族之间的争斗。有柄石斧代表武力与权威，鹳口叼鱼代表鹳氏族的胜利。

其四，“鹳鱼石斧图”陶缸，可能是当做庆祝胜利的礼器，鹳氏族的首领死后，作为首领的瓮棺予以埋葬[2]。

图三　1982年复原的陶缸

从总体上说，“鹳鱼石斧图”显现了华夏族文化历史的光辉，反映了人类绘画萌芽时期的艺术风格，体现了中国史前陶画艺术创作的最高成就，成为仰韶文化彩陶绘画艺术的代表作。2003年，“鹳鱼石斧图”被国务院列为国家级珍宝，现存中国历史博物馆。

注　释

[1] 汤文兴：《拂去尘埃，再现五千年前“鹳鱼石斧图”的真面目》，《炎黄天地》2009年第1期。

[2] 许晓丽：《仰韶时期的绘画与“鹳鱼石斧图”》，《炎黄天地》2009年第1期。

（原载于《东方收藏》2009年第2期）

走进华夏文化的奠基时代
揭示中原族群的历史渊源

——记伊洛河流域的田野考古与研究

一、概　　况

嵩山北麓以洛汭地带为中心的伊洛河流域，田野考古与研究工作可以追溯到新中国建立之前。是我国田野考古工作开展得最早的地区。

19世纪初，瑞典地质学者安特生和他的学生阿尔那等开始在荥阳、巩义进行考古调查。随之河南省古迹会的石璋如、郭宝钧、韩维周等我国第一代考古学家在巩义塌坡，荥阳秦王寨、青台等遗址进行考古发掘。新中国成立之初，中科院考古研究所徐旭生先生率先在伊洛地带开展寻找“夏墟”之行，揭开了以田野考古为主探索夏文化的序幕。1977年开始的新郑裴李岗遗址与巩义铁生沟遗址的发掘，开启了中原地区新石器时代较早的裴李岗文化发掘与研究工作。

1990年开始，巩义市文物保护管理所与河南省社科院河洛文化研究所联合对伊洛河与黄河交汇处的洛汭以及伊洛河的支流坞罗河（罗水）、干沟河（休水）、汜水与泗水流域的考古调查与发掘，发现了不同时期古遗址、古墓群80多处。特别是在黄河与伊洛河两河汇流处发现了中原地区时代最早、面积最大的仰韶文化中晚期祭祀遗迹（包括祭坛，祭祀坑等）。就此，1992年5月19日《光明日报》头版头条作了报道，由于国内外媒体的大量转载，引起了国内外学术界的注意。因此，1993年3月，中国炎黄文化研究会与河南省炎黄文化研究会联合在巩义市召开了“炎黄文化与河洛文明国际学术”研讨会，联合国教科文组织派代表参加了会议。来自海内外120多位学者结合洛汭的重大考古发现，就中华文明起源、社会发展等课题进行了探讨。这次会议，标志着国际学术界对中国古代文明起源问题作为世界考古学的一个重要研究课题给予的广泛关注。

随之，1994年由联合国教科文组织每年出资5万美元，以中（中国社会科学院考古研究所）、美（哈佛大学）、澳（拉楚布大学）的院士、博士等为主组成的联合考古调查团，在巩义市境内以洛汭地带为中心进行了系统性考古调查达5年之久。

这项“长期的多学科国际合作课题，主要包括拉网式考古调查与其相伴的地质考古学、古植物学研究等几个主要部分。最后通过对聚落形态演变地考察以了解该地区古代社会的复杂化进程。这些调查资料可以用于评估人口的变化、环境的变迁、社会结构、土地利用和农业生产等方面的波动情况”[1]。

以往数十年中，伊洛地区的田野考古调查与研究工作已为我们理解中国文明的起源、古代社会发展以及文化内涵等方面作出了很大贡献。但是，由于对本地区历史问题的过分关注，却相对的对世界文明以及跨国家和地区文化、历史的比较研究有所忽略，在一定程度上限制了我们的视野。这次以国内外一流学者为主体组成的联合考古调查团，不仅采用了世界最先进的高科技手段，而且允许他们应用“检验关于社会变化进程的种种理论模式”[2]。由于此项考古工作，我们进一步认识到中西方学者相结合的必要性。具体说，一方面这项课题将为中国考古学研究注入了新的活力，使我们学到一套更科学、更系统的田野考古方法以理解古代社会的嬗变过程。“另一方面，西方关于古代社会复杂化进程的理论也需要到中国这样一个具有原初文明的不同的文化背景中去验证。如此，在中国文明起源问题的研究上，西方学者和中国学者正可以通过不断合作而互相学习。”[3]

近五年时间的田野调查，调查团踏遍伊洛河及其支流干沟河（休水）、坞罗河（罗水）、泗水河等整个伊洛地区，面积达1000多平方千米。通过对130多处不同时期聚落形态的类型与层次的划分与研究，对这块中国古代文明腹地不断变化的社会背景取得了较深刻的认识。他们认为，这个政治背景“正是人类和自然环境、意识形态和经济机遇以及政治决策和进化过程之间互动的结果”[4]。作为这次考古调查的研究成果，2003年由美国密西根大学华翰维院士等运用调查所得考古资料，集体撰写了《中国文明腹地的社会复杂化进程——伊洛河地区的聚落形态研究》一文，以多种文字在中、美、澳、英和加拿大等国发表。文中通过对伊洛地区不同时期聚落形态的规模与机制的分析，进而详细地论述、探讨了中国文明起源和早期发展进程中社会结构和组织的演化过程。文中强调指出：这种演化过程比较集中地表现在聚落形态的社会政治转型方面。特别是前国家社会与国家水平社会的区分方面[5]。此文的权威性很高，不仅代表着国际学术界对中国早期社会形态演变模式新的重要研究成果，而且是中西方学者合作取得的共识，在国内外引起广泛关注。当然，因为这种意见并没有被西方学者普遍接受，因此文章发表后，在国际学术界就这次考古调查、研究所要解决的课题如“夏朝是否在”“二里头文化是否为夏文化”“二里头文化是否是国家水平的社会”等，引发了一场网上大讨论。

2004年，继中国国务院重点考古项目——夏商周断代工程结项后，国务院当年又推出了另一重点考古项目——中华文明探源工程。经专家组审定，把伊洛河与黄河交汇处东侧的花地嘴遗址和新密新砦遗址确定为实施这一项目的重点。这一考古项目所要解决的中心课题是：在没有文字发现的情况下，如何通过考古确认夏文化的存在，进而结束夏王朝是否存在这个国内外学术界旷日持久的争论。同时，中外学术界认为：证明夏王朝的存在，探明它的社会性质与文化实质及其与中国早期文明的关系等，正是了解中华文明起源问题的关键所在。并且，这也正是中国考古学长期以来最艰巨、最复杂的重要课题之一。

被选中伊洛地带花地嘴与新砦两遗址，是因为二者包含着丰富的考古学称为“新砦期”的遗迹、遗物。从其文化特征看，它的前期（一期）遗存正与龙山文化晚期相连接，中期（二期）遗存正与二里头文化早期（一期）相连接，恰恰填补了中原地区龙山文化与二里头文化之间的缺环。多年来这两处遗址大面积的揭露，出土大量不同性质的遗迹、遗物而成为探索早期夏文化研究的重要收获和理论支撑点，并对研究了解中国早期文明形成的具体环节方面具有非常重要的作用。为了展示这次文明探源工程取得的新发现和研究工作的新进展，2008年7月18～20日，由北京大学震旦古代文明研究中心、河南省文物考古研究所、郑州市文物考古研究院主办的早期夏文化学术研讨会在河南郑州举行。来自北京大学、中科院考古研究所、中国博物馆、美国哈佛大学以及全国各高校与科研单位的90多位专家参加了会议。就早期夏文化探索为中心议题和涉及的其他有关问题展开了深入研讨。

二、考古工作采取的技术手段与考古内容

位于中原地区核心部位的伊洛河流域不仅是我国现代考古工作开展的最早地区，并且当前已是国际学术界所瞩目的地方。不少西方著名学者来此进行考察、研究，写了不少很有价值的学术论著，最著名的是美籍华人张光直先生。但更多的是与中国学者合作共同在伊洛河流域开展工作的西方学者，如美国密西根大学华翰维院士、英国伦敦大学艾琳院士等。他们的参与，无疑为我国考古工作增添了新的活力。一方面，当前伊洛河流域的考古工作，不仅采用了包括文化分期、类型划分、谱系研究、聚落考古学以及与其相伴的地质考古学、古植物考古学、古生物考古学等多学科综合研究方法，并且采用了中国遥感考古中心提供的航拍技术，拍下的图像可以观察到古河道、古壕沟和现代河道等；还使用全球定位仪来确定古遗址、古墓葬的准确位置以及采用各种现代科学仪器检测出来的大量准确数据等等高新技术手段。另一方面，学者们的注意力主要集中于解决具有关键性的重大考古项目上，包括中国古代社会复杂化进程、夏商周断代工程、中华文明探源工程以及华夏族的形成与发展等。

中外学术界所以选定在伊洛河流域实施这些重大考古项目，原因在于：其一，这

里优越而突出的地理位置与地理环境，适宜于人类繁衍生息，因而较早出现农业与饲养业而形成人烟稠密的聚落群；其二，据先秦典籍记载，中国进入新石器时代之初，部族集团的领袖人物如黄帝、尧、舜以及夏禹、商汤等都首先在这里发迹，进而成为创基立业之地；其三，先民遗留下了十分丰厚的文化遗存，而且史前文化自成体系，发展脉络清楚，形成了稳定的地域独特性和时代的传承性；其四，考古学家们研究发现，当江浙地区、海岱地区、两湖地区、川西平原、陇东地区、燕辽等地区先后发展起来的史前文化相继萎缩衰落，而黄河上游甘青地区的史前文化也进展迟缓之时，黄河中下游包括嵩山地区在内的伊洛河流域的史前文化却继续快速向前发展。特别是在嵩山地区与伊洛河流域形成与发展起来的华夏族与东方夷族的长期斗争中又取得了决定性的胜利，从而嵩山地区与在伊洛河流域为核心的中原地区，以华夏族为主体的族群进而作为中国第一个具有国家水平的政治实体发展成为大型的政治和经济中心，并且奠定了夏商周文明的基础。还可以看到，中外学术界在实施上述考古项目当中，注意力并非孤立地局限于嵩山地区与伊洛河流域的史前文化，同时也关注到它与周边其他不同时期史前文化之间曾发生过的错综复杂的种种关系和影响的情况下，社会结构如何逐步走向复杂化和逐步走向文明时代。并且，采取的具体方法是在本地区文化分期与谱系研究等取得的成果基础上，把工作重点着重放在弄清楚能够直接反映社会复杂化进程的聚落形态的演变方面，以进一步考察这一核心地区的社会转型，并通过和周边地区的对比，进而取得早期国家发展进程的更完整更深入的了解。

概括起来，嵩山地区与伊洛河流域历史文化的主要特征是历史的悠久性、创造性、正统性与兼容性。

三、考古工作取得的成果

当前，嵩山地区与伊洛河流域远古时期的考古工作仍在继续进行，包括广泛而深入的田野考古以及在已取得的成果基础上进行的全面而系统的综合研究与理论性探索。一些重大考古学课题的研究是在国内外学术界相对立的撞击、争论中进行并取得进展的。

1. 旧石器时代考古

二十多年来，嵩岳伊洛地带先后调查发现了包含打制石器、古生物化石地点50多处。经正式考古发掘的只有荥阳市织机洞的洞穴遗址和巩义市的洪沟遗址以及新密市旧、新石器时代过渡时期的李家沟遗址。这三处遗址的考古发掘，都属于河南省旧石器时代考古的重要发现，特别是李家沟遗存。地层堆积之厚，文化遗迹、遗物之丰富程度仅次于中国猿人遗址。

位于荥阳市崔庙镇王宗店村附近的织机洞遗址、文化堆积层厚达20多米，上部19 ~ 22层包含着裴李岗文化、仰韶文化及少量汉代遗存。19层以下为更新世晚期沉积。经北京大学考古系年代实验室用不平衡铀系法测定，其年代为7.9 ± 1（0.9）万年。17层内含有数件大角肿骨鹿下颌骨化石等，其年代应更早。从测年数据和哺乳动物化石看旧石器文化层最晚年代当在距今7万年之前。多个层位中发现了灰烬和烧烤痕以及大量烧骨等用火遗迹；出土锤击制作的石锤、刮削器、尖状器、石锥、砍砸器近5000件；出土打制骨器包括刮削器、尖状器、铲状器多件；出土各种动物化石万余件，以哺乳类动物为主，有仓鼠、田鼠、鼢鼠、狗獾、中国鬣狗、斑鹿、大角肿骨鹿、原始牛以及鸵鸟等。以上情况表明，织机洞遗址应是原始人类长期居住兼石制品产地[6]。

巩义市洪沟村旧石器遗址，具体位于伊洛河与黄河交汇处西侧的神都山下。大量打制石器与动物化石交错裸露在断崖下部距地表约0.5米的黄土层中。文化遗存主要堆积在厚约70米的粉沙质黄土层之下，此层属第四纪晚更新世的马兰黄土层。黄土层下有一条东西向水沟，沟深约4.5米，沟内上部为黄色淤土层，厚0.3 ~ 0.5米，含大量石制品和动物化石。下部为暗绿色和铁锈色淤土层，所含石制品和动物化石表面黏结有厚度不一的钙结核。文化层中石制品和动物化石堆积最密集处，周围发现许多木炭屑、散碎烧土块和烧焦的兽骨化石，部分石制品上有明显的烟熏痕。5000余件打制石器中，加工修整过的典型石器甚少。用做刮削器的石片有的刃部有明显的使用痕；石锤有的经多面剥片制成，大型者直径达20多厘米，小型者仅5 ~ 6厘米；尖状器最长者11厘米，最短者仅4厘米。有的较长椭圆形鹅卵石大部分保留自然面，一端有明显的剥片痕。出土的动物化石异常丰富，堆积层最厚处达1.15米，但堆积相当杂乱，未发现肢体完整、齐全的动物遗骸。据初步认定，纳玛象的骨骸最多，大小约7只象的个体，约占动物化石的70%，其次有羚羊、斑鹿、赤鹿、猪和小型偶蹄类动物等。据北京大学考古系年代学实验室以铀系法测定的年代为距今12 ± 0.9万年。这一年代数据与地质年代以及动物群所属年代相一致。根据大量石制品、动物化石与用火痕迹共存、动物骨骸杂乱堆积等特点，表明洪沟当时是先民肢解、分食猎物的场所，杂乱的动物化石系食用后的遗留物。[7]

嵩山地区与伊洛河流域的黄土丘陵是豫西黄土丘陵往东的延伸，黄土发育非常好。巩义至荥阳的地貌为沟壑纵横，槽谷列布。织机洞与洪沟两遗址及其他较小石制品与动物化石点等遗存都反映出距今12万 ~ 7万年时期，这里的气候湿润稍寒，水源充足，黄土丘陵上下生长着茂密的丛莽树木，成群的野兽出没其间，显然是原始人群和各种动物栖息繁衍的理想之地。这里的先民主要经济活动是狩猎。不同用途的大小石制品的组合正是为了适应这种自然环境与经济活动客观上的需求而产生的。

2. 新石器时代遗存直接叠压的过渡期遗址

李家沟遗址位于河南省新密市岳村镇李家沟村西（图一）。2004年底郑州市文物考古研究院进行旧石器考古专项调查时发现的。这里的地形为浅山丘陵区，海拔高约200米。地势由东北向西南部倾斜，黄土层堆积发育良好。属于淮河水系，溱水河上游的支流椿板河由北向南流经遗址西侧。李家沟遗址具体坐落在椿板河左岸以马兰黄土为基础的二级阶地堆积层上。2009年秋季，北京大学考古文博学院与郑州市文物考古研究院联合对此遗址进行了考古发掘。发现了距今10 500 ~ 8600年相连续的新石器文化层堆积，下部直接叠压着有旧石器时代晚期细石核与细石叶等典型的细石器文化遗存。上部新石器遗存中包含有绳纹和刻划纹等装饰的粗夹砂缸瓮类陶器与石磨盘等（图二）。经过约两个多月的发掘，共揭露面积近30平方米，探方分布是在一条沿断层破碎带形成的沟谷两侧因而形成南、北两个发掘区。两区的探方壁面上均显示出从旧石器向新石器时代过渡的地层堆积层面。

图一 李家沟遗址远景

北发掘区的文化层厚约3米，从上向下分七层：第1 ~ 3层为近代堆积层；第4 ~ 6层为新石器时代早期堆积，发现数量较多的陶片，石制品与残损动物骨骼等；第7层即为仅含打制石器的旧石器文化层。

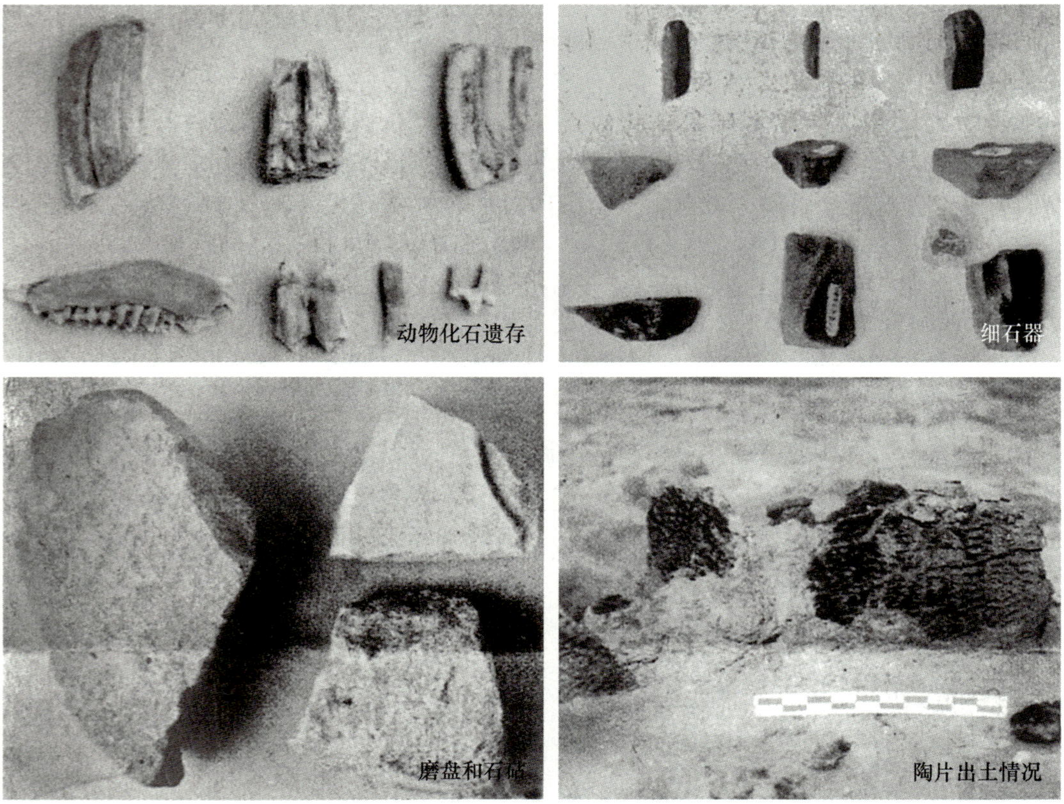

图二　李家沟遗址出土的动物化石、细石器、磨盘和陶片等

南发掘区（图三）的地层堆积自上向下分为四层：第1层为棕褐色含碳酸钙胶结构层，此层常见于本区新石器时代遗址，并被叠压在裴李岗文化层之下；第2层为灰白

图三　李家沟遗址出土石制品

色沙砾层，含零星陶片，按岩性与包含物的特点看，与北发掘区的第5、6层属同期堆积；第3层含少量打制石器与动物化石碎片，岩性特点和文化遗物与北发掘区第7层相当；第4层的遗存最为丰富，含船形、柱形等类型的细石核与细石叶等典型细石器文化遗存，同时亦见人工搬运的石块与粗大石制品；第4层之下则为不含文化遗物的马兰黄土层。加速器^{14}C等年代测定结果进一步提供了过渡阶段的年代数据。采自南发掘区的第4层，即细石器文化层的三个木炭样品的加速器^{14}C年代测定结果，均距今10 300 ~ 10 500年（经过树轮校正下同）。采自北发掘区新石器时代文化层木炭样品的加速器^{14}C年代测定结果，则分别为距今9000年（第5层）和8600年（第4层）。综合南北两个发掘区剖面层位序列，可清楚地看到本地区旧石器时代晚期向新石器时代早期过渡的地层关系。

李家沟遗址南发掘区第7层还发现数量较多的脊椎动物骨骼遗存。骨骼多较破碎。部分标本表面有轻度风化与磨蚀迹象。初步鉴定有牛、马以及大型、中型和小型鹿类、猪以及食肉类，啮齿类与鸟类等。按照最小个体数字统计，牛、马与鹿类等大型食草类动物的比例高达半数以上。动物遗存的情况也说明狩猎大型食草类动物仍是李家沟遗址早期阶段的主要经济生活来源。

李家沟遗址发掘的重要意义首先是发现了国内罕见的包含旧石器时代晚期到新石器时代早期文化直接叠压关系的地层剖面，填补了本地区对于过渡阶段地层堆积特点认识的空白，为继续发现这类遗址提供了地层学方面的参照；在旧、新石器时代之间的交接这一重要课题上是一个重大突破。例如距李家沟遗址不远的许昌灵井遗址，在旧、新石器时代的地层叠压、土质以及各不同地层中包含遗物的种类、分布、质料、制作工艺诸方面彼此都非常接近，这就为两遗址之间相互比照、研究提供了有利条件。

李家沟遗址旧石器阶段的发掘，主要收获在于发现了典型的细石器文化的同时，也有能够反映出人类相对稳定栖居形态的大型石制品及人工搬运石块的出现。这一有别于早前发现的共存现象说明，本地区较晚阶段的新文化因素并不是突然出现，而是已经孕育在旧石器时代晚期之末。

李家沟新石器阶段的主要发现是较成熟制陶技术的突然出现以及细石器技术的明显变化。这两种情况均显示出本地区旧、新石器时代过渡与华南及华北北部已有的发现并不相同，而很可能有非本地技术因素在内并且在旧、新石器时代过渡进程中发挥过重要作用。

李家沟遗址上述发现的重要意义，还在于其从底层堆积、工具组合、栖居形态到生活方式等多角度的演化中提供了中原地区旧石器时代向新石器时代过渡进程的重要信息，比较清楚地揭示了本地区史前居民从流动性较强，以狩猎大型食草类动物为主要对象的旧石器时代，逐渐过渡到具有相对稳定的栖居状态到以植物性食物与狩猎并重的新石器时代的演化历程。特别是新石器时代出现较大型的陶缸瓮类储存器，和磨制饼石磨盘残片以及其他磨制石器的出现，暗示着此阶段主要方面的生活方式与早期相比已发生了明显变化，并展示了本地区这一阶段历史发展的特殊性，填补了这段历史的缺环与空白。

与当时人类栖居状态有关的大型石制品及人工搬运石块现象，显然是本地区旧、新石器时代过渡期的一个重要特点。特别是大型缸瓮类储存器表面出现的滚动压印纹——绳纹、划纹与点纹，把用这种纹饰装饰陶器的历史提前了2000来年，加之其陶质、陶色、器形等，都呈现出本地区新石器时代早期阶段，在裴李岗文化之前早期陶器的特点。

李家沟考古发掘中发现的新石器时代早期遗存，在陶、石器特点与晚于其约2000年的裴李岗文化有着一定因素，如泥制夹砂红陶，石器中都有加工植物颗粒的石磨盘等。但彼此之间的差异性更为明显，如较之裴李岗文化在器类上极为简单，制作粗糙，陶质疏松以及石磨盘为饼形等。因此，李家沟出土的早期文化遗存在中原地区早期新石器文化中具有代表性，典型性，并与裴李岗文化有着渊源关系，又存在着不少差异性。根据上述情况，笔者认为应属于另一种更原始的文化遗存，可命名这类遗存为“李家沟文化”。

3. 新石器时代考古

伊洛河流域的新石器时代考古，主要是考察从新石器时代由早到晚（约公元前6500～前2000年）期间，聚落演变模式、数量、分布、规模、人口参数及其所反映的社会复杂化程度、人类活动与自然环境的相互关系以及古代气候与生态的变迁等。就文化序列而言，分为裴李岗、仰韶和龙山三个考古学时期。

（1）裴李岗文化时期

裴李岗文化属于河南省新石器时代早期偏晚阶段的文化遗存。从已发现的157处遗址的分布情况看，多集中于豫中的嵩山以东、以北地带。嵩山以北的伊洛河流域是裴李岗文化遗址分布最密集的地方。在这里已发现的40多处遗址中，经科学发掘的有10余处。有巩义市的铁生沟遗址、瓦窑嘴遗址，新密市的沙窝李遗址、莪沟北岗遗址、马良沟遗址，新郑市的裴李岗遗址、唐户遗址，临汝的中山寨遗址等。

裴李岗文化时期具有以下突出特点：其一，先民从山上走向河旁台地，开始过着定居生活，从而形成氏族聚落，随之出现了部落群。从整体来看，聚落的规模一般较小，平均在5万平方米左右。大者也只有10多万平方米，文化层堆积较薄。种种迹象表明当时人口相对较少。散点状分布的每个聚落都应是由氏族与家族两级社会组织构成。显然整个社会尚处于平等的氏族制社会发展阶段，还没有出现明显的阶层分化。

其二，发明了半地穴式圆形或椭圆形房舍建筑，改变了冬居洞窟、夏居橧巢的居住环境。其三，出现了原始农业，并逐渐居于生活主导地位，狩猎和家畜饲养也在经济生活中发挥着重要补充作用。农业耕作工具有长条形石铲、石锄，收割工具有锯齿石镰、蚌镰，粮食加工工具有石磨盘和石磨棒。石器磨制得十分精致。在一些遗址中发现了粟类农作物颗粒。其四，制陶业快速发展，成为主要生活用具。用作餐饮储存器的有罐、盆、碗、钵、壶、勺等，特别是作为炊器的陶鼎，最早出现在中原地区。并向四方辐射，向东影响到北辛文化，向南影响到大溪文化。裴李岗文化晚期，伊洛河流域（巩义市区瓦窑嘴遗址）出土了一批泥质磨光黑陶器，陶质坚硬，陶色纯正，器胎薄而均匀，器形规整，美观大方。器表经磨光处理，漆黑而有光泽，常见器主要是碗、豆、钵、杯等。这批精致陶器代表着裴李岗文化时期制陶工艺技术的最高水平和最高成就，也显示了当时中原文化的领先地位。

（2）仰韶文化时期

伊洛河流域仰韶时期的聚落形态，较之裴李岗时期已发生了很大变革，意味着史前社会发生了许多重大变化。

首先，在聚落分布上，从裴李岗时期多集中于嵩山附近，开始大规模向伊洛河各个支流谷地及平原地区延展。聚落群大体上呈串珠状沿河谷地带绵延，改变了裴李岗时期散点状分布格局。并且重点选择那些土壤肥沃，用水方便又无洪涝威胁而较为平坦之处作为聚落选址之地。

聚落的数量和单个聚落的面积均稳步增加。就伊洛河的支流坞罗河（罗水）、干沟河（休水）两岸分布的34个遗址统计，从仰韶早期到中期再到晚期，遗址的数量分别是2、10、27个。遗址的面积分别是17万、460万、600万平方米。聚落数量与面积的增加，都表明仰韶时期是史前聚落的大发展时期。

伊洛河流域仰韶时期聚落的规模大小悬殊。特别是仰韶中晚期，大型聚落增多。郑州西山遗址发现了夯土城垣，成为目前中原地区最早的史前城址。并且在伊洛河与黄河交汇处东侧的伏羲台聚落遗址中发现了中原地区最早而且唯一的具有宗教色彩的祭祀遗迹。种种迹象表明，伊洛河流域无论是单个聚落面积的大小不一，大型聚落分布的密度以及聚落类型的不同等，这里都是仰韶时代中晚期聚落群非常重要的分布区。

尤为重要的是，这个地区明显地出现了聚落的等级分化。单体面积在30万平方米以上聚落有偃师的寨湾南遗址和郑窑遗址，巩义的赵城遗址和滩小关遗址，荥阳的楚家湾遗址、青台遗址以及郑州的大河村遗址等。这部分大型遗址不仅面积大，而且文化堆积层也比较厚，有的达4米以上，出土器物的规格也比较高。由此证明，这些大型聚落应是其所在聚落群中发展起来的中心聚落。这些中心聚落一般距周围的普通聚落距离多不太远。中心聚落大量人口的经济生活需求，除自给者外，可能还需依赖周围普通聚落缴纳一些生活资源以补充不足部分。虽然目前在考古调查、发掘与研究中，并没有弄清楚普通聚落是以什么样的方式向中心聚落供奉生活资源，也没有发现可以确认贵族存在的证据。但从总体来说，仰韶中晚期中心聚落与同一族群的普通聚落之间不可能是一种平等相处的社会关系。

此外，仰韶文化晚期，居住在伊洛河地带以及整个中原地区的族群，明显地出现了相当微妙，相当复杂的变化。如郑州大河村遗址发现随葬背壶的山东地区大汶口文化墓葬，巩义赵城、滩小关、里沟等遗址文化层中发现了大汶口文化遗物以及江汉地区屈家岭文化的豆、杯、鼎等遗物。这些发现很可能意味着当时有来自东方和南方大规模的移民，并且有可能由此引起中原地区的动荡，甚至在一定程度上激发了中原地区的社会复杂化进程。特别是郑州西山发现的城址，进一步提供了针对不同族群之间发生暴力侵占或掠夺而采取的抗拒、抵御措施的证据。但是这种人口移动究竟在什么程度上影响了仰韶晚期的伊洛河流域，尚有待进一步研究。

（3）龙山文化时期

从仰韶时代早期到龙山时代中期，伊洛河流域遗址的数量呈现逐渐下降趋势。但到龙山时代晚期却发生了根本变化，表现为遗址数量增多（从9到29）聚落规模扩大（从218 000到973 000平方米）[8]。这种情况与整个中原地区龙山时代的情况是一致的。

从聚落遗址的分布格局看，开始呈现有主有从的环形向心分布。伊洛河流域的龙山文化，被称为王湾类型。正分布在中原龙山文化分布区的核心部位，并且有一定的地域特点。但这里主体聚落群的文化面积相当复杂，“很可能已经演变成由多个氏族杂居的聚落分布区。建立在主体聚落群之上的社会组织，不大可能是一个同一血缘的组织”。从聚落形态看，至少可以分为城堡和普通聚落两大类[9]。

淮阳平粮台龙山城址，平面呈正方形，城内面积达3.4万平方米。有城墙、城门、门卫房、陶制排水管道、房舍建筑、陶窑等。以土坯建造房墙的普遍使用，是建筑史上的一大进步。铜渣的出现，表明当时已掌握了青铜冶炼技术。

登封告成王城岗龙山文化城堡，城内面积约1万平方米。夯土筑成的城垣轮廓清楚。是两座东西并列的城堡。西城西南部发现圆形奠基坑、坑内夯土层中从上到下埋入成年人、青年、儿童等完整骨架7具。

洛阳煤山等龙山遗址，发现房基下奠基坑中埋有完整猪骨架或完整猪、羊头。

龙山时期的乱葬坑，较之仰韶晚期更为普遍，也更残酷。在大河村遗址、小潘沟遗址、王湾遗址、煤山遗址等均有发现。一个坑中，少者1人，多者达5人。有的人骨凌乱，有的骨架腹部以上全无，或腰以下全无，均断处规整，显然是被拦腰截断后抛入坑中。有的是骨架完整，似被捆绑，死者皆作挣扎状，应是惨遭活埋所至。这些死者的身份或是异族战俘，或是同族中触犯族规者。这些人的惨遭杀戮，甚至被集体坑杀等现象，都表明龙山时代较仰韶后期社会分化更加尖锐，聚落形态发生了巨大变化。另从居住条件看，大型建筑的出现以及下面有埋人的奠基坑，房屋有的高大宽阔，有的窄小仅容1或2人居住。这种现象充分显现出聚落内部成员之间的不平等地位，甚至演变为对立关系。

仰韶时代晚期到龙山时代早期，伊洛河流域先后在一些遗址中出现了山东大汶口文化和江汉地区的屈家岭文化的遗物和墓葬。巩义赵城遗址发现的龙山早期墓葬，出土了与大汶口文化风格完全一致的一组陶器。滩小关遗址龙山文化早期文化层中发现不少屈家岭文化遗物。表明龙山文化早期与东方和南方的联系逐步加强。这种现象可能和当时东部，南部的人口移动有关。人口的移动很可能有人为与自然变化两种因素所至。地质考古学观察显示，仰韶时代之后，伊洛河流域气候干旱，可能导致河床下切和水土流失。龙山时期气候变得干凉，黄河中下游频发洪水，特别是黄河下游的山东地区环境更加恶化。而黄河中部的伊洛河流域海拔较高的地区人口迅速增多，显然与来自东方大量的移民有关。仰韶晚期南方的水稻栽植技术传播到伊洛河流域显然与南来的移民有关。

龙山时期，是我国社会的一个大转折时期。就是说，氏族制已达顶峰，开始迈向衰亡的末路，将逐渐被奴隶制所取代。整个社会正处于文明的前夜，甚至已经跨入文明的门槛。张光直先生曾把龙山时期取得的文化发展成就归纳成八项特征，以显示文化间的相互影响和社会走向复杂化的进程：①开始红铜冶炼；②复杂的轮制技术的广泛传播和陶工作为一个特殊阶层已经产生；③一些遗址发现的夯土墙表明战争防御的需要；④发现了水井、乱葬坑和其他条件下的人骨表明了战争的存在；⑤在艺术品上使用动物和其他纹饰母体表明了社会地位的差别[10]；⑥兽面装饰的玉器和其他物品表明利益系统已经产生；⑦占卜的广泛使用也表明了各地礼仪之间的相互联系；⑧墓葬所反映的社会分层与财产差别。从张先生归纳的特征，表明张先生承认龙山时期特权阶级的产生和阶级压迫、剥削现象的出现。

（4）二里头文化时期

考古学有充足的证据表明：复杂社会是在新石器时期中国的不少地区先后发展起来的。直到龙山时期大约公元前2000年前后开始，当燕辽地区的红山文化，江浙地区的良渚文化，海岱地区的大汶口文化等史前文化相继衰落了，而黄河上游甘青地区史前文化也发展缓慢之时，与此相反，而以嵩山地区与伊洛河流域为中心分布的二里头文化却继续向前发展。并在公元前1800年前后成为中国第一个具有国家水平的政治和经济中心。特别是伊洛河流域的偃师二里头都城遗址的发现，标志着中国早期国家已初步形成。

二里头遗址，面积300万平方米。约形成于公元前1900～前1550年；遗址中心区发现了5000平方米的宫殿区；包括一组夯土基址，最大的两个基址即1号与2号宫殿，面积分别为20×30米和100×100米。二者形制不同，或许意味着行政上的不同功能。这里应是中央集权和有内部专业分工的政府所在的中心区。

二里头时期的聚落形态与规模较之龙山文化晚期有所扩大，可能显示着人口密度的加大。就伊洛河的支流坞罗河两岸发现的21处二里头文化遗址来看，面积从1000到60万平方米不等。聚落的模式以围绕伊洛河和坞罗河之间的稍柴遗址（60万平方米）为中心分布为特征。这个地区中心显然被6处小遗址（从1000到60万平方米）和1处中型遗址环绕，后者即是罗口遗址（18万平方米），以它为中心形成遗址群。这些二里头遗址，分属于二里头文化一至四期。调查显示，遗址的数量和规模在二里头文化第二、三期皆达到高峰，在随后的二里头文化四期则明显减小，聚落等级变为三级。聚落形态的变化与偃师二里头遗址的情况相似，同样在二里头文化二、三期达到高峰而在四期进入衰退。因此，坞罗河流域聚落形态的演变很显然与伊洛河地区早期国家的形成有密切的关系[11]。

如果巩义的稍柴和偃师的灰嘴这两个聚落均为次级聚落中心，这应都是二里头夏都的附属机构。这样聚落的层次明显可以分为4层，这与国家的行政体制是相一致的。等级社会的运行，首先是扩张和建立多层的等级管理机构以及阶层由上而下与由下而上的信息的传递与反馈。再由高层统治者根据反馈的信息采取决策行为。然后通知各级管理阶层传递到该政体所有组织与成员。早期国家的出现，也常常伴随着人口规模的快速增加以及地域的扩张。这是邻邦被吞并、融合的结果。等级化社会的产生，其最关注的就是生存资源，这就需要迫使他人接受其政治权威，把周围发展相对落后的地区看成是自己实施权威和索取生存资源的源泉。所以在它的扩张过程中，国家按自己的意志进行侵略和统一，而得到进一步的巩固与加强。

国内外学者多数认为，二里头文化一至四期只是夏代中晚期文化。更早的夏代文化应该包括分布在郑州与洛阳之间的河南龙山文化晚期的王湾三期遗存，而新郑新砦遗址、巩义花地嘴遗址为代表的、具有河南龙山文化晚期向二里头文化过渡特征的文化遗存，可能是少康复国之前的夏文化。其中包括的大量东方文化因素，可能和后羿代夏的历史事件有关（据年代^{14}C测定，新砦、花地嘴遗存的^{14}C年代正介于公元前1850～前1750年之间）[12]。

王湾三期文化向豫南、鄂西北的大规模扩张可能与征三苗的历史事件有关。与此同时，也开始向晋南地区扩展。主要是临汾盆地和运城地带，即龙山文化晚期，进入夏纪年以后发展成为二里头文化东下的分布区。这一现象意味着夏初曾发生过一次由豫西向晋南大规模移民活动。

四、关于“夏王朝”问题引起学术界网上一场大讨论摘要[13]

笔者认为，经过中外学者长期艰苦努力取得的成果，为二里岗夏都的确立、洛汭花地嘴遗址夏代大面积举行祭祀大典遗迹以及大量用于祭典的高等级各类礼仪用品的出土；加之夏都出土的精美青铜器和工艺考究的饰品等；又有王城岗、古城寨等先夏或夏初中心城址的发现……都足以证明，夏王朝的存在已是不争的事实，并成为信史。由此看来，这场国际大讨论从学术的角度讲已经滞后，并失去其意义，其实不然。首先，显示了海内外学术界对代表东方文明的华夏文明的形成、发展以及社会性质的嬗变进程等重大学术问题的高度关注；其次，可以使国际上一些关注此事的学者得到启发，取得新的认识，犹如“中国远古文化西来说”一样，争论的问题会不攻自破。

这场争论是因为《远东经济评论》（2000年7月20日）和《纽约时报》（2000年11月10日）发表的两篇文章引发的，国内学者几乎没有参与这场讨论。论辩的语言是英语，涉及的面较广。中科院考古研究所的陈星灿先生和澳洲拉楚布大学刘莉博士在2001年6月北大办的《古代文明研究通讯》总第九期发表了这次讨论的纪实文章。这里仅摘要予以介绍，争论双方的观点针锋相对。参加过伊洛河流域考古调查的哈佛大学李润权博士、澳洲拉楚布大学的刘莉博士、中国科学院考古所的陈星灿博士等成为争论一方的主力军。

1. 夏朝是否存在?

某些学者认为，夏朝存在的确切证据很少，有的更认为夏为传说而非信史。美国哈佛大学李润权博士对这种观点感到惊奇，他认为夏朝的存在是不可置疑的。其一，豫西和晋南是传说中夏人的中心地区，而这个地区的二里头文化最有可能是夏文化的代表；其二，二里头遗址发现了宫殿基址。四十年的考古工作证明二里头是一个非常复杂的社会，可能就是国家社会。此外，相距很近的偃师早期商城的发现更有利于说明二里头就是夏的都城。

2. 二里头文化是否为夏文化?

澳洲拉楚布大学的刘莉博士进一步阐述了关于二里头是否为夏的问题的看法。她说：“目前的考古发现证明，二里头这个中国最初的城市在二里头文化四期走到了尽头，与之相伴的是偃师商城开始出现在其东北6千米的地方。这个变化一般认为同夏商之间的权力交换有关。另外，一般认为夏的纪年在公元前2100 ~ 前1600年间，即包括龙山文化的晚期和二里头文化的大部分时间（1 ~ 3期）。根据考古发现，龙山晚期可能有许多酋邦水平的社会组织，黄河流域共存在许多相互斗争的小型的政治实体，直到二里头文化第二期（公元前1800年前后），国家水平的社会才脱颖而出。”

3. 二里头文化是否已是国家水平的社会？

二里头是否为国家水平的社会呢?当Nathan Sivin提到二里头只是“陶器和村庄”的时候，刘莉博士出示了她和陈星灿博士最近的两篇论文提要。在第一篇里，他们根据聚落分布，人口变化、自然资源的分布和城市内部结构的变化等特征，考察了二里头和二里岗时期的几座城市，即中心地区的二里头、偃师商城、郑州商城和边缘地区的东下冯、垣曲商城和盘龙城的发展过程和功能。指出，某些“早期中心”的发展和衰落与早期国家政权获得重要资源的策略有密切关系。贵族控制和运输这些资源的努力对于塑造早期中国文明的城市扩大模式有不可忽视的影响。在第二篇《中国早期国家的形成》中，他们从聚落形态和政治经济的角度出发，考察了二里头和二里岗文化时期华北地区早期国家社会的政治组织。指出二里头作为第一个集权的地域国家，其向周边地区的扩张是基于对这些地区重要自然资源特别是铜和盐的觊觎。这样的政治经济组织一直到二里岗时期没有什么变化，其向周围地区的扩张也变本加厉。中心和边缘之间的关系可能是纳贡关系。即一方面周边地区的地区中心因获取当地资源而得以建立，然后把它们作为贡赋输送到首都地区；另一方面，首都地区作为仪式和权力象征的青铜礼器的生产。这些青铜礼器反过来又作为礼物被王室再分配到地区贵族的手中，用以建立他们自己的社会政治的等级系统。这个集权的疆域国家模式，在商代中期似乎中断了，这可以从该时期许多地区同时出现的大型城市中心得以证明。

现有许多证据证明二里头是国家水平的社会。对于一些人所持有的怀疑态度，刘莉博士多次阐明自己的立场。她除了解释中国学者视二里头为夏的背景之外，还说当龙山文化发展为二里头文化时，聚落形态和物质文化发生了如下显著的变化：

（1）河南中西部的聚落等级从龙山文化的二或三级转化为二里头文化的四级，等级规模曲线从凸线转变为凹线。所有这些指标都表示中央集权的政治和经济控制能力的加强。

（2）包括河南和晋南在内的广大地区，遗址的数量从龙山时期的700多个锐减至200多个；与此同时，聚落的规模增大，最大的遗址从75万剧增至400万平方米。聚落形态的变化大概反映了随城市化的发展而出现的人口集中而非人口绝对数量的减少。

（3）政治结构从一群相互竞争的小型政体发展为在广大地区内有一个大中心主宰多个小中心和村庄的模式。

（4）陶器类型从多（河南龙山文化至少有6个类型）到少（二里头文化只有两个类型，即二里头和东下冯）。这大概体现了与政治上的一体化相关的制陶工业生产的标准化。

（5）除了新时代习惯上用来体现社会地位的玉器之外，青铜器特别是其中的武器和礼器，开始成为社会地位的象征。主要集中在首都的青铜器生产，大概已经成为国家控制的产业，如此才能确保国家对战争和祭祀所必需的青铜器的垄断。

（6）奢侈品的长距离交换发展到一个新的水平，贵族墓葬出现了可能来自印度洋的海螺（Monetaian moneta or Monetaria annulus），某些具有中亚风格的器物和纹饰也发现在二里头遗址中。

她认为这些变化无疑标志着具有国家水平的社会组织的出现，其特征是对核心地区的中央集权的政治和经济的控制，以及在更大范围内的逐步加深的文化交往和影响。

注　释

［1］　陈星灿等：《中国文明腹地的社会复杂化进程——伊洛河地区的聚落形态研究》，《考古学报》2003年第2期。

［2］　同注［1］，162页。

［3］［4］［5］　同注［1］，209页。

［6］　张松林、刘彦锋：《织机洞旧石器遗址发掘报告》，《郑州市文物考古与研究（一）》，科学出版社，2003年，29页。

［7］　席彦召、刘洪森、廖永民：《河南巩义市洪沟旧石器遗址试掘简报》，《中原文物》1998年第1期。

［8］　同注［1］，172页。

［9］　赵春青：《郑洛地区新石器时代聚落的演变》，北京大学出版社，2001年，156页。

［10］　王青：《西方对中国文明起源和早期发展的研究》，《中国文物报》2004年2月27日第7版。

［11］　同注［1］，177页。

［12］　曹兵武：《学界首次聚会研讨早期夏文化》，《中国文物报》2008年7月23日新闻版。

［13］　陈星灿、刘莉：《夏商周断代工程引起的网上讨论纪实》，《古代文明研究通讯》总第九期，2001年。

（此文系廖永民于2009年的遗作）

嵩洛地区进入华夏文明时代的标志

嵩洛地区的华夏文明起源于何时？由野蛮时代跨入文明时代的标志是什么？这是大家关注、议而未决的重要课题。

按著名考古学家夏鼎的说法，“文明”一词，是指人类社会发展进程中，社会已由氏族制解体而进入有国家组织的阶级社会阶段。“文明”形成的标志，首先是出现了国家组织及其都城，此外，是出现了文字、出现了冶铸金属技术[1]。

1. 国家组织的象征

一般认为，既有世袭的王权和世袭的王室贵族，又有武装保卫的都城作为强权统治的中心，还要有维持统治秩序的各种制度。国家的出现，是社会历史发展到一定阶段的产物。就是说当社会生产力持续提高，开始出现家庭私有制为核心的奴隶主阶级与奴隶之间的剥削与被剥削，这个对抗性矛盾达到不可调和的阶段时，国家就产生了。

现代考古学成果认为嵩洛地区登封的王城岗城址、偃师的二里头城址是中国最早形成的国家夏王朝的都城。《礼记·礼运》中，孔子指出：“禹、汤、文、武、成王、周公，由此其选也。”是把夏代第一个王国——禹排在首位，即夏王朝的开创者，认为当时已进入王国时代。

关于夏王朝定都与长期活动区域，《逸周书·变异篇》载：“自洛汭延于伊汭，居易无固，其有夏之居。”《国语·周语上》载：“昔夏之兴也，融降于崇山。”古代“崇”“嵩”通用，即指嵩山，亦称“嵩高山”。以上记载表明，以禹为首领的夏部族长期活动在嵩洛地区，并在这里建国，设立国都，成为家天下的开始，使嵩洛地区率先跨进了文明的门槛。

实施与维护王权的支柱是拥有一支强大的武装力量和较完备的法规。《左传·哀公七年》载：“禹合诸侯于涂山，执玉帛者万国。”《国语·鲁语》载：“昔禹致群神于会稽之山。防风氏后至，禹杀而戮之。”《越绝书》卷十一：“禹穴之时，以铜为兵。”说明夏初已用金属兵器武装军队。偃师二里头夏代城址的考古发掘，除出土传统的骨、石、蚌质武器外还出土了戈、钺、镞、盾等铜制兵器。为文献记载提供了有力的佐证。在当时，这应是中国独一无二的精锐部队了。此外，夏初还制定了中国第一部强制性奴隶制法典——《禹刑》。《左传·昭公六年》：“夏有乱政而作禹刑。”军队与法律相辅相成，成为维护国家安全和权力的重要措施。

2. 都城

都城是国家政权的中心，也即政治、军事、文化、艺术以及国内精英人才聚集的中心，当然也就是社会发展进入文明时代的象征与重要标志。关于考古发现的夏代都城——阳城与二里头城址，都在嵩洛地区，这里正是禹及其部族活动与兴起的地方。《孟子·万章上》："禹避舜之子于阳城。"《史记·夏本纪》："禹避舜之子商均于阳城。天下诸侯皆去商而朝禹。禹于是遂即天子位，南面天下，国号夏后。"阳城的位置，在登封市城镇以西五渡河西岸的王城岗。这座城址的建筑与使用年代，距今约四千多年的夏代初期。城址为东、西大小两城构成，面积16 000平方米。东城大都被河水冲毁，仅残存部分西墙和南墙。从东城内发现的夯土中用来奠基的人的尸骨以及城的规模、结构等看，足可显示一代王朝都城的气势；位于偃师境内伊水和洛水相汇夹角地带的二里头城址，南北宽1.5千米，东西约2千米。城址可分为中心区和一般居住活动区两部分。中心区为宫殿区，由多座宫殿基址组成、宫殿基址，由殿堂、廊庑、大门、庭院等建筑组合而成。整个宫殿区的面积约12万平方米。宫殿区的外围有垂直相交的大道和数道壕沟。居住活动区内有制作骨器、陶器、冶铸铜器的手工业作坊区、祭祀区、墓葬区以及半穴式房基的居住区等。在各区之间有窖穴、水井、灰坑、道路等。二里头城址建筑工程规模浩大、雄伟壮观，设施齐全，布局严整，无处不显示出帝都所特有的气派。这座大型都邑奠定了尔后数千年帝王宫殿的基本格局。

3. 文字

汉字是世界上最古老的文字之一，它不仅是远古后期活动在嵩洛地区各部落之间语言交流的重要工具，并且是人类进入文明时代的重要标志之一。中华文明源远流长，能以延续至今，汉字的发明、使用与普及，大大增强了各民族之间文化的认同感，维护与加强了中华文明的凝聚力和持久不衰的生命力。汉字发挥的作用是非常重要而无可替代的。

然而，汉字究竟是什么时候出现的？这是学术界讨论已久的话题。应该说，文明是伴随着文字的产生而诞生的。摩尔根在《古代社会》一书中指出："文字的使用，是文明伊始的一个重要的标志。"

安阳出土的甲骨文是我国较早但已相当成熟的文字。郭沫若认为："中国文字到了甲骨文的时代，毫无疑问是经过了至少两三千年的发展。"[2]先秦典籍《尚书》，旧称《夏书》，其中有《五子之歌》一篇，是夏初追述太康失国遗恨之作；还有《甘誓》一篇，述夏初禹之子放与同姓有扈氏战于"甘"之野，战前发表誓言之事。此外，据《礼·礼运》载，夏代已有历书以计时，故称《夏历》或《农历》。孔子说：

“我欲观道，是故之杞，而不足征也，吾得夏时焉。”注云：“得夏四时之书也，其书存者有《小正》。”据传，夏以建寅月为岁首。自汉武帝时至清代，皆用夏时。上述记载，至少说明不但夏代有了文字，而且也有了官方的文字记录。足可证明夏代已经进入有文字可考的历史时代，为数千年华夏文明的发展奠定了基础。

这方面，从现代考古学发展成果也得到了证实。嵩洛地区龙山文化时期，不少遗址发掘当中发现了一些陶器上在烧制前后用尖器刻划上文字或类似文字的符号。如登封王城岗遗址西城内灰坑H473出土的泥质黑陶平底器的外底上，在烧制前刻划在陶胎上的“”字，从形态结构分析，与甲骨文中的“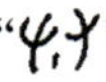”、与西周金文中的“”字相似，系由左右两部分组成，如同两手执物，应是个会意字，很有可能是“共”字。可以断定，这已经不是什么符号，而是真正的文字了，它可能代表着器物所有者或所有者的氏族。这是目前为止，我国考古工作者发现的时代最早的文字[3]。除嵩洛地区外，龙山时期其他地区也发现了陶刻文字。

虽然我们尚不了解这些符号的意义，但若把其中的一些符号同甲骨文对照，就会发现它们之间有着明显的接近之处，“这应该是夏代晚期的文字了”[4]。

二里头城址陶器和骨片上的刻符，有学者认为与后来的甲骨文有着非常密切的渊源关系，进而释出“矢”“井”“皿”“丰”“道”“行”“來”（小麦）以及女阴、鞭子等相形文字，但由于还没有发现连续成句、成篇的文书，这种情况可以表明：一是已发现的这部分文字，只是少数上层人们所掌控、使用；一是当时连续成句成篇的文书是书写或刻在竹木、帛类有机质材料上而已腐烂未能保存下来。当然也可能因埋藏环境较好仍然保存着，但由于考古工作还做得不够多，也只能是可遇而不可求。总的说来，当前已发现的这部分文字，还不能代表夏代已达到的真正的文字发展水平。

4. 金属冶铸

仰韶晚期到龙山时期，嵩洛地区考古发掘中，先后在多处遗址发现铜渣、铜块和小件铜工具、装饰品或器皿残片。此外，东北红山文化，山西东下冯文化遗址中，也先后发现了铜器和铸铜遗物。表明中国在距今4千多年已进入金石并用时代，又如洛阳附近汝河北岸的龙山文化晚期的煤山遗址出土了熔铜坩埚残片，登封王城岗遗址和洛汭的石灰务遗址的灰坑中出土了青铜容器——鬶与爵的残片，多用合范铸法制作的。表明当时中原地带青铜冶铸技术发展已较成熟，成为青铜铸造业真正出现的标志。这个时期也正是东亚大陆多个地区迈入社会发展进程复杂化阶段。但早期阶段，青铜、黄铜和红铜制品共存，合金技术相当原始。黄铜、红铜是一种铜、锡、铅合金，比青铜质地软。三种铜制品同时存在，这是因为中国的铜矿是多类型的，即铅、锡、锌与铜的同生矿较多所致。

河南省文物考古学者李京华先生根据铜器冶铸技术特点分析认为：仰韶晚期是铜器的起源期，龙山时期是铜器时代初始期，二里头文化至早商是铜器时代发展前期，商代中晚期到西周和春秋时期是铜器时代的鼎盛期，春秋末到战国时代是铜器时代的转变期。

嵩洛地区二里头文化的崛起，成为使用复杂的合范技术生产青铜（礼器）而首先跃入青铜时代。但这些青铜礼器只随葬于二里头都邑上层人物的墓葬中。随葬有青铜酒器爵以及大型玉器璋、圭、刀、戈、钺等。在宫殿区内发现随葬松绿石龙形器等珍品的贵族墓，墓主身份应是较高者。在这个等级、阶层森严的社会中，青铜礼器的使用成为上层人物身份地位的标志，显示了夏王朝以礼制立国的特质。祭祀与宫廷礼仪所用青铜酒器、乐器、仪仗用的青铜武器以及玉质礼器等，构成了独具中国特色的青铜礼乐文化。

历史文献中记载的龙山文化晚期已进入夏纪年的大禹部族使用铜器的事迹，正与嵩洛地区考古发掘资料相吻合。《越绝书》卷十二：“禹穴之时，以铜为兵，以凿伊阙，通龙门，决江导河，东注于海。”《左传·哀公三年》：“昔夏之方有德也，远方图物，贡金九枚，鑄象物，百物而为之备……桀有昏德，鼎迁于商。”

总的说来，我国的国家、都城率先出现于嵩洛地区的夏代初期。嵩洛地区又是夏王朝统治疆域的核心地带，并且这里也是最早进入有文字可考的历史时代和最早步入青铜时代的地区之一。据上所述，可以断言，中华文明起源于嵩洛地区。也就是说华夏族数千年辉煌历史的车轮，首先在中华大地上的嵩洛地区率先由“野蛮时代”跨入“文明时代”的大门[5]。

王城岗、二里头等夏代都邑周围均分布在中原地区数千多平方千米范围内，主要集中分布在嵩山周围的洛阳至郑州的伊洛河流域、颍河、汝河流域地带。龙山文化晚期的新砦期以及花地嘴祭祀遗址，二里头文化的古城寨、稍柴、大师姑、平粮台等20多处遗址，面积多有15万～30万平方米。它们应属于中原夏王朝核心区各区域的中心聚落。这些大、中型聚落与以王城岗、二里头都邑为中心的政治势力范围接近。其中有的可能是都邑设置在周围的军事重镇。二里头文化早中期开始跨越黄河、向东、西方向推进，而向南推进的力度最大。从二里头文化的聚落分布大势看，是从数百万平方米的次级中心聚落到更小的聚落构成的众心捧月式的分布格局。其从上到下的从属关系，十分明确。

注　释

［1］　夏鼐：《中国文明的起源》，文物出版社，1985年。

［2］　郭沫若：《古代文字之辩证的发展》，《奴隶制时代》，1973年。

[3] 李先登：《关于中国古代文明起源的若干问题》，《天津师大学报》1988年第2期。
[4] 程翀、段晓宝：《河洛与中国文明的文明起源》，《中原文物考古研究》，大象出版社，2003年。
[5] 本文参考了中国社科院考古研究所许宏先生的《最早的中国》以及河南省文物考古研究所《启封华夏文明》，谨表谢意。

（此文系廖永民于2013年的遗作）

以郑州碧沙岗为基地兴建北伐战争纪念馆的初步论证

一、碧沙岗概况

碧沙岗位于郑州市建设路中段南侧。原系北伐战争时期冯玉祥将军所属北伐军（国民革命军第二集团军）阵亡官兵烈士陵园，占地24.6万平方米。落成于1928年8月。1956年开辟为公园。

据当时报刊所载，碧沙岗烈士陵园由四部分组成：①烈士祠。前大殿内悬挂匾额，放置铜牌（镂刻烈士姓名）、金册（铭记烈士功绩）、碑记等。②中山公园。位于烈士祠之前，内建民族、民权、民生三亭及水池、石桥（名铁桥）。③烈士公墓。在烈士祠之后，是一片宽阔地带，每墓间隙2米，纵横成列。④民生公墓（官兵眷属公葬地）。在烈士公墓之南，中间设界石相隔。1986年，我们进行了实地考察和测绘。烈士祠，是一片红砖碧瓦，气象庄严的古式建筑，前后两大院，占地4330平方米，有正殿、后殿和东西两廊房各七间，均为高台建筑；中山公园地带，东西排列的民族、民权、民生三亭为六角形仿木结构古式建筑，中间的民权亭内尚存汉白玉方碑和六角形碑座，此碑正面为冯玉祥题“碧血丹心”四个大字，背面为冯王祥撰“祭北伐阵亡烈士文”。可惜题字与碑文在“文革”期间被磨去，侥幸尚存拓片可供复原。东部民生亭内原有鹿钟麟所撰“北伐烈士纪念碑”，今此碑已失，但1953年抄录的碑文还在。三亭之前，原国民党第四绥靖区司令官刘汝明于1946年又仿建二亭。东亭早年毁于战火，今仅存西亭，内立抗日阵亡将领张自忠、佟凌阁、赵登禹及国民党二十九军军长宋哲元的纪念碑。刘汝明还在亭北的陵园中轴线上建一塔形建筑，正面镌刻“抗日烈士永垂不朽”字样，今仅存八角形基座。再向北有东西向水池，周围设汉白玉栏杆，池上架石桥，即“铁桥”。桥北百余米即陵园正门，城堡式门楼上横额刻石有“碧沙岗”三个大字，系冯玉祥亲题。1975年正门改建，刻石被埋地下。现存碑刻40余通，比较重要的有：①烈士陵园落成纪念碑，在烈士祠前院迎门而立，圆柱形碑体与束腰式圆形碑座均汉白玉制成，阴刻碑文，记载着北伐军转战中原及兴建烈士陵园的情况。②挽词刻石，16块，均镶嵌在烈士祠后大殿的四壁上。送挽词者有当时的军政界要人20余名，如白崇禧、阎锡山、鲁涤平、任应岐、邓长耀等。也有北伐军的将领如庞炳勋、邓哲熙、何成浚、高桂滋、程希贤等。③阵亡官兵名单刻石，现存5块，每块刻130名左右。④于右任、鹿钟麟、蒋鼎文、陈长捷等为阵亡官兵立的纪念碑。⑤墓碑，数量甚多。⑥抗日阵亡将领张自忠、佟凌阁、赵登禹及国民党第二十九军军长宋哲元将军的纪念碑。

二、兴建北伐战争纪念馆的意义

1927年初，唐生智所属北伐军（国民革命军第四方面军）从湖北出发北上。6月，与冯玉祥从内蒙古经甘陕东进的北伐军在郑州会师。以后冯玉祥再次发动北伐，是从郑州出发向冀、鲁、平、津进军，取得胜利后又回军郑州进行休整。由此可见，在北伐战争中郑州的战略地位相当重要。在这个时期建成的碧沙岗烈士陵园规模较大，保存基本完好，又是全国范围内留存下来的唯一的一处北伐战争旧址，其本身就具有重要的纪念意义。特别是尚存的众多碑刻，是一批既有史料价值又有文物价值的实物资料。一些碑文相当广泛地反映了北伐时期我国政治、军事斗争形势，这种情况表明，以郑州碧沙岗为基地兴建北伐战争纪念馆是一处理想的、适宜的场所。

建馆的重要意义在于：

（1）北伐战争是我国现代史上的一件大事，是国共两党第一次合作进行的，以推翻代表帝国主义反动势力的北洋军阀统治为目的的一场正义战争。对国共两党都是光荣的一页。此馆的兴建，对沟通与联络海峡两岸党、政、军各界以及人民之间的感情，增进了解，促进祖国统一，国共两党再次合作共振中华大业具有特别重要的作用。

（2）借以反映中国共产党在北伐战争时期的革命活动。北伐战争中，中国共产党为取得战争的胜利作出了重大贡献；党曾选派许多优秀党员参加北伐，他们在各自的岗位上都发挥了不可磨灭的作用。如共产党员临阵负伤仍追敌不舍的顽强战斗精神；贺龙、叶挺、周逸群等部立下的赫赫战功；刘伯坚、宣侠父、邓小平等同志帮助北伐军重新训练干部，整顿队伍，建立革命的政治制度和进行艰苦细致的政治思想工作，从而提高北伐军的战斗力等等，都在中国现代史上留下了光辉的篇章。党还在北伐中广泛开展统一战线工作，团结和争取了一大批正义、爱国人士，扩大了党的影响，还应提出的是党发动与组织的农民运动为北伐作战开辟了前进的道路。民众为北伐军送给养、运弹药、救伤员、充向导、察敌情等。民众的配合与支援对北伐作战迅速取胜、会师郑州起了关键性作用。

（3）促进有关北伐战争的史料、文物的征集与保护工作，并进一步加以利用，使碧沙岗成为对广大青少年进行爱国主义和革命传统教育的场所。同时也为我国现代史的教学和研究服务，特别是对研究中国现代军事史，第一次国内革命战争史以及两广、湘、鄂、豫、陕等省的地方史等都将提供宝贵的资料。

（4）开辟陈列展览阵地，发展对内对外的旅游业。特别是有利于团结与联系海外侨胞。通过建馆活动可以和他们进行多方面联系；建馆后请他们来参观，可以激发和增进他们对祖国的热爱与怀念之情，会得到他们对建馆的热情支持和赞助。

三、建馆的可行性分析

这里主要分析建馆的现实基础和条件。

（1）场地问题。有3个便利条件：其一，整个碧沙岗公园24.6万平方米地面都属于原烈士陵园范围，建馆规划可作通盘考虑，不存在选址、征地问题。其二，园内地面，绿化带占3/5，娱乐设施（儿童乐园、露天剧场等）和动物场（鹿场、猴山、铁笼等）各占1/5。而动物移交动物园之后，动物场便长期闲置起来。建馆规划中在不减少绿化面积的情况下，至少有1/5的地面，约5万平方米可兴建新设施，如建碑林，北伐战争模拟馆、人物馆等。只作绿化带的部分调整和拆除已废置的动物场，不存在居民住宅拆迁问题。其三，烈士祠内两进大院的前后大殿和东西两排廊房都是现成的展室，所以也不存在再建展室问题。以上方便条件意味着将大大减少建馆费用和麻烦。问题在于烈士祠今为郑州市博物馆占用，后大殿是文物仓库，其余都是历史文物陈列室。好在市博物馆另建新馆问题已提上日程，确定馆址后。正建造文物仓库，一旦市博物馆搬迁，烈士祠即可全部成为北伐战争纪念馆的展览场地。

（2）展品问题。目前已备可供陈列的展品有碑刻、报刊、文稿、文章、图片、讲演词、手迹、图章、名册、书籍、书信、函电等，总计百余件。反映的史实有：①北伐时期国内政治、军事斗争形势和经济状况。②国民革命军第二集团军的编制、师旅以上军官的任职情况。③冯玉祥有关北伐的重要活动与演讲。④国民革命军第二集团军内我地下党的革命活动及地下党领导同志的资历等。⑤碧沙岗烈士陵园的兴建年代、建筑规模、落成典礼以及军政要人、社会名流在烈士陵园的祭奠、游记、讲演等。⑥“七七事变”和湖北南瓜店战役抗日阵亡烈士的英勇事迹。

这么一点展品，当然还远远不够，应继续在全国范围内进行征集。据了解，北伐涉及的各省份和一些大城市的文史、文物、档案等业务管理部门和单位，大多收藏着有关北伐的资料或实物。此外，各地散存的实物资料为数不少，就河南省而言，境内便有相当数量的实物，如两路北伐军在郑州会师的照片、信阳平靖关的北伐军烈士墓碑及柳林镇农民协会召开第一次代表大会、欢迎北伐军的照片，郏县的吉鸿昌将军在北伐途中所书“惩前毖后”刻石（记载北伐军惩治盗匪的事迹），巩县黄沙峪北伐军抢渡黄河挺进豫北时吉鸿昌将军所书“天堑飞渡”刻石，豫南发现的贺龙部的布告等。以上只是初步掌握的情况。

（3）资金问题。目前面临国家财经状况相当严峻的局面，不太可能一下子拿出很多钱来办这件事。但争取有关领导部门拨给一定数量的经费，用于急待办理的事情总是可以的，如各地有关实物资料的调查摸底；一些面临损毁、丢失的重要实物的抢救，保护与征集；进行业务联系所必需的经费等。而建馆资金主要应想办法自筹。

（4）建馆工作已取得初步成果，得到各方面的支持与帮助。如河南省文物主管部门已把碧沙岗陵园定为省级文物保护单位，帮助从省内各地借调有关史料，并建议先设法搞个预展。郑州市博物馆曾派人赴北京、南京、大连、济南、青岛等地征集史料和寻求支持。走访了参加北伐今仍健在的军政人员、我地下党员和高级将领的子女。如在中共中央组织部工作的刘贯一、在外交部工作的王悼如（两人当时系我地下党员），在河南省政协的李平一先生等。他们都对建馆表示热情支持与赞赏。我们和在山东政协工作的几位国民党将领座谈时，98岁高龄的韩多峰先生说：打北洋军阀，打日本，国共两党主张一致，你们给北伐建纪念馆，不忘我们的功绩，我们很感动。几位老人当场表示愿把珍藏的有关史料献出；1986年全国政协四次会议上，冯弗伐、鲁崇义、胡景通等七个委员提出了修复郑州碧沙岗陵墓的提案（即全国政协105号提案）；1987年国务院拨专款20万元，1988年郑州市政府拨专款10万元，用于烈士祠的修葺；1989年5月，来大陆探亲的乔迁先生重游碧沙岗时，我们接待了他。当谈到建北伐战争纪念馆问题时，乔先生连声叫好，表示回台湾后将转告冯玉祥将军旧部及曾参加北伐的将士，共为建馆一事效劳。

四、具体做法

（1）建议由市政府出面，召开一个兴建北伐战争纪念馆的研讨会，请省、市有关部门领导同志、有关专家作专题论证，统一认识，商讨办法。

（2）由有关部门领导人员组成“北伐战争纪念馆筹建委员会”，下设筹建组，抽调专人负责具体工作。

（3）尽早腾出烈士祠后大殿布置展出，请有关领导同志，专家等来参观，以争取他们的支持。

（4）继续征集展品。应当想到，今仍健在的参加北伐的官兵都年事已高，现在能从他们那里得到的资料，再晚几年就可能得不到了；散存各地的有关史料和文物，一般未得到较好的保护，随时有损毁、丢失的危险。征集与保护工作的紧迫性是明显的，必须抓紧进行。

（5）筹集资金。①有关领导部门拨给一定数量的活动经费。②建馆资金一是争取海外侨胞和港、澳、台同胞的资助，二是寻求国内机关、团体、个人的资助。根据资助金额的大小，分等级勒石留念，还可印发庄重的建馆纪念册留名。

总之，兴建北伐战争纪念馆是一件具有重大现实意义和历史意义的事情。而且基地有，展品来源广，又有各方面的热情支持，可行性是明显的。此馆一旦建成，对外开放，供人参观，必将在国内外产生深远影响。

（原载于河南省文物局、河南省博物馆学会编：《博物馆学论丛》，1989年）

附录一　发 现 帝 丘

各位听众，大家好，我是主持人李娟。

6月5号，由河南省文物管理局和濮阳市文化局共同组织的新闻发布会在郑州和濮阳两地同时进行。

濮阳市文化局副局长韩书乐：（出录音）“河南省文物考古工作者在高城村南发现一处面积约916万平方米的古城址，专家一致认为这是东周时期卫国的都城。”（录音止）

中国社会科学院古代文明研究中心主任、考古研究所副所长王巍：（出录音）“该地有颛顼等的记载，应该引起我们的高度关注。”（录音止）

东周卫国的都城和远古帝王颛顼有什么关系，高城遗址的发现对中华文明探源有着什么特殊的意义，卫国都城的考古又经历了怎样曲折的历程。今天的“学海泛舟”栏目就给大家介绍这方面的知识。

“华夏文明，源源有自。”早在5000年以前，中国就与其他三大文明古国一同，告别了混沌鸿蒙的原始状态，宣告整个人类脱离愚昧进入文明时代。

时光流转，到了社会转型的大变革时期——东周。东周文明承前启后，绚烂多彩，在思想文化和政治体制等方面深刻地影响着后世的历史发展。中原是研究东周文明的重要区域，经过几代考古人员的努力，几个有影响力的东周大国都城，如上蔡的蔡国故城、新郑的郑韩故城、三门峡的虢国上阳城、洛阳的宋国故城东周王城、商丘的宋都等相继找到，唯独卫国都城帝丘，迟迟不肯露出她神秘的面目，虽说它在东周具有相当重要的历史地位，人们对它的认识，一直停留在历史文献记载层面上，无法进行更加深入的研究。

河南省文物考古研究所原所长、研究员郝本性：（出录音）“《左传》上讲到卫国的历史是很丰富的，交通发达，商业发达，它的文化在创新性上比较厉害，在文艺方面有郑卫之音，它的文化有个持续性，那么，它的文化研究出来，对中国整体文化研究非常有价值。”（录音止）

寻找卫都帝丘的意义还远不止于此。

夏代的立国，距今只有4000多年，与“五千年文明古国”的说法不能对应。中华文明史是否可以上溯到5000年以前，“五千年”的中华文明到底起源于何时何地。

为此，中国社会科学院、北京大学、河南省文物局等单位联合发起史前文化大型考古计划——中华文明探源工程，致力于完整地探究中国古代文明的起源、进程及发展。

河南省文物考古研究所副所长、研究员秦文生：（出录音）“这个文明探源工程，咱们要探讨5000年的文明史，按文献记载大体就相 当于五帝时期。”（录音止）

五帝，通常是指黄帝、颛顼、帝喾、尧、舜。颛顼是继黄帝之后，最重要的部落联盟首领。颛顼是个什么样的帝王呢？他对推动中华文明进程有着怎样的贡献？据典籍记载，颛顼收服了100多个氏族，促进了华夏族与东夷族的大融合，所辖疆域比黄帝扩大了近一倍，奠定了中华民族的雏形。

颛顼的统治，以都城帝丘为中心向四周辐射，帝丘成为影响深远、享誉天下的千古帝都。

中国考古学会会员、河南炎黄文化研究会理事廖永民：（出录音）“颛顼在那儿做过都城，城址废弃了以后，就叫‘丘’。颛顼作为他的国都时，距现在5000来年，那个远古时期帝丘非常繁华，是一个地位非常高、显赫一时的地方。”（录音止）

文献记载，颛顼在位78年，传9世，其后帝喾高辛氏仍把帝丘作为国都，传10世。帝丘成了远古建都时间最长的都城，显现了中华5000年文明的曙光。历史走到春秋时期，古老的帝丘政治稳定，人民安居乐业，于桑苑劳作、于濮水浣纱、舞兮蹈兮、歌兮咏兮，欢歌笑语不绝于野。

廖永民：（出录音）“颛顼首先就在这儿做国都，夏代的昆吾又在这儿当国都，到商代相也在那儿做国都。卫国它原来的首都在滑县县境的楚丘，狄国老是干扰它，没办法了，迁到帝丘。”（录音止）

卫国从定都帝丘到灭亡，前后388年，而从颛顼建都到卫国迁都，绵亘了2000多年。

找到帝丘，就可以阅读光芒四射的卫国文明，同时为探讨中华文明起源、寻找传说中五帝之一的颛顼帝提供了重要线索。然而，承载了太多希望的帝丘，究竟在哪里沉睡呢。

源远流长的5000年中华文明从五帝开始，而颛顼奠定了中华民族的雏形。他所创建的都城“帝丘”，究竟在哪里。

（出录音）“高城村南发现一处面积约916万平方米的古城址。”

“该地有颛顼等的记载，应该引起我们的高度关注。”

“帝丘究竟在哪，咱现在找到了。”（录音止）

千古帝都的神秘面纱如何揭开，在中华文明探源过程中，有着怎样令人期待的历程呢。敬请收听——发现帝丘。

斗转星移，古往今来，颛顼所建的都城帝丘，到底在哪里呢？我们至今还能领略它昔日的辉煌与繁荣么。

廖永民：（出录音）“古代文献记载，濮阳就是颛顼之墟。所谓墟，就是废弃了的城址。《春秋》《左传》《括地志》，还有《水经注》《太平寰宇记》都有关于帝丘的记载，但是它的具体位置，都不太具体。”（录音止）

曾几何时，寻找传说中的千古帝都——帝丘成了中国学者孜孜以求的目标。廖永民说，早在1962年，郭沫若就把目标锁定在了濮阳。当时在濮阳县文化馆工作的廖永民，正在协助北大考古系李仰松教授调查卫国的一个重要城邑戚城遗址。

（出录音）“当时社会科学院院长就是郭沫若先生，他说濮阳应该是帝丘的所在地，卫国的国都。他说，李仰松先生去濮阳的话，能不能找一找帝丘？李仰松先生后来就带领8个考古（系）的学生就到濮阳了。”（录音止）

戚城遗址一发掘完毕，李仰松、廖永民他们就着手寻找远古时代的都城帝丘。

（出录音）“可能性最大的就是高城，颛顼叫高阳氏，这个地方叫高城，高城过去叫高阳城，为了省事把‘阳’去了。老百姓说，俺这儿有个‘城角地’，你到俺那儿看看。结果探了一米多一点，就发现夯土层了，好，这是个重要收获。往东探了200多米，地洼下去，就不见了。”（录音止）

高城在濮阳县城东南约10千米，是一个不起眼的小村，平坦、开阔，静静地处在黄河故道广袤的黄土地上，这里会是远古帝王颛顼的大都城么。李仰松还没有搞清楚，就回北京去了，寻找帝丘的旅程就此搁浅。

1987年，震惊海内外的“中华第一龙”在距濮阳高城不足20千米的西水坡遗址出土后，日本媒体以“距今6000年，在河南帝丘，中国发现最早的龙”为题介绍此事，再次提到了帝丘。

而帝丘引起人们更多关注的，还是在2003年“中华文明探源工程”启动之后。

河南省文物考古研究所帝丘考古队队长袁广阔：（出录音）“国家文明探源工程开始以后，我们单位就想找一个点，我认为，濮阳这个地方最重要，因为国家文献记得很多，但是，考古工作做得很少。”（录音止）

2005年4月开始，袁广阔他们循着李仰松教授的足迹，来到高城，走访当地百姓、倾听发生在这里的历史传说，进行艰难的考古开掘，继续着他们的文明探源之旅：（出录音）“遇到了50年以来最大的洪水，工地发掘的探方全部成了水坑了。后来我们打了30多眼井，来吸这个水。”（录音止）

由于地下水位高，钻探工作进行得异常艰辛，经过一年多的努力，就像一座地下宝藏终于缓缓开启了它的大门，从发掘的城墙顶部的夯土结构、夯窝、夯层的差异以及各类夯土内包含物的不同判断出，这是多个历史时期相叠压的古城址。考古学家掌握了越来越多的证据，寻觅多年的帝丘渐渐浮出水面。

2006年5月27 ~ 28日，中国社会科学院、北京大学以及省内考古专家对高城城址进行论证，一致认为这就是考古界寻找已久的卫国都城帝丘。

中国社会科学院古代文明研究中心主任、考古研究所副所长王巍：（出录音）“濮阳从史前直到战国时期都很重要，这在全国不多见。高城遗址的发现，找到了东周时期卫国的都城。该地有颛顼等的记载，应该引起我们的高度关注。”（录音止）

83岁的廖永民也抑制不住内心的激动：（出录音）“帝丘究竟在哪，历史文献都不具体，咱现在找到了。从历史文献、文献记载、从考古发掘（几个方面）把这个问题解决了，解决了学术界所关注的一个问题。”（录音止）

源远流长的5000年中华文明从五帝开始，而颛顼奠定了中华民族的雏形。他所创建的都城“帝丘”，究竟在哪里。

（出录音）“高城村南发现一处面积约916万平方米的古城址。”

“该地有颛顼等的记载，应该引起我们的高度关注。”

“帝丘究竟在哪，咱现在找到了。” （录音止）

千古帝都的神秘面纱如何揭开，在中华文明探源过程中，有着怎样令人期待的历程呢。敬请收听——发现帝丘。

沧海桑田。旧时的繁荣与喧闹都已成了过眼云烟，现在的高城一片安宁静谧。那曾经美丽繁华、辉煌一时的都城，何以消失得无影无踪了呢。

2000年前的“庞贝”古城，是世界上最美丽繁华的城市之一。公元79年的一天，维苏威火山突然喷发，庞贝古城整个被岩浆及火山灰埋没。直到1748年，人们才发现了这座在地下沉睡了上千年的罗马古城。

此前约100年的西汉晚期，黄河泛滥，大水携带漫天泥沙，奔涌咆哮，把世界东方的一个千年古都帝丘瞬间吞没，在5米多深的漫漫黄沙中一待就是2000多年。

袁广阔：（出录音）“汉代大量的淤泥，城墙上和城墙外、城墙内侧都是淤泥。为什么说汉代毁的呢？文献和考古都能结合起来，证明洪水把这个城冲了。”（录音止）

高城遗址被称为东方的“庞贝古城”，突如其来的自然灾害埋葬了文明，也保全了文明。

北京大学考古文博学院教授刘绪：（出录音）“因为被水淹了，没有太多的破坏，一定保存的比较完好。”（录音止）

由于埋藏深，淤泥厚，水位高，无论是卫国都城，还是更下面的颛顼帝丘，要“识得庐山真面目”可谓任重道远。

河南省文物考古研究所副所长秦文生说，帝丘的发现意义重大，但考古工作仅仅是一个开端：（出录音）“对于研究颛顼，对五千年中华文明探源，高城遗址的发现都有着举足轻重的作用，意义非同寻常。今后一个时期，濮阳高城遗址将成为华夏文明探源的一个核心地区。它是一个跨世纪的项目。意大利庞贝古城做了250多年还在发掘，高城遗址是东方的庞贝古城，也要做好长期工作的准备。要几代人、几十年甚至

上百年地做下去。”（录音止）

6月21日，河南省人民政府把这个高城遗址列为省级文物保护单位名单，资金设备等准备工作在紧锣密鼓地进行当中，一场更大规模的考古发掘不日将在高城遗址再次展开。

好的，听众朋友，这次的节目就到这里，感谢您的收听，我们下次再见。

编者注：此文是濮阳人民广播电台记者采写的2008年有关发现帝丘的一篇文章。当时记者采访了包括廖永民在内的数位专家学者，并留下了珍贵的语音资料。

附录二 访廖永民

时间：2010年7月28日上午

地点：濮阳市黄河路中段景观城17号楼（廖永民长女家）

采访人：田聚常 马学泽

廖永民，男，84岁，汉族，1925年出生在濮阳市区胡村乡许村集一个农民家庭，1944年抗日筑先师范毕业后参加八路军。在抗日战争期间，曾转战华北冀、豫和山东地带，先后参加了解放滑县、长垣战役。日本投降后，接着是三年解放战争，参加了华北解放与著名的淮海战役。1948年由部队转业到地方工作。1954年由河南省人事厅分配到河南省文化局举办的文物考古人员培训班，结业后分配到郑州市文物工作组，开始了考古生涯。1955年参加了全国第四期文物考古人员培训班（被戏称"黄埔四期"），亲自聆听了郭沫若、夏鼐、郭宝钧、徐旭生等著名考古学家的讲课后，便与考古事业结了缘。1958年被错划成右派到河南内黄劳动改造。1962年劳动教养结束后被调到濮阳县文化馆工作。主持了濮阳一带的古文化遗址调查工作，并在《河南文博通信》首次发表了《濮阳地区考古调查简报》一文。1976年编写了《濮阳县文物志》，填补了濮阳地区考古工作的空白。1979年初调郑州市博物馆考古部工作，1988年晋升为副研究员。离休后，仍从事考古研究工作。现任全国考古学会会员、河南省炎黄文化研究会常务理事，郑州市文物考古研究院学术顾问，中华文明与嵩山文明研究会常务理事等职。

问：听说您是最早发现戚城仰韵、龙山、夏、商等多种文化并存的古遗址，并对它们的学术价值产生了兴趣，请您把发现经过介绍一下。

答：可以。我是濮阳市胡村乡许村集人。十几岁在家上学时，老师就曾领我们到戚城和子路坟、蒯聩台游玩过。但当时的老师也不知道戚城的历史，给我们也没讲过，所以也没引起我的兴趣。只记得当时戚城四周城墙是完好的，有些地方女墙痕迹还可以见到。城墙宽处可并行三四人，城外有柏树林。子路坟有5～6亩大的柏树林，可以说古木参天。中华人民共和国成立后我在河南省文物工作队一队工作，当时河南省文物工作队共两个工作队，一队在郑州，二队在洛阳。1958年我被划成右派后到内黄县劳动改造，1962年期满后调到濮阳县文化馆工作。因我是搞文物工作的，对文物十分感兴趣。到濮阳县文化馆工作后，我和同事们一起，在濮阳县辖区内戚城、高城、台上、湾子等文化遗址做考古调查，并根据采集到的文物标本确定其遗址的所属时期及学术价值。当时调查的这些遗址并没有戚城。后来，我被调到濮阳县新华书店工作后，由于工作需要，经常到胡村乡送书和联系图书业务，多次路过戚城遗址。当时村民把这个遗址叫“孔悝城”，也有人叫“鬼修城”。一次我怀着好奇的心情到古城址内一看，发现汉代、龙山、仰韵各个文化时期的陶片俯拾皆是，并发现了遗址内用绳纹小砖砌成的古井，非常惊讶。于是，我采集了一些标本，装订在木箱内寄到了河南省文化厅文物处，引起了处长赵全嘏的重视。1963年4月，赵处长派省文物工作队的周到等人来濮阳对戚城古遗址做了详细的调查，并进行了初步的钻探和摄影，绘图工作。之后，县文化馆又派人在当地群众中征集了一批历年出土的比较珍贵的文物。1963年6月孔悝城（即戚城遗址）被河南人民政府公布为第一批省级文物保护单位。

问：听说您将戚城遗址内的文物标本寄到中国科学院考古研究所，引起了郭沫若先生的重视，请您把情况给我们介绍一下。

答：可以。由于文物考古是19世纪末20世纪初兴起的新学科。这方面的人才奇缺。中华人民共和国成立后，为适应全国文物考古工作的需要，中国科学院考古研究所在全国各地选派了一些文物工作者到北京进行业务培训，开办了几期文物考古人员培训班。主要让学员了解文物鉴定，分期及田野考古一些知识。授课的老师有郭沫若，徐旭生等一些全国有名的专家学者。我是第4批学员，亲耳聆听过这些专家学者的教诲，并向这些专家学者们面对面讨教问题与他们有着师生之谊。1965年初，我又将在戚城遗址内采集的各个时期的文物标本，再次寄到了中国科学院考古研究所。当时在全国发现的古文化遗址不多，所以我寄去的这些文物标本引起了中科院众多专家的重视。特别是当时中科院院长，著名的考古学家、古文学家郭沫若先生对此非常关注。因郭老早在20世纪30年代就对濮阳古帝丘、戚城进行过深入研究，并破解过与戚城有关的春秋时期传世青铜器“孙林父簋”铭文。当他见到来自濮阳戚城遗址的文物后，更是如获至宝。但当时中国科学院基建任务重，实在抽不出专家来濮阳调查。这时，当郭老得知北京大学李仰松老师要带领考古系毕业生到安阳马头涧文化遗址进行田野实习时，非常高兴。因当时濮阳县属安阳地区管辖，于是郭沫若先生亲自给李仰松交代一个特殊任务：毕业生在安阳实习结束后，你带他们到濮阳戚城遗址进行考古调查，并在濮阳找一下上古帝丘的地望。

问：据说1965年北大李仰松来濮阳考察古戚城和古帝丘时您始终陪同，请把考察经过给我们介绍一下。

答：可以，北大李仰松老师是带着8名学生于1965年11月来到濮阳的。当时濮阳县委宣传部对李仰松来濮阳非常欢迎，并对他的工作大力支持。为了配合李仰松的考古调查工作，县委专门派了一辆轿车，并指定我和县文化馆的郭延民及另两位钻探人员全面配合。

在戚城古遗址内，我们采取了拉网式钻探，即10米见方打一个探眼，将整个遗址普遍钻探了一遍。由于设施简陋加上古文化层上面覆盖的淤土层厚，所以收获不大。李仰松老师让我们在古城址东城墙缺口（可能是古城东门）外两个大土丘（《开州志》说是孔悝和其母卫良娣墓）南10米外发掘了2米×10米南北向探沟一条。由于出土文物丰富，我们又在原探沟的中间向东开挖了一条2米×5米的东西向探沟，两条探沟（其实是一个丁字形探沟）共出土文物五蒲包（蒲草编织的袋子）。结束了对戚城遗址的田野发掘工作后我们转入了寻找古帝丘的工作。由于史籍对古帝丘的地望记载有两个地方。一是汉代的濮阳城故址，地点在今濮阳县城西南15里左右的故县村一带。二是传说中的颛顼都城高阳城，地点在今濮阳县城东南高城村。对帝丘的考察，我们先去了子岸乡故县村和新习乡的湾子和焦二寨等村庄。调查面积3平方千米。在故县村北头一水坑内发现西汉空心砖半块，砖面打印有树木和柿蒂纹图案。在湾子村东、南部发现岗沿暴露有汉代砖瓦层以及豆、瓮等陶片和大量汉代砖瓦残片。此处没有发现比汉代更早的遗物，基本否定了古帝丘地望在此处的说法。次日我们驱车到濮阳县胡状乡高城村。当地群众反映，此地是颛顼高阳氏的都城故名高阳城，简称高城。高城村西北部高岗处叫城角地，从城角地向东、向南是古城墙。我们根据群众所说的古城角和城墙处进行多处钻探，发现地面下0.8～1米处有夯土层，夯窝直径2～4厘米。由城角地向东、向南200余米。夯土层即行消失。另外在村东北部的打麦场内，有两个红薯窖，深约3米。我和李仰松老师下到地窖内发现，壁上龙山文化晚期文化层清晰可见，采集到有灰陶鬲、鬶、罐、碗、盆、瓮等残片。初步断定这里是一处面积较大的古城遗址，很有可能就是史籍所记载的古帝丘城址。

问：你们对戚城和高城两个遗址田野考古结束后，又做了哪些工作。

答：对戚城的田野考古结束后，我们将出土的陶片进行了整理，有的能修复的进行了修复。李仰松教授将这些考古调查情况在《北京大学学报》上发表。对古帝丘和戚城的调查，听说李仰松专门向郭沫若先生做了汇报，但后来由于“文革”，对二地的进一步研究被迫中断。

编者按：此稿件是《濮阳日报》记者田聚常、马学泽采访廖先生的一篇文章，此文主要叙述了廖先生在发现帝丘过程中做过的繁琐复杂的工作。此文写作于2010年7月。

附录三　廖永民主要著作

［1］《濮阳县文物志》，1976年。

［2］《谚语选》，河南人民出版社，1979年。

［3］《汉族谚语选》，中国民间文艺编委会，1979年。

［4］《河南省文物志名词术语注释》，1987年。

［5］《洛汭神都山》，河南科学技术出版社，1996年。

［6］《洛汭与河图洛书》，河南科学技术出版社，1999年。

［7］《郑州市文物志》，河南人民出版社，1999年。

［8］《历史文化名城巩义市》，2000年。

［9］《黄冶唐三彩窑》，科学出版社，2000年。

［10］《中国古代镇墓神物》，文物出版社，2004年。

［11］《河南唐三彩与唐青花》，科学出版社，2005年。

［12］《河南唐代白釉彩瓷》，科学出版社，2008年。

［13］《巩县窑》，河南人民出版社，2011年。

［14］《国民革命军的北伐与郑州碧沙岗》，科学出版社，2011年。

［15］《巩义瓦窑嘴》，待出版。

［16］《嵩岳河洛史迹叙录》，待出版。

后　　记

科学出版社寄来的《寻根中原——廖永民考古论文集萃》书稿校对修改工作终于完成，掩卷遐思，感慨万千。书中选编的40多篇论文，是廖先生一生考古生涯的精华，是廖先生寻根中原，勤奋努力的真实写照！

先生的一生历经磨难。在其风华正茂的岁月里，被错划为右派。在十分困难的条件下，他居然搜集了几十万字的谚语和俗语，为日后编辑出版两本谚语书籍奠定了基础。

在濮阳县新华书店工作期间，先生利用下乡送书、走村串街的有利条件，搞起了文物调查与考古，居然还弄出了名堂。发现古墓群、古遗址16处，唐宋碑刻各1通；将文物标本自费寄到中国科学院考古研究所，引起有关领导的重视；与北大教授李仰松一起调查试掘了濮阳戚城遗址和春秋时期卫国都城帝丘；1979年编写出版了河南省濮阳县县志。

1979年，54岁的廖先生才正式回归考古队伍。

老牛明知夕阳晚，不用扬鞭自奋蹄。大河村考古，先生留下了很有份量的近10篇论文；巩义市教学，先生为该地培养了一批考古骨干；巩县窑考古，先生编写了4部有关陶瓷方面的书籍；以近80岁的年纪，身体力行地参与了为期5年有中外学者共同参加的中华文明探源工程——伊洛河流域考古调查。

北伐战争纪念馆建馆一事始终牵挂着先生的心！20世纪80年代后，先生积极建言建设北伐战争纪念馆，获得国家、省市领导同意后，数次进京，终于得到了聂荣臻元帅的题词，为在郑州碧沙岗建成北伐战争纪念碑出了力。先生还与北伐战争将领的后代们多方面联系，收集了许多珍贵的资料和照片，编辑出版了《国民革命军的北伐与郑州碧沙岗》一书。目前，建馆一事已列入郑州市政府的规划之中。

先生一生勤勉敬业，做学问如同他的人品一样，踏踏实实，不图虚名。他的一生，不仅为我们留下了十几部专著，几十篇论文和一百多篇文章、稿件，而且为我们留下了对党忠诚、敬业爱岗、耿直率真、虚怀若谷的宝贵精神财富！

这本书的出版，真的是圆了先生的一个夙愿，先生在九泉之下可以瞑目了！

在整理编辑本书的过程中，得到了郑州市文物考古研究院顾万发院长、杜新副院长的全力支持，焦建涛同志在编辑、修改、校对和联系等方面做了大量工作，郑州市文物考古研究院原书记陈英在照片提供、说明等方面给予了全面帮助，先生的旧友汤文兴先生提供了许多方便，科学出版社郝莎莎编辑为此书的出版付出了诸多辛劳。在此一并表示最衷心的感谢！

梅则文

2018年8月1日